이성과 혁명

Reason and Revolution

HERBERT MARCUSE

● 이성과 혁명 ●

개정 4판 : 1쇄 인쇄 2020년 9월 10일
개정 4판 : 1쇄 발행 2020년 9월 15일

지은이 : H. 마르쿠제
옮긴이 : 김 현 일
교 정 : 김 영 권
인 쇄 : 백호인쇄
디자인 : 이지디자인
발행처 : 도서출판 **중원문화**
발행인 : 황 세 연
주 소 : 서울시 마포구 백범로 8길 우정마샹스 512호
전 화 : 02-325-5534 FAX : 02-324-6799
ISBN : 978-89-7728-594-1(03160)

Reason and Revolution

이성과 혁명

헤겔과 맑스

H.마르쿠제 지음/김현일 옮김

도서출판 중원문화
2020

Reason and Revolution

HEGEL AND THE RISE OF SOCIAL THEORY

HERBERT MARCUSE

With a New Preface,

A Note on Dialectic,

by the Author

BEACON PRESS BEACON HILL BOSTON

이성과 혁명

차 례

제2편 사회이론의 발흥

서 문

—변증법에 대하여—

이 책은 헤겔 철학의 부활보다는 오늘날 우리들 사이에 점점 망각되어 소멸할 위험에 처해 있는 하나의 정신기능, 즉 **부정적 사유 능력**(부정의 힘—역자)의 부활에 작으나마 공헌을 했으면 하는 바램에서 쓰여 졌다. 헤겔이 정의했듯이 "본질적으로 사유란 우리 눈앞에 직접적으로 주어진 존재에 대한 부정이다." 그러면 변증법의 중심적 범주를 이루는 헤겔의 이 '부정'이란 과연 무엇인가?

헤겔의 개념들은 아무리 추상적이고 형이상학적이라 하더라도 모두 **경험**이 삼투되어 있는 것들이다. 즉 비이성적인 것이 이성적인 것이 되고 그리하여 이성의 이름으로 사실을 규정하는 세계, 그리고 **부자유가 자유의 조건이 되고 전쟁이 평화의 보증인이 되는 세계의 경험을 담고 있는 것이다.** 이러한 세계는 그 자체 모순적인 세계이다. 상식과 과학은 이러한 모순을 스스로 피하려 하지만, 철학적 사유는 사실이 상식과 과학적 이성이 강요하는 모든 개념과 부합하지 않는다는 인식으로부터, 다시 말하면 상식과 과학의 개념들을 그대로 받아들이기를 거부하는 데서 출발한다. 그 개념들이 현실을 이루고 있는 치명적인 각종 모순을 무시하는 한, 그것들은 바로 현실의 생생한 과정으로부터 후퇴하고 그것을 사상(捨象)해 버린다. 변증법이 이러한 개념들에 적용시키는 부정이란 실재하는 모순을 거부하는 순응주의적 논리학에 대한 비판일 뿐만 아니라, 그것은 또한 기존의 사상(事象) 자체를 그 근저로부터 비판하는 것, 즉 그 자체의 전제와 가능성을 거부하는 기존 생활체제에 대한 비판이다.

오늘날 이러한 변증법적 사유방식은 기존의 모든 논의 및 행동양식에 낯선 것이 되어 버렸다. 그것은 이제 과거에나 속하는 것이고 물질문명의 성과에 의해 반박되어야 하는 것처럼 보인다. 기존의 현실은 그 밖의 모든 대안(代案)을 물리치고 더 나아가 모든 것을 흡수할 만큼 전도유망하고 생산적인 것처럼 보인다. 따라서 이러한 현실을 그대로 받아들이는 것이, 아니 심지어 지지하는 것이 오직 유일하게 합리적인 방법적 원리인 것처럼 보인다. 뿐만 아니라, 그것은 그 나름으로 비판이나 변화도 배제하고 있지 않다. 오히려 그와는 반대로 현상(現狀)의 역동적 성격, 즉 그것의 끊임없는 '혁명'에 대한 주장이야말로 그러한 태도를 떠받쳐 주는 가장 강력한 지주(支柱)이다. 그러나 이러한 역동성이란 언제나 똑같은 삶의 테두리 안에서 작용하고 있는 것 같다. 즉 그것은 인간에 대한 인간의 지배 및 그의 노동의 산물에 의한 인간의 지배를 붕괴시키기보다는 오히려 세련화하고 있다. 이제 진보는 양적인 것이 되어, 양으로부터 질로의 전화, 즉 새로운 형태의 이성과 자유를 지닌 새로운 존재양식의 출현을 무한정 지연시키게 된다.

부정적 사유능력은 변증법적 사유의 원동력으로서, 사실(facts)의 세계를 그 세계 자체의 내적 부적합성이라는 견지에서 따져 분석하는 도구로서 사용된다. 내가 이처럼 막연하고 비과학적인 정식화를 선택한 것은 변증법적 사유와 비변증법적 사유의 차이를 날카롭게 대비시키기 위해서이다. '부적합성'이란 가치판단을 포함하고 있다. 변증법적 사유는 모든 사실들을 단일과정의 각각의 단계로 이해함으로써 가치와 사실 사이의 선험적 분리(대립)를 파기한다. 즉 그러한 과정에서 주체와 객체는 불가분적으로 상호 침투되어 있기 때문에 진리는 주객일치적 전체(subject-object totality) 속에서만 규정될 수 있다는 것이다. 모든 사실들은 인식하는 주체뿐만 아니라 행동하는 주체를 구현하고 있으며 끊임없이 과거를 현재로 변혁시키고 있다. 이렇게 객체는 바로 그 자체의 구조 내에 주체성을 '포함'하고 있다.

그러면 문자 그대로 객관적 세계를 구성하고 있는 주체는 무엇(또는 누구)인가? 헤겔은 여러 가지 형태로 드러나는 주체를 일컫는 사유, 이성, 정신, 이념 등 일련의 술어로써 대답한다. 오늘날 이러한 개념들은 18세기나 19세기에 있어서처럼 우리들에게 친숙하게 다가오지 않는 만큼, 여기에서는 헤겔의 사상을 좀 더 낯익은 용어들로 간단히 개괄해 보기로 하자.

우선 참으로 '현실적인 것'이란 반드시 자신의 존재 상황 및 조건들과의 생사를 건 투쟁 속에서 스스로를 실제로 지탱해 나가는 것이 아니면 안 된다. 그 투쟁은 무기체의 경우처럼 맹목적이고 심지어는 무의식적일 수도 있지만, 인류가 그 자신의 조건 및 자연의 조건과 싸워 나가는 것처럼 의식적이고 계획된 것일 수도 있다. '현실'이란 실존 과정에서 끊임없이 새로 이루어지는 결과이며, 이 과정이란, 의식적인 것이든 무의식적인 것이든, '존재하는 어떤 것'이 '그것 아닌 다른 것'으로 되어가는 과정이며, 부적합한 실존을 끊임없이 부정하는 것, 즉 주체가 스스로를 그것 아닌 다른 것으로 되어가는 과정을 계속 견지하는 것이 바로 '동일성'이다. 따라서 각각의 현실은 '실현', 즉 '주체성'의 전개과정을 의미한다. 후자는 역사 속에서 '그 자신에로 돌아오는' 것이며 그러한 전개과정은 역사 속에서 합리적인 내용을 얻는다. 헤겔은 이를 '자유의식의 진보'라 정의하고 있다.

이것 역시 하나의 가치판단이다. 그리고 이 경우는 세계 전체에 대해 내려진 가치판단이다. 그러나 헤겔에 있어서 자유는 존재론적 범주이다. 즉 자유는 단순한 객체가 아니라 자기 존재의 주체가 되는 것, 외적 조건에 굴복하는 게 아니라 사실성(factuality)을 생생한 실현의 과정으로 변화시키는 것을 말한다. 헤겔에 따르면, 이러한 변화야말로 자연과 역사의 에너지요 모든 존재의 내적 구조라는 것이다! 어떤 사람들은 이러한 생각에 코웃음을 칠지도 모르나 우리는 그것이 함축하고 있는 의미를 깨달아야만 할 것이다.

변증법적 사유는 세계가 자유롭지 못하다는 경험, 말하자면 인간과 자연이 소외된 상태로 존재한다는, 즉 '그 자신이 아닌 다른 것'으로 존재한다는 경험으로부터 출발한다. 어떠한 사고방식이건 이러한 모순을 그의 논리학으로부터 배제하는 한 그것은 거짓된 논리학이다. 현실의 모순된 구조를 파악하여 그것을 변화시키는 가운데서만 이른바 사유와 실재의 '일치'가 있을 수 있다. 여기서 변증법의 원리는 사유를 철학의 한계 너머로까지 밀고 나간다. 왜냐하면 현실을 파악한다는 것은 사물의 참된 존재양식을 파악하는 것이요 이는 또한 그 사실들의 표면적인 사실성을 배격하는 것을 의미하기 때문이다. 배격한다는 것은 해위의 과정임과 동시에 사유의 과정이기도 하다. 과학적 방법이 '사물'의 직접적 경험에서 출발하여 그 수학적-논리적 구조에 다다르는 데 비해, 철학적 사유는 '존재'의 직접적 경험으로부터 그 역사적 구조, 즉 자유의 원리를 밝혀낸다.

자유는 존재의 가장 내적인 원동력이다. 그리고 자유롭지 못한 세계내의 존재의 과정이란 곧 '자유를 부정(aufheben)하려고 위협하는 것에 대한 끊임없는 부정'이다. 이렇듯 자유는 본질적으로 부정적이다. 즉 존재는 소외임과 동시에 주체가 그 소외를 파악하고 극복함으로써 그 자신에게 되돌아오는 과정이기도 한 것이다. 인류의 역사에 있어서, 이것은 이른바 개인이 전체와 불가분의 조화 속에 있으며 그의 세계의 제반조건 및 관계가 '개인과 독립된 여하한 본질적인 객관성도 갖고 있지 않은' '세계의 상태'의 성취를 뜻한다. 이러한 상태에 다다를 전망에 관해서 헤겔은 비판적이었다. 기존의 사태(事態)와 화해하려는 요소가 그의 저서에 두드러지게 나타나는 것도 이러한 비관주의(좋게 말하면, 현실주의)에 기인한 것일게다. 그리하여 자유는 순수한 사유의 영역으로, 즉 '절대이념' 속으로 후퇴해 버리고 만다. 궁여지책으로서의 관념론—이러한 운명은 헤겔이 서양의 주요한 철학적 전통과 함께 하는 것이기도 하다.

이리하여 변증법적 사유는 그 자체 부정적인 것이 된다. 상식과 자기만족과 자기 확신을 무너뜨리고, 사실의 언어와 힘에 대한 끔찍한 확신을 근저로부터 동요시켜, 부자유가 사물의 핵심에 뿌리박고 있는 한 그것의 내적 모순의 발전은 필연적으로 질적 변화—즉 기존 사태의 폭발과 파국에 이르지 않을 수 없다는 것을 밝히는 것이 변증법적 사유의 기능인 것이다.

헤겔은 지(知)의 과제를 세계를 이성으로서 인식하는 것, 즉 사유의 모든 대상을 인류의 역사 속에서 의식적인 세계로 되어 가는 전체의 구성요소 내지 각각의 측면으로 이해함으로써 세계를 이성으로서 인식하는 것이라 생각한다. 변증법적 분석은 궁극적으로 역사적 분석이 된다. 그리고 그 분석에 따라 자연조차도 자연 자신의 역사와 인간 역사의 한 부분이며 단계로 나타나게 된다. 인식활동이 상식으로부터 참된 지(知)로 발전함에 따라 도달하는 세계는 그 구조 자체가 부정적인 세계다. 왜냐하면 실재하는 것이 그 자신이 지닌 가능성들—그들 스스로 실현되려고 힘쓰고 있는 가능성들을 억누르고 부인하고 있기 때문이다. 이성은 곧 부정적인 것의 부정이다.

현존하는 것을 현존하지 않는 것에 비추어 해석하는 것, 그리고 주어진 사실을 그 사실이 배제하고 있는 것과 직접 대결시키는 것—이것이야말로 철학이 단순한 두뇌 연습이나 이념적 자기 정당화 이상의 것일 때, 항상 간직해온 철학 본연의 관심사이다. 철학적 사유에 있어 부정이 갖는 해방적 기능은 부정이 하나의 적극적인 행위임을 인식하는 데서 나온다. 즉 현존하는 것은 현존하지 않는 것을 '억누르고' 있는 것이며, 그럼으로써 자신의 실재하는 가능성을 억누르고 있다. 따라서 현존하는 것을 그저 자체의 언어로써만 표현하고 정의하는 것은 현실을 왜곡하는 것이 된다. 현실이란 사실의 언어와 논리에 성문화되어 있는 것과는 다른 그 이상의 것이다. 여기에 변증법적 사유와 전위문학의 노력을 이어주는 내적 유대가 있다. 전위문학의 노력이란 곧 사실이 언어를 지배하고 있는 힘을 깨뜨리고, 사실을 설정하고 강요하고 또 거기서 이득을 보는 사람들의 언어가 아닌 새로운 언어로 말해보려는 노력이기 때문이다. 기존 사실의 힘이 점점 전체주의적이 되어, 모든 반대세력을 흡수하고 모든 논의와 대화의 세계를 규정하게 됨에 따라, 모순의 언어를 발음하려는 노력은 점점 비합리적이고 모호하며 부자연스러워 보이게 된다. 헤겔이 본격적 전위파 문학에 직접적인 영향을 주었는가 아니면 간접적인 영향을 주었는가는 중요한 문제가 아니다. 그의 영향이 말라르메(Mallarmé)와 빌리에 드 릴아당(Villiers de l'Isle-Adam) 그리고 초현실주의와 브레히트(Brecht)에게서는 명백히 드러나지만, 그보다 중요한 것은 변증법적 언어와 시적 언어가 근본적인 일치점을 가지고 있다는 것이다.

이 일치점이란 '진정한 언어'에 대한 모색—미리 협잡으로 조작해놓은 게임의 규칙에 대한 '위대한 거부'를 뜻하는 부정의 언어의 모색에 있다. 진리의 보다 큰 부분이 현존하지 않는 것에 들어 있는 만큼 현존하지 않는 것을 현존하도록 만들어야 한다. 그 대표적인 표현을 말라르메의 다음과 같은 말에서 찾아볼 수 있다.

"Je dis : une fleur! et, hors de l'oubli où ma voix relégue aucun contour, en tant que quelque chose d'autre que les calices sus, musicalement se lève, idée même et suave, l'absente de tous bouquets."

"'꽃'이라고 나는 말한다. 그러자 내 음성이 모든 윤곽을 내쫓아버린 망각 속으로부터, 어느 꽃병에도 담아본 적이 없는, 모든 꽃다발에서 빠졌던 그 무엇—달콤하며 '이념' 바로 그것인 그 무엇이 음악적으로 솟아오른다."

진정한 언어에서 낱말은 ;

“n'est pas l'expression d'une chose, mais l'absence de cette chose... Le mot fait disparaitre les choses et nous impose le sentiment d'un manque universel et même de son propre manque.”1)

“사물의 표현이 아니라 그 사물의 부재(不在)를 의미한다. 낱말은 사물을 사라지게 하며 우리로 하여금 어떤 보편적인 결핍 그리고 그 낱말 자체의 결핍을 느끼게 한다.”

따라서 시는 ‘사물을 부인하는’(de nier les choses) 힘이다. 그것은 모든 진정한 사유가 가지고 있다고 헤겔이 역설적으로 주장한 것과 같은 힘인 것이다. 발레리(p. Valéry)가 말했듯이,

“Le pensés est, en somme, le travail qui fait vivre en nous ce qui n’existe pas.”2)

“생각한다는 것은 결국 존재하지 않는 것을 우리들 속에 살도록 만드는 작업이다.”

그리고 그는 수사학적으로 묻는다. “que sommes-nous donc

1. Naurice Blanchot, ‘Le Paradoxe d’Aytre’, *Les Temps Modernes*, June 1946, p.1580 ff.
2. *Oeuvres*, Bibliothèque de la pleiade, vol, I, p.1333.

sans le secours de ce qui n'existe pas?"[3](존재하지 않는 것의 도움이 없다면 우리는 무엇이 되겠는가?).

이것은 '실존주의'가 아니다. 그보다도 훨씬 긴요하고 어려운 것이다. 즉 모든 논리와 모든 언어가 불구화(不具化)된 전체의 일부를 이루면서 허위로 화한 현실을 초극(超克)하려는 노력이다. 모순의 언어가 쓰는 어휘와 문법도 기존 게임의 어휘요 문법이지만(그것밖에 없으니까) 게임의 언어에 성문화(成文化)된 개념들은 그 '규정적 부정'(determinate negation)과 관련하여 다시 정의된다. 이 말은(그것은 바로 변증법적 사고의 지배적인 원리를 나타내는 말이다.) 헤겔 『대논리학』(*Wissenschaft der Logik*)의 내용을 구체적으로 검토하지 않고는 설명될 수 없다. 여기서는 단지, 바로 이러한 원칙에 의해서 변증법적 부정은 모든 사이비 엉터리 반대 운동, 비트족(beatnik)이나 최신 유행을 추종하는 사람들(hipsterism)의 반항과 구별된다는 점을 강조하고자 한다.

부정이 기존 상태를 현상의 파괴성과 동시에 그것을 뛰어넘는 새로운 가능성으로 나아가는 기본적인 제요인 및 힘들과 관계지워 적용될 때, 그 부정은 규정적이다. 인간 현실의 경우, 그 기본적 제요인과 힘들은 '역사적' 요인과 힘들을 말하며 규정적 부정은 결국 '정치적' 부정을 뜻하게 된다. 물론 정치적 부정이면서도 비정치적 언어를 통해 그 참된 표현을 얻는 수가 있다. 정치활동의 전체 영역이 기성 체제의 완전한 일부로 통합되었을 경우 더욱 그렇다.

변증법적 논리는 비판적 논리이다. 그것은 성문화된 용법이나 증명의 패턴을 초월한 새로운 사고방식과 사고내용을 드러내 준다.

3. *Ibid.*, p.966.

변증법적 사유가 새로운 내용을 발명해 내는 것은 아니다. 그 내용이란 사고와 행위의 오랜 전통을 통해 개념으로 나타난 것이다. 변증법적 분석은 그것들을 통합하고 그것에 새로운 활력을 불어넣어 줄 따름이다. 변증법적 분석은 이렇듯 금기시되어 왔던 의미를 회복하며 그것은 일종의 피억압자의 복귀, 아니 의식적인 해방으로서 나타난다.

그러한 기존하는 논의의 영역이 자유스럽지 못한 세계의 그것인 만큼, 변증법적 사유는 파괴적일 수밖에 없다. 그리고 그것이 이룩할 수 있는 해방이란 사유 및 이론의 영역 내에서의 해방이다. 그러나 사유와 행위, 이론과 실천의 분리는 그 자체가 자유스럽지 못한 세계의 일부이다. 그것은 사유와 이론만으로 극복될 수 없다. 그러나 이론은 그 극복을 위한 준비를 할 수 있으며, 이러한 과업의 선행 조건으로 사유는 부정의 논리와 언어를 마련해 낼 수 있어야 한다.

그러면 부정적 사유의 힘은 어디에 있는가? 헤겔 자신은 변증법적 사유에 아랑곳없이 결국 기존현실의 긍정을 강조하는 세련되고 포괄적인 체계로 그의 철학을 발전시켜 버렸다. 헤겔 철학에서 비변증법적인 요소는 내 생각에 '이성'의 개념 바로 그것인 것 같다. 이 '이성'의 개념은 모든 것을 포용하며 궁극적으로 모든 것을 용인하고 만다. 왜냐하면 모든 것이 전체의 일부요 그 속에서 기능을 가지고 있으며 전체는 선악과 진위(眞僞)를 넘어선 것이기 때문이다.

노예제도와 종교재판, 아동노동과 가스(Gas)실 그리고 핵전쟁 준비 등도 포함하도록 이성의 정의를 내리는 것이 역사적으로나 논리적으로나 정당화될 수조차 있다. 이러한 여러 사건이 모두 인류의 기록된 역사를 지배해 온 합리성의 일부였다고 말할 수도 있다. 그러나 그럴 경우 '이성'의 개념 자체가 문제가 된다. 이때의 이성이란 전체가 아니라 한 부분임이 드러나는 것이다. 그렇다고 이성은 현실을, 그 현실에 관한 진리와 직면할 권리를 포기하는 것이 아니다. 정반대로, 마르크스 이론이 헤겔 철학에 대한 비판의 형태로 나타날 때, 그것은 이성의 이름을 들어 그 비판을 감행한다. 이성을 그와 이질적인 어떤 기준으로 대치하는 것이 아니라, 이성 스스로가 그것이 아직도 얼마나 비이성적이며 맹목적이고, 통제 안 된 세력들의 희생물인가를 인식하게끔 만듦으로써 헤겔 철학을 '폐기'하는 일은 헤겔 사상의 가장 핵심적 노력과 오히려 일치하는 것이다. 점점 발달되고 활용되어 온 인간의 지식으로서, 즉 '자유로운 사유'로서의 이성은 우리가 지금 사는 세계를 창조하는 도구가 되었었다. 그러나 그것은 또한 불의와 노역(勞役)과 고난을 지속시킨 도구이기도 했다. 그러나 이성이(이성만이) 자신의 교정책(矯正策)을 지니고 있는 것이다.

그의 '철학체계' 첫 부분을 이루는 『대논리학』에서 헤겔은 바그너의 파르지팔(Parsifal ; 바그너의 오페라 작품에 등장하는 주인공 — 역주)이 주는 "상처를 입히는 손이 곧 상처를 아물게 해주는 손이다"[4]라는 교훈을 거의 문자 그대로 앞서 쓰고 있다. 헤겔은 인간의 타락에 관한 성경 이야기와 관련하여 말하고 있다. 인간의 삶에 상처, 즉 범죄와 죄악을 가져 온 것이 지식일지 모르나 인간은 지식을 통해서만 제2의 순결, '제2의 조화'를 얻을 수 있다는 것이다.

4. *The Logic of Hegel,* trans. W. Wallace, Clarendon Press, Oxford, 1895, p.55.

속죄는 결코 '순진한 바보'가 이룰 수 있는 일이 아니다. 이성에 대해 비합리적인 것의 권리를 주장하고 지성에 대해 자연적인 것의 진리를 내세우는 반계몽주의자들과 맞서 헤겔은 자유의 진보가 사유의 진보 없이는 이루어질 수 없다는 것을, 이론과 행동의 서로 분리될 수 없는 연관성을 강조하고 있다.

헤겔이 그의 당대에 이성이 도달했던 특수한 역사적 형태를 이성의 실재(實在) 자체로 받아들였던 만큼, 이 형태의 이성을 넘어서는 진보는 이성 자체의 진보가 될 수밖에 없다. 그리고 압제적 사회제도에 이성을 적응시킴으로써 부자유(不自由)를 항구화시켰던 만큼 자유의 진보는 사유가 정치적이 되느냐 못 되느냐에 달려 있다. 즉 역사적 상황에 내재하는 정치적 대안으로서의 부정을 제시하는 이론을 통해 사유의 정치화가 이루어져야만 하는 것이다.

따라서 마르크스에 의한 헤겔 철학의 유물론적 '전도'(顚倒 ; Sub-version)는 한 철학적 입장에서 다른 철학적 입장으로의 옮김이나 철학으로부터 사회이론으로의 이전(移傳)이라기보다 삶의 기존양식이 그 역사적 부정의 단계에 이르고 있다는 인식을 나타낸 것이었다.

역사의 이러한 단계는 철학과 모든 인식론적 사유행위의 처지를 변경시켜 놓았다. 이 단계에 이르러서부터는 기존 생활양식의 근본적 허위성에 대한 각성을 보이지 않는 여하한 사유도 올바른 사고일 수 없게 되었다. 이러한 전반적인 상황으로부터의 추상(후퇴)은 비도덕적일 뿐 아니라 허위이다. 현실은 기술적 현실이 되었고 주체는 이제 객체와 너무도 긴밀히 연결되어 객체의 개념이 곧 주체를 포함하게끔 되었기 때문이다. 주체 객체 간의 상관관계를 사상

(捨象)해 버림으로써 우리는 한층 더 참된 현실에 접근하는 것이 아니라 오히려 하나의 기만행위를 범하고 만다. 왜냐하면 심지어는 그렇게 추상된 분야에서도 주체 스스로가, 과학적으로 규정되었듯이, 객체의 구성요소로서 나타나기 때문이다.

과학적 방법에 의해 관찰하고 측량하고 계산하는 주체와 하루하루 생활을 영위해 가는 주체는 결국 동일한 주체성, 즉 '인간'의 표현이다. 이러한 동일성을 깨닫기 위해 구태여 히로시마의 원자탄 폭격을 기다려야 할 것도 없다. 그리고 전에도 늘 그랬듯이, 물질을 정복했던 주체가 자기 스스로 이룩한 정복의 사물화(死物化)된 무게에 짓눌려 고생하고 있다. 정복을 강행하고 지휘하는 인간들이 그 정복을 통해 만들어낸 세계는 점점 늘어가는 물질적 안락과 생산기구의 전면적 권력에 의해 인간이 기존상태의 노예로 남아 있지 않을 수 없는 세계가 된다. 그리고 변증법적 이론이 부정의 세력이라 지적한 사회집단들은 패배했거나 기성체제와 화해하고 말았다. 주어진 사실들의 힘 앞에서 부정적 사유능력은 단죄되고 있다.

이 '사실들의 힘'은 압제적인 힘이다. 그것은 인간을 지배하는 인간의 권력이면서도 겉으로는 객관적이며 합리적인 조건(상황)인 양 나타난다. 이런 외면에 대해 사유는 진리의 이름으로 항의한다. 그리고 사실의 이름으로 항의한다. 왜냐하면 현상(status quo)은 핵전쟁의 끊임없는 위협과 사상 유례없는 자원의 낭비와 인간정신의 빈곤화와(마지막으로, 그러나 다른 어느 것보다도 덜하지 않은) 폭력의 행사를 통하여 스스로를 유지해 나간다는 것은 가장 중요하고 보편적인 '사실'이기 때문이다. 여기 바로 아직 해결 안 된 모순들이 있다. 그리고 그 모순들이 사실과 사건 하나하나를 지배하고 있고 모든 논의와 행동의 세계에 침투해 있다. 따라서 사물의 논리 역시 이들 모순에 의해 규정된다. 즉 이데올로기를 꿰뚫고 현실을 온전히 파악할 수 있는 사유방식은 우선 이러한 모순에 투철해야 한다. 모든 인식을 독점하고 있다고 말할 수 있는 방법은 없다. 그러나 "전체는 진리다" 그리고 전체는 거짓이다라는 두 명제가 우리 상황에 관한 뜻 깊은 설명으로 성립함을 인정치 않는 여하한 방법도 참된 방법일 수 없을 것이다.

나는 이번 판(1960년 판)을 위해서 1954년판 참고문헌을 보충하고, 수정을 가했다. 그리고 재판을 위해 쓰였던 후기는 생략했다. 왜냐하면 진보된 산업 사회에 대한 연구인, 앞으로 나올 나의 책에서 보다 충분히 논의되고 있는 부분을 거기에서는 너무 압축된 형태로 다루었기 때문이다.

매사추세스주 발트함시 브렌다이스 대학에서

1960년 3월에

허버트 마르쿠제

초판 서문

진실로 철학적인 저작의 내용은 시간의 변화에 무관심하지 않다. 만약 그 철학적 저작의 여러 개념들이 인간의 목적과 제관심에 본질적인 연관성을 지니고 있다면, 역사적 상황의 근본적인 변화는 인간들로 하여금 그 저작의 가르침을 새로운 시각에서 조명하도록 할 것이다. 우리 시대의 파시즘의 발흥은 헤겔 철학에 대한 재해석을 요구하고 있다. 우리들은 여기에서 헤겔 철학의 분석을 통하여 헤겔의 주요 기본 개념들은 파시스트적 이론과 실천에로 이끄는 제경향에 대하여 적대적이라는 사실을 증명하려고 한다.

우리들은 이 책의 전반부를 헤겔 체계의 구조를 개관하는 데 할애하였다. 동시에 우리들은 헤겔의 말을 다시 서술하는 데서 그치지 않고 헤겔 이후의 유럽 사상의 발전, 특히 마르크스 이론과 밀접한 관련을 지니고 있는 헤겔의 이념의 함축적인 의미를 명확하게 밝히려고 노력하였다.

헤겔의 비판적이고 합리적인 기준들, 그리고 특히 그의 변증법은 현존하는 사회현실과 갈등을 일으키게 되어 있다. 바로 그렇기 때문에 그의 철학체계가 부정의 철학(negative philosophy ; 이는 오늘날 그에 대해 적대적인 사람들에 의해 붙여진 이름이다)이라 불려도 별 무리가 없을 것이다. 헤겔 철학의 파괴적인 경향에 대항하기 위하여 헤겔이 죽은 지 10년이 지난 뒤, 이성을 이미 확립된 기존 사실의 권위에 종속시켰던 긍정의 철학(또는 실증철학 ; positive philosophy)이 일어났다. 부정의 철학과 긍정의 철학 사이에 전개되었던 투쟁은, 이 책의 후반부(이 번역서에서는 이 부분이 삭제되었음)에서 밝히려고 노력했듯이, 유럽에서의 근대 사회 사상의 부흥을 이해하는 데 많은 실마리를 제공해 줄 것이다.

진보적인 이념과 움직임에 대해 날카로운 통찰력을 가했던 것은 헤겔에 있어서이다. 그는 아메리카의 합리적 정신에 올바른 삶의 질서를 향한 투쟁에의 결정적인 역할을 부여했으며 '아메리카 민족이 가진 강한 활력적 합리성과 미래의 승리……'에 대해서 이야기했다. 자유와 이성을 위협하는 세력들을 비판하면서 이러한 세력들이 유럽이 획득했던 사회체제와 밀접하게 연결되어 있다는 것을 인정한 그는 한때 이 대륙을 넘어서서 아메리카 대륙을 유일한 '미래의 땅'이라고 보았다.

텍스트를 사용함에 있어서 나는 자주 영어판 번역본을 인용하고 필요하다고 생각되는 부분에서는 원래 번역자의 번역문을, 특별히 밝히지 않은 채로, 바꿀 수 있는 자유를 얻을 수 있었다. 헤겔의 용어는 종종 영어에서는 몇 가지 다른 단어들로 번역되고 있는데, 나는 혼동을 피하기 위해서 기술적인 용어가 포함된 곳에서는 괄호에 독일어를 명기해 주었다.

이 책을 현재의 체계로 나올 수 있도록 해주었던 에드워드 M 데이비드 씨의 도움이 없었다면, 이 연구의 결과가 세상에 나온다는 것은 불가능했을 것이다. 나는 아메리카 및 영국의 철학적 전통에 관한 그의 지식에 힘입어 헤겔의 교의들을 아메리카 및 영국의 대중들에 제공함에 있어 당연히 받아들일 수 있는 것과 그럴 수

없는 것들을 선별할 수 있었다,

나는 헤겔 저작들의 번역본들을 이용하고 인용할 수 있도록 허락해 준 뉴욕의 멕밀란 출판사에 감사하며 또한 그들의 출판물을 인용할 수 있도록 인가해 준 International Publishers, Longmans, Green and Co., Charles H. Kerr and Co., The Macmillan Co., The Viking Press, The Weekly Foreign Letter(Lawrence Dennis)에 감사를 드린다.

앞으로 나올 국가사회주의에 대한 그의 책을 위해 자료들을 모으고 있는 나의 친구 Franz L. Neumann은 나에게 끊임없는 조언을, 특히 정치철학에 대한 조언을 해주었다.

George H. Sabind 교수는 친절하게도 헤겔의 법철학에 대한 장을 읽고서 매우 가치 있는 제언을 해주었다. 그리고 나는 이 책을 쓰고 출판하도록 격려를 해준 뉴욕의 옥스퍼드 대학 출판부에 특히 감사를 드린다.

뉴욕 컬럼비아 대학 사회연구소에서
1941년 3월
허버트 마르쿠제

제1편

헤겔 철학의 기초

청년시절의 헤겔

서 론

1. 사회 역사적 배경

독일 관념론은 **프랑스 혁명**의 이론이라 불리어 왔다. 이 말은 칸트, 피히테, 셸링 및 헤겔이 **프랑스 혁명**에 대한 이론적인 해석을 제공했다는 뜻이 아니라, 그들의 철학이 대체로 프랑스로부터의 도전에 대한 응답으로서 국가와 사회를 합리적 기초 위에 재구성하여 사회적·정치적 제도들을 개인의 자유 및 이익과 조화시키고자 하는 목적에서 씌어졌다는 사실을 의미한다. 독일 관념론자들은 혁명기의 공포정치를 혹독하게 비판하면서도, 혁명을 새로운 시대의 여명(黎明)이라 부르며 다 같이 환영하였고, 그들의 기본적 철학들을 혁명이 진보시킨 이상들과 결부시켰던 것이다.

이리하여 **프랑스 혁명**의 이념들은 바로 이들 관념론 체계의 핵심 그 자체에 나타나 있으며 그 개념적 구조의 대부분을 규정짓고 있다. 독일 관념론자들이 본 바와 같이, 프랑스 혁명은 봉건적 절대주의를 폐지하고 이를 중산계급의 경제적·정치적 체제로 대체시켰을 뿐 아니라, 개인을 자기 삶의 자주적인 지배자로 해방시킴으로써 독일 종교개혁에서 제기되고 추구되었던 과제를 완수하였다. 세계에 있어서의 인간의 지위, 인간의 노동과 향유의 양식은 이제 더 이상 어떠한 외적 권위에 좌우되지 않고 인간 자신의 자유로운 합리적 활동에 의존하게끔 되었다. 인간은 자연이나 사회의 압도적인 힘에 의해 희생되었던 오랜 미성숙의 시대를 거쳐 자기 발전의 자율적인 주체가 되어 있었다. 앞으로는 인간 자신의 지식의 진보가 자연 및 사회체제에 대한 투쟁을 인도하게 될 것이며, 세계는 이성의 질서가 될 것으로 예정되었다.

프랑스 혁명의 이상(理想)들은 산업자본주의의 전개과정에서 그 안식처를 찾아냈다. **나폴레옹** 제정(帝政)은 극단적인 모든 경향을 일소함과 동시에 혁명의 경제적 결과들을 공고히 하였다. 당시의 프랑스 철학자들은 이성의 실현을 산업의 해방으로 해석했다. 팽창하는 산업생산은 인간의 욕구충족을 위한 모든 필수적 수단들을 제공해 줄 수 있을 것으로 여겨졌다. 이리하여 헤겔이 자신의 체계를 정교하게 완성시킨 바로 그 시기에 프랑스에서는 생시몽이 산업이야말로 인류를 자유롭고 합리적인 사회로 인도할 수 있는 유일한 원동력이라고 찬양하고 있었던 것이다. 즉 경제의 발전과정이 이성의 기초라고 생각되었다.

독일에 있어서 경제의 발전은 프랑스나 영국보다 훨씬 뒤떨어져 있었다. 독일의 중산계급은 위약했고 각기 다른 이해관계를 지닌 무수히 많은 영지(領地)에 걸쳐 분산되어 있었으므로, 혁명을 기도한다는 것은 아예 생각할 수도 없는 일이었다. 소수의 기업체들이 존재했으나 이들은 노쇠한 봉건체제 내에 고립된 섬들에 불과했다. 개인은 그 사회적 존재에 있어 타인의 노예이거나 다른 개인들을 노예로 삼은 주인이었다. 그러나 사유하는 존재로서 개인은 적어도 당시 도처에서 보는 비참한 현실과 새로운 시대가 해방시킨 인간의 잠재력 사이의 차이를 깨달을 수 있었다. 또한 도덕적 인격으로서 그는 적어도 사생활에 있어서는, 인간의 존엄성과 자율을 간직할 수 있었다. 이와 같이 프랑스 혁명이 이미 자유의 실재(reality of freedom)를 주장하기 시작한 반면, 독일 관념론은 단지 자유의 관념에 집착하고 있을 뿐이었다. 사회의 합리적인 형태를 수립하려고 하는 구체적이고 역사적인 노력은 여기서 철학의 차원으로 전환되어 이성의 개념을 정립하려는 노력으로 나타났던 것이다.

이성의 개념은 헤겔 철학의 중심에 해당한다. 헤겔은 철학적 사고는 이성 이외의 그 어떠한 것도 전제하지 않는다는 것, 역사는 이성을, 또한 오직 이성만을 문제 삼는다는 것, 그리고 국가는 이성의 실현이라는 것을 주장했다. 그러나 이성을 순수한 형이상학적 개념으로 해석하는 한 이들 주장들은 이해될 수 없을 것이다. 왜냐하면 헤겔의 이성에 대한 관념은 비록 관념적인 형태이긴 하지만 자유롭고 합리적인 삶의 질서를 획득하기 위한 실질적 노력을 내포하고 있기 때문이다. 로베스피에르(Robespierre)가 이성을 '최고의 존재'(Être suprême)로 신성화한 것은 헤겔의 체계에 있어서의 이성의 예찬에 대응한다. 헤겔 철학의 핵심은 이성의 관념으로부터 도출된 개념들(자유, 주체, 정신, 개념)로 이루어진 하나의 구조이다. 이들 관념의 내용과 관념들 사이의 본질적인 관련을 해명해 내지 못하는 한 헤겔의 체계는 모호한 형이상학처럼 보일 것이다. 그러나 사실 헤겔의 체계는 결코 그러한 형이상학은 아니었다.

헤겔 자신이 그의 이성 개념을 프랑스 혁명에 관련지웠고, 또 이를 가장 강조했다. 혁명이 요구했던 것은 "이성의 권리에 의해 승인되어야 하는 것 이외에는 어떠한 사항도 헌법상 유효한 것으로 승인되어서는 안 된다"[1]는 것이었다. 헤겔은 나아가 이러한 해석을 그의 『역사철학강의』에서 보다 상세하게 설명하고 있다. "태양이 창공에 자리잡고 혹성들이 그 주위를 회전한 이래, 인간 존재의 중심이 그 두뇌, 즉 사유에 있으며 그 사유가 현실세계를 구축하는 원천이라고 인식된 적은 없었다. 아낙사고라스는 이성(*Nous*)이 세계를 지배한다고 말한 최초의 사람이었다. 그러나 지금에서야 비로소 인간은, 사유가 정신적 현실을 지배해야 한다는 원리를 인식하는 단계에 도달한 것이다. 그런 의미에서 이것은 정신의 찬란한 서광이었다. 모든 사유하는 존재자들이 다 함께 신시대(新時代)를 환호하였다."2)

헤겔의 견해로서는 프랑스 혁명으로 이루어진 역사의 결정적인 전회는 인간이 자기의 정신에 의존하여 주어진 현실을 과감히 이성의 기준에 복종시키고자 했다는 데에 있었다. 헤겔은 이성의 사용과 지배적인 삶의 조건에 대한 무비판적인 맹종을 대조시킴으로써 그 새로운 발전을 설명한다. '사유의 결과가 아닌 것은 이성이 아니다'. 인간은 자신의 사상을 현존질서와 지배적인 가치에 단순히 순응시키는 대신 그의 자유로운 합리적 사유가 요구하는 바에 따라 현실을 조직하기 시작했다. 인간은 사유하는 존재이다. 인간은 이성에 의하여 그 자신의 가능성과 세계의 가능성을 인식할 수 있다. 이리하여 인간은 자신을 둘러싸고 있는 사실들에 종속되지 않고 오히려 그 사실들을 보다 높은 기준, 즉 이성의 기준에 복종시킬 수 있는 것이다. 만약 이성이 이끄는 대로 따른다면, 인간은

---

1. *Ueber die Verhandlung der Württembergischen Landstände,* in *Schriften zur Politik und Rechtsphilosophie,* ed. Georg Lasson, Leipzig 1913, p.198.
2. *Philosophy of History*, trans. J, Sibbree, New York 1899, p.447.

이성이 현존의 사태에 반(反)한다는 것을 명백히 하는 확실한 이해에 도달할 것이다. 그리고 역사는 자유를 향한 끊임없는 투쟁이라는 사실, 인간의 개별성은 자기실현의 수단으로서 재산의 소유를 요구한다는 사실, 그리고 만인은 인간으로서의 능력을 발전시킬 수 있는 평등한 권리를 지닌다는 사실을 알게 될 것이다. 그러나 실제는 예속과 불평등이 횡행하고 있다. 대다수의 사람들이 전혀 자유를 갖지 못하고 재산을 송두리째 박탈당하고 있었던 것이다. 따라서 '비이성적인' 현실은 이성에 합치될 때까지 변혁되어야만 한다. 구체적으로 말하면, 현존은 이성에 합치될 때까지 변혁되어야만 한다. 현존의 사회질서는 개조되어야 하며 절대주의와 봉건제도의 잔재는 폐지되어야 하고, 또한 자유경쟁이 확립되어야 하며 만인의 법 앞에서의 평등이 구현되어야 했다.

헤겔에 의하면 프랑스 혁명은 현실에 대한 이성의 궁극적인 지배력을 선언한 것이었다. 헤겔은 이를 요약하여 프랑스 혁명의 원리는 사유가 현실을 지배해야 한다는 것을 천명한 것이라고 지적한다.

이 말에 내포되어 있는 의미야말로 곧 헤겔 철학의 핵심을 가리키고 있다. 사유가 현실을 지배해야 한다. 사람들이 진(true)이며, 정(right)이며, 선(good)이라고 생각하는 것은 사회적·개인적인 생활의 현실조직 속에서 실현되지 않으면 안 된다. 그러나 사유는 개개인에 따라 다르며, 그로 인한 개인 의견의 다양성은 공동의 생활조직을 위한 하나의 지도 원리를 제공할 수 없다. 보편타당한 여건과 규범을 표출하는 사유의 개념과 원리들을 지니고 있지 않으면 인간은 그의 사상이 현실을 지배한다고 주장할 수 없다. 서구 철학의 전통과 맥락을 같이하여 헤겔은 이러한 객관적 개념과 원리의 존재를 믿는다. 이 개념과 원리의 총체를 그는 이성이라 부르는 것이다.

프랑스 계몽주의 철학자들과 그 혁명적 계승자들은 모두가 이성을 객관적인 역사적 힘으로 단정하여 그 힘이 일단 전제정권으로부터 해방되면 세계를 진보와 행복의 장소로 만들 것이라고 생각했다. "무력에 의한 힘이 아니라 이성의 힘이 우리의 영광스러운 혁명의 원리를 전파시킬 것이다"[3]라고 그들은 주장했다. 이성은 그 자체의 힘에 의해 사회적 불합리를 제압하고 인류의 압제자들을 타도할 것이다. "진리 앞에 모든 허구는 사라지고, 이성 앞에 모든 어리석은 행위는 소멸할 것이다."[4]

그러나 이성이 즉각 실천으로 구현될 것이라는 말의 의미는 역사적 진행에 의해 뒷받침되지 않은 하나의 도그마이다. 헤겔은 로베스피에르만큼이나 이성이 지닌 무적(無敵)의 힘을 믿었다. "인간 고유의 것이라 할 수 있는, 죽음과 부패를 초월한 저 능력은…… 스스로 결정을 내릴 수 있다. 그것은 스스로를 이성이라 칭한다. 이성의 입장은 다른 그 무엇에도 의존하지 않으며 지상이나 천상의 다른 어떠한 권위로부터도 그 기준을 끌어 올 수 없다."[5] 그러나 헤겔에 있어서는 현실 그 자체가 합리적으로 되지 않으면 이성이 현실을 지배할 수 없다. 이러한 합리성은 주체가 자연과 역사의

---

3. Robespierre, quoted by Georges Michon, *Robespierre et la guerre révolutionnaire*, Paris 1937, p.134.
4. 최고 존재(Être suprême)의 숭배에 대한 로베스피에르의 글, Albert Mathiez의 *Autour de Robespierre,* Paris 1936, p.112에서 인용.
5. Hegel, *Theologische Jugendschriften,* ed. H. Nohl, Tübingen 1907, p.89.

내용 자체에 침투해 들어감으로써 가능하게 된다. 따라서 객관적 현실은 또한 주체의 실현이다. 바로 이 개념이 헤겔의 가장 기본적인 명제, 즉 존재란 실체에 있어 주체[6]라는 명제에서 총괄된 개념이다. 이 명제의 의미는 헤겔 『논리학』의 해석을 통해서만 이해될 수 있다. 그러나 여기서는 잠정적인 설명으로 그치고 나중에 이를 보다 상세히 다루기로 한다.[7]

'주체로서의 실체'라는 이념이 내포하는 바는, 현실은 하나의 과정으로서 그 과정 속에서 모든 존재는 모순되는 힘들의 통일이라는 것이다. '주체'란 인식론적인 자아나 의식을 뜻할 뿐만 아니라, 존재의 양식, 즉 대립하는 과정에 있어 자기발전적인 통일체의 존재양식을 가리킨다. 존재하는 모든 것은, 그 존재를 구성하는 모든 모순관계를 통하여, 하나의 **자기**(self)로서 운동하는 한에서만 비로소 **현실적**이다. 따라서 자신의 고유한 모순을 전개시킴으로써 전진하는 것은 일종의 주체로 간주되지 않으면 안 된다. 예컨대 하나의 돌은 그것과 상호작용 하는 사물과 과정에 대한 작용·반작용을 통하여 똑같은 것, 즉 돌로서 존속하는 한에서만 돌인 것이다. 그것은 비를 맞아 젖기도 하고 도끼를 견디어 내기도 하고 부서질 때까지 일정한 하중을 버티어 내기도 한다. 돌로 존재한다는 것(Being-a-stone)은 돌에 대해 가해진 모든 것을 지속적으로 지탱해 낸다는 것이다. 그것은 되어가고 돌을 존재하는 (becoming and being stone) 지속적인 과정이다. 확실히, 돌이 된다(becoming)는 것은 의식의 주체로서의 돌에 의해 완수되지는 않는다. 돌은 비나

6. G. W. F. Hegel, *Phenomenology of Mind,* trans. J. B. Baillie, London(The Macmillan Company, New York), 1910, p.15. 참고
7. 이 책의 p.82, 143을 보라.

도끼의 하중과의 상호작용에서 변화되는 것이지, 그것이 스스로 변화하는 것은 아니다. 반면에 식물은 자기를 전개하고 발전시킨다. 식물은, 지금은 봉오리이고 다음엔 꽃인 것이 아니고, 오히려 봉오리에서 꽃을 거쳐 시들 때까지의 전체적인 운동과정인 것이다. 식물은 이러한 운동과정에서 자기를 형성하고 보존한다. 식물은 돌보다 훨씬 더 현실적 **주체**에 가까워진다. 왜냐하면 식물의 다양한 발전단계는 식물 자체로부터 생성되기 때문이다. 즉 그 발전단계들은 식물의 삶이며 외부로부터 부과되는 것은 아니다.

그러나 식물은 이러한 발전을 **이해**(comprehend)하고 있지 않다. 그것은 그 발전을 자기 자신의 것으로서 '실현'(realize)하는 것이 아니며, 따라서 자기 자신의 가능성으로부터 존재에로의 과정을 추론할 수 없다. 이러한 실현은 진정한 주체의 과정이며 인간 존재에 의해서만 달성된다. 인간만이 자기실현의 능력을 지니고 있으며 모든 생성과정에 있어서 자기 규정적 주체가 될 수 있는 능력을 지니고 있다. 왜냐하면 인간만이 가능성을 이해하고 개념을 인식할 수 있기 때문이다. 인간의 존재 자체가 그의 가능성을 현실화하는 과정이며, 이성의 개념에 따라 그의 삶을 형성해 나가는 과정인 것이다. 우리는 여기서 이성의 가장 중요한 범주, 즉 자유와 만나게 된다. 이성은 자유, 즉 진리의 인식에 따라서 행위를 할 수 있는 능력, 현실을 그 가능성에 따라 형성할 수 있는 능력을 전제하고 있다. 이들 목적의 실현은 오로지 자기 자신의 발전을 지배하고 자기를 둘러싸고 있는 세계의 가능성뿐만 아니라 자기 자신의 가능성을 이해하는 주체에게 속하는 것이다. 반대로 자유는 이성을 전제하고 있다. 왜냐하면 주체가 이 자유의 능력을 획득하고 발휘할 수 있도록 하는 것은 바로 개념적 인식이기 때문이다. 돌은 그러한 인식을 갖고 있지 않으며 식물 역시 마찬가지이다. 양자는 개념적 인식을, 따라서 진정한 주체성을 결여하고 있다. "그러나 인간은 그가 무엇인가를 알고 있으며 바로 그렇게 함으로써만 현실적이다. 이성과 자유는 이러한 인식 없이는 무(無)와 같다."8)

이성은 자유에서 완결되며 자유는 주체의 존재 그 자체이다. 한편 이성 자체는 실현, 즉 그것이 현실적으로 되는 과정을 통해서만 존재 한다. 이성이 객관적인 힘이며 객관적인 실재라고 하는 까닭은 바로 모든 존재양식이 어느 정도는 주관성의 양식, 실현의 양식이라는 데 있다. 주체와 객체는 뛰어넘을 수 없는 장애에 의해 분리되어 있지 않으며 그것은 객체 그 자체가 일종의 주체이기 때문이고 또한 모든 존재형태가 이성을 실현할 수 있는 자유로운 개념적 인식의 주체로 완성되기 때문이다. 이리하여 자연은 자유의 발전을 위한 매개체가 된다.

이성의 생명은 존재하는 것을 파악하고 그 파악된 진리에 따라 그것을 변형시키기 위한 인간의 끊임없는 투쟁 속에 나타난다. 이성은 또한 본질적으로 역사적인 힘이다. 그것의 실현은 시간적·공간적 세계에 있어 하나의 과정으로 일어나며 궁극적으로 보면 인류의 전(全) 역사이다. 역사로서의 이성을 가리키는 말은 정신(Geist)이며 그것은 인간성의 합리적 진보라는 관점에서 본 역사적 세계를 뜻하는 것으로써, 행위와 사건의 연쇄로서의 역사가 아니라

---

8. *Vorlesungen űber die Geschichte der Philosophie,* ed. J. Hoffmeister, Leipzig 1938, p.104.

세계를 인류의 증대하는 가능성에 적응시키기 위한 끊임없는 투쟁으로 나타나는 역사적 세계를 말한다.

역사는 여러 시대로 구성되어 각 시대가 각기 다른 발전수준을 나타내며 이성 실현의 일정한 단계를 나타내고 있다. 각각의 단계는 그것을 특징짓는 지배적인 사고 및 생활방식을 통해서, 즉 정치 및 사회제도, 과학, 종교, 철학을 통해 전체로서 파악되고 이해되어야 한다. 이성의 실현과정에는 각기 상이(相異)한 단계가 있으나, 오직 하나의 전체와 하나의 진리가 있는 것과 마찬가지로, 거기에는 오직 하나의 이성 즉 자유의 실현이 있을 뿐이다. "이 궁극적인 목표야말로 세계사적 과정이 끊임없이 지향해왔던 것이며 또 그것을 위해 광대한 지구의 제단에 때때로 쌓여온 제물(祭物)을 오랜 시대에 걸쳐 바쳐온 것이다. 이것이야말로 스스로를 실현하고 완성하는 유일한 궁극목표이며 그것은 사건과 상황의 끊임없는 연쇄 속에서 유일한 휴식의 극(極)이며 유일하게 참된 현실인 것이다."[9]

이성과 현실의 **직접적인**(무매개적인) 통일은 결코 존재하지 않는다. 통일은 오랜 과정을 통해서만 이루어지는 것이며, 그 과정은 자연의 최저의 단계에서 출발하여, 자기의 가능성에 대한 자기의식 속에서 살고 행동하는 자유롭고 합리적인 주체라는 존재의 최고단계에까지 도달하는 과정이다. 현실적인 것과 가능한 것 사이에 간격이 있는 한, 현실은 이성에 합치될 때까지 작용을 받고 변화되지 않으면 안 된다. 이성에 의해 형성되지 않는 한, 말의 의미를 강조하자면 현실은 결코 현실이 아니다. 이와 같이 헤겔 체계의 개념구조 안에서는 현실의 의미가 달라진다. 현실적이란 말은 실제로 존

9. *Philosophy of History*, p.19~20.

재하는 모든 것을 의미하는 것이 아니라(그것은 오히려 현상이라 불러야 한다.), 이성의 기준에 합치되는 형태로 존재하는 것을 뜻하는 것이다. '현실적인 것'은 이성적인 것이며 이성적인 것만이 현실적인 것이다. 예컨대 국가는 인간의 주어진 가능성에 상응하는 경우에만, 그리고 그 가능성의 충분한 발전을 허용하는 경우에만 현실이 된다. 그것에 선행하는 어떠한 형태의 국가도 아직 이성적이지 않으며 따라서 현실적인 것도 아니다.

이와 같이 헤겔의 이성 개념은 비판적이고 논쟁적인 성격이 현저하다. 그것은 주어진 사태를 모조리 그대로 받아들이는 것에 반대한다. 그것은 현존하는 모든 존재형식을 다른 형태로 해체시키는 적대관계를 논증함으로써 모든 지배적인 존재형식의 헤게모니를 부정한다. 우리는 '모순의 정신'(spirit)이 헤겔 변증법의 추진력이라는 것을 설명해보기로 하자.[10)]

1793년, 헤겔은 셸링에게 다음과 같이 쓰고 있다. "이성과 자유는 여전히 우리의 원리이다." 그의 초기 저작들에 있어서는 이러한 원리의 철학적 의미와 사회적 의미 사이에 하등의 괴리도 존재하지 않았으며, 이들 원칙은 프랑스 자코뱅 당원들이 사용했던 것과 같은 혁명적 언어로 표현되고 있다. 예컨대 헤겔은 그의 시대의 의의가 다음과 같은 사실에 있다고 말한다. "지상을 지배하는 압제자와 신들을 둘러싸고 있던 후광은 사라졌다. 철학자들은 인간의 존엄을 논증하고 있다. 사람들은 그것을 깨닫게 될 것이며, 이제껏 굴욕 속에서 유린당해 온 그들의 권리를 요구할 뿐만 아니라 스스

10. 헤겔 자신도 한때 그의 변증법의 본질을 '모순의 정신'으로 특징 지웠다.(Eckermann, *Gespräche mit Goethe in den letzen Jahren seines Lebens*, October 18, 1827).

로 그것을 획득하여 그들 자신의 것으로 만들 것이다. 종교와 정치는 똑같은 역할을 해 왔다. 종교는 전제정치가 가르치고자 했던 것, 즉 인간성에 대한 경멸과 자기 자신의 노력을 통해 선을 달성하고 자기의 본질을 완성할 수 없다는 인간의 무능을 가르쳐 왔던 것이다."[11] 우리는 심지어 보다 극단적인 언명, 즉 이성의 실현을 위해서는 기존질서에 반하는 사회조직이 요구된다는 헤겔의 주장과 만난다. 1796년에 쓰인 『최초의 독일 관념론 체계강요』(*Erstes Systemprogramm des Deutschen Idealismus*) 가운데 다음과 같은 논술이 보인다. "나는 기계의 이념이란 것이 존재하지 않는 것과 마찬가지로 국가의 이념도 존재하지 않는다는 것을 논증하려고 한다. 왜냐하면 국가 역시 기계적인 그 무엇이기 때문이다. 자유의 목적인 것만이 이념이라 불릴 수 있다. 그러므로 우리는 국가를 초월하지 않으면 안 된다. 왜냐하면 어떠한 국가도 인간을 기계 속의 톱니바퀴로 취급하지 않을 수 없게 되어 있기 때문이다. 그리고 바로 이것이야말로 국가가 해서는 안 될 것이다. 그러므로 국가는 소멸하지 않으면 안 된다."[12]

그러나 관념론적인 기초개념들의 급진적 의미는 서서히 포기되고 있으며 점점 더 지배적인 사회형식에 적응해 가고 있다. 이러한 과정은, 후에 보는 바와 같이 자유주의적 사회의 결정적 원리들을 견지하고 그것을 뛰어넘는 여하한 이탈도 불허하는 독일 관념론의 개념적 구조에 의해 불가피하게 요구된 것이다.

---

11. 1795년 4월 헤겔이 셸링에게 보낸 편지, in *Briefe von und an Hegel*, ed. Karl Hegel, Leipzig 1887.
12. *Dokumente zu Hegels Entwicklung*, ed. J. Hoffmeister, Stuttgart 1936, p.219f.

그러나 헤겔 체계에 있어 철학과 현실의 화해가 취한 독특한 형식은 헤겔 체계가 완성되는 시기에 있어서 독일의 현실적 상황에 의해 규정지워진 것이었다. 헤겔 초기의 철학적 개념들은 독일제국이 쇠퇴해가는 과정 속에서 공식화되었다. 그가 독일 헌법에 관한 팸플릿(1802)의 서두에서 단언한 바와 같이, 1790년대의 독일은 '더 이상 하나의 국가로 볼 수 없는' 상태에 있었다. 봉건적 전제주의의 잔재들이 여전히 독일을 지배하였고, 더욱이 다수의 소(小)전제국으로 분열하여 서로 경쟁했기 때문에 한층 더 압제적인 지배로 나타났다. 제국은 "오스트리아와 프로이센, 다수의 선제후들, 94개의 교회 및 세속영주들, 그리고 51개의 자유시들로 구성되어 있었다. 통산하면 근(近) 300개의 영지로 구성되어 있었다." 제국 자체는 '단 한 명의 병사도 갖지 못했으며, 고작 수천 플로린에 달하는 연간수입을 갖고 있었다.' 중앙 집권적 사법권은 존재하지 않았다. 제국최고재판소(Reichskammergericht)는 '독직과 전횡과 수뢰'의 온상이었다.[13] 농노제는 아직도 널리 행해지고 있었고, 소작농들은 여전히 마소처럼 취급되고 있었다. 일부 영주들은 여전히 신민들을 용병으로 외국에 대여하거나 매매하기도 했다. 여하한 계몽주의의 기미도 놓치지 않고 억압하기 위하여 강력한 검열제도가 실시되고 있었다.[14] 어떤 동시대인은 당시의 일반적 실정을 다음과 같은 말로써 묘사하고 있다. "법도 정의도 없으며, 자의적인 조

13. T. Perthes, *Das Deutsche Staatsleben vor der Revolution,* Hamburg 1845, pp.19,34,41. 더불어 W. Wenck, *Deutschland vor hundert Jahren,* Leipzig 1887을 보라.

14. K. T. von Heigel, *Deutsche Geschichte vom Tode Friedrichs des Grossen bis zur Auflösung des alten Reichs,* Stuttgart 1899 ff., vol. I, p.77.

세부과로부터 보호받지 못하고, 우리 자식들의 생존과 우리의 자유와 권리에 대한 확신도 없이, 전제권력의 나약한 희생물로서 통일성과 국민정신이 결여된 우리들의 생존…… 이것이 우리 국민의 실상인 것이다."15)

프랑스와는 현저히 대조적으로, 독일은 이러한 전제주의에 대한 투쟁을 지도할 의식 있고 정치적 소양을 갖춘, 강력한 중산계급을 갖고 있지 못했다. 귀족들이 아무런 저항도 받지 않고 지배하였던 것이다. "독일의 어느 누구도 이처럼 엄청난 특권계급을 시기하거나 그들의 행복한 지위를 질투한다는 것은 거의 생각도 하지 않았다"16)고 괴테는 지적했다. 도시의 중산계급은 다수의 자치 시로 분산되어 각기 자치기구와 지방적 이해관계로 분열되어 있었으므로 위협적인 반대세력 결집시켜 저항운동을 일으키기엔 무력했다. 분명히, 지배귀족과 길드 및 장인계급 간에 갈등이 있기는 했다. 그러나 이러한 갈등은 어느 곳에서도 혁명운동을 일으킬 수준에 이르지는 못했다. 시민들은 그들의 청원과 불평불만을 표명하면서도, 으레 '혁명의 공포'로부터 조국을 보호해 달라는 신에 대한 기도를 덧붙이고 있었다.17)

독일 종교개혁 이래 대중들은, 그들에게 있어 자유란 모든 형태의 예속과 양립될 수 있는 '내적 가치'이며, 현재 권위에 대한 당연한 복종이 영원한 구원을 위한 선행조건이라는 것, 또한 고통과 빈곤은 신의 눈으로 보면 하나의 축복이라는 데에 익숙해져 있었다.

15. J. Műller, in von Heigel, *op.cit.*, p.115.
16. *Dichtung und Wahrheit*, in : *Werke, Cottasche Jubiläumsausgabe*, vol. XXII, p.51
17. K. T. von Heigel, *op.cit.*, pp.305~6.

오랜 계율적 훈련과정을 통해 독일인들의 자유와 이성에 대한 요구는 내면화되어 있었다. 프로테스탄티즘의 결정적 기능의 하나는 개인의 주장과 요구를 외적 세계로부터 내적 생활로 향하게 함으로써, 해방된 개인들로 하여금 새로이 성립된 사회체제를 받아들이도록 유도하는 데 있었다. 루터는 기독교적 자유를 모든 외적 조건에 의존하지 않고 실현되어야 할 내적 가치로서 확립하였다. 사회적 현실은, 진정한 인간 본질에 관한 한, 무관한 것이 되었다. 인간은 그의 가능성 충족에 대한 요구를 자기 자신에 의존시키고, 그 인생의 완성을 외부세계에서가 아니라 자신의 '내부에서 추구'해야 한다는 것을 알게 되었다.[18)]

독일 문화는 그 프로테스탄티즘적 기원으로부터 분리될 수 없다. 그로부터 외적 현실과 투쟁에도 동요될 수 없는 미와 자유와 도덕의 왕국이 생겨났다. 그것은 비참한 사회현실로부터 분리되어 개인의 영혼에 닻을 내렸다. 이러한 발전은 독일 관념론 속에 광범위하게 나타나는 하나의 경향, 즉 자진하여 사회현실과 화해하고자 하는 경향의 원천인 것이다. 이러한 관념론자들의 화해적 경향은 그들의 비판적 합리주의와 끊임없이 갈등하게 된다. 궁극에 가서는 그들 철학의 비판적 측면에서 제시된 이상, 즉 합리적 기초에 입각하여 현실세계의 정치적·사회적 개혁을 달성해야 한다는 이상은 좌절되어 정신적 가치의 문제로 변형되고 만다.

'교양 있는' 계급들은 현실적 문제들을 회피함으로써, 사회개조를 위해 그들의 이성을 현실에 적용할 수 있는 능력의 상실을 자초했

---

18. *Studien űber Autorität und Familie. Forschungsberichte aus dem Institut für Sozialforschung,* Paris 1936, p.136 ff. 및 *Zeitschrift fűr Sozialforschung,* Paris 1936, vol. V, p.188 ff.를 보라.

고 과학, 예술, 철학 및 종교의 영역에서 그들의 능력을 실현했다. 그들에게 있어 그 영역은 비참한 현실의 사회 상태를 초월하는 '진정한 현실'이 되었다. 그 왕국은 마치 진·선·미·행복의 도피처 같은 것이었으며, 무엇보다도 사회적 경로(經路)로 수용될 수 없었던 비판적 기질의 경우 더욱 그러했다. 그러므로 문화는 본질적으로 관념론적이었고 물자체(物自體)보다는 물(物)의 관념에 더욱 몰두하고 있었다. 즉 그것은 '행동'의 자유보다는 '사상'의 자유를, 실천적 정의보다는 도덕성을, 인간의 사회생활보다는 내면생활을 앞세웠던 것이다. 그러나 이와 같은 관념론적 문화는 견딜 수 없는 현실을 초탈함으로써, 손상받거나 오염되지 않고 자기를 보전했다는 이유만으로도, 왜곡된 위안과 찬미에도 불구하고 인류 역사상 실현된 예가 없는 진리의 보고로서 공헌했다.

헤겔의 체계는 이러한 문화적 관념론의 위대한 최종적 표현이자 사유를 이성과 자유의 도피처로 만들려는 위대한 최후의 시도였다. 그러나 헤겔의 사색은 그 본래의 비판적 충동이 상당히 강했기 때문에 역사로부터 초연한 관념론의 전통적인 태도를 포기하게끔 했다. 그는 철학을 구체적인 역사적 요인으로 보아 철학에 역사를 끌어들였다.

그러나 역사란 철학 속에 포용되면 그 관념론적 골격을 파괴해 버린다.

헤겔의 체계는 절대적으로 특정 정치철학 및 특정 사회·정치 질서와 연관되고 있다. 시민사회와 왕정복고시대의 국가 사이에서의 변증법은 헤겔 철학에 있어 우연적인 요소는 아니며 또한 그의 『법철학』의 하나의 절에 불과한 것이라고 할 수도 없다. 그 원리는 이미 그의 체계의 개념적 구조 속에서 작동하고 있다. 반면, 그의 기초 개념들은 서구 사상의 전통 전체의 절정 이외에 다른 아무것도 아니다. 그 개념들은 이와 같은 전통의 범위 내에서 해석되는 경우에만 이해될 수 있다.

우리는 지금까지 간략하게나마 헤겔의 여러 개념을 그 구체적인 역사적 배경 속에서 찾으려고 시도해 왔다. 이제 우리에게 남은 문제는 헤겔 체계의 출발점을 그의 시대의 철학적 상황 속에서 추적하여 그 원천(源泉)을 밝히는 일이다.

2. 철학적 배경

독일 관념론은 영국 경험론의 공격으로부터 철학을 구출했다. 양자의 투쟁은 철학상의 서로 다른 학파간의 충돌로 되었을 뿐만 아니라 철학 자체를 위한 투쟁이 되었다. 철학은 자연과 사회의 합리적 지배를 향한 인간의 노력을 이끌 권리가 있다고 끊임없이 주장해 왔으며, 또한 줄곧 철학이 세계인식을 위한 최고의, 또 가장 보편적인 개념들을 창조했다는 사실로 그 주장을 뒷받침해 왔다. 데카르트에 의해 철학의 실천적 의미에 새로운 형식이 주어졌으며 그것은 근대적 기술의 놀라운 진보에 부합되었다. 그는 "실천적 철학에 의하여 불(火), 물(水), 공기, 별, 천체 등 우리를 둘러싸고 있는 모든 물체의 힘과 작용을 인식함으로써…… 우리는 그것들을 각기 적합한 용도에 사용할 수 있으며 또한 그렇게 함으로써 자연을 지배하고 소유할 수 있는 것이다"[19]라고 선언했다.

이러한 과제의 달성은 점점 더 인식에 있어서의 보편타당한 법칙 및 개념들의 확립과 결부되게 되었다. 자연과 사회의 합리적 지배는 진리의 인식을 전제로 삼고 있었으며, 진리는 사물의 다양한 현상이나 개인의 무매개적 지각 형식과는 대조적으로 보편적인 것으로 파악되었다. 이와 같은 원리는 이미 그리스 인식론의 초기의 시도에 상당히 나타나 있었다. 진리는 보편적이고 필연적이며 따라서 변화와 우연의 일상경험과 모순된다는 것이었다.

이 개념, 즉 진리는 실존의 사실적 문제와 상반되며 우연적인 개개인과 무관하다는 개념은, 인간의 사회생활이 갈등하는 개인과 집단 간의 하나의 적대관계로 전개되어 온 역사상의 전시대를 통해 일관된 것이었다. 보편자는 사회에 있어서 개인적 이해만이 지배적이며, 이에 반해 공공의 이익은 다만 개인의 '배후'에서 주장되는데 불과한 역사적 사실에 대한 하나의 철학적 반동(反動)으로서 실체화되어 왔다. 보편과 개별의 대립은 근대에 이르러 보편적 자유의 슬로건을 내걸고 해방된 개인들의 지식과 활동에 의해서만 적합한 사회질서를 수립할 수 있다고 주장하면서 더욱 격화된 형태를 취하게 되었다. 만인은 자유롭고 평등하다고 선언되었다. 그러나 지식에 따라 행동하고 자기이익을 추구함으로써 그들이 만들어내고 체험한 질서란 종속과 부정의(不正義), 그리고 반복되는 위기 그것이었다. 자유로운 경제 주체간의 일반적인 경쟁은 모든 사람의 욕구와 욕망을 보장하고 충족시킬 수 있는 합리적인 공동체를 수

19. *Discourse on Method,* Part VI, in : *Philosophical Works*, ed. E. S. Haldane and G. R. T. Ross, Cambridge 1931, vol. I, p.119.

립하지 못했다. 인간의 생활은 각 개인을 고립된 상품 구매자와 판매자로 상호 관련시키는 사회체제의 경제적 메커니즘에 종속하게 되었다. 이와 같은 합리적 공동체의 현실적 부재현상은 이성의 통일성(Einstein)과 보편성(Allgemeinheit)을 추구한 철학에 그 책임이 있었던 것이다.

개인적 추론의 구조(주체성)란 합리성의 보편적 기준을 구성할 수 있는 어떤 일반적 법칙과 개념을 산출하는가? 보편적인 합리적 질서가 개인의 자율성에 기초하여 건설될 수 있는가? 이들 질문에 긍정적인 대답을 확대시키면서, 독일 관념론은 그 적대관계에 희생되지 않고 개인주의적 사회의 기본 이념들을 유지시켜 나갈 통일원리에 도달할 것을 목표로 삼았다. 영국 경험론자들은 단일한 이성의 개념이나 법칙으로 보편성을 도출시킬 수는 없으며 이성의 통일성은 관습이나 습관의 통일성에 불과한 것으로 사실에 입각하지만, 결코 그 사실을 지배하는 것은 아니라고 논증하였다. 독일 관념론자들에 따르면, 이러한 공격은 생활의 통상적인 형태에 하나의 질서를 부여하려는 모든 노력을 궁지에 빠뜨리는 것이었다. 통일성과 보편성은 경험적 현실에서 발견될 수 있는 것은 아니었다. 그것들은 주어진 사실이 아니었다. 뿐만 아니라 경험적 현실의 구조는 그 통일성과 보편성이 주어진 사실로부터 도출될 수 없다는 가정을 뒷받침하였다. 그러나 인간이 그들의 자율적 이성을 통해 그리고 사실과 모순될지라도, 통일성과 보편성을 창출하는 데 성공하지 못한다면, 인간은 자기의 지적 존재뿐만 아니라 물질적 존재까지도 존재의 경험적 생활 질서의 맹목적인 압력과 과정에 이양하지 않을 수 없을 것이다. 이처럼 문제는 철학적 문제였을 뿐만 아니라 인류의 역사적 운명과도 관련되어 있었던 것이다.

독일 관념론자들은 그 문제가 구체적 역사 속에서 나타난다는 점을 인정했다. 이것은 그들 모두가 이론적인 이성을 '실천'이성과 연관시켰다는 사실로 보아 명백하다. 칸트가 선험적 의식의 분석에서 '세계시민국가'(Weltbürgerreich) 공동체에의 요구로 전이하고, 피히테가 순수자아의 개념에서 전체적으로 통일 · 규제된 사회(der geschlossene Handelsstaat)로, 또 헤겔이 이성의 개념에서 일반이익과 개인적 이익의 결합체로서의, 따라서 이성의 실현으로서의 국가의 규정에로 전이한 것은 필연적인 추이였다.

관념론의 반격은 로크나 흄의 경험론적 접근 방법으로 촉발된 것이 아니라 그들이 가한 일반관념에 대한 논박에 의해 유발된 것이었다. 우리는 이성이 갖는 현실을 형성할 수 있는 권리는 보편타당한 진리를 파악하는 인간의 능력에 의존하는 것이었음을 밝히려고 노력해 왔다. 이성이 있는 그대로의 사실을 초월해서 있어야 할 사실의 실현에 도달할 수 있는 것은 오직 그 개념의 보편성과 필연성에 의해서이다(이들 개념이 그 진리의 규준規準이 된다). 이들 개념을 경험론자들은 부정했다. 로크는 일반관념이란 "오성 자체의 요구에 의해 만들어진 오성의 발명품이자 창조물이며, 다만 표식(標識)에 관계될 뿐이다. ……그러므로 우리가 개별적인 것을 버릴 때, 뒤에 남는 일반적인 것이란 단지 우리들 자신의 창조물에 불과하다"[20]고 말했다. 흄에게 있어서 일반관념은 개별적인 것으로부터 추상(抽象)된 것이며 그 개별적인 것만을 표현하는 것이다.[21] 일반

20. *Essay Concerning Human Understanding,* book Ⅲ, ch. 3, section ii, in : *Philosophical Works,* ed. J. A. St. London 1903, vol. Ⅱ, p.14

21. A *Treatise of Human Nature,* book Ⅰ, part Ⅰ, section 7, ed. L. A.

관념은 결코 보편적 법칙이나 원리를 제공할 수 없다. 만약 흄의 주장이 인정될 수 있었다면, 현실을 조직하기 위한 이성의 요구는 거부되어야만 했다. 왜냐하면 앞에서 본 바와 같이, 이 요구는 진리에 도달할 수 있는 이성의 능력에 기초를 두고 있는데 그 진리의 타당성은 경험에 유래하는 것이 아니며, 사실 경험에 반(反)할 수 있는 것이기 때문이다. "생활의 길잡이는 이성이 아니라 관습인 것이다"22) 경험론 연구의 이와 같은 결론은 형이상학의 근저를 위태롭게 하는 것 이상의 결과를 가져왔다. 그것은 인간을 '소여'(所與)의 한계 내에, 그리고 사물과 사건의 현존질서의 테두리 안에 가두어 놓았던 것이다. 이러한 질서내의 개별적인 것이 아니라 그 전체질서 자체를 초월할 수 있는 권리를 인간은 도대체 어디에서 획득할 수 있는가? 이 질서를 이성의 판단에 따르게 할 수 있는 권리를 어디에서 획득할 수 있을 것인가? 경험과 관습이 지식과 신념의 유일한 원천이라면, 그는 어떻게 하여 관습에 반(反)하는 행동을 하고 아직 승인되어 확립되지 않은 관념과 원리들에 부합하여 행동할 수 있을 것인가? 진리는 주어진 질서에 반할 수 없으며 이성 또한 그에 반하여 말할 수 없다. 그 결과는 회의론에 그치지 않고 관습 숭배주의가 되었다. 인간의 본성을 '소여'에 한정하는 경험론은 소여를 초월하려는 욕구와 함께 소여에 대해 절망하는 욕구도 제거하였다. "왜냐하면 무엇보다도 분명한 것은 절망이 향유와 거의 같은 효과를 지니며, 어떤 욕구도 충족시킬 수 없음을 아는 그 순간에 욕구자체가 소멸하고 만다는 사실 때문이다. 우리

Selby-Bigge, Oxford 1928, p.17ff.

22. Hume, *An Abstract of A Treatise of Human Nature*, Cambridge University Press 1938년 초판 p.16.

들이 인간이성의 극한에 도달했음을 지각할 때, 우리는 만족하여 주저앉고 만다."[23]

독일 관념론자들은 이러한 철학을 이성에 대한 포기를 나타내는 것으로 간주했다. 일반관념의 존재를 관습의 힘에 귀속시키고, 현실 이해의 방법적 원리를 심리적 메커니즘으로 돌리는 것은, 그들에게는 진리와 이성의 부정과 같은 것이었다. 인간의 심리는 변화하기 쉬운, 사실 불확실성과 우연성의 영역으로서 그로부터 어떠한 필연성이나 보편성을 도출한다는 것은 불가능하다고 그들은 생각했다. 그러나 이러한 필연성과 보편성은 이성을 보장하는 유일한 원리였다. 관념론자들은 다음과 같이 선언했다. 이와 같은 필연성과 보편성을 요구한 일반관념이 상상력의 산물만이 아니라 그 이상의 무엇임을 증명할 수 없다면, 그 타당성을 경험으로부터도, 개인의 심리로부터도 도출할 수 없다는 것을 보여주지 못한다면, 다시 말해서 경험에 근거를 두지 않고서도 경험에 적용될 수 있다는 것을 입증하지 못한다면, 이성은 경험적 가르침의 명령에 복종해야만 할 것이라고 선언한 것이다. 또한 이성에 의한 인식, 즉 경험에서 유래하지 않은 개념들에 의한 인식이 형이상학을 의미한다면, 형이상학에 대한 공격은 동시에 인간 자유의 조건에 대한 공격이었으며, 그 까닭은 경험을 지도하는 이성의 권리는 이들 조건의 고유한 일부였기 때문이다.

칸트는 모든 인간의 인식은 경험에서 시작되며 또 거기에서 끝난다는, 경험만이 이성개념을 위한 '소재'를 제공한다는 경험론자들의 견해를 취했다. 그의 『순수이성비판』(*Kritik der reinen Vern-*

---

23. Hume, *Treatise*, Introduction, p.22.

unft) 서두만큼 강한 경험주의적 진술은 없다. "모든 사유는 직접 또는 간접으로…… 궁극적으로는 직관에, 그러므로 우리에게 있어서는 감각에 관계지워지지 않으면 안 된다." 왜냐하면 다른 방법으로는 객관이 우리에게 주어질 수 없기 때문이다. 그러나 칸트는, 경험론자들은 경험 역시 경험적 소재를 조직하는 수단과 양식을 부여한다는 사실을 입증하지 못했다고 주장한다. 만약 이러한 조직원리들이 진정한 인간 정신의 소산으로서 경험으로부터 발생한 것이 아니라는 사실이 입증될 수 있다면 이성의 독립과 자유를 구제하게 될 것이다. 즉 경험 자체가 이성의 소산이 될 것이다. 왜냐하면 이제 경험은 감각이나 인상의 무질서한 다양성이 아니라 감각과 인상의 포괄적인 조직체일 것이기 때문이다.

칸트는 인간 정신이, 감각에 의해 주어진 소여의 다양성을 조직하는 보편적인 '형식들'을 보유하고 있다는 것을 증명하기 시작했다. '직관'의 제형식(공간과 시간)과 '오성'의 제형식(범주)들은 보편적인 것이며 이를 통해서 정신은 감각의 다양성에 질서를 부여하여 그것을 경험의 연속으로 만든 그 형식들은 각각의 그리고 모든 감각과 인상에 대해 '선험적'(a priori)이며 이로써 우리는 이들 형식 하에서 인상들을 획득하고 질서 있게 한다. 경험은 오직 인간 정신의 선험적 활동에 의해서만 필연적이고 보편적인 질서를 나타내는 것이며, 그 인간 정신은 모든 사물과 사건을 공간과 시간의 형식을 통해 지각하고 단일성, 실재성, 실체성, 인과성 등의 범주 하에서 그것들을 개념적으로 파악하는 것이다. 이들 형식과 범주들은 경험에서 유래하지 않는 것으로서, 그 까닭은 흄이 지적한 바와 같이 그것들에 상응하는 어떠한 인상이나 감각도 발견할 수 없기 때문이다. 그러나 경험은 조직된 연속체로서 그것들 속에서 발생한다. 그 형식과 범주들은 인간 정신의 구조 자체를 이루는 것이기 때문에 보편타당성과 적용 가능성을 가진다. 객관의 세계는 보편적이고 필연적인 질서로서, 주관에 의해 산출되는 것이다. 즉 개인이 아니라 모든 개인에게 있어 공통적인 직관과 오성의 작용에 의해 산출된다는 것으로 그 이유는 이들 작용이 경험의 조건 그 자체를 이루고 있다는 데 있다.

이와 같은 정신의 공통된 구조를 칸트는 '선험적 의식'(consciousness transcendental)이라고 부르고 있다. 그것은 직관과 오성의 형식들로 구성되며, 칸트의 분석에 있어 이들 형식은 정적인 구조가 아니고 감성적 지각과 개념적 사유의 작용 속에서만 존재하는 작용의 형식이다. 직관 또는 외적 감각의 선험적 형식은 감각적 소여의 다양성을 공간적—시간적 질서 속에 종합한다. 이 종합의 결과는 범주에 의하여 원인과 결과, 실체, 상호관계 등의 보편적·필연적인 관계로서 규정된다. 그리고 이러한 복합 전체는 '선험적 통각'(transcendental apperception)에서 통일되며, 그 선험적 통각은 모든 경험을 사유하는 자아에 연관시킴으로써 경험에 '나의' 경험이라는 연속성을 부여하는 것이다. 모든 정신에 선험적이고 공통된 따라서 보편적인 이러한 제반 종합과정은 상호의존하고 있으며 모든 인식작용에 있어 전체로서(in toto) 적용되는 것이다.

칸트가 '최고'(最高)의 종합이라 부르는 선험적 통각의 종합은 '나는 사유한다'는 자각이며 이것은 모든 경험에 수반된다. 그것을 통하여 사유하는 자아는 자신을 연속되고 현재적이며 능동적이라는 것을 경험의 전계열(全系列)에 걸쳐 인식하는 것이다. 그러므로 선험적 통각이란 주관의 통일을 위한, 따라서 모든 객관적 관계의 보편성과 필연성을 위한 궁극적 기초인 것이다.

선험적 의식은 감각을 통해 수용된 소재에 의존한다. 그러나 무수한 이들 인상은 선험적 의식의 조작을 통해서만 객체와 관계가 통합되어 조직된 세계로 되는 것이다. 그렇다면 우리는 정신의 '선험적인 형식과의 관련 하에서만 인상을 인식하기 때문에, 인상을 발생시킨 물자체'(things-in-themselves)의 존재양식이나 실체는 알 수 없게 된다. 이들 물자체는 정신의 형식 외부에 존재하는 것으로 가정되므로 전혀 불가지(不可知)한 것으로 남게 된다.

헤겔은 이와 같은 칸트 철학의 회의적 요소들을 경험론의 맹공격으로부터 이성을 구출하려는 칸트의 시도를 무효화하는 것으로 간주했다. 물자체가 이성 능력의 밖에 있는 한 이성은 현실의 객관적 구조에 대한 지배력을 결여한, 단순한 객관적 원리에 불과했다. 또한 이로써 세계는 주관성과 객관성, 오성과 감성, 사유와 존재라는 두 개의 분리된 부분으로 분열되고 말았다. 이러한 분리는 헤겔에 있어서는 본래 인식론적인 문제가 아니었다. 헤겔은 주관과 객관의 관계, 즉 주객의 대립이 존재의 구체적인 갈등을 표출하고 있으며 그 해결책, 즉 대립의 통합은 이론의 문제일 뿐 아니라 실천의 문제라는 것을 거듭 강조하였다. 후에 그는 갈등의 역사적 형식을 정신의 '소외'(Entfremdung)라 기술하고, 그것은 객관의 세계는 본래 인간 노동과 지식의 소산이었는데, 인간으로부터 독립하여 이미 인간의 자기인식이 결여되어 있는 통제할 수 없는 힘과 법칙에 의해 지배받게 된 사실을 의미한다고 설명했다. 동시에 사상은 현실로부터 유리되고 진리는 사유 속에 간직된 무력한 이상이 되고 반면 현실세계는 사상의 영향권 밖에 조용히 물러나 있다. 만약 인간이 분리된 세계를 재통합하고 자연과 사회를 이성의 범위 내에 되돌려 놓지 못한다면, 인간은 영원한 좌절의 운명에 처할 것이다. 이러한 전반적인 분열의 시대에 있어 철학의 사명은 상실된 통일성과 전체성을 회복시킬 원리를 입증해 내야 한다는 데 있다.

헤겔은 이러한 원리를 그의 이성 관념에서 도출해 낸다. 우리는 이제까지 프랑스 혁명의 진보사상과 철학적 논의의 지배적 경향을 결합시키는 효과를 가져 온 이성 개념의 사회사적·철학적 근원을 개관하려고 시도해 왔다. 이성은 주체와 객체 간의 모든 적대관계가 진정한 통일성과 보편성의 형태로 통합되는 현실의 진정한 형식인 것이다. 그러므로 헤겔 철학은 필연적으로 모든 존재의 영역들을 모든 것을 포용하는 이성의 관념에 포섭시키는 하나의 체계인 것이다. 유기계(有機界)나 무기계(無機界), 사회나 자연을 막론하고 여기서는 모두 정신의 지배 아래에 놓이게 된다.

헤겔은 철학의 체계적 성격을 역사적인 상황의 소산이라고 생각했다. 역사는 인간 자유의 실현을 목전에 두고 있는 단계에 도달해 있었다. 그러나 자유는 이성의 실재(實在)를 전제로 한다. 인간은 통합적인 합리적 의지와 의식이 전세계를 지배하는 경우에만 자유로워질 수 있고 모든 가능성을 발전시킬 수 있었다. 헤겔 체계는 이러한 가능성이 달성된 상태를 예정하고 있다. 그것이 내뿜는 역사적 낙관주의는 모든 존재형식을 이성의 형식으로 보는 헤겔의 이른바 '범논리주의(汎論理主義 ; pan-logism)의 기초를 제공하고 있다. 『논리학』에서 『자연철학』으로, 『자연철학』에서 『정신철학』으로의 이행은, 자연법칙은 존재의 합리적 구조로부터 발생하여 연속적으로 정신법칙에 도달한다는 가정에 의거하여 이루어진 것이다. 정신의 왕국은, 자연의 왕국이 맹목적인 필연성에서 달성한다면, 정신의 왕국은 자유로 달성한다. 즉, 현실에 내재된 가능성의 실현이 그것이다. 헤겔이 '진리'라고 하는 것은 바로 이러한 현실의 상태이다.

진리는 명제(命題) 및 판단에 결부될 뿐만 아니라, 즉 간단히 말해서, 사상의 속성일 뿐만 아니라 운동과정에 있는 현실의 속성인 것이다. 어떤 것이 진(眞)이라 할 수 있기 위해서는, 모든 객관적인 가능성을 실현함으로써 그것이 될 수 있는 것을 달성하고 있어야 한다. 헤겔의 말을 빌면, 이때 그것은 그것의 '개념'(槪念 ; notion)과 동일한 것이 된다.

개념은 이중의 용법을 갖는다. 그것은 주제의 본성과 본질을 포함하고 있으며 따라서 그것의 진정한 사상을 표현한다. 그와 동시에 그것은 그러한 본성이나 본질의 현실적 실현, 즉 그 구체적 실존을 지시하고 있다. 헤겔 체계의 모든 기본개념들은 동일한 이의성(二儀性)으로 특징지워진다. 이 개념들은 결코 단순한 개념을 나타내는 게 아니라(형식논리학의 경우처럼), 사상에 의해 파악된 존재의 형식 또는 양식을 나타내고 있다. 헤겔은 사상과 현실 간의 신비적 동일성을 전제하고 있는 것이 아니라, 현실이 진리와 일치하여 존재하는 단계에까지 발전되었기 때문에, 정당한 사상이 현실을 나타낸다고 주장한다. 그의 '범논리주의'는 그 반대에 접근하게 된다. 즉 사유의 원리와 형식을 현실의 원리와 형식으로부터 도출함으로써 논리법칙이 현실의 운동을 지배하는 법칙들을 재생산한다고 말할 수도 있다. 대립물의 통일이란 모든 개별 존재에 있어 헤겔이 논증해내는 하나의 과정이다. '판단'의 논리적 형식은 현실에서의 하나의 사건을 표현한다. 예컨대 '이 사람은 노예이다'라는 판단을 보기로 하자. 헤겔에 따르면 이 판단은 어떤 사람(주어)이 노예가 되어 있다(술어)는 것을 의미하지만, 그가 노예일지라도 여전히 인간이라는 것, 따라서 본질적으로 자유이며 그 술어에 반대라는 것이다. 판단이란 고정된 주어에 술어를 귀속시키는 것이 아니고 주어가 그 자신과는 다른 무엇이 되는 주어의 현실적 과정을 나타내는 것이다. 주어는 술어가 되고 또한 그것과 모순되는 바로 그 과정이다. 이 과정은 전통적 논리학이 가정해 온 고정된 주어를 다수의 대립관계 속에 해소시킨다. 현실은 동(動)적인 것으로 나타나며 거기에서는 모든 고정된 형식들은 단순한 추상(抽象)이라는 사실이 드러난다. 결국 헤겔 논리학에 있어 개념이 한 형식에서 다른 형식으로 이동하는 경우, 이것은 다음과 같은 사실, 즉 정확한 사고로서 하나의 존재형식이 다른 존재 형식으로 옮아간다는 사실을 가리키며, 또한 모든 개별적 형식은 이 형식이 존재하는 대립관계의 전체에 의해서만 결정될 수 있다는 사실을 나타내는 것이다.

우리는 헤겔에 있어서는 현실이 진리 속에 존재하는 단계에 도달했다는 사실을 강조해 왔다. 이제 이와 같은 진술은 수정되어야 한다. 헤겔은 존재하는 모든 것이 그것의 가능성에 부합되게 존재한다고 서술하는 것이 아니라, 정신이 그 자유의 자각에 도달하여 자연과 사회를 해방시킬 수 있게 되었다는 사실을 전달하고 있는 것이다. 이성의 현실은 하나의 사실이 아니라 과정인 것이다. 객체의 직접적인 현상형식은 아직 그 진정한 형식은 아니다. 단순히 주어진 그 무엇은 처음에는 부정성이며 그것은 진정한 가능성과는 다른 것이다. 그것은 그것의 부정적인 성격을 극복하는 과정에 있어서만 진정한 것이 되며 그로 인하여 진리의 탄생은 존재의 주어진 상태의 사멸을 요구하는 것이다. 헤겔의 낙관주의는 주어진 것에 대한 파괴적 개념에 입각하고 있다. 모든 형식은 그것이 개념에 적합하게 될 때까지 소멸시키고 변화시키는 이성의 해체운동에 지배된다. 이 운동이야말로 사유가 '매개'(Vermittlung)과정에서 반영하는 것이다. 우리가 우리의 이해 및 개념들(perceptions and concepts)의 진정한 내용에 따른다면 고정된 사물의 모든 한계가 붕괴되고 만다. 그들 사물은 다수의 관계에 해소되어 이 관계들은 그 사물들의 전개된 내용을 남김없이 흡수해 버리고 드디어는 주체의 개념적 파악활동으로 완성된다.

헤겔 철학은 기실 그것을 뒤이은 반동이 명명한 바와 같이 부정의 철학인 것이다. 이 철학의 본래 동기가 된 것은, 상식적으로는 진리의 궁극적 지표로 여겨진 주어진 사실이 현실에 있어서는 진리의 부정이며 따라서 그러한 사실을 파괴함으로써만 진리를 확립할 수 있다는 확신이다. 변증법적 방법의 추동력은 이와 같은 비판적인 확신에 있는 것이다. 변증법 전체가, 모든 존재형식에 본질적인 부정성이 침투해 있고 이러한 부정성이 그것의 내용과 운동을 규정한다는 사고와 연결되어 있다. 변증법은 어떠한 형태의 실증주의도 배격한다. 흄(Hume)에서 오늘날의 실증주의자들에 이르기까지 실증주의 철학의 원리는 사실의 궁극적 권위였으며 직접적인 소여(所與)의 관찰이 그 궁극적인 검증 방법이었다. 19세기 중엽에 본래는 합리주의의 파괴적 경향에 대한 응전으로서, 실증주의는 모든 것을 포용하는 '긍정의 철학'(positive philosophy)이란 독특한 형태를 취했는데, 그것은 이후 전통적인 형이상학을 대체하게 되었다. 이러한 실증주의의 주창자들은 그들 철학의 보수적·긍정적 태도를 강조하는 데 비상한 노력을 기울였다. 즉 사상이 사실에 만족하고 그 사실을 초월하는 어떠한 이탈도 단념하도록 하여 주어진 사태를 따르도록 유인하였다. 헤겔에 있어서는 사실 자체는 아무런 권위도 갖지 못한다. 사실은 주체에 의해 '정립'(gesetzt)되는 것이며 주체가 그 발전의 포괄적인 과정에 의해 매개시킨 것이다. 진리성의 검증이란 결국은 모든 사실이 관련된, 또한 그 사실들의 내용을 규정하는 이러한 과정에 의존하는 것이다. 주어진 모든 것은 이성 앞에서 정당화되지 않으면 안 되며, 이성은 자연과 인간 능력의 전체인 것이다.

그러나 헤겔의 철학은 주어진 것의 부정에서 시작하여 시종 이 부정성을 견지하면서, 역사는 이성의 실현을 달성했다는 선언으로 결론을 내리고 있다. 그의 기초개념들은 지배적 체계의 사회적 구조에 여전히 결부되어 있으며, 또한 이 점에서 독일 관념론이 프랑스 혁명의 유산을 보존해 왔다고 말할 수 있을 것이다.

그러나 헤겔의 『법철학』에서 선언된 '이상과 현실의 화해'는 단순한 화해 이상의 것을 지시하는 결정적 요소를 내포하고 있다. 이 요소는 철학의 부정이란 후기의 이론에서 보존·사용되고 있다. 철학이란 이성이 실현된 세계에 대한 자신의 세계관을 공식화했을 때 그 목표를 완수한다. 그 시점에서 만약 현실이 이성을 실제로 구체화하는 데 필요한 모든 조건을 내포하고 있다면, 사유는 이상과의 관련을 중지해도 좋다. 이제 진리는 그 실현을 위한 현실적인 역사적 실천을 요구할 것이다. 이상의 포기와 함께 철학은 그의 비판적 사명을 포기하고 그 임무를 다른 힘에 이양한다. 이리하여 철학의 종국적인 결정은 동시에 철학의 폐위(廢位)가 되는 것이다. 이상에 대한 몰두로부터 해방되면서 철학은 또한 현실과의 대립으로부터도 해방된다. 이는 철학이 철학이기를 중지한다는 것을 의미한다. 그러나 그렇다고 해서 사상 또한 현존질서에 따라야 한다는 것은 아니다. 비판적 사유는 중지되지 않으며 새로운 형태를 취할 뿐이다. 이성의 노력은 사회적 이론과 사회적 실천에 그 책임을 양도한다.

*　　　　*　　　　*

헤겔의 철학은 다섯 개의 발전단계로 나타난다.

1. 1790년에서 1800년까지의 시기는 철학을 위해 종교적인 기초를 구축하고자 하는 시도로 특징져지며 그 대표적인 예는 이 시기의 논문들을 집성한 『초기의 신학적 저작들』에서 볼 수 있다.

2. 1800년에서 1801년 사이에는 동시대의 철학체계, 특히 칸트, 피히테, 셸링의 철학체계의 비판적 논구를 통하여 자신의 철학상의 입장과 관심을 공식화하였다. 이 시기의 헤겔의 주저로는 『피히테와 셸링의 철학 체계상의 차이』(*Differenz des Fichteschen und Schellingschen Systems der Philosophie*), 『신앙과 지식』(*Glauben und Wissen*) 및 『철학비평잡지』(*Kritische Journal der Philosophie*) 중에 있는 다른 논문이 있다.

3. 1801년에서 1806년까지의 시기는 헤겔이 완성한 체계의 최초의 형식인 예나 시대의 체계가 이루어진 시기이다. 이 시기의 저

작으로는 『예나 시대의 논리학과 형이상학』(*Jenenser Logik und Metaphysik*), 『예나 시대의 실재철학』(*Jenenser Realphilosohie*) 및 『인륜의 체계』(*System der Sittlichkeit*)를 들 수 있다.

4. 1807년 『정신현상학』(*Phänomenologie des Geistes*) 출판

5. 최종적 체계 시대, 이 체계는 1808년에서 1811년에 걸쳐 『철학입문』(*Philosophische Propädeutik*)에서 그 개요가 이루어졌으나, 1817년에 이르기까지 완성되지 못했다. 헤겔 저작의 대부분이 이 시대에 이루어진 것으로서 『대(大)논리학』(*Wissenschaft der Logik*, 1812~1816), 『엔찌클로패디』(*Enzyklopädie der Philosophischen Wissenschaften*, 1817, 1827, 1930), 『법철학』(*Grundlinien der Philosophie des Rechts*, 1821) 및 역사철학, 철학사, 미학, 종교에 관한 베를린 대학에서의 다수의 강의록들이 있다.

헤겔 철학체계의 완성은 그의 새로운 철학사상을 구체적인 역사적 상황에 적용시키려고 하는 일련의 정치적 단상(斷想)들을 수반하고 있다. 이와 같이 철학적 결론들을 사회적 · 정치적 현실구조에 관련시키는 과정은 1798년 그의 역사 및 정치 연구와 함께 비롯되어 1802년 그의 『독일헌법론』(*Die Verfassung Deutschlands*)에 계승, 1831년 그가 영국 선거법 개정에 관한 연구논문을 집필한 시기까지 줄곧 계속된다. 그의 철학과 그의 시대에 역사적 발전을 연관시킴에 따라 헤겔의 정치적 저작들은 그의 체계적 저작의 일부가 되어 있으므로 양자를 함께 취급해야 할 것이다. 그래야만 그의 기초개념들에 대하여 역사 및 정치적 설명뿐 아니라 철학적 설명이 주어질 수 있게 된다.

제1장

헤겔 초기의 신학적 저작들

헤겔 철학이 탄생한 분위기를 살펴보려면, 우리는 1790년대의 남부독일의 문화적·정치적 배경에까지 거슬러 올라가지 않으면 안 된다. 당시의 뷔템베르크는 이제 막 권력에 대한 몇 가지 사소한 제한을 승인했을 뿐인 전제정치의 지배하에 있었으나, 벌써 1789년 프랑스 혁명의 이념들이 특히 청년 지식층에 강력한 영향력을 미치기 시작하고 있었다. 이전의 잔혹한 전제정치의 시대는 지나가 버린 듯이 보였다. 즉 대외전쟁을 위한 끊임없는 강제징병, 자의적인 중세(重稅), 관직매매, 대중을 약탈하여 사치스러운 군주의 부(富)를 살찌운 독점의 확립, 항의의 사소한 혐의나 움직임만 있어도 급작스럽게 행해지는 체포 등의 공포가 나라 전체를 사로잡고 있었던 전제주의는 이미 지나가 버린 것같이 생각되었다.[1] 카알 오이겐(Karl Eugen) 대공(大公)과 여러 신분 계급 간의 갈등은 1770년의 협정에 의해 완화되어 있었고, 중앙집권적 정부의 기능 수행에 가장 현저한 장애는 이로써 제거되었다. 그러나 결과는 단지 절대주의가 군주의 개인 통치와 봉건적 과두제의 이해관계로

1. Karl Pfaff, *Geschichte des Fürstenhauses und Landes Wirtemberg*, Stuttgart 1839, Part III, section 2, p.82를 참조.

분리된 것에 지나지 않았다.

그렇지만 벌써 절대주의 국가의 이데올로기적 체계를 타파한 바 있는 영국이나 프랑스의 철학에 비하면 취약하기 짝이 없는 독일 계몽주의가 뷔템베르크의 문화적 생활에 침투해 있었다. 대공(大公)은 '계몽전제군주'라 불렸던 프로이센의 프리드리히 2세의 추종자로서 그 치세(治世)의 만년에는 계몽적 절대주의에 전념했다. 계몽주의 정신은 그가 창설한 학교와 대학에서 촉진되었다. 종교나 정치의 문제가 18세기 합리주의의 견지에서 논의되었고 인간의 존엄성이 찬미되었으며, 권위와 전통의 모든 고루한 형태에 대항하여 자기 자신의 삶을 형성할 권리가 고양됨은 물론 관용과 정의가 찬미되었다.

그러나 당시 튀빙겐 신학대학에 재학 중이던 젊은 세대(곧 헤겔, 셸링, 횔더린)는 무엇보다도 이러한 이상과 독일제국의 비참한 현상 간의 현저한 대조에 충격을 받고 있었다. 국가와 사회를 개혁해서 인간의 권리를 회복시킬 수 있는 기회는 전혀 없었다. 물론 학생들은 혁명가를 부르고 『라마르세예즈』(*LaMarseillaise*)를 번역하여 노래했다. 그들은 아마도 자유의 나무를 심고 전제군주나 그 추종자들에 대한 항의의 절규를 외쳤을 것이다. 그러나 그들은 이 모든 활동이 그들의 조국을 장악하고 있는 아직도 막강한 세력에 대한 무력한 항전에 불과하다는 것을 알고 있었다. 기대할 수 있는 것이라고는 고작 소폭의 헌법 개정이었으며, 그것도 군주와 여러 신분 계급 사이의 힘의 균형을 어느 정도 개선할 수 있을 것이라는 데 그쳤다.

이러한 상황에서 젊은 세대의 눈은 과거를 동경했고, 특히 인간의 지적인 문화와 그 사회적·정치적 생활이 광범위하게 통일되고 있었던 역사상의 시대에 관심이 기울여졌다. 횔더린은 고대 그리스를 열렬한 필치로 묘사했고 헤겔은 고대 도시국가를 찬미하는 글을 썼는데, 그 글은 몇 가지 점에서는 한 신학생에 의해 씌어진 초기 기독교에 대한 탁월한 기술을 능가하고 있었다. 우리는 헤겔의 초기 신학적 단편에서의 종교문제에 관한 논의에 흔히 정치적 관심이 끼어들고 있는 것을 본다. 헤겔은 고대 공화국에 있어 모든 문화 영역의 살아 있는 통일성을 창출하고 유지했으며 또한 민족의 모든 능력의 자유로운 발전을 발생시켰던 힘을 보충하기 위하여 정열적으로 노력했다. 그는 민족정신으로서의 이러한 숨은 힘에 대해 다음과 같이 말했다. "한 민족의 정신, 역사, 종교 및 그 민족이 도달한 정치적 자유의 단계는 그들 영향이나 질에 있어서도 결코 상호 분리될 수 없다. 그것들은 하나의 유대로 조직되어 있는 것이다……."[2]

헤겔이 사용한 민족정신이란 용어는 몽테스키외(Montesquieu)가 사회적·정치적 법칙의 기초로서 사용한 보편정신이란 용어와 밀접한 관계를 가지고 있다. '민족정신'은 신비적 또는 형이상학적 실체가 아니라, 자민족의 역사적 발전을 규정하는 자연적, 기술적, 경제적 도덕적 및 지적인 상태의 총체를 나타내는 말로서 파악되고 있다. 몽테스키외가 이러한 역사적 기초를 강조한 것은 낙후된 정치형태가 부당하게 온존되고 있는 것을 공격하기 위한 것이었다. 헤겔의 '민족정신'이란 개념 역시 이와 같은 비판적 의미를 내포하고 있었다. 우리는 몽테스키외, 루소, 헤르더(John Gottfried Herder),

2. *Theologische Jugendschriften*, p.27.

칸트 등이 헤겔의 신학에 미친 여러 가지 영향을 추적하는 대신, 헤겔의 주요한 관심을 상세히 고찰하는 데 그치기로 한다.

헤겔의 신학론은 개인과 국가의 참된 관계란 어떠한 것인가를 거듭 묻고 있으나, 여기서 국가란 이미 개인의 능력을 충족시키기보다는 시민의 능동적인 정치적 관심이 소실된 '소외된' 기구로서 존재하는 데 불과한 것이다. 헤겔은 18세기 자유주의의 여러 범주와 거의 같은 범주로써 국가를 정의했다. 국가는 개개인의 동의에 의거하는 것이며 그들의 권리·의무의 한계를 정하고, 전체의 영속을 위협하는 내외의 위험으로부터 그 구성원들을 보호하는 것이다. 개인은 국가에 대립하여 양도할 수 없는 인권을 가지고 있으므로 국가는 여하한 상황에서도, 설령 개인 자신의 이익을 위한 경우에도 개인의 인권을 침해할 수 없는 것이다. "누구도 각자가 가진 자기입법과 그 집행에 대한 전적인 자기의 권리를 포기할 수 없다. 이 권리를 포기한다면 인간은 인간이기를 그친다. 그러나 인간이 이 권리를 포기하지 못하도록 하는 것이 국가의 임무는 아니다. 왜냐하면 그것은 인간에게 인간이기를 강요하고 또한 그것을 폭력으로 강제하는 것이 되기 때문이다."[3] 여기에서는 헤겔의 후기 저작에 나타나는 바와 같은 국가에 대한 도덕적 형이상학적 찬양은 전혀 찾아볼 수 없다.

그러나 헤겔의 생애 자체, 또한 동일한 저작 자체 내에서도 그 사상 경향은 점차 변화하여, 인간이 자신의 발전을 제약하는 정치적·사회적 관계를 수용한다는 것은 인간의 역사적 '운명'으로서 스스로 짊어져야 할 십자가라고 생각하기에 이르렀던 것이다. 헤겔의

3. *Ibid.*, p.212.

계몽적 낙관주의와 실락원에 대한 그의 비극적 찬미는 역사적 필연성의 강조로 대체되었다. 역사적 필연성은 개인과 국가 간에 하나의 심연을 가져왔다. 고대에서는 개인과 국가는 '자연적인' 조화를 이루고 있었으나 그 조화란 개인을 희생시킴으로써 획득된 것이었다. 왜냐하면 인간은 의식적 자유를 가지고 있지 않았으며 사회적 과정의 지배자가 아니었기 때문이다. 그러나 고대에 있어서의 이 조화가 '자연적인' 것인 만큼 그것은 당시 사회를 지배했던 무제한한 힘에 의해 더욱 더 쉽게 붕괴될 수 있었던 것이다. '아테네와 로마에서는 성공적인 전쟁의 수행, 부(富)의 증대, 사치와 보다 편리한 생산방식의 대두가 전공(戰功)과 부에 의한 귀족정치를 낳음으로써' 공화국을 파괴하고 정치적 자유의 완전한 상실을 야기했다.[4] 국가권력은, 대다수의 시민들이 공공의 선을 무시하고 자신의 사적 이익만을 추구함에 따라, 특권을 지닌 일정한 개인이나 집단의 수중에 장악되게 되었다. '재산권 보장의 권리'는 이제 시민들에게 있어 생활의 전부가 되었던 것이다.[5]

이 과정을 지배하는 보편적 법칙을 포함하기 위한 헤겔의 노력은 불가피하게 역사의 진보에 있어서의 사회제도의 역할을 분석하게끔 하는 계기가 되었다. 1797년 이후에 씌어진 헤겔의 역사에 관한 단편의 하나는 '재산권의 보장은 근대 입법의 총체가 의거하고 있는 기축(機軸)이라는 근본적인 선언으로 시작되고 있으며,'[6] 「독일헌법론」(*Die Verfassung Deutschlands*, 1798~9) 팸플릿의 초안(草案)에서 그는 '시민적 소유'(*bürgerliches Eigentum*)의 역

4. *Ibid.*, p.222.
5. *Ibid.*, p.223.
6. *Dokumente zu Hegels Entwicklung*, p.268.

사적 형태가 당시의 전반적인 정치적 분열의 원인이라고 서술하고 있다.[7] 나아가 헤겔은 사회제도가 사람들 간의 가장 사적이고 개인적인 관계까지도 왜곡시켜 버렸다고 주장했다. 『초기 신학적 저작들』(*Theologicshe Jugendschriften*)에 실려 있는 「사랑」(*Die Liebe*)이라는 중요한 단편에서, 헤겔은 사랑에 의한 개인 간의 궁극적인 조화와 결합이 '재산 및 권리의 취득과 소유'로 인해 방해되고 있다고 서술하고 있다. 그의 설명에 따르면 "사랑하는 사람을 재산 소유자로 보지 않으면 안 되는 연인은 그들의 생활공동체에 반하는 자신의 특수성 또한 느끼게 될 것인데" 그 특수성이란 상대방에게는 속하지 않는, 따라서 두 사람의 결합의 외부에 존재하는 '죽은 사물'(dead things)에 그 자신이 얽매여 있다는 데 있는 것이다.[8]

헤겔은 여기서 재산제도를 다음과 같은 사실에 관련시킨다. 즉, 인간은 자신의 인식과 노동에 의해 형성되었음에도 불구하고, 더 이상 그의 것이 아닌 세계, 오히려 그의 내적 요구에 대립하는 냉혹한 법칙에 의해 지배되는 낯선 세계, 인간의 생을 굴절시키는 '죽은' 세계에 살게 되었다는 사실이다. 『초기의 신학적 저작들』에서 볼 수 있는 이러한 서술은 장차 헤겔 철학의 발전에 결정적인 역할을 하게 되는 '소외'(Entfremdung) 개념의 최초의 정식화를 보여주고 있다.

종교와 정치 문제에 대한 헤겔의 최초의 논의는 통일과 자유의 상실이(하나의 역사적 사실로서) 근대의 일반적 특징이며 개인 및 사

---

7. *Ibid.*, p.286.
8. *Theologische Jugendschriften*, pp.381~2.

회생활의 모든 조건들을 특징짓는 요인이라는 당시의 전반적인 견해에 동조하고 있다. 헤겔에 의하면, 이러한 자유와 통일의 상실은 인간 생활의 무수한 갈등, 특히 인간과 자연 간의 갈등에서 명백히 나타난다고 한다. 이 갈등은 자연을 인간에 의해 지배되어야 할 하나의 적대적 힘으로 전환시킴으로써, 이념과 현실, 사유와 실재, 의식과 존재 사이의 적대관계를 가져왔다.[9] 또 끊임없이 인간은 그의 충동이나 욕구에 상반되고 분리된 세계로부터 격리되어 있다는 것을 느끼게 된다. 그렇다면 어떻게 하여 이 세계를 인간 능력과 조화되도록 복구시킬 수 있겠는가?

이에 대한 헤겔의 최초의 해답은 신학생으로서의 해답이었다. 그는 기독교를 세계사에 있어 근본적인 기능, 즉 인간에게 새로운 '절대적' 중심을 주고 생에 궁극의 목표를 제시하는 기능을 가진 것으로 해석했다. 그러나 헤겔은 또한 복음의 계시적 진리가 확대일로에 있는 세계의 사회·정치적 현실에 적응할 수 없다는 사실을 알고 있었다. 왜냐하면 복음이란 본질적으로 사회적·정치적 관계와 단절된 개인에게 호소하는 것이기 때문이었다. 즉 복음의 본질적인 목적은 개인을 구원하는 것이지 사회나 국가를 구원하는 것은 아니었다. 따라서 종교는 문제를 해결할 수 없으며 신학도 자유와 통일을 회복시킬 원리를 제시할 수 없는 것이었다. 그 결과 헤겔의 관심은 점차 신학에서 철학적 문제와 개념에로 이행되었던 것이다.

헤겔은 언제나 철학은 하나의 특수과학이 아니라 인간 지식의 궁극적인 형태라고 보았다. 그는 자유와 통일의 일반적인 상실을

9. *Ibid.*, p.244.

구제하기 위하여 철학의 필요성을 도출해 냈다. 그는 자신의 최초의 철학논문에서 이것을 명백히 하고 있다. "철학의 필요성은 통일의 힘(die Macht der Vereinigung)이 인간생활로부터 사라졌을 때, 모순이 현실적인 상호관계와 상호의존을 상실하고 독립된 형태를 취했을 때 발생하는 것이다." 그가 말하는 통일의 힘이란 고대 공화국에서 광범위하게 나타나는 개인이익과 공공이익 사이의 현실적인 조화를 가리키고 있으며, 고대 공화국에 있어서는 이 조화를 통해 전체의 자유가 확보되고 모든 갈등이 해결되어 '민족정신'(Volksgeist)의 살아 있는 통일로 집약되었던 것이다. 이 조화가 상실되었을 때, 인간의 생활은 이미 전체에 의해 통제될 수 없는 전반적인 갈등에 의해 압도되게 되었다.

우리는 이미 이들 갈등을 특징지었던 헤겔의 논의를 보았다. 즉 자연이 인간에 대항하고 현실이 이념에서 유리되고 의식이 존재에 대립하게 되는 갈등이 그것이다. 그는 이어서 이러한 모든 대립을 주관과 객관 간의 갈등의 일반적 형태로 총괄하고,[10] 이렇게 하여 역사의 문제를 데카르트 이래 유럽 사상을 지배해 왔던 철학의 문제에 연관시켰다. 인간의 인식과 의지는 '주관적인' 세계로 떠밀려졌고, 주관적 세계의 자기 확실성과 자유는 불확실성과 물리적 필연성을 지닌 객관적 세계에 직면하게 되었다. 헤겔이 모순을 현실의 보편적인 형식으로 보면 볼수록 그의 논문도 그만큼 더욱 철학적 논의로 되어갔다.—오직 가장 보편적인 개념에 의해서만 모순을 파악할 수 있으며, 가장 궁극적인 인식의 원리에 의해서만 그 모순

10) 'Differenz des Fichteschen und Schellingschen Systems', in ; *Erste Druckschriften,* ed. Georg Lasson, Leipzig 1913, p.14. 11. *Ibid.*, p.13.

을 해결할 원리를 도출해낼 수 있다는 것이다.

동시에 헤겔의 가장 추상적인 개념조차도 이 문제에 대한 구체적 내포를 지니고 있다. 철학은 역사적 사명—즉, 현실의 전반적인 모순들을 철저히 분석하고 그 가능한 통일을 입증해내야 할 사명을 부여받고 있다. 변증법은 현실이 하나의 모순적 구조라는 그의 견해로부터 발전된 것이다. 『초기의 신학적 저작들』은 아직은 신학적 구조 내에 변증법을 은폐하고 있었으나, 여기에서조차 벌써 변증법적 분석의 철학적 발단을 추적할 수 있다.

헤겔이 모순의 통일로서 도입한 최초의 개념은 생의 개념이다. 헤겔에 있어서 모든 모순은 '이성'에 의해 해결되고 또 보전된다는 것을 상기한다면, 우리는 헤겔이 생의 개념에 부여한 특수한 역할을 보다 잘 이해할 수 있을 것이다. 헤겔은 생을 정신으로서, 즉 존재의 전반에 걸친 대립을 파악하고 지배할 수 있는 것으로 이해했다. 다시 말해서 헤겔의 생의 개념은 이성적 존재의 생을 가리키며, 다른 어떤 생물에 있어서도 그 유례가 없는 인간의 독특한 성질을 나타내고 있다. 헤겔 이래로 인간의 구체적, 역사적 상황의 관점에서 철학을 재건하여, 이를 통해 합리주의 철학이 지닌 현실로부터 유리된 추상적 성격의 한계를 극복하려고 했던 많은 노력에 있어서 생의 개념은 항상 출발점이 되어 왔다.[11)]

생은 그것이 가진 여러 규정들과 전체로서의 세계에 대한 독특한 관계에 의해 다른 모든 존재양식으로부터 구별된다. 생명이 없는 모든 것은 각기 그 특수성과 한정되고 규정된 형식으로 인해

---

12. Wilhelm Dilthey, *Die Jugendgeschichte Hegels, in Gesammelte Schriften*, Leipzig 1921, vol, p.144ff.를 보라.

인간과 상이하고 또한 인간에 대립되는 것이다. 특수자는 보편자에 모순되고 따라서 보편자는 개별자에게서 자기를 실현할 수가 없다. 그러나 이 점에서 생물은 무생물과는 다른 것이다. 왜냐하면 생이란 각기 상이한 부분과 상태(Zustände)가 결합하여 완전한 통일을 이루고 있는 것, 즉 '주체'로서의 통일을 이루고 있는 것을 말하기 때문이다. 생에 있어서는 "특수한 것이…… 동시에 생이라는 무한한 나무의 가지인 것이다. 즉 전체 이외의 모든 부분은 동시에 하나의 전체이며, 생인 것이다."12)

살아 있는 개체는 각기 생 전체의 현현(顯現)이기도 하다. 다시 말하면 생의 완전한 본질 또는 가능성을 소유하고 있다. 게다가 모든 살아 있는 존재는 규정되고 제한된 것이긴 하지만, 그것은 살아 있는 주체로서 그것이 지닌 힘에 의해 그 제한을 제거할 수 있다. 생이란 우선은 규정된 '객관적' 조건의 연속이다. 객관적이란 것은, 살아 있는 주체가 그 자유로운 자기실현을 제약하는 제 조건을 자기의 외부에서 발견하기 때문이다. 그러나 생의 과정의 본질은 이러한 외적 조건들을 주체의 지속적인 통일 속에 끊임없이 끌어들이는 데 있다. 살아 있는 존재는 그가 발견하는 규정된 조건들의 다양성을 지배하고 통합시킴으로써, 또 자기에게 대립하는 모든 것을 자기와 조화시킴으로써 자기를 유지해 나간다. 따라서 생의 통일은 직접적이거나 '자연적'인 것이 아니라 자기에 대항하는 모든 것에 대한 끊임없는 능동적 극복의 결과이다. 그것은 다만 현실의 살아 있는 주체와 그 객관적 조건 간의 '매개'(Vermittlung)과정의 결과로서만 나타나는 통일이다. 매개는 현실적 주체로서의 살아 있

---

13. *Theologische Jugendschriften*, p.307.

는 자기에게 고유한 기능이며, 동시에 살아 있는 자기를 현실적 주체로 '만드는' 것이다. 생이란 실체가 주체로서 파악되는 최초의 형식이며 따라서 자유의 최초의 구체화이다. 그것은 대립물의 현실적 통일의 최초의 형태이며 따라서 변증법의 최초의 구체화이다.

그러나 생의 모든 형식이 그러한 완전한 통일을 나타내는 것은 아니다. 다만 인간만이 그 인식에 의해서 '생의 이념'을 실현할 수 있는 것이다. 우리는 헤겔에 있어 주관과 객관의 완전한 통일이 자유의 전제조건이라는 것을 이미 지적한 바 있다. 이 통일은 진리의 인식을 전제하고 있는데, 이때 진리의 인식이란 주관과 객관 양자의 가능성에 대한 인식을 의미하고 있다. 오직 인간만이 객관적 조건을 변형시켜 인간의 주관성을 발전을 위한 매개로 만들 수 있는 것이다. 또한 인간이 보유하는 진리는 인간 자신의 능력을 해방시킬 뿐만 아니라 자연의 능력까지도 해방시킨다. 인간은 진리를 세계 속에 도입하여 이를 통해 이성에 따라 세계를 조직할 수 있다. 헤겔은 세례 요한의 사명을 예로 들어 이 점을 설명하고, 또 세계가 실로 그 본질에 있어서는 인간의 역사적 활동의 소산이라는 견해로 나아가고 있다. 세계와 모든 "관계와 규정은 사람의 빛(*άὺpwnoo φωτόs*)의 소산이며 인간의 자기발전의 소산이다."13) 세계를 인간의 활동과 인식의 소산으로 보는 사고방식은 그 이후 헤겔 체계의 추진력으로서 계속 작동하고 있다. 우리는 이와 같은 초기의 단계에서 벌써 그의 변증법적인 사회이론의 면모를 발견할 수 있다.

'생'은 헤겔이 초기에 도달한 가장 진전된 철학적 개념은 아니다. 그는 「체계에 관한 단편」(*Systemfragment*)에서 주관과 객관, 인간

14. *Ibid.*, p.307.

과 자연 사이의 적대관계의 철학적 중요성을 보다 정치하게 설명하고 있으며, 정신(Geist)이란 용어를 사용, 이들 분리된 영역의 통일을 나타내고 있다. 정신이란 본질적으로 생과 같은 통일의 작용이다.—"무한한 생은 다양성 가운데 살아 있는 통일을 내포한다는 의미에서, 정신이라 부를 수 있다. ……정신은 다양성을 통일하여 살아 있는 것으로 만드는, 살아 있는 법칙이다."[14] 그러나 그것이 바로 그것을 의미한다 할지라도, 정신이란 개념이 특히 강조하는 것은, 생의 통일이 결국 주체의 자유로운 이해와 활동의 소산이지 어떤 맹목적인 자연력의 소산은 아니라는 것이다.

『초기의 신학적 저작들』에는 후기의 헤겔 논리학의 심층을 시사하는 또 하나의 개념이 포함되어 있다. 「신앙과 지식」(*Glanben und Wissen*)이란 제목의 단편에서 헤겔은 "통일과 존재(Sein)는 동등한 것이다. 즉 모든 명제에 있어서 '이다'라는 계사(繫辭)는 주어와 술어의 통일, 다시 말해서 하나의 '존재자'(a Being)를 표현하는 것이다"[15]라고 언명하고 있다. 이 진술을 적절히 해석하기 위해서는 아리스토텔레스(Aristoteles) 이래의 유럽 철학의 기본적인 발전을 철저히 논구할 필요가 있을 것이다. 다만 여기에서 우리는 그 진술의 배경과 내용의 일부를 암시할 수 있을 뿐이다.

헤겔의 진술이 의미하고 있는 것은 '존재'(Sein)와 '존재'(Seien, -des) 또한 피규정된 존재와 존재 자체가 구별된다는 것이다. 서구 철학의 역사도 이와 같은 존재와 존재자의 구별로 시작되었는데, 이 구별은 파르메니데스(Parmenides)에서 아리스토텔레스에 이르

15. *Ibid.*, p.347.
16. *Ibid.*, p.383.

기까지 그리스 철학을 촉진시켰던 '존재란 무엇인가?'라는 물음에 대한 응답으로서 이루어진 것이다. 우리의 주위에 있는 모든 존재자는 한정된 존재자이다. 이를테면 돌, 도구, 집, 동물, 사건 등등이다. 그러나 우리는 이와 같은 각각의 존재자에 대해서 그것은 이러이러한 것'이다'라고 말한다. 즉, 우리는 그것에 존재를 덧붙인다. 그러나 우리가 덧붙이는 이 존재는 세계에 있어서의 어떠한 개별적인 사물도 아닌, 그것이 부착될 수 있는 모든 개별적인 존재자에 공통적인 것이다. 이것은 다음의 사실을 가리킨다. 즉, 모든 한정된 존재자와는 다르며 또한 어떤 존재자에게도 부착될 수 있는, 따라서 한정된 존재자의 모든 다양성 속에 존재하는 실재적인 '일자'(一者)라 부를 수 있는 존재 자체(a being-as-such)가 있어야만 한다는 것이다. 존재 자체는 모든 개별적인 존재자가 공통적으로 가지고 있는 것이며, 말하자면 그러한 것들의 기체(機體)이다. 이 점에서 본다면 이 가장 보편적인 존재를 '모든 존재자의 본질', '신적 실체', '가장 실체적인 것'이라고 간주하고, 이리하여 존재론을 신학과 결합한다는 것은 비교적 용이한 일이었다. 이와 같은 전통이 헤겔의 논리학 속에서 작용하고 있는 것이다.

아리스토텔레스는 모든 한정된 존재자에게 똑같이 덧붙여지는 이 존재 자체에 주목한 최초의 사람이었는데, 그에 의하면 존재 자체는 고립된 형이상학적인 실체가 아니라 모든 개별적인 존재자가 자기 자신을 그 본연의 모습으로 형성해 나가는 과정 또는 운동이다. 아리스토텔레스에 의하면, 본질(*οὐσία*)과 각양각색의 우연적인 상태나 양태(*ια συμβεβηκ ότα*)의 사이에는 존재의 모든 영역을 관통하는 구별이 있다. 엄밀한 의미에서 참된 존재란 본질이며, 본질이란 유기적이거나 무기적이거나 간에 구체적인 개별인 것이다. 개물(個物)은 그 실존의 각종 상태와 국면을 통일하고 결합하는 운동을 통하여 지속적으로 존속하는 주체 또는 실체인 것이다. 존재의 각종 양식은 적대적 관계를 통일하는 다양한 양식을 나타낸다. 그것은 변화를 통하여 존속하거나, 발생·사멸하거나, 각종의 속성이나 한정을 갖는 등 각기 상이한 양식들을 지시한다.

헤겔은 이 아리스토텔레스의 근본개념들을 자기의 철학에 도입하고 있는 것이다. "각종의 존재양식은 다소간에 완전한 통일인 것이다."[16] 존재는 통일을 의미하고 통일은 운동의 의미한다. 또 아리스토텔레스는 운동의 가능태와 현실태(potentiality and actuality)로서 정의한다. 운동의 다양한 형태는 본질, 또는 운동에 고유한 가능태를 현실화하는 여러 가지 방식을 지시하고 있다. 아리스토텔레스는 운동의 제형태를 평가하고 그 최고의 형태로서 각각의, 또 모든 가능태가 완전히 실현되는 운동 형태를 들고 있다. 이 최고 형태에 따라 운동·발전하는 존재가 있다면 그것은 순수한 에너지(ενεργεια)인 것이다. 그것은 자기 외부에 있거나 자기에게 상반되는 어떠한 실현의 소재도 갖고 있지 않으며, 존재의 모든 순간에 있어 전적으로 자기 자신일 것이다. 만약 그와 같은 존재자가 있다면 그 전존재(全存在)는 사유에 있을 것이다. 사유를 자기활동으로 하는 주체는 이질적이고 외적인 객체를 갖지 않는다. 즉, 사유는 객체를 사상으로 '파악', 보유하며 이성이 이성을 포착하는 것이다. 진정한 존재는 진정한 운동이며, 진정한 운동은 주체가 객체와 완

---

17. *Ibid.*, p.384.

전히 통일되는 활동이다. 따라서 진정한 존재는 사상이고 이성인 것이다.

헤겔은 『엔치클로페디』(*Enzyklopädie der Philosophischen Wi-ssenschaften*)에서, 진정한 존재는 이성이라고 설명하고 있는 아리스토텔레스의 『형이상학』의 한 구절을 인용하면서 논술을 끝맺고 있다. 이 점은 단순한 예증(例證) 이상의 중요한 의미를 지니고 있다. 왜냐하면 헤겔의 철학은 넓은 의미에 있어서는 아리스토텔레스의 존재론을 새롭게 해석하려 한 것이기 때문이다. 즉, 아리스테텔레스의 존재론은 헤겔에 의해 형이상학적인 독단의 왜곡으로부터 구출되고 또 세계를 자유롭게 발전하는 주체를 위한 매체로 바꾸려고 하는, 즉 세계를 이성의 현실로 만들려고 하는 근대 합리주의의 전반적인 요구와 연결되어 있기 때문이다. 헤겔은 모든 존재를 과정이나 운동으로 간주한 아리스토텔레스 형이상학의 지극히 역동적(力動的)인 성격을 재발견한 최초의 사람이었다.—그 역동성은 아리스토텔레스주의를 계승한 형식주의적 전통에 있어서는 전혀 발견되지 못하고 있었던 것이다.

이성이 진정한 존재라고 하는 아리스토텔레스의 견해는 이 존재를 나머지 세계로부터 분리시킴으로써 관철된다. '이성-신'(νουζ-ô εόζ)은 세계의 원인도 창조자도 아니고 단지 각종 매개물의 복잡한 조직을 통해서만 세계를 움직이는 제일운동자(第一運動者)이다. 인간의 이성은 이 '이성-신'의 빈약한 모사에 불과하다. 그럼에도 불구하고 이성의 생활은 지상에서의 최고의 생활이며 최고의 선(善)이다.

이 견해는 현실이 인간이나 사물의 고유한 가능성을 적절히 실현시키고 있지 않다는 점과 밀접한 관계를 가지고 있다. 현실이 이와 같은 가능성을 충족시키고 있지 않기 때문에, 현실의 전반적인 부조화로부터 가장 무관한 활동 속에 그 가능성의 실현이 있다고 생각되었던 것이다. 정신의 영역을 자유와 이성의 유일한 영역의 지위에까지 고양시킨 것은 무정부상태와 노예제도의 세계에 의해 조건 지워졌던 것이다.

그와 같은 상황은 헤겔의 시대에 있어서도 아직까지 지배적인 것이었다. 눈에 보이는 가능성은 사회·자연 어느 경우에도 실현되지 않았으며 인간은 자기 삶의 자유로운 지배자가 아니었다. 그리고 존재론은 존재의 가장 일반적인 형식에 관한 원리로서, 그 자체가 현실의 일반적인 구조에 대하여 인간의 통찰력을 반영하는 것이었으므로, 아리스토텔레서의 존재론과 헤겔의 존재론의 기본개념이 같았다는 사실은 놀라운 것이 못 된다.

제2장

철학의 체계를 향하여

(1800~1802)

1.최초의 철학적 저작들

1801년 헤겔은 당시 독일 철학의 중심지였던 예나에서 대학 강사로서 그의 학문적 경력을 시작했다. 피히테는 1799년까지 그곳에서 강의를 했으며 셸링은 1798년에 교수로 임명되었다. 칸트의 사회철학과 법철학, 즉 『도덕의 형이상학』(*Metaphysik der Sitten*)은 1799년에 출판되었고 또한 그의 세 개의 『이성비판』에 의한 철학혁명은 여전히 지식인 계급에 주요한 영향을 미치고 있었다. 그러므로 헤겔의 초기 철학논문들은 자연히 칸트, 피히테 및 셸링의 철학이론에 논의를 집중했으며, 그는 독일 관념론자들 사이에 행해지고 있던 논문의 일반적 경향과 같은 맥락에서 자기의 문제를 정립해 나갔다.

전술한 바와 같이 헤겔은 인간존재에 던져져 있는 포괄적인 모순으로부터 철학이 발생한다는 견해를 취하고 있었다. 이러한 모순들이 철학사를 다음과 같은 근본적인 모순의 역사로 형성해 왔던 것이다. 즉 '정신과 물질, 영혼과 육체, 신념과 오성, 자유와 필연' 간의 모순이며, 보다 최초에 나타난 형태로는 '이성과 감성'(Sinnlichkeit), '지성과 자연', 그리고 가장 일반적인 형태로서 '주관성과 객관성'[1] 간의 모순들이 바로 그것이었다. 이들 모순은 바로 칸트의 『순수이성비판』의 근저에 놓여 있는 개념들이며 헤겔이 이제 그의 변증법적 분석 속에 해소시킨 그것이었다.

헤겔이 변증법적 재해석의 대상으로 삼은 최초의 개념은 이성의 개념이었다. 칸트는 이성(Vernunft)과 오성(Verstand)을 기본적으로 구별하고 있었다. 헤겔은 양개념에 새로운 의미를 부여하여 그의 방법적 출발점으로 삼았다. 그에게 있어서는 오성과 이성의 구별은 상식과 사변적 사유, 비변증법적 반성과 변증법적인 인식 사이의 구별과 같은 것이다. 오성의 작용은 일상생활이나 과학에 있어 통용되고 있는 통상적인 형태의 사유를 산출한다. 세계는 한정된 사물의 집합으로 간주되며 각각의 사물은 다른 사물로부터 분리되어 있다. 각각의 사물은 명확하게 한계 지워진 실체로서 그 자체로 동일하게 한계 지워진 다른 실체들과 관계한다. 이렇게 시작되어 전개된 개념들과 그 개념들로 구성된 판단들은 고립된 사물들과 그들 간의 고정된 관계를 지시하고 취급하는 것이다. 개개의 규정은 마치 원자와 단자처럼 상호 배제한다. 하나의 규정은 다른 규정이 아니며 결코 다른 규정이 될 수 없다. 물론 사물은 변화하고 그 속성도 변화하나, 사물이 변화할 때는 하나의 속성 또는 규정이 소실되고 다른 속성이 그에 대체된다. 헤겔은 이와 같은 방법으로 고립되고 한계지워진 것을 '유한한 것'(das Endliche)이라고

1. *Erste Druckschriften*, p.13.

부른다.

나아가 오성은 유한자의 세계를 동일율과 모순율에 의해 지배되는 것으로 생각한다. 모든 것은 자기 자신과 동일하며 다른 어떤 것과도 동일하지 않다. 모든 것은 그 자기동일성에 의해서 다른 모든 것과 대립하고 있다. 그것은 다양한 방법으로 다른 것들과 연관되고 결합될 수 있지만 결코 자기 자신의 동일성을 상실하지는 않으며 또 자기 자신 이외의 다른 무엇이 되는 일은 없다. 빨간 리트머스 시험지가 푸른색으로 변하며, 낮이 밤으로 바뀔 때, 여기에 지금 존재한 것은 여기에 지금 존재하는 것임을 그치며, 다른 무엇이 그 자리를 차지한다. 어린이가 어른이 될 때, 일군(一群)의 속성, 즉 어린이의 속성은 다른 것, 즉 어른의 속성으로 바뀌는 것이다. 적(赤)과 청(靑), 빛과 어둠, 어린이와 어른이란 것들은 영원히 화해될 수 없는 대립물로 존속한다. 이와 같이 오성의 작용은 세계를 무수한 대극(對極)으로 나누는 것이며 헤겔은 '고립된 반성'(isolierte Reflection)이란 표상을 사용하여 오성이 그 극개념(極槪念)들을 형성하고 연관시키는 방식을 특징지우고 있다.

이러한 종류의 사유의 발생과 전파를 헤겔은 인간생활에 있어서의 일정한 관계의 발생과 보급에 관련시키고 있다.[2] '고립된 방식'의 대립은 현실적인 대립을 표현한다. 사유는 세계가 인류의 진정한 요구와 필요에서 유리되었을 때 비로소 고립된 사물들과 해소될 수 없는 대립의 고정된 체계로서 세계를 이해할 수 있게 되는 것이다.

그러나 고립과 대립이 궁극의 사태는 아니다. 세계는 언제까지나

---

2. *Ibid.*, pp.14~15.

고정된 이물질들의 복합체여서는 안 된다. 대립의 근저에 있는 통일은 대립자를 화해시켜 그것들을 진정한 통일로 '지양(aufheben)하는' 임무를 띤 이성에 의해 파악되고 실현되지 않으면 안 된다. 이성의 임무 실현은 동시에 인간의 사회관계에 있어 상실된 통일의 회복을 포함한다.

오성과 달리 이성의 경우에는 '전체성을 회복할' 필요성이 그 동기로서 작용한다.3) 어떻게 해야 전체성이 회복될 수 있는가? 헤겔의 대답은 첫째, 지각과 오성의 조작이 제공하는 그릇된 안정성을 붕괴시킴으로써 가능하다는 것이다. 상식의 입장은 '무관심'과 '안정성', '안전성의 무관심' 중의 하나이다.4) 주어진 현상에 만족하고 그 고정적이며 안정된 관계를 승인하는 것은 감성적 대상과 같은 정도의 확실성과 안정성이 '부여되지' 않은, 아직 실현되지 않은 가능성에 대해 사람들을 무관심하게 만든다. 상식은 사물의 우연적인 현상을 본질로 오인하며, 본질과 실존의 직접적인(매개를 거치지 않은—역주) 동일성이 있다고 계속 믿게 된다.

그러나 본질과 실존의 동일성이란, 오히려 그와는 반대로 그 동일성을 창조하려는 이성의 지속적인 노력의 결과 비로소 생기는 것이다. 그것은 인식활동에로의 의식적인 침투를 통해서만 생기는 것으로서 그 선결조건은 '사변적인 사유'를 위하여 상식과 단순한 오성을 포기하는 것이다. 헤겔은 오직 이러한 종류의 사유만이 지배적인 존재상황의 왜곡된 메커니즘을 초극할 수 있다고 주장한다. 사변적인 사유는 사물의 현상적인 또는 주어진 형식을 동일한 사

---

3. *Ibid.*, p.16.
4. *Ibid.*, p.22.

물들의 가능성과 비교하고 또 그렇게 함으로써 우연적인 실존상태로부터 그것들의 본질을 구별해낸다. 이러한 결과는 신비적인 직관의 과정을 통해서 달성되는 것이 아니라, 각각의 형식이 현재의 상태로 되도록 한 과정을 검토하는 개념적 인식(conceptual cognition)의 방법을 통해서만 달성되는 것이다. 사변적 사유는 '지적이고 본질적인 세계'를 고정되고 안정된 전체로서가 아니라 '생성으로서, 또 그것의 존재를 하나의 산물과 생산과정으로서' 파악한다.

헤겔이 사변적 사유라고 부르는 것은 사실 그의 변증법의 가장 초기단계의 표현이다. 변증법적 사유(이성)와 고립적 반성(오성)의 관계는 명확하게 정의되고 있다. 변증법적 사유는 고립적 반성에 의해 창출된 고정된 대립을 비판하고 교체한다. 그것은 상식이 주는 '안정성'을 근저로부터 무너뜨리고, "상식이 직접적으로 확실하다고 간주하는 것은 철학에 있어 하등의 현실성도 갖지 못한다"[7]고 논증한다. 그렇다면, 이성의 제1차적 기준은 사실의 권위(matter-of-fact-authority)를 불신하는 데 있다. 그러한 불신이야말로 헤겔이 '모든 참된 철학의 자유로운 몫'(portion)이라고 지칭하고 있는 진정한 회의인 것이다.[8]

따라서 직접적으로 주어진 현실의 형식은 결코 궁극적인 현실이 아니다. 오성의 작용이 산출한 대립관계 하의 고립된 사물의 체계는 있는 그대로 인식되지 않으면 안 된다. 즉 그것은 현실의 '나쁜' 형식이며, 제한과 속박의 왕국인 것이다. 이성의 본래적 목표인 '자유의 왕국'[9]은, 칸트나 피히테가 생각한 것과 같이, 객관적 세계에

7. *Ibid.*, p.22.
8. 'Verhältnis des Skeptizismus zur Philosophie,' in *op.cit.*, p.175.
9. 'Differenz des Fichteschen und Shellingschen Systems,' p.18.

대해 주관을 대립시키고, 외적 세계에 결여된 모든 자유를 자율적인 개인에게 귀속시켜서 외적 세계를 맹목적인 필연성의 영역으로 방치함으로써 달성될 수 있는 것이 아니다.—철학이나 문학은 자유를 단지 영혼 가운데서만 실현되어야 할 내적 가치로 삼고 있었으나, 헤겔은 그러한 '내면화'(internalizing) 또는 '내향화'(introversion)란 중요한 메커니즘에 대해 여기서 현저한 반대 입장에 선다.—궁극의 현실에 있어서 자유로운 주체가 객관적 세계로부터 고립된다는 것은 있을 수 없다. 그러한 대립관계는 오성에 의해서 산출된 다른 모든 것과 함께 해소되지 않으면 안 된다.

대립관계가 해소된 궁극의 현실을 헤겔은 '절대자'(das Absolute)라고 지칭한다. 헤겔은 그의 철학적 발전과정 중 지금의 단계에서는 이 절대자를 단지 부정적으로만 기술하는 데 그치고 있다. 거기서 절대자는 상식이나 오성에 의해 포착된 현실과는 전혀 반대된다. 그것은 모든 면에서 철저히 상식적인 현실을 부정하며, 이로써 절대적 현실은 유한한 세계와 하등의 유사점도 갖고 있지 않게 된다.

상식과 오성이 상호대립적인 고립된 실체를 지각했음에 비해, 이성은 '대립자의 동일성'을 파악한다. 이성은 대립자를 연관시키고 결합하는 과정을 통해서 동일성을 산출하는 것이 아니라, 비록 대립자의 내용이 보다 높고 '현실적인' 존재형식 속에 보존된다 해도 그것들을 변화시켜 대립을 해소한다. 대립자를 통일하는 과정은 현실의 모든 면에 관계하며, 더 나아가 이성이 전체를 '조직'함으로써 '어떠한 부분도 다만 전체와의 관계에서만 존재한다'고 할 때, 또한 '모든 개별적 실체가 전체와의 관계에서만 의미와 중요성을 갖는

다'고 할 수 있을 때에야 비로소 완성되는 것이다.[10]

이성에 대한 개념과 인식의 전체성만이 절대자를 나타낸다. 그러므로 이성은 모든 것을 포용하는 '명제 및 직관의 조직'이라는 형식에 있어서만, 즉 하나의 '체계'로서만 우리 앞에 나타난다.[11] 우리는 다음 장에서 이들 관념의 구체적인 중요성을 설명할 것이다. 여기서, 즉 최초의 철학적 저작들에 있어서 헤겔이 의도적으로 강조하고 있는 것은 이성의 부정적인 기능, 즉 고정되고 안정된 상식과 오성의 세계를 파괴하는 이성의 기능이다. 일상생활의 한정된 대상과 대비하기 위하여 절대자는 '밤' 또는 '무'라는 말로써 언급된다.[12] 이성은 상식의 체계의 명확하게 '절대적인 소멸'(absolute annihilation)을 의미한다.[13] 왜냐하면 이미 말한 바와 같이 상식에 대한 투쟁이 사변적 사유의 시초이며 일상적인 확실성의 상실이 철학의 기원이기 때문이다.

헤겔은 「신앙과 지식」(*Glauben und Wissen*)이라는 논문에서 자신의 입장을 보다 명확하게 제시하면서, 그 결론을 칸트의 『순수이성비판』(*Critique of Pure Reason*)의 결론과 대조시키고 있다. '주어진' 경험대상에 이성을 의존시킴으로써 유지되고 있는 칸트의 경험적 원리는 여기서 완전히 배제되고 있다. 헤겔은, 칸트에 있어 이성은 정신의 내부 영역에 제한되어 있으므로 '물자체'(Ding-an-sich)에 대한 지배력을 상실하고 있다고 단언한다. 바꾸어 말하면, 칸트 철학에 있어서 지배력을 행사하고 있는 것은 실제로는 이성

10. *Ibid.*, p.21.
11. *Ibid.*, pp.25, 34~5.
12. *Ibid.*, p.16.
13. *Ibid.*, p.17.

이 아니라 오성이라는 것이다.

한편 헤겔은 칸트가 많은 점에서 이러한 제한을 극복했다는 사실을 특별하게 언급하고 있다. 예컨대 '통각의 근원적인 종합적 통일'(original synthetic unity of a perception)이란 개념은 대립의 근원적 동일성이라는 헤겔 자신의 원리를 승인하는 것이다.14) 왜냐하면 '종합적 통일'이란 본래 주관과 객관의 대립관계를 산출하고 동시에 극복하는 활동이기 때문이다. 그러므로 칸트의 철학도 이 개념에 관한 한 '사유의 참된 형식', 즉 주관·객관 및 이들의 종합이란 삼일성을 포함하고 있다는 것이다.15)

이것이 삼일성(Triplizität)이 진정한 사유형식이라고 헤겔이 주장하는 최초의 단계이다. 그는 삼일성을 공허한 정(正)·반(反)·합(合)의 도식으로서가 아니라 대립자의 역동적인 통일로서 서술하고 있다. 그것은 모든 존재자가 대립상태의 종합적 통일로서 존재하는 현실의 본래적 형식이므로 사유의 본래적 형식인 것이다.

전통적인 논리학도 판단의 형식을 'S는 P이다'라는 명제로써 설명하면서 이 사실을 인정하여 왔다. 우리는 이 판단의 형식에 대한 헤겔의 해석에 관해 암시를 받은 바 있다. 어떤 사물이 과연 무엇인가를 알기 위하여 우리는 직접적으로 주어진 그것의 상태(s는 s이다)를 초월하여 그것이 자기 자신 이외의 것(P)으로 변하는 그 과정을 끝까지 추적해야 한다. 그러나 P가 되는 과정에 있어서도 S는 여전히 S로 남아 있다. 그것의 현실성이란 그것이 다른 것으로 바뀌고 그 '다른 것'을 자기 자신 통일하는 전체적인 동적 과정

14. 'Glauben und Wissen', in *op.cit.*, p.240.
15. *Ibid.*, p.247.

인 것이다. 변증법의 양식은 부정성에 의해 관통된 세계, 모든 것이 그 실상과 다른 무엇이며, 대립과 모순이 진보의 법칙을 이루는 세계를 표출하는 그러한 세계의 진리인 것이다.

2.최초의 정치적 저작들

변증법적 철학의 비판적 관심은 이 시기에 나온 헤겔의 중요한 정치적 팸플릿들에 의해 명백히 예증되고 있다. 이들 팸플릿을 통해 우리는 프랑스 공화국과의 전쟁에서 패배한 후의 독일제국의 상황이 헤겔 초기 저작의 뿌리에 자리잡고 있었다는 사실을 알 수 있다.

헤겔에 따르면, 철학을 활성화하는 보편적인 모순은 다수의 독일연방 및 신분들 사이의, 또한 독일제국과 이들 각각의 사이의 적대관계와 불화 속에 구체적으로 나타나고 있다. 헤겔이 그의 철학논문에서 논증한 바 있는 '고립'은 각 신분계급은 물론 실제 각 개인조차도 전체에 대한 아무런 고려도 없이 각자의 개별이익만을 추구한다는 완고한 양상으로 명백히 나타나고 있다. 그로 인한 '통일의 상실'은 제국의 권력을 완전히 무력하게 만들었고 제국은 어떠한 침략자에게도 쉽사리 잡아먹힐 수 있는 먹이가 되었다.

독일은 이제 더 이상 하나의 국가가 아니다. ……설령 독일을 아직도 하나의 국가라고 부를 수 있다 해도, 그 구성 부분들이 각기 스스로 국가를 이루고 있지 않다면, 현재 그것의 쇠퇴현상은 무정부상태라고 부를 수밖에 없을 것이다. 그들에게 통일의 외관을 부여하고 있는 것은 다만 과거의 유대에 대한 기억일 뿐이지 아무런 현실적 통일도 아니다. ……프랑스 공화국과의 전쟁에서 독일은 이미 하나의 국가가 아니라는 것을 깨닫게 되었다. ……이 전쟁의 명백한 결과는 독일의 가장 아름다운 국토의 일부와 수백만의 인구를 상실했다는 것이며 전쟁의 고뇌를 평화시대에까지 연장시키는 공채(북부보다 남부가 훨씬 막대한 금액임)를 부담하게 되었다는 것, 그리고 정복자와 외국의 법 및 도덕의 지배하에 들어간 지방(支邦)들 외에도 많은 지방이 그들의 최고선, 즉 독립까지도 상실하게 되리라는 것이다.[16)]

헤겔은 계속해서 독일제국의 붕괴의 기초를 검토한다. 그는 독일 헌법이 이미 국가의 현실적인 사회·경제적 상황과 일치하고 있지 않다는 사실을 발견하고 있다. 헌법은 오래전에 상이한 질서, 즉 개인주의적 사회질서에 의해 대체되었던 낡은 봉건제도의 유물인 것이다.[17)] 전체 사회관계에서 발생한 근본적인 변화에 직면하면서 낡은 형식의 헌법을 유지한다는 것은 주어진 상황을 단지 그것이 주어져 있다는 이유만으로 유지하는 것과 다를 바 없는 것이다. 이러한 관행은 이성의 모든 기준과 명령에 반(反)한다. 현존 사회질서의 형성은 사회의 욕구 및 요구와 첨예하게 갈등하고 있다. 그것은 '모든 권력과 존엄'을 상실하고 '순수하게 부정적인 것'이 되었다.[18)]

그리고 헤겔은 계속 '이성에 적응하지 않고' '단순히 경험적인 방

16. 'Die Verfassung Deutschlands'
in *Schriften zur Politik und Recht-sphilosophie*, pp.3~4.
17. *Ibid.*, p.7, note.
18. *Ibid.*, p.139.

식으로만' 존속하는 것은 '현실적'이라고 볼 수 없다고 지적한다.[19] 정치체제를 파괴하여 새로운 합리적 질서로 변형시키지 않으면 안 된다. 이러한 변형은 폭력 없이는 이루어질 수 없다.

헤겔의 극단적인 현실주의적 입장은 관념론적인 이론 구조와 용어법을 통해 나타나고 있다. "필연성의 개념과 그에 대한 통찰력은 행동을 촉발시키기에는 너무 취약하다. 그 개념과 통찰력에는 많은 불신이 따르므로 폭력으로 정당화될 수밖에 없다. 그런 경우에만 인간이 그 개념과 통찰력에 복종하게 되는 것이다."[20] 그 개념은 현존질서 하에서 성숙한 현실적인 역사적 힘을 표현하는 한에서만 폭력에 의해 정당화될 수 있다. 개념은 현실이 자기 모순될 때 현실과 모순된다. 헤겔은 사상이 지배적인 사회형식을 공격하여 승리를 거둘 수 있는 것은 오직 이 형식이 자체의 '진리'와 명백한 모순관계에 빠진 경우,[21] 다시 말해서 이 형식이 더 이상 그 자체 내용의 요구를 충족시킬 수 없는 경우뿐이라고 한다. 독일이 바로 그런 경우라고 헤겔은 주장하는 것이다. 거기서 새로운 질서의 옹호자들은 구체제가 몸에 맞지 않을 정도로 성장해 버린 역사적 힘을 대표하고 있다. 국가는 공동이익을 적절한 합리적 형식으로 영속시켜야 하는데도(그것만이 국가의 '진리'이기 때문에) 그 임무를 이행하지 않고 있다. 이러한 이유에서 국가의 통치자들이 공동이익의 이름으로 자신들의 지위를 옹호한다면 그것은 허위인 것이다.[22] 그들이 아니라 그들의 적들이 공동이익을 대표하는 것이며, 이들의

19. *Ibid.*, p.3.
20. *Ibid.*, p.136.
21. *Ibid.*, p.140.
22. *Ibid.*

개념, 이들이 주창하는 새로운 질서의 관념은 하나의 이상일 뿐만 아니라 현존 지배질서를 더 이상 용납하지 않는 현실의 표현인 것이다.

헤겔의 논점은 '진정한 공동체'(보편성 ; Allgemeinheit)가 구질서에 대체되어야 한다는 데 있다. 이 '보편성'이란 다음의 두 가지를 동시에 의미한다. 그것은 첫째 모든 특수 · 개별적 이익이 전체로 통합되어 그 결과 생기는 현실의 사회적 조직이 공동이익(공동체)과 일치하게 되는 사회이며, 둘째 모든 상호 고립된 인식의 개념들이 융합되고 통합되어 전체(보편성)와의 관계에서 의미를 갖게 되는 전체성을 말한다. 둘째의 의미는 분명히 첫째 것에 대응하고 있다. 인식의 영역에 있어 분열의 개념이 사회에 있어 현존하는 인간관계의 분열을 표현하는 것과 마찬가지로, 철학적인 통합도 사회적 · 정치적인 통합에 상응한다. 절대자로 대표되고 있는 이성의 보편성은 모든 특수이익들이 전체로 통합되는 사회적 공동체의 철학적 조응인 것이다.

헤겔에 의하면 진정한 국가는 공동이익을 제도화하고 이를 모든 내적 · 외적 갈등으로부터 보호한다.[23] 그런데 독일제국은 이러한 성격을 갖고 있지 않다고 헤겔은 단언하고 있다.

정치적 권력과 권리는 전체 조직에 합치되게 제정된 공적 직권이 아니며 또 개인의 행위와 의무 역시 전체의 요구에 의해 규정된 것은 아니다. 정치적 위계질서의 각 부분, 즉, 왕실, 각 신분계급, 도시, 법인 등, 간단히 말해서 국가에 대한 권리와 의무를 가지고 있는 모든 자는

23. *Ibid.*, pp.13, 17~18.

자기 자신 힘으로 그러한 권리 의무를 획득한 것이다. 국가는 자기의 권력이 침해당했을 경우에도 그 권력의 실상을 확인하는 수밖에 없는 것이다…….[24)]

헤겔은 봉건제도와 이를 계몽한 개인주의적 사회의 새로운 질서를 대조시킴으로써 독일 국가의 붕괴를 설명한다. 새로운 사회질서의 발흥은 사유재산권의 발전을 통해 설명되고 있다. 본래의 봉건제도는 각기 상이한 신분의 특수이익을 진정한 공동체에 통합시켰다. 집단이나 개인의 자유는 전체의 자유와 본질적으로 대립하는 것은 아니었다. 그러나 근대에 있어서는 "독점적 소유가 개개의 요구를 완전히 상호 고립시켰다."[25)] 사람들은 사유재산권이 마치 사회의 모든 부분에 공통되며 따라서 하나의 통합적인 통일체인 것처럼 말한다. 그러나 헤겔은 이러한 보편성은 단지 추상적인 법적 허구에 불과한 것이라고 한다. 현실에 있어서 사유재산권은 전체와 전혀 무관한 '고립된 무엇'(something isolated)인 것이다.[26)] 재산소유자들 사이에 달성될 수 있는 유일한 통일은 일반적으로 적용된 법제도에 의한 인위적인 통일일 뿐이다. 그러나 법은 현존하는 사적소유권의 무정부상태만을 인정하고 이를 성문화할 뿐이며 이로써 국가나 공동체를 특수이익을 위해 존재하는 제도로 변형시킨다. '소유는 법보다 먼저 존재한 것이며 법으로부터 발생한 것은 아니다. 이미 사적으로 점유되었던 것이 법적 권리로 되었던 것이다. ……그러므로 독일 헌법은 본래 의미에 있어서는 사법이며 정

---

24. *Ibid.,* p.10.
25. *Ibid.,* p.9, note.
26. *Ibid.,* p.11, note.

치적 권리는 점유가 합법화된 형태, 즉 소유권인 것이다.[27] 이와 같이 상호 적대적인 사적 이해관계가 모든 분야에서 지배적인 위치를 차지하고 있는 국가는 진정한 공동체라 부를 수 없다. 더욱이 헤겔은 "국가권력을 사유재산권으로 만들기 위한 투쟁은 국가를 해체시키며 그 권력의 파멸을 가져온다."[28]고 단언하고 있다.

국가는 사적 이해관계에 의해 지배되는 경우에도 전반적인 전쟁을 진압하고 모든 국민들의 사유재산권을 평등하게 보호하기 위하여, 적어도 진정한 공동체의 외관을 가장하지 않으면 안 된다. 이리하여 공동체는 개인 위에 선 독립적인 권력이 되는 것이다. "각 개인은 국가권력을 통해 자기재산의 안전을 보장받으며 생활하기를 원한다. 그에게 국가권력은 그의 외부에 존재하는 낯선 무엇으로 여겨진다."[29]

헤겔은 이 시기에 근대사회구조에 대한 비판을 진전시킴으로써 국가가 개인 위에서 개인을 지배하는 독립적 실재로 되게 하는 메커니즘을 통찰하는 데 이르고 있다. 그는 독일 헌법에 관한 팸플릿을 몇 번이나 고쳐 썼으며, 그 최종판에서는 그의 비판적 태도가 현저히 완화되어 있다. 점차적으로 시대에 뒤떨어진 국가형태(예컨대 독일의 경우)를 대체하게 될 보다 '고차적인' 국가형태는 전제국가 또는 권력국가의 형태를 취하게 된다. 헤겔이 요구하는 개혁이란 신분계급의 지배에서 벗어나 제국의 통일된 지휘권 아래 놓인 강력한 제국군대의 창설, 모든 종류의 행정, 재정, 법제도의 중앙집권화이다. 여기서 주의해야 할 것은 강력한 중앙집권적 국가의 이

27. *Ibid.*
28. *Ibid.*, p.13.
29. *Ibid.*, p.18. note.

념이 당시로서는 진보적인 것이었으며, 현존하는 봉건제에 의해 방해되고 있었던 유효한 생산력의 해방을 목표로 하고 있었다는 점이다. 40년 후에 이르러 마르크스는 근대국가의 역사비판에서 중앙집권적 절대주의 국가는 봉건적 내지 반(半)봉건적 국가형태를 초월하는 물질적인 전진이었다고 강조하였다. 따라서 이러한 전제국가를 수립해야 한다는 제안은 그 자체로서 헤겔의 비판적 태도의 완화를 나타내는 것은 아니다. 우리는 오히려 헤겔이 전제국가 개념으로부터 도출해 내는 결과에 있어 그 태도 완화에 주목한다. 우리는 이 점들에 관한 논의를 간단히 진전시키기로 한다.

독일 헌법에 관한 논문에서는, 헤겔의 정식화에 있어 최초로 권력에 대한 정의의 종속이 명백하게 나타나고 있다. 헤겔은 국가의 효율성을 저해하는 모든 종류의 제약으로부터 그 중앙집권국가를 해방시키기를 열망했으므로 정의의 타당성보다 국가이익을 우선시켰다. 이 사실은 헤겔의 이상국가의 외교정책에 대한 언급에서 명백하게 드러난다.

정의란, 타국과의 조약에 의해 한 국가에게 규정되고 인정된 '국가의 이해관계'에 속하는 것이라고 그는 말한다.[30] 끊임없이 변화하는 권력의 성좌(星座)에 있어, 한 국가의 이익은 조만간에 타국의 이익과 상충하지 않을 수 없다. 이리하여 정의가 정의에 대립하게 되는 것이다. 이때 전쟁 '또는 그에 준하는 사태'에 의해 결정되는 것은 어느 정의가 진정하고 정당한 것인가 하는 것이 아니다. '왜냐하면 쌍방 모두 진정한 정의를 갖기 때문이다.' 이로써 결정되어야 할 것은 바로 어느 정의가 다른 정의에 복종해야 할 것인가

30. *Ibid.,* p.100.

이다.[31] 우리는 『법철학』 속에서 이와 동일한 논제가 훨씬 완성된 형태로 진전되어 있음을 볼 수 있다.

권력국가의 개념으로부터 도출된 보다 진전된 결론의 하나는 자유에 대한 새로운 해석이다. 개인의 궁극적 자유는 전체의 궁극적 자유와 모순되지 않고, 전체 내에서, 전체를 통해서만 실현될 것이라는 기본사상이 여전히 유지되고 있다. 헤겔은 피히테와 셸링의 체계상의 차이점에 관한 그의 논문에서 이 점을 극구 강조했는데, 여기서 그는 이성의 기준에 합치되는 공동체를 "개인의 진정한 자유에 대한 제약으로서가 아니라 그것의 확장으로 파악해야 하며, 최고의 공동체는 그 권력과 권력행사에 있어 최고의 자유인 것이다."라고 말하고 있다.[32] 그러나 이제 독일 헌법의 연구에서 그는 다음과 같이 지적하고 있다. "독일적 성격의 특유한 완고성으로 인해 개인이 사회를 위하여 자기의 특수이익을 희생시키거나, 또는 공동이익으로 단결하여 보다 고차적인 국가권력에 완전히 복종하는 데에서 그들의 자유를 발견한다는 것은 불가능했다."[33]

3. 인륜의 체계

거의 같은 시기에 헤겔은 정신철학으로 알려져 있는 그의 체계 제1부의 초고를 썼다. 이 초고, 이른바 「인륜의 체계」(*System der Sittlichkeit*)는 독일 철학에서 가장 난해한 저작의 하나이다. 우리

31. *Ibid.*, p.101.
32. *Erste Druckschriften*, p.65.
33. *Schriften zur Politik*, pp.ff.

는 그 일반적 구조를 간단히 개관하고 헤겔 철학의 실질적인 경향들을 드러내고 있는 부분에 한하여 해석을 가하기로 한다.

「인륜의 체계」는 정신철학의 다른 모든 초고와 같이 '문화'의 발전을 다루고 있는데, 그것은 사회에 있어서 인간의 의식적이고 목적적인 활동의 전체를 의미하고 있다. 문화는 정신의 영역이다. 사회정치적 제도, 예술작품, 종교 및 철학체계는 인간 자신의 존재의 중요한 부분으로서, 즉 그러한 것들 속에서 존속하는 합리적 주체의 산물로서 존재하고 작용한다. 그것들은 산물(products)로서 객관의 영역을 구성한다. 동시에 그것들은 인간존재에 의해 창조된 주관적인 것이다. 그것들은 주관과 객관의 가능한 통일을 표현하고 있다.

문화의 발전에는 명확히 구별되는 여러 단계가 있으며, 각 단계는 인간과 그의 세계의 관계에 있어 상이한 단계를, 즉 세계를 파악하고 지배하며 또한 세계를 인간의 요구나 능력에 적응시키는 각종의 방식을 나타낸다. 그 과정 자체는 역사적인 동시에 존재론적인 것으로 파악된다. 그것은 보다 고차적이고 보다 진정한 존재양식에로의 진보일 뿐만 아니라 현실적인 역사적 발전인 것이다. 그러나 헤겔 철학이 점차 완성되어 감에 따라 존재론적인 과정이 역사적 과정에 대해 더욱더 우위를 차지하게 되고, 마침내 그 본래의 역사적 근간으로부터 훨씬 유리되게 된다.

그 일반적인 체계는 다음과 같다. 제 1 단계는 고립된 개인과 주어진 대상의 직접적인 관계이다. 개인은 그의 환경에 나타난 대상들을 그가 필요로 하리라 욕구하는 사물로서 파악한다. 즉 개인은 그의 욕구를 충족시키기 위하여 음식물이나 음료 따위로 소비하고

'소멸시킴'(annihilating)으로써 그 사물들을 사용한다.[34] 보다 높은 수준은 인간 노동이 객관적인 세계를 형성하고 조직하며, 더 이상 사물을 단순히 소멸시키지 않고 영속적인 생활을 위한 지속적 수단으로서 보존하게 될 때 도달되는 것이다. 이러한 단계는 자신의 활동을 일정 수준의 분업으로 조직함으로써 소비된 것을 보충하는 계속적인 생산을 가능케 한 개인들의 의식적인 협동을 전제로 한다. 이것이 사회생활에 있어 공동체를 향한, 또 인식의 영역에 있어 보편성을 향한 제일보인 것이다. 개인들이 이익공동체로서 상호 결합하게 되는 정도에 따라, 그들의 사상과 의욕도 그들이 공유하는 개념에 의해 영향을 받고 인도되게 되며, 이로써 이성의 보편성에 접근하게 되는 것이다.

결합의 형태는 각자에게 있어 달성된 통합의 정도에 따라 달라진다. 통합의 주체는 첫째 가족, 다음으로 노동, 재산 및 법과 같은 사회제도이며 끝으로는 국가이다.

헤겔이 자기의 체계를 구축하는 데 사용한 구체적인 사회적 · 경제적 개념들은 「정신철학」(*Philosophy of Mind*)이라는 예나 시대의(Jenenser) 초고에서 다시 나올 것이므로 여기서는 다루지 않는다. 우리가 다만 여기서 강조하고자 하는 것은 헤겔이 다양한 사회제도와 사회관계들을 사회적 노동의 양식으로부터 발생하는 상호모순적인 힘의 체계로서 기술하고 있다는 점이다. 그러한 노동양식은, 개인적 욕구충족을 위해 추구되는 개인의 개별적 노동을 시장에 내다 팔기 위한 상품을 생산하기 위하여 행해지는 '일반적 노동'(general labor)으로 변형시킨다.[35] 헤겔은 이러한 일반적 노동

---

34. *Schriften zur Politik*, pp.430ff.

을 '추상적인 양적인 노동'이라고 부르고 이를 더욱 심화되고 있는 인간과 부의 불평등의 원인으로 보고 있다. 사회는 이러한 불평등으로부터 생겨난 적대관계를 극복할 능력이 없다. 따라서 '통치체제'(system of government)가 이 일에 전력을 기울여야만 한다. 헤겔은 세 가지 상이한 통치체제를 개관하는데, 임무를 완수함에 있어서 각각 다른 단계의 진보를 이루고 있다. 그들 통치체제는 그들이 통치하는 사회의 구조와 본질적으로 관련되어 있다.

사회의 일반적인 모습은 '욕구의 체계'(system of wants)가 '물질적 상호의존의 체계'(system of mutual physical dependence)인 사회상이다. 개인의 노동은 그의 욕구충족을 보장하지 못한다. '개인에게 무관하며 개인의 지배력이 미치는 않는 하나의 힘'이 그의 욕구충족 여부를 결정한다. 노동생산물의 가치는 "개인과는 무관하며 끊임없이 변동하지 않을 수 없게끔 되어 있다."[36] 통치체제 자체가 이와 같이 무정부적인 성격을 지니고 있다. 통치하는 것은 "요구와 그 충족양식의 무의식적이고 맹목적인 전체성" 이외의 다른 어떤 것도 아니다.[37]

사회는 그 '무의식적이고 맹목적인 운명'을 극복하지 않으면 안 된다. 그러나 이러한 극복은 일반적인 이해관계의 무정부상태가 지배하고 있는 한 여전히 불완전한 것이 된다. 부의 과잉과 빈곤의 과잉이 병행하고, 순수하게 양적인 노동이 인간을, 특히 '공장에서 기계적 노동에 종사하고 있는' 계급을 '극도로 야만적인 상태로' 밀어넣는 것이다.[38]

35. *Ibid.*, pp.428~38.
36. *Ibid.*, p.492.
37. *Ibid.*, p.493.

'사법의 체계'(system of justice)로 표현되는 통치의 다음 단계는 현존하는 적대관계에 균형을 주기는 하지만, 단지 지배적인 소유관계에 의해 균형을 유지할 뿐이다. 여기서 정부는 사법행정(administration of justice)에 의존하고 있으나, "어떤 사건과 개인의 개별적 필요의 관계에 대해서는 전혀 무관심하게" 법을 집행하는 것이다.[39] 자유의 원리 즉 '통치자와 피치자의 동일성'의 원리는, 정부가 개별이익들 간의 갈등을 일소할 수 없기 때문에 완전히 실현될 수 없다. 그러므로 자유는 단지 '법정에 있어, 소송의 심리와 판결에 있어서'만 나타날 뿐이다.[40]

헤겔은 이러한 일련의 통치체제 중 세 번째 것에 관해서는 단지 그 개략을 서술하고 있을 뿐이다. 그러나 그 논의에 있어 주요개념이 규율(規律, Zucht)이라는 점은 지극히 중요한 것이다. "위대한 규율은 일반적인 도덕에…… 경쟁을 위한 훈련에, 또 경쟁에 있어 개인의 진정한 가치에 대한 시련에서 나타나는 것이다."[41]

이와 같이 진정한 공동체에 대한 추구는 엄격한 규율과 군비에 의해 통치되는 사회에 이르러 끝나고 만다. 헤겔이 유일한 국가 목적으로서 요구했던 개인이익과 공동이익의 진정한 통일은 더욱 더 증대되는 개인주의 사회의 적대관계를 억압할 권위주의 국가(authoritarian state)에 이르고 말았다. 각종의 통치단계에 대한 헤겔의 논의는 자유주의 정치체제로부터 권위주의 정치체제에로의 발전에 대한 구체적인 기술이다. 이 기술은 자유주의 국가에 대한 내재적

38. *Ibid.*, p.496.
39. *Ibid.*, p.499.
40. *Ibid.*, p.501.
41. *Ibid.*, p.502.

비판(immanent critique)을 포함하고 있다. 헤겔의 분석의 요점은 자유주의 사회가 필연적으로 권위주의 국가를 산출하게 된다는 것이기 때문이다. 아마도「인륜의 체계 요강」직후에 쓰여진 것으로 보이는 자연법에 관한 헤겔의 논문[42]은 이 비판을 정치경제학의 분야에 적용하고 있다.

헤겔은 전통적인 정치경제학 체계를 검토하여 그것이 현존 사회체제의 지배원리를 변명하기 위한 공식이라는 점을 밝힌다. 그 체계의 성격은 본질적으로 부정적이며 그것은 경제구조의 본성 자체가 진정한 공동이익의 확립을 방해하기 때문이라고 그는 덧붙이고 있다. 국가 또는 모든 종류의 적절한 정치기구의 임무는 경제구조에 고유한 모순이 전 체계를 파괴하는 것을 사전에 방지하는 일이다. 국가는 무질서한 사회적 · 경제적 과정을 제어하는 역할을 담당하지 않으면 안 된다.

헤겔은 자연법 이론이 국가를 개인주의 사회의 적대적 이해관계에 종속시키려고 하는 위험한 경향을 정당화한다는 이유에서 자연법론을 공격한다. 이를테면 사회계약의 이론은 경쟁하고 갈등하는 개인의지로부터는 결코 공동이익이 도출될 수 없다는 사실을 간과하고 있다. 게다가 자연법은 인간에 대한 수수한 형이상학적 개념을 사용하고 있다. 자연법 이론에 있어 인간은 추상적인 존재로 나타나며 뒤에 가서야 일체의 자의적인 속성이 주어지게 된다. 각 이론의 자기 변호적인 관심이 변화함에 따라 이들 속성의 선택도 변화한다. 더욱이 근대사회에 있어 인간의 존재를 특징짓는 대부분의

42. 'Ueber die wissenschaftlichen Behandlungsarten des Naturrechts,' in *op.cit.*, pp.329ff.

성질들(예컨대 구체적인 사유재산 관계, 노동의 지배적 양식 등)이 무시되고 있다는 것은 자연법의 자기변호 기능과 합치되는 것이다.

헤겔의 사회철학 제1초고에는 그의 전체계의 기초적 사상들이 벌써 명확히 나타나고 있다. 즉 주어진 사회질서는 추상적이고 양적인 노동의 체계 및 상품교환을 통한 욕구의 통합에 근거하는 것이므로 합리적인 공동체를 주장하거나 확립할 수 없다. 이러한 질서는 본질적으로 맹목적인 경제기구에 의해 지배되는 무정부상태나 불합리성의 질서가 되고 만다.—그것은 언제까지나 반복되는 적대관계의 질서로서, 거기서는 모든 진보란 대립자의 일시적인 통일에 불과하다. 강력한 독립국가에 대한 헤겔의 요구는 근대사회의 이 화해 불가능한 모순의 통찰에서 유래한다. 독일에 있어 헤겔은 이러한 통찰에 도달한 최초의 사람이었다. 강력한 국가에 대한 헤겔의 정당화는, 그것이 그가 분석한 개인주의 사회의 적대적 구조에 대한 필연적인 보완물이었다는 근거에서 이루어진 것이다.

제3장
헤겔의 최초의 체계
(1802~1806)

이른바 예나 시대에는「논리학」,「형이상학」,「자연철학」,「정신철학」으로 구성되는 헤겔 최초의 완전한 체계이다. 그는 1802년에서 1806년에 걸친 예나대학에서의 강의에서 그것을 정식화했다.

이들 강의는 최근에 와서야 헤겔의 원래 수고(手稿)로부터 편집되어 3권으로 출판되었으며, 각권은 각각의 체계화 단계를 대표하고 있다.「논리학」(*Logic*)과「형이상학」(*Metaphysics*)은 각각 하나의 초고밖에 없으며「자연철학」(*Philosophy of Nature*)과「정신철학」(*Philosophy of Mind*)은 두 개의 초고가 남아 있다.[1)] 이들 초고 사이에는 상당한 차이가 있지만 전체구조와 관계가 없으므로 여기서는 무시해도 좋을 것이다.

우리는 다만 전체의 일반적 경향 및 구성과 각종 개념의 발전을 이끌고 있는 원리만을 다루기로 하겠다. 각 개념의 내용에 관해서는 최후의 체계의 각 부분에 이르게 될 때 논의될 것이다.

---

1. *Jenenser Logik, Metaphysik und Natur-philosophie*(1802), de. G. Lasson, Leipzing 1923. 여기에서는 *Jenenser Logik, Jenenser Realphilosophie* I (1803~4), ed. J. Hoffmeister, Leipzig 1932. *Jenenser Realphilosophie* II(1805~6), ed. Hoffmeister, Leipzig 1931년 판을 인용했다.

1. 논리학

헤겔의 「논리학」은 존재 자체(being-as-such)의 구조, 즉 가장 일반적인 존재형식들을 설명하는 것이다. 아리스토텔레스 이래의 철학적 전통들은 가장 일반적인 형식들을 포괄하는 개념을 범주라고 칭했다. 즉 실체, 긍정, 부정, 제한, 양, 질, 단일성, 복수성 등이다. 헤겔의 「논리학」은 이러한 범주들을 다루는 한에 있어서는 존재론(ontology)이다. 그러나 그의 「논리학」은 또한 사상의 일반적 형식과 개념, 판단, 삼단논법(syllogism)을 다루고 있으며 이 점에서 '형식논리학'(formal logic)인 것이다.

칸트 역시 그의 『선험적 논리학』(*Transcendental Logic*)에서, 실체성, 인과성, 공존성(상호성)과 판단의 이론을 아울러 포함시켜서 형식논리학뿐만 아니라 존재론까지 논했다는 점을 상기한다면, 우리는 헤겔 논리학이 외견상 이질적인 내용을 내포하고 있는 이유를 이해할 수 있다. 형식논리학과 일반적 형이상학(존재론) 사이의 전통적인 구별은 존재형식을 인간 오성 활동의 결과로 보는 선험적 관념론에 있어서는 무의미한 것이다. 따라서 사유의 원리는 사유대상(현상)의 원리도 되는 것이다.

헤겔 역시 사유와 존재의 통일을 믿고 있었으나, 앞에서 이미 본 바와 같이 헤겔의 통일 개념은 칸트의 그것과는 달랐다. 칸트의 관념론은 '현상'에서 분리된 '물 자체'의 존재를 가정하고 그러한 '물

자체'를 인간정신이 닿을 수 없는, 따라서 이성이 닿을 수 없는 곳에 두었다는 이유에서 헤겔은 칸트의 관념론을 거부했다. 칸트 철학은 사유와 존재, 주관과 객관 사이에 간격을 두었으나, 헤겔 철학은 그 간격에 교량을 놓으려고 노력했다. 그 가교는 모든 존재의 하나의 보편적 구조를 정립함으로써 이루어질 수 있는 것이었다. 존재란 사물이 실존의 다양한 상태를 '포괄'하거나 '파악'하여 그것들을 다소간에 지속적인 사물 '자체'의 통일로 끌어들이는 하나의 과정이 될 수 있었다. 이로써 그 사물은 모든 변화를 통해 '동일한 것'으로서 자기 자신 적극적으로 구성할 수 있는 것이었다. 다시 말해서 모든 것은 다소간에 '주체'로서 존재하는 것이다. 이와 같이 존재의 전 영역을 관철하는 운동의 동일구조가 객관과 주관의 세계를 통일하는 것이다.

이 점을 명심한다면 우리는 논리학과 형이상학이 헤겔 체계에 있어 하나의 체계로 되어 있는 이유를 쉽사리 이해할 수 있다. 종종 말해지고 있는 것처럼, 논리학은 사유와 존재의 동일성을 전제하고 있다. 이러한 진술은 사유의 운동이 존재의 운동을 재생산하여 그것에 진정한 형식을 부여한다는 것을 언명하는 한에서만 의미를 지닌다. 또한 헤겔 철학은 개념을 마치 현실의 사물인 것처럼 독립된 영역에 위치시키고 이들 개념이 서로 회전하고 전환되게끔 한다고 주장되어 왔다. 이에 대한 응답으로서 헤겔 논리학은 존재의 형식과 유형을 사유에 의해 파악된 것으로 다루고 있다는 점을 언급하지 않을 수 없다. 예컨대, 헤겔이 양에서 질로의 이행 또는 '존재'에서 '본질'로의 이행을 논하는 경우, 그가 증명하고자 하는 것은, 실제로 이해한다면 어떻게 하여 양적인 것이 질적인 것으로 전화하며 또 어떻게 하여 존재가 본질로 전화하는가 하는 것이다. 헤겔은 현실의 사물을 다루고자 하는 의도를 갖고 있다. 개념들 간의 상호작용과 운동성은 현실의 구체적인 과정을 재생산하는 것이다.

그러나 개념과 개념이 파악하는 대상 간에는 또 하나의 본질적인 관계가 있다. 정확한 개념은 '우리에게!' 대상의 본성을 명확히 해 준다. 그것은 그 사물 자체가 무엇인가 하는 것을 우리에게 말해 준다. 그러나 진리가 우리에게 명백하게 되는 반면, 사물이 그것들의 참된 현태로 '존재하지 않는다'는 것도 명백하게 된다. 그 사물들이 지니고 있는 잠재적 가능성들은 사물이 존재하는 한정된 조건에 의해 제약되어 있다. 사물은 그들의 한정된 조건들을 부정하는 경우에만 진리를 획득한다. 그러나 부정은 앞의 조건들을 전개시킴으로써 산출되는 또 다른 제한이다. 예컨대 식물의 봉오리는 종자에 대한 규정적인 부정이다. 성장에 있어 이 과정의 '주체'인 식물은 인식에 따라 행동하는 것이 아니고 또 그 자체의 이해력에 의해 잠재적 가능성을 실현하는 것도 아니다. 그것은 오히려 실현 과정을 수동적으로 견디어 내는 것이다. 한편 우리의 식물 개념은 식물의 존재가 하나의 고유한 발전과정이라는 사실을 이해하고 있다. 즉 우리의 개념은 종자를 잠재적인 봉오리로 보고 봉오리를 잠재적인 꽃이라고 본다. 따라서 헤겔의 견해로는 개념은 대상의 현실적인 형식을 표현하고 있는 것이다. 왜냐하면 개념은 객관적 세계에서의 맹목적이고 우연적인 과정에 대한 진리를 우리에게 제공하기 때문이다. 무기물, 식물 및 동물의 세계에 있어서 존재자는 그러한 개념과 본질적으로 상이하다. 그 차이점은 그 존재에 있어 그 개념을 실현할 수 있는 사유하는 주체의 경우에만 극복된다. 이리하여 다양한 존재양식은 그들 개념과의 본질적인 차이에 따라 질서 지워지게 될 수 있는 것이다.

이 결론이 헤겔 논리학을 구성하는 기본적인 각 부분의 원천이다. 그것은 현실을 어떠한 주관성으로부터도 해방되어 있는 단순한 존재로서, 다양한 객관적인 사물로 파악하는 개념들에 의해 출발한다. 그들 개념은 양적으로나 질적으로 상호 관련되어 있으며, 이들 관련을 분석하게 되면 객관적인 질이나 양에 관해서 더 이상 해석할 수 없는 관계에 봉착하게 된다. 그것은 전통적인 존재 개념을 부정하고 '주체'가 현실의 실체 자체라는 것을 드러내는 사유의 원리와 형식들에 의해서만 해석될 수 있는 관계인 것이다. 그 전체구조는 헤겔이 『대논리학』(*Science of Logic*)에서 그것에 부여한 원숙한 형식으로만 이해할 수 있다. 그러나 여기서는 그 기본적인 설계를 간략히 설명하는 데 그치기로 한다.

모든 개별적 존재자는 그 잠재적 가능성들이 실현된다면 가능할지도 모르는 양상과는 본질적으로 다르다. 잠재적 가능성은 그것의 개념 속에 주어져 있다. 만일 존재의 잠재적 가능성이 실현되고 따라서 그 존재나 개념 간에 동일성이 존재한다면 그 존재자는 진정한 존재를 가질 수 있을 것이다. 현실과 잠재적 가능성 사이의 차이는 헤겔 논리학의 모든 개념에 적용되는 변증법적 과정의 출발점이다. 유한한 사물은 '부정적'이다—그리고 이것이 유한한 사물에 정의를 부여하는 특징인 것이다. 왜냐하면 그것은 그것이 될 수 있는 또한 되어야 하는 것이 결코 아니기 때문이다. 그것은 항상 자신의 가능성을 실현된 것으로 완전히 표현하지 않는 상태에 있는 것이다. 유한한 사물은 '이와 같이 절대적인 불안정성, 즉, 현재의 상태가 되지 않으려는' 노력을 본질로 갖고 있는 것이다.[2)]

「논리학」의 추상적인 정식화에서조차 우리는 이와 같은 사고에 깔려 있는 구체적인 비판적 충동을 볼 수 있다. 헤겔의 변증법은 모든 직접적인 존재형식들(자연과 역사에 있어)이 사물의 가능한 상태를 허용치 않기 때문에 '나쁘다'는 깊은 확신으로 일관되어 있다. 진정한 존재는 오직 직접적 상태(immediate state)가 부정적인 것으로 인식되는 경우, 존재가 '주체'로 되어 그 외적 상태를 그 잠재적 가능성에 적응시키기 위해 노력하는 경우에만 시작되는 것이다.

방금 개관해 본 사상의 완전한 의미는 부정성이 모든 유한한 사물의 구성요소이며 그들 모두의 '진정한 변증법적' 계기[3)]라는 주장에 있는 것이다. 그것은 '모든 행위'의 살아 있는 정신적 자기 운동의 가장 내면적인 원천이다.[4)] 모든 사물이 가지고 있는 부정성은 그 현실성에 대한 필연적인 서곡이다. 그것은 주체로 하여금 구제를 구하도록 강요하는 궁핍의 상태이다. 그 자체만으로도 그것은 적극적인 성격을 갖고 있는 것이다.

변증법적 과정은 그 부정성을 극복해야 한다는 압력으로부터 그 원동력을 부여받는다. 변증법은 인간과 사물의 존재양식이 모순관계로 구성되어 모든 개별적 내용이 그 대립자에로의 이행을 통해서만 드러날 수 있게 되는 세계에서의 한 과정인 것이다. 대립자는 개별적 내용의 불가결한 일부이며, 전체적 내용은 그 속에 함축된

2. *Jenenser Logik*, p.31.
3. *Science of Logic,* trans. W. H. Johnston and L. G. Struthers, The Macmillan Company, New York 1929, vol. I, p.66.
4. *Ibid.*, vol. II, p.477.

모든 모순관계들의 전체이다. 논리적으로 말하면 변증법은 인간 오성이 주어진 질적 또는 양적 형식으로부터 어떤 사물을 적절히 파악할 수 없음을 자각할 때 시작되는 것이다. 주어진 질 또는 양이란 이러한 질이나 양을 지니고 있는 사물의 '부정'이라 생각된다. 우리는 이 점에 대한 헤겔의 설명을 약간 상세하게 살펴보아야 할 것이다.

그는 상식이 보는 바와 같은 세계로부터 시작한다. 그것은 무수한 사물로 이루어져 있다.—헤겔은 그것들을 제각기 특수한 성질을 지닌 '어떤 것'(Etwas)이라 부르고 있다. 사물이 지닌 성질은 그 사물을 다른 사물로부터 구별하므로, 우리가 그것을 다른 사물들로부터 분리시키기를 원한다면 단지 그 성질을 열거하기만 하면 되는 것이다. 여기 이 방에 있는 탁자는 책상으로 사용되고 있다든가 그것은 호두나무로 만들어져 있고 무거우며 목제라는 등의 말을 할 수 있다. 책상이라는 것, 갈색이고 목제이며 무겁다는 등의 말은 그것이 단지 탁자라는 것과 같지 않다. '그' 탁자는 이들 중 어떤 성질도 아닐뿐더러 그 총체도 아니다. 헤겔에 따르면, 특수한 성질은 동시에 탁자 그 자체의 부정이다. 탁자의 성질을 탁자의 술어로써 말하는 명제가 이러한 사실을 지시해 줄 것이다. 그들 명제는 'A는 B이다'(즉, A가 아니다)라는 형식논리학적 구조를 갖고 있다. '책상이 갈색이다'라는 명제는 책상이 그 자신과는 별개의 것이라는 것도 표현하고 있다. 이것이 모든 유한한 사물의 부정성이 표출되는 최초의 형식인 것이다. 어떤 것의 존재 자체는 자신 이외의 것으로 나타난다. 헤겔이 적고 있는 바와 같이 그것은 '타자'(Anderssein) 속에 존재하는 것이다.

그러나 어떤 것을 그 성질로써 정의하려는 시도는 부정성에서 종결되지 않고 한걸음 더 나아가게 된다. 어떤 사물은 그것이 지닌 성질에 의해 현실적으로 배제된 다른 성질들을 고려하지 않고서 자신의 성질을 통해서만은 이해될 수 없다.

이를테면 '목제'(wooden)라는 것은 다른 어떤 것, 즉 나무가 아닌 재료와의 관계를 통해서만 의미를 갖는다. '갈색'의 의미는 갈색과 반대되는 다른 색의 의미가 알려져 있을 것을 필요로 한다. '성질은 그것이 배제하는 것과 관계하고 있다.'[5] 왜냐하면 그것은 절대자로서 대자적으로(for itself) 존재하는 것이 아니라 어떤 다른 것(성질)이 존재하지 않는 한에 있어서만 대자적이 되는 방식으로 존재하기 때문이다. 모든 점에서 우리는 사물을 한계지우고 다른 사물로부터 분화시키는 성질의 피안으로 인도된다. 이렇게 해서 사물의 외견상의 안정성과 명료성은 '관계'(Beziehungen)의 끝없는 연쇄로 해소되는 것이다.

이와 같이 헤겔 논리학의 서론 부분의 몇 장(章)을 보면, 인간 오성이 그 생각을 관철시키려고 할 경우 그 대상의 명료한 한계는 상실된다는 사실을 알 수 있다. 첫째로 오성도 어떠한 사물이든 그것이 현실적으로 존재하는 상태와 동일시하는 것이 전혀 불가능하다는 것을 깨닫게 된다. 사물의 본연의 모습을 진실로 식별하게 하는 개념을 발견하려는 노력은 정신을 관계의 무한한 바다로 던져 넣는 것이다. 모든 사물은 다른 것과의 관계에서 이해되어야 하므로 이들 관계가 그 사물의 존재 자체가 되는 것이다. 이와 같은 관계의 무한성은 사물의 특성을 포착하려는 기도가 모조리 실패할

5. *Jenenser Logik.* p.4.

것을 예고하는 것 같지만, 헤겔에 있어서는 그 반대로 사물의 진정한 인식을 위한 제일보가 되는 것이다. 즉 적절하게 내딛어진다면 그것이 제일보인 것이다.

그 과정을 헤겔은 '무한성'의 분석을 통해 논의하고 있다. 이 무한성은 두 가지 종류, 즉 '나쁜' 무한성과 '참된' 무한으로 분화된다. 나쁜 무한 즉 허위의 무한은 말하자면 잘못된 진리에의 길이다. 그것은 언젠가는 종국에 도달할 것이란 희망으로 한정된 관련 성질들로 더욱 더 접근해 감으로써 정의의 불충분성을 극복하려고 하는 활동이다. 오성은 관계가 하나씩 한정됨에 따라 그 관계들을 단순히 추종할 뿐이고, 점차 새로운 관계를 추가하여 대상을 남김없이 한계지우려는 무익한 노력을 거듭할 뿐이다. 그 절차는 합리적 핵심을 지니고 있기는 하나, 대상의 본질이 다른 대상과의 관계들로 구성되어 있다고 전제하는 한에서만 그러할 뿐이다. 그러나 그 관계들은 상식이 대상을 상호 연관시키는 방법인 단순한 '부가적 연관'(Und-Beziehungen)이란 '허위의 무한성'(Spurious infinity)에 의해서는 파악될 수 없다.

그 관계들은 다른 방법으로 파악되지 않으면 안 된다. 그것들은 대상 자체의 운동에 의해 창출되는 것으로 보아야 한다. 대상은 '그 자체와 대립물 간의 필연적인 관계들'을 스스로 확립하고 스스로 '제기하는' 것으로서 이해되지 않으면 안 된다.[6)] 이것은 대상이 자기발전에 대한 일정한 지배력을 가지고 있기 때문에, 그 구체적인 존재단계가 그 자체의 '부정', 즉 '타자'(otherness)임에도 불구하고, 자기 자신으로서 존재할 수 있다는 사실을 전제할 것이다.

---

6. *Ibid.*, p.32.

바꾸어 말하면, 대상은 그 '타자'와의 관계 속에 있는 '주체'로서 파악되어야만 한다는 것이다.

하나의 존재론적 범주로서 '주체'는 '그 타자에 있으면서 자기 자신'(Bei-sich-selbst-sein im Anderssein)일 수 있는 실체의 능력인 것이다. 이러한 존재양식만이 부정적인 것을 긍정적인 것에 통합시킬 수 있다. 주체를 움직이고 있는 힘이 부정성을 주체자신의 통일의 일부로 삼을 때, 비로소 부정적인 것과 긍정적인 것의 상호대립이 종식되는 것이다. 주체는 부정성을 '매개'(vermittelt)하고 '지양'(aufhebt)한다고 헤겔은 말한다. 이 과정에 있어서 대상은 다양한 질적 또는 양적 규정 속으로 해소되는 게 아니라 다른 대상들과의 관계를 통하여 시종 실체적으로 통일을 유지하는 것이다.

이것이야말로 헤겔이 '참된 무한'이라고 말하는 존재 또는 실존의 양식인 것이다.[7] 무한은 유한한 것의 배후 또는 피안에 있는 그 무엇이 아니라, 그들의 진정한 현실인 것이다. 무한한 것은 모든 잠재적 가능성이 실현되고 모든 존재가 그 궁극적인 형식에 도달하게 되는 실존의 양식이다.

이와 함께 논리학의 목표가 설정된다. 그것은 한편 그러한 궁극적 현실의 진정한 형식을 입증함에 있으며 다른 한편 어떻게 현실을 포착하고자 노력하는 개념이 현실의 절대적 진리성이란 결론에 도달하게 되는가를 증명함에 있다. 헤겔은 칸트 철학의 비판에 있어, 논리학의 임무는 범주를 단순히 '집합시키는 것'이 아니라 '전개시키는 것'이라 했다. 이러한 노력은 사유의 대상이 체계적 질서를 갖고 있는 경우에만 결실될 수 있을 것이다. 그러한 질서는 헤

7. *Ibid.*, p.30~34.

겔의 의하면 모든 존재양식을 자신의 합리성과의 관계에서 파악하는 자유로운 주체를 통하여 비로소 이들 존재양식이 그들의 진리에 도달한다는 사실에서 도출되는 것이다. 논리학의 체계는 이와 같은 체계적 파악(systematic comprehension)을 반영하고 있다. 그것은 객관적 존재(즉 물질적인 사물)의 가장 추상적인 형식만을 취하는 직접적 경험의 범주, 즉, 양 · 질 · 질량(Measure)의 범주로써 출발한다. 이것들은 모든 대상을 다른 대상에 의해서 외적으로 한정지워진 것으로 보기 때문에 가장 추상적인 것이다. 다양한 존재양식이 여기에서 외적으로 상호 연관되어 있고 또 어떤 존재도 그 자체 및 그것이 상호작용하는 그밖에 것들과 내적인 관계를 갖는 것으로 파악되지 않기 때문에 이 경우에는 단순한 연관이 지배적으로 된다. 예컨대 대상은 견인과 반발의 과정에 있어 자기를 구성하는 것으로 보인다. 헤겔에 따르면, 존재자의 역동적인 통일이 여기서는 아무런 지배력도 행사할 수 없는 맹목적인 자연력들의 소산으로서 파악되는 한 이러한 해석은 객관성의 추상적이고 외적인 해석인 것이다. 이리하여 단순한 연관의 범주들을 실체를 '주체'로 인정하는 입장과는 가장 거리가 먼 것이다.

헤겔이 논리학의 제2장에서 관계(Verhältnis)라는 일반적 표제하에 다루고 있는 범주들은 목표에 한 걸음 더 접근하고 있다. 실체성, 인과성, 상호성은(제1장의 범주들과 같이) 추상적이고 불완전한 실재를 나타내는 것이 아니라 현실적인 관계들을 나타내고 있다. 실체는 그 우연성의 관계에 있어서만 실체인 것이다. 마찬가지로 원인은 결과에 대한 관계에 있어서만 존재하며 또 두 개의 독립된 실체는 그 상호관계에 있어서만 존재한다. 그 연관은 내적인 것이다. 실체는(이러한 범주들을 모두 포괄하는 범주로서) 견인과 반발이라는 맹목적인 힘보다 훨씬 내적인 운동을 나타내고 있다. 실체는 그 우연성과 결과에 대한 일정한 지배력을 가지며 그 지배력을 통해서 다른 사물과의 관계를 확립함으로써 자기의 잠재적 가능성을 전개할 수 있는 능력을 가지게 된다. 그러나 그것은 그런 가능성에 대한 인식을 갖고 있지 않으며 따라서 자기실현의 자유를 갖지 못한다. 실체성은 여전히 대상의 관계, 물질적인 관계, 또는 헤겔이 말하는 바와 같이 존재의 관계를 나타내는 것이다. 세계를 진정한 존재로서 파악하기 위해서는, 우리들은 세계를 자유의 범주에서 파악해야만 하며 그 자유의 범주는 사유하는 주체의 영역에서만 볼 수 있다. 존재관계로부터 사유관계로의 이행은 필연적이다.

사유의 관계란 개념, 판단 및 추리에 있어 특수와 보편의 관계를 말한다. 헤겔로서는 그것은 형식논리학의 관계가 아니라 존재론적인 관계이며 모든 현실의 진정한 관계이다. 역사뿐만 아니라 자연의 실체도 특수를 통해 자신을 전개하는 보편인 것이다. 보편은 종과 개체를 통해 자기 자신 실현하는 유(genus)의 자연적인 과정이다. 역사에 있어 보편은 모든 발전의 실체이다. 그리스의 도시국가, 근대의 산업, 사회계급—이 모든 보편성들은 각 구성부분으로 해소될 수 없는 현실적이고 역사적인 힘들이다. 반대로 개별적 사실이나 인자는 그것이 속해 있는 보편을 통해서만 의미를 얻는다. 개인은 그의 개성에 의해서가 아니라 그의 보편적 성질, 예컨대 그리스 시민이라거나 근대 공장노동자라거나 부르주아라는 등의 성질에 의해서만 규정되는 것이다.

한편 보편성은, 모든 존재가(앞서 본 바와 같이) 한정되고 개별적이므로 결코 '존재의 관계'는 아니다. 그것은 '사유의 관계,' 즉 파악하는 능력을 갖고 파악하고 있는 주체(comprehensive and comprehending subject)로서만 이해될 수 있다.

전통적 철학에 있어서는 보편성의 범주가 논리학의 일부로 간주되어 개념론·판단론 및 추리론을 다루어 왔다. 그러나 헤겔에 있어서는 이러한 논리적 형식과 과정이 현실의 실제 형식과 과정을 반영하고 포함한다. 우리는 이미 개념과 판단에 대한 헤겔의 존재론적 해석에 대한 시사를 얻고 있다. 이러한 맥락에서 근본적인 것은 그가 정의를 다루는 입장이다. 논리학의 전통에 따른다면, 정의란 대상의 보편적 본성을 다른 대상과의 본질적인 차이에 의해 파악하는 사유의 관계이다.

헤겔에 따르면 대상이 관계를 맺고 있는 다른 대상으로부터 자기 자신을 구별하는 현실적 과정을 재생(반영)하는 경우에만 정의가 그 기능을 다할 수 있다고 한다. 그러므로 정의는 존재자가 그 상태의 부정을 통해서 동일성을 유지해 가는 운동을 표현하지 않으면 안 된다. 요컨대 진정한 정의는 하나의 고립된 명제로는 주어질 수 없으며 대상의 현실적 역사를 구현하지 않으면 안 된다. 왜냐하면 대상의 역사만이 그 현실성을 설명해 주기 때문이다.[8] 예컨대 식물의 진정한 정의는 봉오리에 의한 종자의 파괴와 꽃에 의한 봉오리의 파괴를 통해서 식물이 자기 자신 구성해 가는 과정을 보여 주지 않으면 안 된다. 그것은 식물이 그 상호작용과 환경과의 투쟁에서 어떻게 자기 자신을 영속화하는가를 말해 주어야 한다. 헤겔은 정의를 '자기보존'이라 부르고 그 용법을 다음과 같이 설명

---

8. *Cf. Science of Logic,* vol. I, p.61.

한다. "생물을 정의하는 경우 그의 특성들은 그 생물이 다른 개체로부터 자기 자신을 보존하기 위해 사용하는 공격과 방어의 무기들로부터 도출되지 않으면 안 된다."9)

이 모든 경우에 있어 사유는 객관적 세계의 현실적 관계들을 포학하여 사물의 '본래적인'(in themselves) 모습에 대한 지식을 우리에게 제공한다. 이들 현실적인 관계는 사물의 외관에 의해 은폐되어 있기 때문에 사유가 그것을 색출해 내지 않으면 안 된다. 이러한 이유로 사유는 그 대상보다 더 '현실적'인 것이다. 더욱이 사유는 대상을 이해하고 포함한다는 이중의 의미에서 모든 대상을 '개념적으로 파악하는'(comprehends) 존재의 실존적 속성이다. 객관적인 세계는 자유로운 주체의 세계에서 진정한 형식에 도달하게 되며, 객관적 논리학은 주관적 논리학에서 완성된다. 예나 시대의 체계에 있어서는, 주관적 논리학이 형이상학에 관한 장에서 다루어지고 있다. 그것은 모든 객관성을 파악하는 범주와 원리를 발전하는 주체의 활동무대, 즉 이성의 활동무대로 설명하고 있다.

헤겔의 주요 사상에 대해서 이제까지 대체적인 개관을 시도해 보았으나, 그것은 논리학의 최후의 체계에 관한 논의에서 보다 명확하게 설명될 것이다. 헤겔의 논리학에는 우리의 개념들의 그릇된 고정성을 타파하고, 모든 존재양식 뒤에 숨어서 보다 높은 사유양식을 요청하는 역동적인 모순을 드러내 보이려는 노력이 이미 분명하게 나타나고 있다. 「논리학」은 존재의 일반적 형식에 적용되는 경우에는 다만 변증법의 일반적인 형식일 뿐이다. 보다 구체적인 적용은 헤겔의 「실재철학」(Realphilosophie), 특히 그의 사회철학

9. *Jenenser Logik*, p.109.

속에서 나타난다. 우리는 주로 여기서는 「논리학」 및 「형이상학」으로부터 「자연철학」에로의 난해한 이행에 관한 논의를 유보하고(그것은 최후의 『논리학』의 장에서 논의될 것이다), 자유로운 주체인 인간의 역사적 실현을 다루고 있는 「예나 시대의 정신철학」으로 직접 들어가 보기로 한다.

2. 정신철학

개인이란 실재로는 인류 역사에 있어 뒤늦은 산물이므로, 인간세계의 역사는 개인과 자연의 투쟁으로 시작되는 것은 아니다. 주어진, '직접적인'(immediate) 형식이기는 하지만 공동체(보편성 ; Allgemeinheit)가 최초로 나타난다. 그것은 아직도 합리적인 공동체가 아니며 자유를 그 성질로 갖고 있지도 않다. 따라서 그것은 곧바로 무수한 적대관계로 분열된다. 헤겔은 역사적 세계에서의 이러한 원초적인 통일을 '의식'(conscionsness)이라 부름으로써 우리는 이미 모든 것이 주체의 성격을 갖는 영역에 들어가 있다는 사실을 거듭 강조하고 있다.

역사에 있어 의식의 최초 형식은 개인적 의식이 아니라 보편적 의식의 '형식인데, 그것은 아마도 모든 개인성이 공동체 속에 함몰되어 있는 원초적 집단의 의식에 의해 가장 잘 표현될 것이다. 감정, 감각 및 개념은 본래 개인의 것이 아니라 모든 사람들이 공유하는 것이므로, 개별적인 것이 아니라 공통적인 것이 의식을 규정하게 된다. 그러나 이러한 통일조차도 대립을 포함하고 있다. 의식은 그 대상에 대한 대립을 통해서만 의식일 수 있기 때문이다. 확실히 이러한 대상은 의식의 대상으로 '파악된 대상'(begriffene Objekte)이며 또는 주체로부터 분리할 수 없는 대상이다. 그들이 '파악되어 있다'는 것은 대상로서의 그의 성격의 일부이다. 그러므로 대립의 어느 한 쪽도, 즉 의식이나 의식의 대상은 정신 영역에 있어 모든 다른 유형의 대립과 마찬가지로 주체성의 형식을 가지고 있다. 대립하는 요소의 통합은 오직 주관성 내부에서의 통합일 수밖에 없다. 인간의 세계는 일련의 대립의 통합 과정에서 발전한다고 헤겔은 말하고 있다. 첫째 단계에 있어 그것들은 다른 개인과 갈등하는 개인으로서 나타난다. 그리고 최종 단계에 있어 그것들은 국가로서 나타나는데 마지막 단계만이 주체와 대상 간의 항구적인 통합의 달성을 표현한다. 민족은 그 자신 안에 대상을 가지고 있다. 왜냐하면 민족은 오로지 자기를 재생산하는 데만 노력을 경주하기 때문이다. 이 3단계에 상응하는 세 가지 상이한 통합의 '매개체'가 있다. 즉, 언어, 노동, 그리고 소유이다.

헤겔의 최초의 체계

	주 체	매개체	객 체
1	의 식	언 어	개 념
2	개인 또는 개인의 집단	노 동	자 연
3	민족, 개인의 공동체	소 유	민족, 개인의 공동체

언어는 주체와 객체의 최초의 통합이 일어나는 매개체이다.[10) 언어가 객관적이며 모든 개인에게 공유되는 것이라는 의미에서, 그

10. *Jenenser Realphilosophie*, I, p.211.

것은 또한 최초의 현실적인 공동체(Allgemeinheit)인 것이다. 한편 언어는 개인화(individuation)의 최초의 매개체이다. 왜냐하면 언어에 의해 개인은 자기가 알고 있고 명명하고 있는 대상을 지배할 수 있게 되기 때문이다. 인간은 자기의 세계를 알고 자기의 요구와 능력을 의식하여 타인에게 이 지식을 전달할 때에만 자기의 세력범위를 확정하여 타인의 접근을 막을 수 있는 것이다. 이와 같이 언어는 최초의 점유수단이기도 하다.

다음에 언어는 개인이 자기의 동료에 '대하여' 의식적 입장을 취하고 타인의 요구와 욕망에 대하여 자기의 요구와 욕망을 주장할 수 있게 해준다. 그 결과 발생하는 적대관계는 노동과정을 통해서 통합되며 또 그 노동과정은 문화발전의 결정적인 동력이 되는 것이다. 노동과정은 다양한 유형의 통합을 야기시켜서 그러한 유형에 상응하는 공동체의 모든 계기적(繼起的) 형식들을 조건지우고 있다. 즉 가족, 시민사회, 국가가 바로 그것이다(시민사회와 국가는 헤겔 철학의 후기에서만 나타난다.). 노동은 먼저 개인을 가족으로 통일하는데 이 가족은 그 생계유지 수단인 대상을 '가산'(family property)[11]으로서 점유한다. 그러나 가족은 재산을 소유하는 다른 많은 가족들 사이에서 자기 자신 그 재산을 발견한다. 여기서 전개되는 갈등은 개인과 그 욕망의 대상 사이에 있지 않고 하나의 개인집단(하나의 가족)과 다른 유사한 집단들 사이에 존재한다. 그 대상은 이미 '점유'되어 있다. 즉 그 대상들은[현실적으로 또는 잠재적으로]개인들의 재산이기 때문이다. 사유재산제의 확립은, 헤겔에 있어서는 '대상'이 종국적으로 주관적 세계에 합체되고 말았다는 것

11. *Ibid.*, p.211.

을 의미한다. 즉 대상은 더 이상 '죽은 사물'(dead things)이 아니라 그 전체가 주체의 자기실현의 영역에 속해 있는 것이다. 인간은 악착같이 일하여 그 대상들을 조직함으로써 그들을 자기 인격의 중요한 부분으로 만들고 있다. 이리하여 자연이 인간의 역사 속에 자리잡고, 역사는 본질적으로 인간의 역사로 된다. 모든 역사적 투쟁은 유산 개인집단 간의 투쟁으로 된다. 이와 같이 원대한 사상은 이후에 이루어질 정신영역의 구축에 대해 전적인 영향을 미치고 있다.

다양한 유산가족이 출현함에 따라 그들의 각종 권리의 '상호승인을 획득하기 위한 투쟁'이 시작된다. 재산이 개인성의 본질적인 구성요소로 간주되는 이상 개인은 자신을 개인으로 유지해 나가기 위하여 자기의 재산을 보존하고 방위하지 않으면 안 된다. 그 결과 생기는 생사를 건 투쟁은 대립하는 개인이 민족(Volk) 공동체에 통합될 때 비로소 종식될 수 있다고 헤겔은 지적한다.

가족으로부터 민족에로의 이 이행은 18세기의 정치이론이 이해하는 바와 같이, '자연 상태'로부터 시민사회로의 이행에 대체로 상응하고 있다. '상호승인'을 위한 '투쟁'에 대한 헤겔의 해석은 『정신현상학』(*Phenomenology of Mind*)을 논할 때 설명되겠지만, 거기서는 투쟁이 자유에 들어서기 위한 계기와 같은 것으로 나타나고 있다. 상호 승인을 위한 투쟁의 결과, 갈등하는 집단이나 개인들에게 객관적인 공공복지를 제시하는 최초의 현실적인 통합이 이루어진다. 이 통합을 달성하는 의식은 또 하나의 보편(Volksgeist, 민족정신)이지만 그 통일은 더 이상 원초적이고 '직접적인' 것이 아니다. 그것은 오히려 현존하는 적대관계를 전체의 이익이 되게 만드는 자기의식적인 노력의 산물인 것이다. 헤겔은 그것을 '매개된'(vermittelte) 통일이라 부른다. 매개란 용어의 구체적인 의미는 여기서 분명해진다. 매개활동은 바로 노동활동인 것이다. 인간은 그의 노동을 통하여 객관적 세계와 주관적 세계의 괴리를 극복한다. 즉 자연을 인간의 자기발전에 적합한 매개체로 바꾸는 것이다. 대상이 노동의 수중에 들어가 형성될 때, 그것은 그 안에서 자기의 요구와 욕망을 인지할 수 있는 주체의 일부가 된다. 나아가 인간은 노동을 통하여 한 개인으로서 타인들과 대립하게 되는 그러한 원자적 실존을 사상하고 공통체의 일원이 되는 것이다. 개인은 그의 노동에 의해서 보편으로 전화한다. 왜냐하면 노동은 그 본성에 있어 보편적 활동이기 때문에 노동의 생산물은 모든 개인들 간에 교환될 수 있기 때문이다.

헤겔은 노동개념의 고찰을 더욱 진전시켜 근대의 상품생산을 특징짓는 노동양식을 사실적으로 기술하고 있다. 사실 그는 추상적이고 보편적인 노동에 대한 마르크스의 이론에 접근하고 있다. 우리는 헤겔의 존재론적 개념들이 특정 사회질서를 표현하는 사회적 내용으로 충만해 있다는 사실에 대한 최초의 실례와 만나게 된다.

헤겔은 개인은 자신의 노동을 통해 자기의 욕구를 충족시키는 것이지 그 노동의 특정한 산물에 의해 충족시키는 것은 아니며 후자는 개인의 욕구를 충족시키기 위해서 그것과는 다른 무엇이 되지 않으면 안 된다.[12]고 말한다. 개별적 대상은 노동과정에서 보편적인 것으로 된다.—상품이 되는 것이다. 보편은 또 노동의 주체인 노동자와 그의 개인적 활동을 변형시킨다. 그는 자기의 독자적 능

12. *Ibid.*, p.238.

력과 욕망을 무시하지 않을 수 없게 된다. 노동 생산물의 분배에 있어서는 '추상적이고 보편적인 노동' 이외의 어떤 것도 중요성을 갖지 않는다. '각 개인의 노동은 그 내용에 관한 한 모든 사람의 요구에 대해 보편적이다.' 노동은 이와 같이 '보편적인 활동'(allgemeine Tätigkeit)으로서만 '가치'를 가진다. 즉 노동의 가치는 '그 노동이 개인에 대해 가지는 의의에 의해서가 아니라 그것이 모든 사람에 대해 갖는 의의'에 의하여 결정되는 것이다.13)

이 추상적이고 보편적인 노동은 시장의 '교환관계'를 통해 개인의 구체적인 요구와 연관되고 있다.14) 노동의 생산물은 교환에 의해, 추상적 노동 가치에 따라 각 개인에게 분배된다. 그러므로 헤겔은 교환을 '구체성에로의 복귀'라고 부르고 있다.15) 사회에 있어서 인간의 구체적인 요구는 이 교환을 통해서만 충족되는 것이다.

헤겔은 명백히 다양한 개인 활동을 전체적인 교환관계로 통합함에 있어 노동이 수행하는 기능을 정확하게 이해하려고 노력하고 있다. 그는 마르크스가 후에 근대사회 분석을 재개한 분야를 다루고 있다. 노동의 개념은 헤겔의 체계에 있어 주변적 개념이 아니라 중심개념으로서, 그는 이 개념을 통해 사회의 발전을 파악하고 있다. 그에게 이러한 시야를 열어 준 통찰력에 이끌려 헤겔은 상품생산사회에서의 지배적인 통합양식을 마르크스의 비판적 접근을 분명히 예시하는 듯한 말로 서술하고 있다.

헤겔은 두 가지 점을 강조한다. 즉 추상적 노동이라는 악마에 대한 개인의 완전한 예속과, 교환관계에 의해 영속화된 사회의 맹목

13. *Ibid.*
14. *Jenenser Realphilosophie*, II, p.215.
15. *Ibid.*

적이고 무정부적인 성격이다. 추상적 노동은 개인의 진정한 능력을 발전시킬 수 없다. 바로 인간을 혹사(酷使)로부터 해방시켜야 할 수단이었던 기계화는 인간을 그 노동의 노예로 만들고 있다. '인간이 자기의 노동을 정복하면 할수록 그만큼 인간은 더욱 무력해진다.' 기계는 혹사의 필요를 감소시키지만 그것은 개인을 위한 것이 아니라 전체를 위한 것이다. '노동이 기계화되면 될수록 그만큼 노동의 가치가 감소하며 인간은 더욱 혹사당할 수밖에 없게 된다.[16] '노동의 가치는 노동 생산성이 증대되는 데 비례하여 감소된다. …… 개인의 능력은 무한정하게 제한되며, 또 공장노동자의 의식은 최저수준의 무감각상태에까지 저하된다.[17] 이와 같이 노동이 개인의 자기실현에서 자기부정으로 변하는 반면, 개인의 요구와 노동 간의 관계, 전체의 요구와 노동 간의 관계는 측정 불가능한 맹목적인 상호의존성'의 형식을 취하게 된다. 이와 같이 추상적 노동과 교환을 통한 갈등하는 개인의 통합은 '공동성과 상호의존성의 거대한 체계, 사자(死者)의 운동하는 생활을 수립하는 것이다. 이 체계는 맹목적이고 원초적인 방식으로 이리저리 돌아다니며, 그리하여 야생동물처럼 끊임없는 통제와 규율을 요청하는 것이다.[18]

그의 서술의 어조와 음조는 마르크스의 『자본론』(*Capital*)을 연상시키는 점이 현저하게 나타난다. 마치 상품생산 사회에 대한 그의 분석이 폭로시킨 모습을 보고 혼비백산한 듯이 헤겔의 수고(手稿)가 중단되고 있지만, 그것은 놀라운 것은 못 된다. 그러나 마지막 문장을 보면 헤겔이 가능한 해결책을 정식화하고 있다는 것을

16. *Jenenser Realphilosophie*, I, p.237.
17. *Ibid.*, p.239.
18. *Ibid.*, p.240.

알 수 있다. 그는 1804년에서 1805년 간의 「실재철학」(*Realphilosophie*)에서 이를 정교하게 완성시키고 있다. 야생동물은 길들여져야 하며 이러한 과정은 강력한 국가조직을 필요로 한다.

헤겔의 초기 정치철학은 그대사회에 있어 정치이론의 기원을 상기시켜 준다. 홉스 역시 그의 레비아딴 국가(Leviathan State)를 그것이 없다면 극복할 수 없는 개인주의 사회의 혼돈, 즉 '만인에 대한 만인의 투쟁'(bellum omnium contra omnes)에 기초를 두었다. 그러나 홉스와 헤겔 사이에는 절대주의 국가가 자본주의의 경제력을 해방시키고, 정치경제학이 자본주의 노동과정의 메커니즘 일부를 폭로시키게 되는 시대적인 간격이 가로놓여 있었다. 헤겔은 정치경제학 연구에 몰두해 있었다. 홉스가 직관적인 통찰력을 지니고 또 그에 익숙해져 있던 반면, 헤겔의 시민사회 분석은 근대사회의 근본구조에 도달하고 있으며 그에 대한 정치적 비판적 분석을 제시하였다. 또한 보다 더 나아가 헤겔은 프랑스 혁명의 노도 속에 기성 시민사회의 구조를 초월하는 원리를 발견했다. 이성과 자유의 이념, 일반이익과 특수이익 간의 통일은, 그에게 있어서는 국가를 위해 희생시킬 수 없는 가치를 의미하고 있었다. 그는 이러한 이념들을 '통제와 규율'의 필요에 조화시키기 위하여 전생애를 통해 노력하였다. 이 문제를 해결하려는 그의 시도는 다양하게 전개되었고, 궁극적인 승리는 레비아딴이 아니라 법의 지배 아래 있는 합리적인 국가에 돌아가는 것이었다.

예나 시대의 「실재철학」 제2권은 시민사회가 국가와 통합되는 방식을 계속 논의하고 있다. 헤겔은 '헌법'이란 제하에서 시민사회의 정치형태를 논하고 있다. 법(Gesetz)은 교환관계의 맹목적인 전체성을 국가라는 의식적으로 규제된 기구로 변화시킨다. 시민사회의 무정부상태와 혼란의 광경은 이전보다 훨씬 어둡게 그려지고 있다.

> 개인은 전체의 완전한 혼란과 우연에 지배되고 있다. 많은 사람들이 공장 제조소, 광산 등에서 감각을 마비시킬 정도로 불건강하고 불안전한 노동을 강요받고 있다. 생산양식의 변화, 또는 타국에서의 신발명으로 인한 생산물 가치의 저하, 또는 그밖의 이유로 인하여, 인구의 대다수를 부양하던 산업의 전부분이 갑자기 붕괴되어 버린다. 전체 대중은 이리하여 구제불능의 빈곤에 방치되고 있다. 막대한 부와 막심한 빈곤의 갈등이 진전되며, 빈곤은 그 조건을 개선할 능력이 없다. 부는 압도적인 권력이…… 된다. 부의 축적은 혹은 우연에 의해 혹은 일반적 분배양식을 통해 일어난다. ……영리활동은 다면적인 조직으로 발전되어, 영세 기업이 이윤을 획득할 수 없는 분야로 분화되어 간다. 노동의 극단적인 추상성은 가장 개인적인 형태의 업종에까지 파급되어 계속 그 분야를 확장해 간다. 부와 빈곤의 이와 같은 불평등, 이러한 빈곤과 궁핍은 극단적인 의욕의 분열, 내부적 반항과 증오로 전환되는 것이다.[19]

그러나 헤겔은 이제 이 타락하고 있는 현실의 적극적인 면을 강조하고 있다. 개인의 생존에 대해 완전한 우연을 의미하는 이와 같은 필연성은 동시에 개인의 생존을 유지하는 기능을 지닌다. 국가권력이 개입한다. 그것은[생활의]모든 개별영역이 유지되게끔 배려하며, 새로운 배출구를 찾아내고, 외국무역의 통로를 개척해야만 한다…….[20] 사회 전반에 파급되어 있는 '우연'은 단순한 우연이

19. *Jenenser Realphilosophie*, II, p.232~3.

아니라 전체가 자기의 생존과 그 구성원의 생계를 재생산해 내는 바로 그 과정인 것이다. 시장의 교환관계를 필수불가결한 통합, 즉 그것이 없으면 경쟁적 갈등 속에서 고립된 개인의 멸망을 가져오는 통합을 제공한다. 상품생산 사회 내에서의 가공할 투쟁은 전혀 아무런 제한을 받지 않는 개인과 집단들 간의 투쟁보다는 '나은' 것이다.—'낫다'고 하는 것은 그 투쟁들이 보다 고차적인 역사적 발전수준에서 일어나며 개인 권리의 '상호승인'을 내포하고 있기 때문이다. '계약'(Vertrag)은 이러한 상호승인을 하나의 사회적 현실로서 표현한다.

헤겔은 계약을 근대사회의 기초의 하나로 본다. 즉 사회는 현실적으로 개인들 간의 계약의 구조물이다.[21] (그러나 후에 보는 바와 같이, 그는 뒤에 가서는 계약의 유효성을 시민사회의 영역—즉 경제적·사회적 관계—에 제한하고, 국가 간에서 기능을 갖는 것으로서는 배제하려고 고심하고 있다.) 어떤 관계나 행동이 계약에 의해 확보된다는(즉, 계약은 어떠한 상황 하에서도 준수될 것이라는) 것에 대한 보장만이 상품생산 사회에 있어서의 관계와 행동을 측정가능하고 합리적인 것으로 만든다. '나의 약속이 유효한 것은 도덕적 이유에서가 아니라 "사회가 그 구성원에게 상호적인 의무가 있다고 전제하기 때문이다. 나는 다른 사람도 그렇게 한다는 조건하에서 나의 일을 한다."[22] 만약 내가 약속을 어긴다면 나는 사회계약 자체를 위배하는 것이고 특정 개인을 침해할 뿐만 아니라 공동체를 침해하는 것이다. 즉 전체만이 개인으로서 나의 권리를 실천시킬 수 있으며 나는 그 전

20. *Ibid.*
21. *Ibid.*, p.218.
22. *Ibid.*, p.219~20.

체의 밖에 위치하는 것이다. 그러므로 "보편적인 것은 계약의 실체이다."라고 헤겔은 말하고 있다.[23] 계약은 단지 개인의 행동을 규제할 뿐만 아니라 전체의 활동도 규제한다. 계약은 개인을 자유롭고 평등한 것으로 본다. 즉 동시에 그것은 개인을 그 우연적인 '특수성'에서가 아니라 그 '보편성'에 있어 전체의 동질적인 부분으로 보는 것이다. 이와 같은 특수와 보편의 동일성은 물론 아직 실현된 것은 아니다. 헤겔이 앞에서 지적한 바와 같이, 개인의 본래적 가능성은 시민사회에 의해 결코 보호되고 있지는 않다. 따라서 모든 계약의 배후에는 힘이 있어야만 한다. 개인을 그 계약에 구속시키는 것은 위협적인 힘의 적용이지 개인의 자발적 승인은 아니다. 계약은 이리하여 계약 불이행과 전체에 대한 개인의 반항의 가능성을 내포하고 있다.[24] 범죄는 그 반항행위를 의미하고 형벌은 전체가 반항하는 개인에 대해 그 권리를 회복하는 메커니즘이다. 법의 지배에 대한 인정은 개인이 전체와 화해하는 통합의 단계를 나타낸다. 법의 지배는 그것이 '지식에 있어서 뿐만 아니라 생존에 있어서 개인의 자아'를 고려하는 한 계약의 지배와 다르다.[25] 개인은 자기가 법률의 힘에 의해서만 생존할 수 있다는 것을 알고 있다. 그 이유는 법률이 자신을 보호할 뿐만 아니라 일반이익, 결국 자기 발전의 유일한 보장인 일반이익을 대표하는 것으로 본다는 데 있는 것이다. 완전히 자유롭고 독립된, 그러나 이미 일반이익에 통합된 개인들—이것이 법률의 본래적 개념이다. 개인은 그가 '자기 자신 즉 자기의 본질'을 법률에서 발견하고, 법률은 그의 본질적 가

23. *Ibid.*, p.226.
24. *Ibid.*, p.221.
25. *Ibid.*, p.225.

능성을 보호 · 유지한다는 것을 '확신하고' 있는 것이다…….[26]

이러한 사고는 마치 개인들이 모여서 그들의 일반이익을 위한 최선의 입법을 결정한 것처럼, 국가의 법률이 연합된 개인의 자유의지를 사실대로 표현하는 경우에서와 같은 국가를 전제로 한다. 그렇지 않으면 법률은 각자의 의지를 표현하는 동시에 '일반의지'(the general will)를 표현할 수 없을 것이다. 그러한 공동결정이 주어진다면 법률은 개인과 전체의 진정한 동일성이 될 것이다. 헤겔의 법 개념은 이와 같은 사회를 상정하고 있다. 즉 그는 달성되어야 할 목표를 기술하고 있는 것이지 당시의 지배적인 조건을 기술하고 있는 것은 아니다.

그러나 이상과 현실의 괴리는 서서히 좁혀진다. 헤겔의 역사에 대한 태도가 실제적으로 될수록 현재에 대해 더욱 더 위대한 미래의 이상이 부여되게 된다. 그러나 헤겔의 철학적인 관념론과 현실론의 투쟁이 어떤 결과를 가져오든지 간에, 그의 철학은 법의 지배에 의해 활동하지 않는 어떠한 국가도 인정하지 않을 것이다. 그는 '권력국가'를 인정하나 그것은 그 국가에 있어 개인의 자유가 일반화되고 국가권력이 개인의 권력을 증진시키는 한에서만 그러한 것이다.[27]

개인은 정치적인 존재로서만 자유일 수 있다. 그리하여 헤겔은 도시국가(Polis)가 인간존재의 진정한 현실을 표현한다는 고대 그리스의 사상을 다시 음미하고 있다. 따라서 사회적 적대관계의 궁극적 통일은 법의 지배가 아니라 법을 구현하는 정치제도에 의해

26. *Ibid.*, p.248.
27. 이 책의 p.218을 보라.

달성될 수 있다는 것이다. 즉 본래 의미에서의 국가에 의해서 달성된다. 어떠한 정치 형태가 이와 같은 법의 구현을 가장 잘 보호하는가? 따라서 부분과 전체의 통일의 최고 형태는 무엇인가?

헤겔은 이 물음에 답하기 전에 국가의 기원과 전제정치, 민주정치 및 군주정치의 역사적 역할을 약술하고 있다. 사회계약 이론은 개인이 국가에 편입되기 이전에 '일반의지'가 고립된 개인들 사이에서 작동하고 있다는 것을 가정한다는 입장에서, 그는 사회계약 이론을 배격한다.[28] 그는 사회계약론에 대한 반론으로서 '일반의지'는 사회적 적대관계를 궁극적으로 규제함으로써 절정에 이른 오랜 과정을 경과하여 비로소 발생할 수 있는 것이라고 강조한다. 일반의지는 국가의 결과이지 기원은 아니다. 국가는 개인을 그 의지에 반(反)해 강제하는 '외적 힘'(outside force)을 통해서 발생한다. 이와 같이 '모든 국가는 위인들의 탁월한 힘에 의해 창설되었다.[29] 그리고 헤겔은 '물리적 힘에 의한 것은 아니었다'고 덧붙인다. 국가의 위대한 창설자들은 그들의 인격 안에, 인류를 본래의 진로로 전진시킴으로써 진보를 강요하는 어떤 역사적인 힘을 지니고 있었다. 즉 이러한 인격들은, 그들이 개인으로서 그것을 의식하지 못하거나 전혀 다른 동기에 의해 움직이고 있을지라도, 역사의 보다 높은 지식과 도덕을 반영하고 담지하고 있는 것이다. 헤겔이 여기서 다루고 있는 관념은 후에 세계정신(Weltgeist)으로 나타난다.

최초의 국가는 필연적으로 전제국가이다. 여기서 헤겔이 서술하고 있는 국가 형태는 역사적인 순서와 규범적인 순서를 아울러 가

28. *Jenenser Realphilosophie*, II, p.245~6.
29. *Ibid.*, p.246.

지고 있다. 즉 전제정치는 가장 초기의 가장 낮은 형태이며 세습군주제는 최후의 가장 높은 형태의 것이다.30) 또 국가를 평가하는 기준은 국가가 개인을 전체에 적절하게 통합시킴에 있어 어느 정도로 성공하느냐 하는 것이다. 전제국가는 개인을 훈련하고 복종하도록 교육한다. 지배자의 인격에 대한 복종은 법률 준수를 위한 준비이다. '전제정치는 비참하고 혐오스럽다는 등의 이유에서 인민은 전제정치를 타도한다. 그러나 현실에 있어서는 그것이 잉여로 되었기 때문에 타도하는 것이다.31) 일단 규율이 완성되면 전체국가의 역사적 필요성은 상실된다. 그 다음에 법의 지배, 즉 민주정치가 대체되는 것이다.

민주정치는 개인과 전체의 현실적인 동일성을 나타낸다. 즉 정부는 모든 개인과 일체이며 개인의 의지는 전체의 이익을 표현한다. 개인은 각자의 이익을 추구하므로 그는 '자유시민'(bourgeois)이다.32)

헤겔은 그리스 도시국가를 원용하여 민주정치를 설명하고 있다. 거기서는 개인의지와 일반의지의 통일이 아직도 우연적이었다. 개인은 다수자에 승복하지 않으면 안 되었으나 다수자는 그 나름대로 우연적이었다. 그러므로 이와 같은 민주정치는 개인과 전체의 궁극적 통일을 표현할 수 없었다. '그리스 인의 아름답고 행복한 자유'는 개인을 '직접적인' 통일로만 통합했으나, 그 직접적 통일은 의식적이고 지적, 도덕적인 사회조직에 의거하기보다는 오히려 자연과 감정에 입각한 것이었다. 인류는 이것을 초월하여 보다 고차

30. *Ibid.*, p.246~53.
31. *Ibid.*, p.247~8.
32. *Ibid.*, p.249.

적인 국가형태로 전진해 나가야만 했다. 즉 개인이 자유롭고 의식적으로 타인과 단합하여 공동체를 형성하면 그 공동체가 다시 개인의 진정한 본질을 보호하게 되는 그러한 국가형태로 나아가야만 했던 것이다.

헤겔의 견해에 의하면 이러한 통일의 최선의 수호자는 세습적 군주국가이다. 군주의 인격은 모든 특수 이해관계의 위에 선 전체(全體)를 의미한다. 즉 세습군주로서, 헤겔의 말에 따르면 그는 말하자면 '본성에 의해서' 통치하며 사회의 적대관계에 의해 영향을 받지 않는다. 그러므로 그는 전체의 운동에 있어 가장 안정적이고 지속적인 '지점'에 있다.33) '여론'은 각종 생활영역을 결합하고 그 경로를 통제하는 고삐이다. 국가는 경제적인 통일이나 자연적인 통일도 아니며 단지 각종 '신분'을 통한 합리적인 사회조직이다. 개인은 각기 신분에 따라 그 자신의 특정 활동에 전념하면서 또한 공동체에 봉사한다. 각 신분은 그 특수한 지위, 의식 및 도덕을 갖고 있으나, 그러한 신분의 최종 형태는 '보편적' 신분, 즉 오로지 일반이익에만 봉사하는 국가공무원(state functionaries)이다. 그들은 선거에 의해 선발되며 각각의 '구역'(시, 길드 등)은 자기 고유의 사무를 처리한다.34)

이러한 세부적 문제보다 한층 더 중요한 것은 다음과 같은 문제들이다. 즉 정신철학에 있어, 자신의 명예로운 지위를 정당화할 수 있는 어떤 성질을 세습군주정치는 갖는 것일까? 어떻게 이러한 국가가 철학 건설의 지도 원리를 실현하게 될 것인가? 헤겔은 이러

33. *Ibid.*, p.250.
34. *Ibid.*, p.251.

한 세습 군주국가를 무엇보다도 기독교 국가, 또는 보다 엄밀히 말하면 독일 종교개혁으로 실현된 기독교 국가로 간주했다. 그에게 있어 이 국가는, 인간의 내면적 양심의 자유와 신(神) 앞의 평등을 선언한 기독교적 자유원리의 구현이었다. 헤겔은 이러한 내면적 자유 없이는 민주정치가 창설하고 보호하고자 하는 외적 자유도 아무 소용이 없다고 생각했다. 독일의 종교개혁은 헤겔의 정신에 있어 역사상 일대 전환점으로 나타났으며 그것은 개인이 양도할 수 없는 자율을 자각할 때에만 진실로 자유로워질 수 있다는 선언과 함께 도래했던 것이다.[35] 프로테스탄티즘은 이러한 자각을 확립했으며, 기독교적 자유는 사회현실의 영역에서는 국가의 신적 위계질서에 대한 복종과 순종을 내포한다는 것을 보여 주었다. 이 문제에 관해서는 후에 『법철학』을 다룰 때 보다 상세히 다루기로 한다.

헤겔 체계의 전체구조에 영향을 미치는 문제로서 해결되어야 할 문제가 또 하나 남아 있다. 역사적 세계는 그것이 사유하는 주체의 의식적 활동에 의해 건설되고 조직되며 형성되는 한 정신의 왕국인 것이다. 그러나 정신은 그 고유한 활동, 즉 예술, 종교 및 철학에 전념할 때에만 완전히 실현되고 진정한 형식으로 존재하는 것이다. 이러한 경우 이들 문화의 영역은 종국적인 현실이며 궁극적인 진리의 영역이다. 이것이 바로 절대정신은 예술, 종교 및 철학 속에서만 산다는 헤겔의 확신인 것이다. 이들 세 가지 영역은 모두 형식은 다르지만 동일한 내용을 갖는다. 예술은 감각적인, 따라서 유한한 형식으로 단순한 직관(Anschauung)에 의해 진리를 파악한다. 또 종교는 그러한 제한을 받지 않고 진리를 감지하지만, 다만

35. *Ibid.*, p.251.

단순한 '주장'과 신앙으로서 감지하는 데 불과하다. 즉 철학은 인식을 통해 진리를 개념적으로 파악하고 양도할 수 없는 재산으로서 그것을 소유한다. 한편 이들 문화의 영역들은 인류의 역사적 발전에 있어서만 존재하며, 국가가 그 발전의 최후 단계인 것이다. 그렇다면 국가와 절대정신의 왕국 간에는 어떤 관계가 있는 것인가? 국가의 지배가 예술, 종교 및 철학에까지 확장되는가 그렇지 않으면 오히려 그것들에 의해 제한되는가?

이 문제는 빈번히 논의되어 왔다. 헤겔의 태도가 수차례 변화를 겪었다는 것, 처음에는 국가를 문화적 영역 위로 고양시키고 다음에는 국가를 그 문화영역들과 동등하게 또는 종속되는 것으로 했다가 마침내 국가의 우위라는 처음의 입장으로 돌아왔다는 점들이 지적되고 있다. 이 점에 관한 헤겔의 서술에는 같은 시기에 있어서도 명백한 모순이 있다. 예나 시대의 「실재철학」 제2권에서 그는, 절대정신은 "처음에는 일반적인 민족 생활이었으나 정신은 이러한 생활로부터 자신을 해방시키지 않으면 안 된다"고 단언한다.[36] 나아가 예술, 종교 및 철학에 의해서 "절대 자유의 정신은…… 하나의 다른 세계를 만들어 내는데, 거기서 정신은 그 본연의 형식을 가지게 되며 그 임무를 완수하고 자기 자신의 직관에 도달한다."고 말하고 있다.[37] 이러한 서술에 반해서 헤겔은 종교와 국가의 관계를 논할 때 "정부는 모든 것 위에 군림한다. 정부는 자기 자신 보편적인 본질과 현실로서 인식하는 정신이다."라고 말한다. 더욱이 그는 국가를 '천국의 현실'이라고 부르고 있다. "국가는 현실의 정

36. *Ibid.*, p.253.
37. *Ibid.*, p.263.

신이다. 국가 속에서 나타나는 것은 무엇이든 국가에 따르지 않으면 안 된다."는 것이다.[38] 이러한 모순의 의미와 그 가능한 해결책은 헤겔 체계에 있어 역사의 본질적인 역할을 이해함으로써만 밝혀질 수 있다. 여기서 우리는 단지 예비적인 설명만을 시도할 것이다.

헤겔의 최초의 체계는 벌써 그 철학의 현저한 특성, 특히 진정한 존재로서의 보편자에 대한 강조를 드러내고 있다. 우리는 서론에서 이 보편주의의 기초가 개인주의 사회에 있어서 '공동체'의 결여에 있었다는 점을 증명함으로써, 그 '보편주의'의 사회사적 근거를 지적한 바 있다. 헤겔은 18세기의 유산에 대해 성실한 태도를 견지했으며 그 이상을 구체화하여 철학의 기초로 삼았다. 그는 '진정한 보편자'는 개인의 욕구를 보호하고 충족시키는 공동체라고 주장했다. 헤겔의 변증법을 그의 이상을 적대적인 사회적 현실과 화해시키려는 철학적 시도라고 해석할 수도 있을 것이다. 헤겔은 당시의 지배적인 사회질서에 의해 장차 불가피하게 발생할 커다란 전진적인 격동을 인식했다.—물질적 및 문화적인 생산력의 발전, 인류의 진보를 저해하는 낡은 권력관계의 파괴, 그리고 개인이 자기 삶의 자유로운 주체가 되게 하는 개인의 해방이 그것이었다. 모든 '직접적인 통일'(그 구성부분 사이의 대립을 포함하지 않는)은 인간 발전의 가능성이란 점에서 본다면, 현실의 적대관계를 통합함으로써 산출되는 통일보다 열등한 것이라고 말했을 때, 헤겔은 그가 살던 시대를 생각하고 있었다. 지배적인 생활형식을 그것이 생활내용과 분명히 모순될 때까지 촉진하는 그들 적대관계가 완전히 전개되지 않으면 개별자와 보편자의 화해는 불가능한 것으로 보였다. 헤겔은

---

38. *Ibid.*, p.267.

이러한 과정을 근대의 사회상 속에서 기술해 냈다.

근대사회의 현상은 역사에 있어 변증법의 보다 유력한 실례이다. 그 상태가 경제적 필연성을 근거로 어떻게 정당화된다 할지라도 자유의 이상에 모순된 것이란 점은 의심의 여지가 없다. 인류 최고의 가능성은 자유로운 개인들의 합리적 통일 속에, 즉 보편자 속에 존재하는 것이지 고정된 개별성 속에 존재하는 것은 아니다. 개인은 현실의 공동체의 자유로운 구성원인 경우에만 자기실현을 기대할 수 있는 것이다.

무질서한 사회에 횡행하는 공포 속에서 이러한 공동체를 향한 끊임없는 추구, 이것이 진리와 보편성 사이의 본질적인 관계에 대한 헤겔의 주장의 배경에 자리잡고 있다. 진정한 보편성을 변증법적 과정의 목표이자 궁극적인 현실로서 지칭했을 때, 헤겔은 그러한 추구의 달성을 생각하고 있었던 것이다. 종종 보편성 개념의 구체적인 사회적 의미가 그의 철학적 정식을 뚫고 나오고 있으며, 일반이익 아래 단합된 자유로운 개인의 합동이란 광경이 보다 분명하게 부각되는 경우가 있다. 우리는 「미학」(*Aesthetics*)에서 유명한 구절을 인용해 본다.

> 진정한 독립은 오직 개별성과 보편성의 통일과 양자의 상호침투 속에 있는 것이다. 보편자는 개체를 통하여 그 구체적인 실존을 획득하며, 개체적 특수자의 주관성은 보편자 속에서 불가침의 기초와 그 현실의 가장 진정한 형식을 발견하는 것이다…….
>
> 이상적인 상태에 있어서는 특수한 개체야말로 실체적인 전체와의 불가분한 조화 속에 존속하지 않으면 안 된다. 또한 주체성의 자유와 그

러한 이상에 완전히 접근했을 때 속하는 한, 주체를 둘러싼 조건과 관계의 세계는 주체와 개인으로부터 분리된 본질적인 객관성을 결코 가질 수 없는 것이다.[39]

「정신철학」은 사실 헤겔 철학체계의 전체가 '개인이 보편적으로 되고' '보편성의 구조'가 이루어지는 과정을 묘사하는 것이다.

39. *The Philosophy of Fine Arts*, trans, F. P. R. Osmaston, George Bell and Sons, London 1920, vol. I, p.243.

제4장

정신현상학

(The Phenomenology of Mind)

(1807)

헤겔은 **나폴레옹** 군대가 예나시(市) 가까이로 점점 접근해 오고 있던 1806년 예나에서 『정신현상학』(*Phenomenology of Mind*)을 쓰고 있었다. 그리고 예나의 전투가 프러시아의 운명을 결정지우고 낡은 독일제국의 무력한 유물 위에 프랑스 혁명의 계승자를 추대했을 때 헤겔은 『정신현상학』을 완성하였다. 세계사에 있어 새로운 시대가 이제 막 도래하기 시작했다는 느낌은 헤겔의 이 저서 전반에 팽배해 있다. 이 책은 역사에 대한 그의 최초의 견해를 표명하고 있으며 프랑스 혁명으로부터 그것의 최후의 결론을 이끌어 내는데, 여기에서 프랑스 혁명은 이제 진리에로 향하는 역사적·철학적 전환점이 된다.

헤겔은 프랑스 혁명의 결과를 자유의 실현이 아니라 새로운 전제정치의 확립이라고 보았다. 그는 프랑스 혁명의 진행과정과 그것이 내세운 쟁점을 역사적 우연으로서가 아니라 역사의 필연적인 발전과정으로 해석하였다. 개인을 해방시키는 과정은 그것이 국가 그 자체에 의해서가 아니라 국가에 저항하는 다수 개인들에 의해서 수행되는 한 필연적으로 공포와 파괴를 초래한다. 비록 국가가 완전한 진리와 완전한 자유를 부여할 수는 없다 하더라도 그것만이 해방을 줄 수 있다. 완전한 진리와 완전한 자유는 정신의 본연의 영역, 즉 윤리, 종교 및 철학에 있어서만 발견될 수 있는 것이다. 우리들은 이미 헤겔의 초기 「정신철학」(*Philosophy of Mind*)에서 진리와 자유의 실현으로서의 이러한 영역과 마주쳤었다. 그러나 거기에서의 그것들은 적절한 국가적 질서에 입각해 있었으며 그것과 내적 연관성을 유지하고 있었다. 그러나 이러한 연관성은 『정신현상학』에서는 완전히 사라지고 국가는 이제 모든 것을 포함하는 포괄적인 의의를 상실한다. 자유와 이성은 순수 정신의 활동이 되어, 선결조건으로서의 일정한 사회적·정치적 질서를 요구하지 않은 채로 이미 실존하고 있는 기존의 국가와 양립할 수 있게 된다.

우리는 그 당시의 역사에서 맛본 자유주의적 이념(liberal ideas)의 붕괴라는 경험이 그로 하여금 순수 정신 속에서 그 도피처를 찾도록 했다고, 또한 철학 그 자체를 위하여 새로운 대변동이 수반하는 공포스러운 우연성보다는 현존 체제와의 화해를 택하게 했다고도 가정할 수 있다. 이제 철학적 관념론과 기존사회 사이에 발생한 화해는 헤겔 철학 그 자체에 있어서의 변화라기보다는 변증법의 취급방법과 기능에 있어서의 변화로 나타난다. 이전 시대에서 변증법은 역사과정의 최종 산물보다는 역사의 실제적인 과정을 지향하고 있었다. 「예나 시대의 정신철학」(*Jenenser Philosophy of Mind*)의 개괄적인 형태는 아직 무엇인가 새로운 것이 정신에 일어날 수 있다는, 그리고 정신의 발전이 완결되기에는 아직도 요원하다는 인상을 짙게 하는 것이었다. 더구나 예나 체계는 변증법을 노동과 사회적 통합의 구체적 과정 속에서 정교하게 정립하고 있다. 그러나 『정신현상학』에서는 이 구체적인 차원에서의 적대관계가 사상되고 조화를 이루고 있다.

'세계가 정신이 된다'는 것은 전체로서의 세계가 모든 인류의 계획들이 완전히 성취될 정당한 영역이 된다는 의미를 띨 뿐 아니라, 세계 그 자체가 절대적 진리에로의 점진적인 진보를 구현하며 이제 그 어떤 새로운 것도 정신에는 발생하지 않으리라는 것, 즉 정신에 생기하는 모든 것은 결국 정신의 진보에 이바지한다는 것을 의미한다. 물론 거기에는 좌절과 후퇴도 있을 수 있다. 왜냐하면 진보란 결코 일률적으로 진행되는 게 아니라 끊임없는 갈등의 상호 교차에 의해서 산출되는 것이기 때문이다. 곧 우리가 고찰하게 되겠지만 부정성(negativity)이란 어디까지나 운동의 원천이며 운동의 추동력으로 남아 있다. 그러나 어떠한 좌절과 어떠한 역행(逆行)도 그 자체 고유한 선(善)과 진리를 보유하고 있으며, 모든 갈등은 그 자체 내에 해결을 내포하고 있다. 헤겔의 관점에 있어서의 이러한 변화는 그로 하여금 이러한 과정의 종결을 결정하도록 한 흔들리지 않는 확신으로 나타나게 된다. 정신은 모든 일탈과 패배, 또 모든 비탄과 타락에도 불구하고 그것의 목적을 달성할 것이다. 아니, 이미 현행의 사회제도 속에서 그것을 달성했다. 이제 부정성은 정신을 자극하여 고양하도록 하는 힘이라기보다는 정신의 성장에 있어 '안전한' 단계인 것처럼 보인다. 즉 변증법에 있어서의 대립은 생사(生死)를 건 투쟁이라기보다는 의도된 유희로서 나타난다.

헤겔은 『정신현상학』을 그의 철학체계의 도입부로 상정했다. 그러나 그는 저작에 착수하는 동안 원래의 계획을 변경했다. 그는 가까운 장래에 그의 체계의 나머지 부분을 출판할 수 없으리라는 것을 알고, 그 대부분을 그의 도입부에 통합시켰다. 이 책에서 볼 수 있는 극도의 난해성은 대부분 이와 같은 사정에 기인한다.

도입부로서의 이 책의 의도는 인간의 이해를 일상적인 경험의 영역으로부터 참된 철학적 인식의 영역, 즉 절대적 진리에로 이끄는 데 있다. 이러한 진리는 헤겔이 이미 예나 체계에서 논증했던 바와 같은 것, 즉 정신으로서의 세계의 진행과정과 그 인식이다.

현실에 있어서의 세계는 그것이 나타나는 현상으로서가 아니라 철학에 의해 개념적으로 파악된 것으로서 존재한다. 헤겔은 일상적인 삶의 평범한 의식의 경험으로부터 시작한다. 그리고 그는 어떤 다른 것과 마찬가지로 이러한 양태의 경험이 '현실적인 것'을 지각할 수 있다는 그의 능력에 대한 확신을 근저로부터 자극하여, 보다 높은 차원의 이해에로 나아가게 하는 여러 요소들을 내포하고 있음을 보여준다. 따라서 보다 높은 차원에로의 나아감은 경험의 내적 과정이지 결코 외부로부터 산출되는 것이 아니다. 만약 인간이 자기 경험의 결과에 엄밀한 주의를 기울인다면, 그는 하나의 인식 형태를 방기하고 또 다른 형태에로 나아갈 것이다. 즉 그는 이성의 진리에 도달할 때까지 감성적 확신으로부터 지각에로, 지각으로부터 오성에로, 그리고 오성으로부터 자기 확실성(자기의식-역주)을 나타낸다. 이러한 인간의 경험이란 결코 상식의 경험이 아님은 확실하다. 상식의 경험은 이미 그 안전성이 붕괴되고 그것은 전체적 진리를 보유할 수 없다는 느낌으로 압도된 것이다. 그것은 이미 참된 인식에로의 도상(道上)에 있는 경험이다. 이 저작의 여러 부분들을 이해하기 위해서는 누구나 이미 '철학의 경지'에 이르지 않으면 안 된다. 이 책에서 종종 나타나는 '우리들'이란 보통 사람들이 아니라 철학자를 지칭하고 있다.

이러한 경험의 진행과정을 규정하는 것은 의식과 그 대상 사이의 변화하는 관계이다. 만약 철학하는 주체가 그것의 대상에 충실하여 그러한 여러 대상의 의미가 인도하는 대로 따른다면, 주체는 대상들도 변화를 겪어 나가며 그것이 변함에 따라 그것들의 형식은 물론 그것들과 주체의 관계도 변화되어 감을 발견할 것이다. 경험이 시작될 때에는 대상은 의식과는 독립된 확고한 실체처럼 보이며 주체와 대상은 서로 소원한 것으로 나타난다. 그러나 인식의 과정은 이 둘이 서로 고립되어 존재하는 것이 아니라는 사실을 표명해 준다. 그리고 대상은 주체로부터 그 객관성을 획득한다는 것이 분명해진다. 의식이 감성과 지각의 끊임없는 흐름 속에서 실재로서 포착한 '현실적인 것'이란, 결코 주체와 독립된 객관적 요소들(예를 들면 성질, 사물, 힘, 법칙)로 환원될 수 없는 보편적인 것이다. 말을 바꾸면, 현실적인 대상은 주체의 (지적) 활동에 의해 구성되는 것이며 여하튼 본질적으로 주체에 '귀속되는' 것이다. 주체는 자기 자신이 대상의 '배후에' 서 있음을, 세계는 의식의 개념적인 파악 능력에 의해서만 현실적일 수 있다는 것을 발견한다.

그러나 이것은 처음에는 선험적 관념론의 입장의 재판(再版)에 지나지 않는다. 또한 헤겔이 말했듯이, 그것은 철학하는 주체인 '우리들에게'만 진리일 뿐, 아직 객관적 세계에 표명된 진리는 아니다. 자기의식은 아직 그것이 참된 현실이라는 것을 증명해야 되고, 즉 그것은 실제로 세계가 그것의 자유로운 실현이 되도록 하지 않으면 안 된다는 것을 그는 말한다. 이러한 과제에 대해 언급하면서 헤겔은 주체는 '절대적 부정성'이라고 표명하는데, 이는 곧 주체는 기존의 모든 조건을 부정하고 그것을 그 자신의 의식적인 산물로 만들 수 있는 힘을 가지고 있다는 것을 의미한다. 이것은 결코 인식론적 활동이 아니며 인식의 과정으로써만 성취될 수 없는 것이다. 왜냐하면 이러한 과정이란 인간과 세계 사이의 역사적 투쟁, 즉 그 자체 진리에의 길을, 아니 진리 자체를 이루는 한 구성요소인 투쟁과 분리되어서는 존재할 수 없기 때문이다. 만약 주체가 스스로를 유일한 현실로서 인정하려 한다면, 그는 세계를 그 자신의 행위[의 산물]로 만들지 않으면 안 된다. 이러한 인식의 과정이 곧 역사의 과정이다.

우리는 이미 「예나 시대의 정신철학」에서 이러한 결론에 도달했었다. 자기의식은 그 스스로를 개인들 간의 생사를 건 투쟁으로 이행시킨다. 헤겔은 (감성적 확신으로부터 이성까지의) 자기의식의 인식론적 과정을 노예상태로부터 자유에로의 인류의 역사적 과정과 연결시켰다. "의식의 양태 또는 형식들(Gestalten)"[1]은 동시에 객관적인 역사적 현실들, '세계의 상태'(Weltzustände)로서 나타난다. 철학적 분석으로부터 역사적 분석에로의 끊임없는 이행(이것은 종종 혼동으로서, 또는 역사에 대한 자의적인 형이상학적 해석으로 비판되기도 하지만)은 철학적 기본 범주들의 역사적 성격을 검증하고 증명하기 위해 의도된 것이다. 이러한 모든 철학적 개념들은 인류 발전의 실제적인 각각의 역사적 단계들을 개념적으로 파악하며 보유하고 있다. 인식의 내재적인 발전과정에서 나타나는 각각의 의식의 형태들

1. *Phenomenology of Mind*, trans. J. B. Baillie, London(The Macmillan Company, New York), 1910, vol. 1, p.34.

은 각각의 주어진 역사적 단계의 삶으로써 구체화되며 이러한 과정은 그리스의 도시국가로부터 프랑스 혁명에까지 이르고 있다.

헤겔은 프랑스 혁명을 '자기 파괴적인' 자유의 발산(unloosing)으로 표현하고 있는데, 이 자기 파괴적이라 함은 여기에서는 자기의 주관적인 이해관계에 따라 세계를 변혁하려고 하는 의식이 아직 그 자체의 진리를 발견하지 못했기 때문이다. 다른 말로 하면, 인간은 아직 자신의 참된 미래를 발견하지 않았으며 그는 아직 그 자신의 자유와 전체의 자유를 완전하게 보장하는 법칙 아래 스스로를 자유롭게 위치지우지 못했다. 헤겔은 혁명에 의해 창출된 새로운 국가는 그것[객관적 세계]을 주체를 위한 매개로 삼아 객관적 세계의 외적 형태만을 바꾸었을 뿐 주체의 본질적인 자유를 획득하지는 못했다고 말한다.

주체의 본질적인 자유의 성취는 프랑스 혁명 시대로부터 독일 관념론적 문화에로의 이행에서 이루어진다. 따라서 참된 자유의 실현은 역사의 지평으로부터 정신의 내적 영역에로 옮아간다. 헤겔은 말한다. "절대적 자유는 그 자기 파괴적인 현실의 영역[즉 프랑스 혁명이라는 역사적 단계]을 떠나 또 다른 영역, 즉 자기의식적인 정신의 영역에로 이행한다. 여기에서 자유는 그것이 비현실적인 한에서만 참된 것으로서 간주된다…….[2] 이러한 새로운 영역은 이미 칸트의 윤리적 관념론으로 발견했던 바이다. 이 안에서 자율적인 개인은 그 스스로에게 무조건적인 의무를 부과하는 바, 이 무조건적인 의무란 그가 그 자신의 자유의지로 스스로에게 부과했던 보편적 법칙에 복종해야 한다는 것이다. 그러나 헤겔은 이러한 '영역'

2. *Ibid.*, p.604. '부연' 설명은 저자의 것.

을 이성이 궁극적으로 머무르는 장소로 보지 않았다. 개별과 보편의 칸트적 화해에서 발전된 이 갈등, 즉 의무에의 명령과 행복에의 욕망 사이에 빚어졌던 갈등은 개인들로 하여금 다른 영역에서 그 진리를 찾도록 했다. 헤겔은 그것을 예술과 종교에서 구했으며, 마침내는 변증법적 철학의 '절대지'에서 그것을 발견한다. 거기에서 의식과 대상 사이의 모든 적대적 대립은 극복되고 주체는 세계를 그 자신의 현실로서, 즉 이성으로서 소유하고 인식한다.

『정신현상학』은 이와 같은 방식으로 『대논리학』에로 이행한다. 후자는 우주의 구조를 전개해 나가는데, 아직 절대적 단계에 도달하지 못한 인식에 대하여 그것이 갖는 변화하는 형식으로써가 아니라 그것의 참된 본질로써 표명된다. 그것은 "참된 형식으로 존재하는 진리"[3]를 표현한다. 『정신현상학』의 출발점이었던 경험이 일상적인 경험이 아닌 것과 마찬가지로, 그것의 종결점에 있어서의 인식은 전통적인 철학이 아니라 그 이전의 모든 철학의 진리와 더불어 인류가 그의 자유에의 긴 여정 속에서 축적했던 모든 경험을 집약한 철학이다. 이것은 인간과 사물의 우월성을 그리고 세계를 그것에 따라서 만들어 갈 권리를 주장하는 자기의식적인 인간성의 철학이며 근대 개인주의적 사회의 최고의 이념들을 선언하는 철학이다.

『정신현상학』의 전모(全貌)를 이와 같이 예비적으로 간단히 개괄한 다음, 이제 그것의 근본적인 개념들에 대한 논의를 보다 상세하게 전개시켜 나가도록 하자.

『정신현상학』 서문은 고금(古今)의 가장 위대한 철학적 시도들

---

3. *Ibid.*, p.35.

중의 하나로, 그것의 가장 중심적인 노력은 철학을 인간 인식의 최고의 형태로서, 즉 '학'으로서 회복하는 데 있다. 여기에서 우리는 그것의 주 요점들에만 한정하여 고찰해 나가도록 하자.

헤겔은 18세기에서 19세기로 넘어가는 과도기에 성행했던 철학적 경향들에 대한 비판적 분석으로부터 출발하여 철학 및 철학적 진리에 관한 그 자신의 개념을 발전시켜 나간다. 지(知)는 각각의 인식과정에서 본질과 실존이 서로 일치하지 않는다는 통찰 속에서 그 출발점을 발견한다. 직접적인 경험에서 포착된 대상은 지(知)를 만족시키지 못한다. 왜냐하면 그것들은 우연적이고 불완전하기 때문이다. 그래서 이제 그것의 참된 개념은 단지 주관적인 지적(知的) 형태가 아니라 사물의 본질임을 확신하고 대상의 개념 속에서 진리를 구하게 된다. 그러나 이것은 지의 첫걸음에 불과하다. 인식의 주요한 노력은 본질과 현존재의 관계, 즉 개념 속에 보유되어 있는 진리와 사물이 존재하는 실제 상태 사이의 관계를 논증하고 해석하는 것이다.

각각의 학문은 그것이 다루는 대상이 그것의 진리에 관계하는 방법에 따라 서로 구분된다. 이것은 헤겔에 있어 진리란 인식의 형태를 나타냄과 동시에 '존재'(existence)의 형태를 의미하고 있다는 것, 따라서 결국 존재와 그 진리의 관계는 사물들 자체의 객관적 관계라는 것을 염두에 두지 않으면 혼동을 일으킬 것이다. 헤겔은 수학적 인식과 철학적 인식을 서로 대비시킴으로써 이와 같은 개념화 과정을 설명하고 있다. 직각삼각형의 본질 또는 '본성'은 그것의 세 변은 피타고라스 정리가 증명하고 있는 바와 같은 관계에 있다는 것이다. 그러나 이러한 진리는 삼각형의 '외부에' 존재한다.

이러한 정리의 증명이란 단지 인식하는 주체에 의해서만 수행되는 과정이다. "…… 삼각형은 분해되고 그 부분들은 작도(作圖)를 통해서 삼각형에서 생겨나는 또 다른 도형들로 바뀌어진다."[4] 이러한 식의 작도의 필연성은 삼각형의 본성(본질) 또는 개념으로부터 나오는 게 아니다. "수학적 증명의 운동은 대상의 본질에 속하지 않는, 한낱 문제의 핵심을 겉도는 작용에 불과하다. 이런 까닭에 직각삼각형의 성질은 바로 그 직각삼각형의 관계를 나타내는 공식을 증명하는 데 필요한 수학적 작도와 같은 방식으로 풀이할 수는 없는 것이다. 이렇게 볼 때 여기서 결론을 도출하게 될 과정은 곧 인식의 도정(途程)이며 수단이라고 해야만 할 것이다."[5] 말을 바꾸면, 수학적 대상에 대한 진리는 그들 자체의 외부에, 즉 인식하는 주체 안에 존재한다. 따라서 이러한 대상들이란 엄밀한 의미에서 참되지 않는 그리고 비본질적인 '외적인' 실체들이다.

이에 반하여 철학의 대상은 그것의 진리와 본질적으로 내적인 관계에 있다. 예를 들면 '인간의 본성은 자유를 요구하며, 자유는 이성의 한 형식이다'와 같은 원리는 한 자의적인 철학적 이론에 의해 인간에게 강요된 진리가 아니라, 인간의 내적인 목적이며 인간의 실현 바로 그것임이 증명될 수 있다. 이 원리에 대한 증명은 식의 외적 과정에 의해 진행되는 게 아니라 인간의 역사에 의해 진행된다. 철학에 있어 대상과 그의 진리의 관계는 현실적인 사건(Geschehen)이다. 예로 되돌아오면, 인간은 우연적이며 진실되지 않은 삶은 영위하면서 자신이 자유롭지 '않다'는 것을, 자신이 그의

---

4. *Ibid.*, p.40.
5. *Ibid.*, p.39.

진리와 분리되어 있다는 것을 발견한다. 자유란 인간이 자신의 속박을 극복함으로써 그가 획득해야만 하는 그 어떤 것이며, 인간은 마침내 자신의 참된 가능성을 인식하게 되었을 때, 그것을 획득한다. 자유[의 실현]는 자유를 가능하게 하는 조건들, 즉 세계에 대한 의식적이고 합리적인 지배를 전제로 한다. 이미 알려져 있는 인류의 역사는 이와 같은 결론의 진실성을 실증해 준다. 인간의 개념은 철학에 의해 파악된 그의 역사이다. 그러므로 본질과 현존재는 철학에 있어 실제로 상호 관계되어 있으며, 거기에서 진리를 증명하는 과정은 현존재하는 대상 그 자체를 취급해야 한다. 본질은 현존재의 과정 속에서 나타나며 거꾸로 현존재의 과정은 본질로의 '귀환'이다.[6)]

철학적 인식은 인간의 운명과 세계의 운명에 본질적 의미를 지니고 있는 '본질적인 것'만을 목표로 한다. 철학의 유일한 대상은 참된 형식으로 존재하는 세계, 즉 이성으로서의 세계이다. 또한 이성은 인류의 발전과 더불어서만 그 자신의 요소를 발휘할 수 있다. 따라서 철학적 진리는 그야말로 분명하게 인간의 현존재와 관련되어 있으며 그것은 그의 가장 내적인 추동력이자 목적이다. 이것은 결국 분석해보면, 진리는 철학적 대상 안에 내재한다는 것을 의미

---

6. *Ibid.*, p.39. 임석진 역(구판). p.97. 여기에서 사용되고 있는 현존재는 독일어의 Dasein이다. 이와 같은 뜻으로 Existenz라는 독일어가 있는데 이 단어는 실존이라 번역되고 있다. 국내에서는 Dasein이 현존재, 정재, 정유(定有) 등으로 번역되기도 하는데, 여기서는 『정신현상학』 임석진 역을 따르기로 했다. 영어로는 두 단어를 구분할 수 있는 단어가 없기 때문에 existence 한 단어로 사용하고 있다. 헤겔의 말을 빌면 엄밀한 의미에서 현존재(Dasein)와 실존(Existenz)은 서로 다른 의미로 사용되고 있다. 현존재는 "현재 여기에 규정되어 있다" 또는 "이제 막 자립하여 홀로 존재하는 규정된 존재"라는 의미로, 또 실존은 실재로 존재한다는 의미를 나타낸다.—역주.

한다. 진리는 그 대상의 현존재 그것을 형성하며, 수학에서와 같이 그것에 무관심하지 않다. 진리 속에 현존재 한다는 것은 생[과 사]의 문제이며, 따라서 진리에로의 길은 인식론적 과정일 뿐 아니라 역사적 과정이다. 진리와 현존재의 이러한 관계는 철학적 방법을 특징짓는다. 수학적 진리는 하나의 명제로 한정된다. 즉 한 명제가 참이면 그 명제에 모순되는 명제는 거짓이다. 그러나 철학에 있어 진리란 하나의 명제로 표현할 수 없는 현실적인 과정이다. "철학의 요소와 내용은 추상적인 것 또는 비현실적인 것이 아니라, 현실적인 것, 자기 자신을 정립하는, 즉 그 자체 안에 생명을 지니고 있는 것, 바로 그 개념으로 존재하는 현존재일 뿐이다. 그것은 진행하는 가운데 자기 자신 제계기를 스스로 산출해 내고 또한 그 모든 것을 통과하여 가는 과정이며, 이러한 운동의 전체만이 그 전 과정의 긍정적인 내용과 진리를 이룬다."7) 단 하나의 명제만으로는 결코 이러한 전 과정을 파악할 수 없다. 예를 들면 '인간의 본성은 이성에 있어서의 자유이다'라는 명제는, 만약 그 자체만을 독립적으로 생각한다면 참이 아니다. 그것은 자유와 이성의 의미를 구성하는, 그리고 자유와 이성에로 향하는 역사적인 노정(路程) 전체에 집약되어 있는 사실들을 모두 빠뜨리고 있다. 더구나 자유와 이성이 역사적 과정의 결과로서만 나타나는 한 이 명제는 거짓이다. 속박과 비합리성의 정복이 진리를 이루는 본질적인 요소라면, 똑같은 이유로 속박과 비합리성도 본질적인 요소이다. 여기에서 거짓됨은 참됨(진리)과 마찬가지로 필연적이며 현실적이다. 따라서 거짓됨은 현실적인 대상의 '왜곡된 형태' 또는 비(非)진리로서—이러

7. *Ibid.*, p.34.~4.

한 대상의 참되지 않은 현존재로서 파악되어야 하며 이 거짓은 "실체의 타자(otherness), 부정적 측면"[8]이지만, 그럼에도 불구하고 그것을 구성하는 한 요소이며 따라서 실체의 진리를 구성하는 본질적인 것이다.

변증법적 방법은 철학적 대상이 가지고 있는 이러한 구조에 순응하여 그것의 현실적인 운동을 재구성하고 그것을 이해하려고 노력한다. 철학적 체계는 긍정적인 측면과 더불어 부정적인 측면을 모두 포함했을 때만 참이며, 그것은 거짓이 되었다가 다시 진리에로 복귀하는 과정을 재산출한다. 이러한 종류의 체계로서의 변증법이야말로 철학의 참된 방법이다. 이러한 변증법은 그것이 다루고자 하는 대상이 '부정성'(negativity)의 상대 속에 존재함을, 그리고 그 대상이 그 자신의 실존의 압력을 통하여 그것의 진리를 재획득하는 과정으로 나아감을 보여 준다.

그런데 만약 철학에 있어 어떠한 단일한 명제도 전체와 떨어져서는 참이 될 수 없다면 도대체 어떤 의미에서 전체적 체계는 참인가? 변증법적 체계는 그 명제의 구조와 의미를 바꾸어 그것을 전통적 논리학(형식논리학)과는 아주 다른 어떤 것으로 만든다. 헤겔이 '상식의 논리학'이라 언급했던 이 후자의 논리학은 또한 전통적인 학문의 방법(traditional scientific method)의 논리학을 의미하는데, 이는 명제를 주어(확고하고 안정된 토대의 역할을 하는)와 그것에 부가되는 서술어로 이루어진 것으로 취급한다. 여기에서 술어는 우연적인 속성, 또는 헤겔의 말을 빌면 어느 정도 확고한 실체의 규정성들(determinations)이다.

8. *Ibid.*, p.36. 임석진 역. p.92.

명제에 대한 이러한 견해와는 대조적으로 헤겔은 철학에 "사변적 판단"(speculative judgment)을 정립한다.[9] 사변적 판단은 정적이고 수동적인 주어(stable and passive subject)를 갖지 않는다. 사변적 판단의 주어는 동적(active)이며 스스로를 그것의 술어로 발전시켜 나간다. 즉 여기에서 술어는 주어의 실존의 여러 가지 형태이다. 또는 이를 약간 다르게 말하면, 주어는 '영락하여'(geht zu Grunde) 술어로 변한다. 따라서 사변적 판단은 전통적 명제의 '견고한 토대'를 그 밑바탕으로부터 동요시키며, 그것의 유일한 대상은 바로 주어의 이러한 운동이다.[10] 예를 들어 사변적 판단으로서, 신은 존재이다(God is Being)라는 명제를 살펴보자. 이 명제는 신(God)이라는 주어가 여러 다른 술어들 가운데 '존재'(Being)라는 술어를 '소유한다'거나 '지지한다'(supports)는 의미가 아니라 주어, 즉 신이 존재에로 '이행한다'는 것을 의미한다. 여기에서 '존재'는 '술어가 아니라 신의 본성이다.' 주어인 신은 "명제가 언명되었던 순간 그가 존재했던 바(what He was), 즉 고정된 주어임을 그치고"[11] 술어로 되는 것과 같다. 전통적인 판단과 명제가 주어와 술어의 엄격한 불리를 표명하고 있음에 반하여 사변적 판단은 '판단 또는 명제 일반의 본성'을 뒤엎고 파괴한다. 그것은 전통적인 형식 논리학에 결정적인 강타를 가한다. 주어는 동시에 그것과 일치하지 않고서도 술어가 된다. 이러한 과정은 결코 단일한 명제로는 정확하게 표현될 수 없으며, "나타나는 현상 그대로의 명제는 단지 공허한 형식에 지나지 않는다."[12] 진리는 명제에 존재하는 게 아니

9. *Ibid.*, p.61.
10. *Ibid.*, p.59.
11. *Ibid.*, p.61.

라, 각각의 모든 판단들이 다른 판단에 의해 '대체되어야만' 하는 사변적 판단들의 동적인 체제에 있으며, 따라서 전체 과정만이 진리를 표상할 수 있다.

전통적 논리학과 진리의 전통적 개념은 철학적 명령에 의해서가 아니라 현실의 동적 구조에 대한 통찰에 의해서 '그 기초부터가 동요된다.' 사변적 판단은 그것의 현상으로서가 아니라 본질적인, '개념적으로 파악된 형식'으로 존재하는 현실의 객관적 과정을 그 내용으로 삼는다. 바로 이러한 근본적인 의미에서, 헤겔의 형식논리학에서 실질논리학(material logic)에로의 변화는 이론과 실천의 통일이라는 방향에로의 첫걸음을 내딛는다. 전통적 논리학의 고정적이고 형식적인 '진리'에 대한 그의 저항은 결과적으로 진리와 그의 형식들을 구체적인 과정들로부터 분리시키려는 것에 대한 저항이며, 진리를 현실에의 어떠한 직접적인 지배적 영향으로부터 단절시키려는 것에 대한 저항이다.

독일에서는 관념론적 철학이 실천을 인도하는 이론의 권리를 옹호하였다. 왜냐하면 관념론적 철학은 그 당시의 가장 진보된 의식의 형태를 대표했으며 자유와 이성으로 충만한 세계에의 이상은, 문화라는 이처럼 외진 영역이 제공하는 것보다도 더 안전한 도피처를 발견할 수 없었기 때문이다. 그 이후의 유럽 사상의 발전과정은 그것의 관념론적 기원과 떨어져서는 이해될 수 없을 것이다.

『정신현상학』에 대한 철저하고 완벽한 분석은 책 한 권으로는 모자랄 것이다. 그러나 그러한 분석은 보류하기로 하자. 왜냐하면 이 저서의 후반부는 우리가 이미 예나 시대의 체계를 논하면서 개

12. *Ibid.*, p.65.

괄적으로 살펴보았던 문제들을 다루고 있기 때문이다. 따라서 우리는 변증법적 방법을 아주 자세하고 정교하게 설명하고 있고 저서 전체를 개괄하고 있는 전반부만을 해석하는 데 그치도록 하자.[13]

지(知)는 철학이 일상생활의 경험을 파괴하면서부터 시작된다. 이러한 경험에 대한 분석은 진리에로 나아가는 출발점이다. 경험의 대상은 처음에는 감성을 통하여 주어지며 감성적 지(sense knowledge), 또는 감성적 확신(sinnliche Gewissheit)의 형식을 취한다. 이러한 종류의 경험의 특징은 그것의 대상은 물론 그것의 주체도 모두 지금 여기에 있는 '개별적 이것'으로서 나타난다는 사실이다. 나는 어떤 특정한 장소인 여기에서 그리고 어떤 특정한 시간인 지금, 이 집을 본다. 그 집은 '현실적인' 것처럼 생각되며 **그 자체로서**(*per se*) 존재하는 것처럼 보인다. 그리고 그것을 보는 **나**는 '있을 수도 있고 없을 수도 있는' 비본질적인 것처럼 보이고 나는 그 대상이 존재하기 때문에 대상을 인식할 뿐인 듯이 나타난다.[14]

그러나 조금만 더 분석해 보면, 우리들이 이러한 경험으로부터 알게 된 것은, 감성적 확신이 여러 인상들의 흐름 속에서 확고한 자신의 것으로서 포착한 것은 그 대상, 즉 집이 아니라 **지금** 그리고 여기이다. 만약 내가 나의 머리를 옆으로 돌리면 집은 사라지고 어떤 다른 대상이 나타나며, 이것도 또한 내가 머리를 다른 쪽으로 돌리면 그와같이 사라질 것이다. 감성적 확신의 실제적 내용을 포함하고 정의하기 위해서는, 나는 대상적 자료들이 끊임없이 변화하는 와중에도 변함없이 남아 있는 유일한 지평으로서 지금 그리고

13. J. Loewenberg의 *Mind*, Vol. XLIII과 XLIV, 1934~5에서의 『정신현상학』에 대한 두 개의 논문에서의 뛰어난 분석과 비교해 보라.
14. p.92.

여기를 언급하지 않으면 안 된다. 그러면 여기 그리고 지금이란 무엇인가? 여기에 집이 있다. 그러나 그것은 집이 아니라 나무, 길, 사람 등등일 수도 있다. 지금은 낮이다. 그러나 조금만 시간이 지나면 지금은 저녁이고 또 아침이고 또 등등이다. 그러나 지금은 낮, 밤, 또는 아침으로 변하는 동안 계속해서 동일한 것으로 남아 있다. 더 나아가 바로 그것은 낮도, 밤도, 그리고 시간의 어떤 다른 특정한 순간이 아니기 때문에 지금인 것이다. 그것은 시간의 모든 다른 계기들의 부정을 통하여 그 스스로를 보존한다. 다른 말로 하면, 지금은 부정적인 어떤 것으로서 존재하므로 그것의 존재는 비존재(non-being)이다. 똑같은 것이 여기에도 해당한다. 여기는 집도, 나무도, 길도 아닌 "집, 나무, 등등이 사라져도 여전히 존재하고 집, 나무와 무관하게 존재하는 것이다."[15]말하자면 지금 그리고 여기는 보편적인 어떤 것이다. 헤겔은 부정에 의해서 그리고 부정을 통해서 존재하는 것, 이것도 저것도 아닌 것, 이것이 아닌(not-this) 것, 그리고 이것에도 그리고 동시에 저것에도 똑같이 무관한 것에 대해서 말하고 있는데, 우리는 이러한 종류의 것을 보편자(a universal)라 부른다. 따라서 감성적 확신의 분석은 보편적인 것의 현실성을 증명하며 동시에 보편성의 철학적 개념을 발전시킨다. 보편적인 것의 현실성은 바로 관찰 가능한 사실들의 내용에 의해 증명된다. 즉 그것은 그것들의 과정 안에 존재하며 특수자 안에서만 그리고 특수자를 통해서만 파악될 수 있다.

이러한 것은 감성적 확신의 철학적 분석을 통하여 얻어진 최초의 결과이다. 즉 "감성적 확신의 진리, 감성적 경험의 참된 내

15. *Ibid.*, p.94. 임석진 역. p.161~2.

용"[16]은 특수한 것 또는 개별적인 대상이 아니라 보편적인 것이다. 그런데 그 결과는 보다 놀라운 어떤 것을 포함하고 있다. 감성적 경험은, 주체는 비본질적이고 그것의 인식은 대상에 의존하는 데 비해 대상은 본질적인 것, '현실적인 것'임을 자명한 것으로 확신했다. 그러나 이제 참된 관계는 "처음에 나타났던 바와는 정반대로 역전"[17]된다. 보편적인 것이 경험의 참된 내용임이 판명되었다. 그리고 보편적인 것은 대상에 존재하는 게 아니라 주체 측에 존재한다. 즉 보편적인 것은 "처음에 비본질적인 요소였던 인식에"[18] 존재한다. 대상은 그 자체로서 존재하는 것이 아니라 '내가 그것을 인식하기 때문에' 존재한다. 따라서 감성적 경험의 확실성은 주체에 근거하고 있다. 헤겔이 말했던 것처럼, 그것은 대상으로부터 추방되어 '나'에게로 되돌아오지 않을 수 없다.

감성적 경험에 대한 분석을 더 진척시키게 되면, '나'도 스스로가 보편적인 것임을 보여 주면서 대상과 똑같은 변증법적 과정을 겪게 됨이 밝혀진다. 처음에 개별자인 '나', 즉 나의 자아는 유동하는 감성적 자료 가운데 유일하게 확고한 지평처럼 보인다. '우리가 의도했던 특수한 지금 그리고 여기의 소멸은 내가 그것들을 파악하고 있다는 사실에 의하여 저해된다.' 나는 지금이 낮이고 나는 집을 보고 있다고 주장한다. 나는 이러한 진리를 기록한다. 그러나 그것을 나중에 읽는 다른 어떤 사람은 지금은 밤이고 그는 나무를 보고 있다고 주장할 것이다. '이 두 진리는 모두 똑같은 확실성을 가지고 있으며' 또한 둘 다 시간과 장소가 변화하면 거짓이 된다.

16. *Ibid.*
17. *Ibid.*, p.95.
18. *Ibid.*

따라서 진리는 특수한 개별자인 나에 귀속된 것일 수 없다. 만약 내가 나는 지금 그리고 여기에서 하나의 집을 보고 있다고 말한다면, 나는 모든 사람들이 이러한 지각의 주체로서 나의 위치에 설 수 있다는 것을 함축하고 있다. 나는 '보편자로서의 나'(the I *qua* universal)를 가정하는데, 보는 것은 이 나무를 보는 것도, 이 집을 보는 것도 아닌 바로 보는 것 자체이다. 지금 그리고 여기가 그것들의 개별적인 내용과는 별개로 보편적인 것처럼, 나도 모든 개별적인 나들과는 별개로 보편적이다.

보편적인 나라는 이념은, 비록 일상적인 언어에서 그와 같은 표현을 끊임없이 사용하고 있긴 하지만, 상식에 대한 혐오이다. 내가 나는 본다, 듣는다, 등등이라고 말할 때 나는 나의 위치에 모든 사람을 상정하고 나의 개별적인 나를 어떤 다른 나로 대체한다. 내가 '나', '이 개별자'라고 말할 때 나는 아주 일반적인 의미로 '모든 나'를 말하는 것이며, 모든 사람들은 내가 말한 것이고 즉 모든 사람들은 '나', '이 개별적인 나'인 것이다.

따라서 감성적 경험은 진리가 그것의 특수한 대상에도, 개별적인 나에도 있지 않다는 것을 발견한다. 진리는 부정의 이중 과정, 즉 (1)대상의 '자체적인' 실존의 부정과 (2)보편적인 나라는 진리에로의 이동을 동반하는 개별적인 나의 부정이라는 이중 과정의 결과이다. 따라서 객관성은 두 번 '매개되며' 또는 의식에 의해 구축되고 더 나아가 의식에 연결되어 있다. 객관적 세계의 발전은 철두철미하게 의식의 발전과 결합되어 있다.

상식은 자신의 진리에 대한 이와 같은 파괴에 분개하여 자신은 그것이 꾀했던 특수한 지금 그리고 여기를 정확하게 지적할 수 있다고 주장한다. 헤겔은 이러한 도전을 쾌히 받아들인다. "그러면 이제 우리에게 보여 줬던 이 직접적인 지금 그리고 여기가 어떻게 구성되는가를 살펴보도록 하자."[19] 내가 특수한 지금을 지칭하자마자 그것은 그것이 지적되는 순간 이미 존재하기를 그친다. 현재의 지금은 내가 지적했던 것과는 다른 것이고 우리가 보는 지금은 바로 지금, 즉 더 이상 존재하기를 그치는 현재이다. 따라서 지금을 지적한다는 것은 다음과 같은 단계를 포함하는 과정이다. (1)나는 지금을 가리키면서 그것(지금)은 이러이러하다고 주장한다. 그러나 내가 지적하는 것은 이미 존재했던 어떤 것(something that has been)이다. 이렇게 함으로써 나는 최초의 진리를 말소하고 (2) 지금 존재했었다(has been)고 그리고 그러한 것이 진리라고 주장한다. 그러나 이미 존재했던 것은 현재 존재하는 것이 아니다(is not). 따라서 (3)나는 두 번째 진리를 말소하고 지금의 부정을 부정하여 그것을 진리라고 다시 주장한다. 그러나 이러한 전과정으로부터 도출되는 이 지금은 상식이 처음 의미했던 지금이 아니다. 그것은 현재 또는 과거와는 무관하다. 그것은 지나가 버린 지금이 되기도 현재 존재하는 지금이 되기도 하는, 즉 전체를 통틀어 하나이고 또 유일한 지금이다. 말을 바꾸면 그것은 보편적인 어떤 것이다.

이리하여 감성적 경험은 스스로 그것의 참된 내용은 특수자가 아니라 보편자임을 증명하였다. "이제 감성적 확신의 변증법은 오직 그 확신이 펴 나가는 운동이나 경험으로서의 단순한 역사이며 동시에 감성적 확신 자체가 다름 아닌 이 역사에 지나지 않는다는 것이 밝혀졌다."[20] 경험 그 자체는 보다 높은 형태에로 나아가는

19. *Ibid.*, p.98.

데, 이것은 보편적인 것을 목적한다. 이제 감성적 확신은 지각으로 이행한다.

지각(Wahrnehmung)은 '그것의 원리는 보편성이다'라는 점에서 감성적 확신과 구별된다. 지각의 대상은 사물(Dinge)이며 사물은 지금 그리고 여기가 변하여도 동일한 것으로 존재한다. 예를 들면 나는 내가 지금 그리고 여기에서 지각한 이 사물을 '소금'이라 부른다. 이때 내가 가리키는 것은 나에게 나타나 있는 특수한 여기 그리고 지금이 아니라 다양한 '속성'(Eigenschaften)들로 이루어진 특정한 단일체(unity)이다. 즉 나는 그 사물의 '물성'을 가리키고 있는 것이다. 소금은 하얗고 입방체이며 또 그밖에 속성들로 이루어져 있다. 이러한 속성들 그 자체는 많은 사물들에 공통적으로 존재할 수 있는 보편적인 것이다. 사물 그 자체는 이러한 속성들의 '단순한 복합체' 즉 그것들의 일반적인 '매체'에 불과한 것처럼 보인다. 그러나 그것은 이러한 단순한 복합체 그 이상이다. 그것의 속성들은 자의적이고 교환 가능한 것이 아니라 오히려 다른 속성들을 '배제하고 부정한다.' 만약 소금이 희고 자극적이라면 그것은 또한 검고 달콤할 수는 없다. 이러한 배제는 정의상(定義上) 임의적인 문제가 아니며 그와는 반대로 정의는 사물 그 자체에 의하여 제공된 자료에 의존한다. 그것의 '소금임'(being salt)에 모순되는 다른 여타의 속성들은 배제하고 부정하는 것은 바로 소금이다. 따라서 "사물은 자신을 바로 그것이게끔 하는 것(what it is)과 무관한 단일체가 아니라…… **배타적인**, 반발적인 단일체이다."[22]

20. *Ibid.*, p.100. 임석진 역. p.166.
22. *Ibid.*, p.108.

지금까지는 대상은 규정적인 것이고 지각은 단지 그것을 수용하여 수동적으로 '자신 안에 받아들여야'(take unto itself) 하는 것처럼 보인다. 감성적 확신과 마찬가지로 지각도 처음에는 대상으로부터 진리를 모은다. 그러나 또한 감성적 경험과 마찬가지로 그것은 주체 그 자체가 사물의 객관성을 구성한다는 것을 발견한다. 왜냐하면 지각은 사물이 실제로 무엇인가를 규정하려고 하는 순간 잇따라서 일련의 모순에 빠지게 되기 때문이다. 사물은 단일성[unity, 一(하나)]임과 동시에 다양성[multiplicity, 多(다)]이다. 지각을 구성하는 두 요소의 각각에 두 측면을 할당하여 단일성은 주체의 의식에, 다양성은 대상에 귀속시킨다 하더라도 모순을 피할 수는 없다. 헤겔은 이것이 또다시 새로운 모순으로 이끌 뿐이라는 것을 보여 준다. 사물은 실제로는 단일성이고 다양성은 다른 사물들과의 관계에 의해서 발생하는 것이라고 가정하더라도 도움이 되지는 않는다.[23] 모순을 피하려는 이러한 모든 시도들은 그것은 피할 수 없는 것이며 그것은 바로 지각의 내용 그 자체를 구성하는 것임을 증명하는 데 도움이 될 뿐이다. 사물은 그 자체 통일(unity)임과 동시에 차이(difference)이며, 차이 속의 통일이다. 헤겔은 이러한 관계의 분석을 더 진행시켜 보편성의 새로운 규정에도 나아간다. 참된 보편성은 다양성(diversity)을 포함함과 동시에 모든 특수한 조건들 속에서 '배타적이고 반발적인' 통일체로서 그 스스로를 유지해 나간다. 이러한 방법으로 지각의 분석은 감성적 경험의 분석이 도달했던 지점을 넘어선다. 이제 인식의 **참된** 내용으로서 나타나는 보편성은 다른 성격을 띤다. 사물의 통일성은 다른 사물들과

---

23. *Ibid.*, p.117.

의 관계에 의해서 규정될 뿐 아니라 또한 구성되는 것이며, 그것의 물성은 바로 이러한 관계 안에 있는 것이다. 예를 들면 소금은 우리들의 미각이나 그것이 첨가되는 음식, 설탕, 등등과의 관계에 의해서만 바로 소금인 것이다. 분명히 소금은 이러한 관계들의 단순한 복합체(togetherness) 그 이상이다. 즉 그것은 즉자 · 대자적인 통일체이다. 그러나 이러한 통일성은 오직 이러한 관계들 안에서만 존재하여 이러한 관계들의 '배후에' 또는 외부에 존재하는 그 어떤 것이 아니다. 사물은 다른 사물들과의 대립을 통하여 그 스스로가 되는 것이며, 헤겔이 말했듯이, 사물은 자신과 그것의 대립물과의 통일, 또는 대자적 존재(being-for-itself)와 대타적 존재(being-for-another)의 통일이다.[24] 달리 말하면, 바로 사물의 '실체'는 그것의 다른 사물들에 대한 자기 정립적 관계로부터 구성되어져야 한다. 그러나 이것은 지각의 능력 범위 내에 있지 않으며 그것은(개념적) 오성(understanding)의 일이다.

지각의 분석은 인식 대상의 참된 형식으로서 '차이 속의 통일' 또는 '무조건적인 보편성'을 산출하였다. 여기에서 무조건적이라 함은 사물의 통일성은 모든 제약적인 조건들에도 불구하고 그것들을 통하여 스스로를 주장하기 때문이다. 지각이 그 대상의 참된 내용을 파악하려고 했을 때, '사물은' 다른 사물들과의 다양한 관계들 속에서 스스로를 정립하는 통일체임이 판명되었다. 헤겔은 어떻게 사물이 이러한 과정에서 자기규정적인 통일체(a self-determining unity)로서 통합되는가를 설명하기 위해 이번에는 힘(force)이라는 개념을 도입한다. 사물의 실체는 힘으로서만 이해될 수 있다고 그

24. *Ibid.*, p.119.

는 말한다.

힘이라는 개념은 철학적 분석이 지금까지 인식의 참된 대상을 특징짓는 것으로 발견했던 모든 요소들을 다 포괄한다. 힘은 그 자체 하나의 관계이고, 그것을 구성하는 요소들은 각각 별개의 것이지만 그러나 상호 분리될 수 없는 것이다. 즉 그것은 우연적이 아니라 그것에 의해 필연적으로 규정되는 모든 상황 내에 존재한다.[25] 우리들은 이러한 힘의 개념에 관한 헤겔의 논의를 상세하게 더듬기보다는 그 결론에만 한정하여 살펴보도록 하자.

우리가 사물의 실체를 힘으로서 파악한 경우, 우리들은 실제로는 현실을 두 개의 차원으로 분리하게 된다. 우리들은 사물의 지각 가능한 속성들을 초월하여 그것들의 배후에 있는 그리고 그것들을 넘어서는 어떤 것에 도달하게 되는데, 우리는 그것을 '현실적인 것'이라고 정의한다. 왜냐하면 힘은 지각의 세계에 존재하는 실체가 아니며 또한 하얗다, 입방체이다와 같이 우리가 지적할 수 있는 사물 또는 성질이 아니다. 우리는 그것의 결과 또는 그것의 발현을 지각할 수 있을 뿐이며 따라서 우리에게는 그것의 실존은 그 자체의 이러한 발현에 있다. 힘은 그것의 결과와 분리되는 그러한 것이 아니며 그 존재는 전적으로 이러한 생성과 소멸에 있다. 사물의 실체가 힘이라면 사물의 존재양식은 현상이다. 왜냐하면 '소멸하는 것'으로서 존재하는 존재자, "그 자체 곧 비존재인 존재자를 우리는 가상(Schein)…… 이라 부르기 때문이다."[26] 현상 또는 가상이

25. *Jenenser Logik*, p.50을 보라. 힘은 '그 자체 안에 관계의 두 측면, 즉 동일성과 차이성을 적합한다 …… 힘으로서 파악되는 실체는 원인 그 자체이다 …… 힘은 실체를 바로 이러한 규정적인 실체이게끔 하는 그리고 동시에 자신을 그 자신의 대립물과 관계지움으로써 스스로를 정립하는 규정성이다.

라는 말은 헤겔에 있어 두 가지 의미를 가진다. 그것은 첫째, 사물이 그 본질과는 다른 형태로 존재함을 의미한다. 그리고 두 번째로는, 현상으로 나타나는 것은 단순한 가상(blosser Schein)이 아니라 오직 현상으로서만 존재 가능한 본질의 발현이라는 것을 의미한다. 달리 말하면 현상은 비존재가 아니라 본질의 현상이다.

힘이 사물의 실체라는 발견을 통해 우리는 인식의 과정에서 본질의 영역에로 나아가는 통찰을 얻게 된다. 감성적 경험과 지각의 세계는 현상의 영역이다. 이에 대하여 본질의 영역은 이렇듯 변화하고 소멸하는 현상의 영역을 넘어서는 '초감성적' 세계이다. 헤겔은 본질에 관한 이러한 초기의 통찰을 '이성의 최초의, 따라서 불완전한 현현'이라고 부른다. 여기에서 불완전하다 함은 의식이 아직도 그것의 진리를 '대상의 형식으로' 즉 주체에 대립적인 것으로 보고 있기 때문이다. 본질의 영역은 사물의 '내면' 세계로서 나타난다. 이러한 내면세계는 의식에게는 낯선 그리고 단지 저 너머에 있는 것으로 남아 있다. 왜냐하면 의식은 아직까지도 거기에서 자기자신 발견하지 못하고 있기 때문이다.

그러나 인간이 참되지 않은 세계에서 참되지 않은 실존으로 존재함을 벗어나려고 한다면 진리는 언제까지나 주체가 다다를 수 없는 곳에 그대로 머물러 있을 수 없다. 따라서 이에 계속되는 분석은 사물의 현상의 배후에는 바로 주체가 있음을, 그리고 이 주체가 바로 사물의 본질을 이루고 있다는 것을 보여 주는 데 총력을 기울인다. 사물의 현상의 배후에 있는 주체를 인정해야 한다는 헤겔의 주장은 인간이 그 자신에게 소원한 세계를 그 자신의 세계로

26. *Phenomenology of Mind*, p.136.

변형한다는 관념론의 근본적 욕구의 표현이다. 따라서 『정신현상학』은 인식론의 영역을 역사세계와 융합함으로써 주체의 발견으로부터 자기의식적인 실천을 통하여 현실을 정복하는 것에로 나아가는 과정을 일관하여 더듬어 가고 있다.

힘이라는 개념을 통하여 의식으로부터 자기의식에로의 이행이 이루어진다. 사물의 본질이 힘으로서 파악되면, 객관적 세계의 안정성(정체성)은 해체되고 운동의 상호작용이 전면에 드러난다. 그러나 힘이라는 개념은 단순한 유희 그 이상을 의미한다. 힘은 그 결과들에 대한 일정한 지배력을 발휘하며 그것의 다양한 발현들 가운데 여전히 그 자체로서 존재한다. 말을 바꾸면, 힘은 그것의 고유한 내적 '법칙'에 따라 활동하는데, 따라서 헤겔이 서술한 바와 같이 힘의 진리는 '힘의 법칙'(das Gesetz der Kraft)[27]이다. 본질의 영역은, 처음에 나타났던 것처럼 맹목적인 힘의 유희가 아니라 지각 가능한 세계의 형식을 규정하는 영구불변의 법칙들의 영역이다. 이러한 형식들의 다양성은 처음엔 이에 대응하는 다양한 법칙들을 요구하는 것처럼 보인다. 그러나 분석을 좀 더 진행시키면 이러한 다양성은 진리의 한갓 불완전한 측면일 뿐이라는 것이 밝혀지고, 지(知)는 많은 다양한 법칙들을 총괄하는 하나의 법칙으로 통일하는 데 착수하여 이러한 초기 단계에서 그러한 것의 일반적 형식을 도출해 내는 데 성공한다. 지(知)는 사물들이 그 현상들의 모든 계기들을 그것의 내적 본질로 모아 보존함으로써 하나의 법칙 아래 존재하며 다른 모든 사물들과의 관계 속에서도 그것의 본질적인 동일성을 보존할 수 있다는 것을 발견한다. '실체'의 이러

27. *Ibid.*, p.142.

한 동일성은, 이미 앞에서 지적했듯이 본질적으로 '대립물의 통일'28)이라는 끊임없는 과정인 '주체'의 특유한 작업으로서 이해되지 않으면 안 된다.

앞에서의 분석은 사물의 본질은 힘이고 힘의 본질은 법칙이라는 것을 밝혔다. 법칙 아래 있는 힘은 자기의식적인 주체를 특징짓는 것이다. 따라서 객관적 세계의 본질은 자기의식적인 주체의 실존을 가리키고 있는 것이다. 오성이 사물의 현상의 배후에 있는 본질을 추구하면서 발견하는 것은 다름 아닌 바로 그 자신이다. "이제 한 가지 분명해진 것은 만약 우리가 내면세계를 은폐하도록 되어 있는 이른바 장막의 배후에 스스로 발을 들여 놓지 않는 한 결코 그 배후에서는 우리에게 아무것도 눈에 띄지 않을 것인즉, 오직 무엇인가 발견될 만한 어떤 것이 장막의 배후에 가려져 있다는 생각을 앞세울 때만 비로소 우리는 거기서 무엇인가도 찾아낼 수 있으리라는 것이다."29) 오성의 진리는 자기의식이다. 『정신현상학』의 첫 장이 끝나면서 자기의식의 역사가 시작된다.

이러한 역사를 더듬어 보기 전에 우리는 반드시 이 첫 장의 전반적인 의의를 평가해야만 한다. 독자들은 현상의 장막의 배후에 있는 것은 인식할 수 없는 물자체가 아니라 인식하는 주체임을 알게 되었다. 자기의식이 사물의 본질인 것이다. 우리는 보통 이것을 칸트로부터 헤겔로의 진보, 즉 비판적 관념론으로부터 절대적 관념론으로의 진보라고 말한다. 그러나 단지 그것만을 말한다는 것은 헤겔로 하여금 그러한 이행을 하도록 자극했던 그 목적을 빠뜨리

28. 본 책의 p.87 윗부분을 보라.
29. *Ibid.*, p.162. 임석진 역, p.231.

는 것이 된다.

『정신현상학』의 처음 세 절은 실증주의에 대한 비판이며,[30] 더 나아가 '물화'(reification)에 대한 비판이다. 물화의 비판으로부터 시작하여 헤겔은 인간이 그의 '물화된' 세계에서 빠져 나오는 경우에만 진리를 알 수 있다는 것을 밝히려고 한다. 우리는 이 '물화'라는 말을 마르크스주의 이론으로부터 빌려왔는데, 거기에서 이 말이 뜻하는 것은 자본주의 사회에서 모든 인간관계는 물적 관계로서 나타난다는 사실, 또는 사회에 나타나는 물적 관계와 그것들의 운동을 지배하는 '자연적' 법칙은 실제로는 인간과 인간의 관계이며 역사적 힘이라는 사실이다. 예를 들면, 상품은 그것의 모든 속성 안에 노동의 사회적 관계를 구현하고 있으며, 자본은 인간을 지배하는 힘이다. 이러한 전도(轉倒)에 의해서 세계는 소외된, 소원한 세계가 되었으며 거기에서 인간은 스스로를 인정하거나 또는 실현하지 못하고 죽은 사물과 법칙에 의해 압도된다.

헤겔은 철학의 영역에서도 이와 똑같은 사실을 발견한다. 상식과 전통적인 과학적 사상은 세계를 그 자체로서 존재하는 사물들의 총체로서 파악하고, 진리를 인식하는 주체와 독립적인 것으로 생각하는 대상에서 구한다. 이러한 것은 인식론적 태도에 그치지 않고, 마치 일상적 습관처럼 세상에 팽배하게 번져 있는 태도로, 이러한 것은 사람들로 하여금 객관적 사실들을 인식하고 논의하는 데 있어서만 안전하다는 느낌을 갖도록 한다. 이념은 살아 있는 주체의 충동이나 관심, 욕구로부터 멀어지면 멀어질수록 더욱 더 참된 것

30. 실증주의란 '상식적' 경험의 철학을 나타내는 일반적인 말로서 사용되고 있다.

이 된다. 그런데 이것은 헤겔에 따르면 진리에 대한 가장 극심한 중상모략이다. 왜냐하면 결국 살아 있는 주체와 **본질적으로 관련되어** 있지 않은 그리고 주체의 진리가 아닌 진리란 존재하지 않기 때문이다. 인간이 이러한 죽은 객관성을 파괴하지 않고 사물이나 법칙의 고정된 형식의 '배후에 있는' 그 자신과 그 자신의 삶을 인정하지 않는 한 세계는 소외된 그리고 비현실적인 세계로 남는다. 그가 마침내 이러한 자기의식을 획득하였을 때 비로소 그는 자기 자신 진리에로 뿐만 아니라 그의 세계의 진리에로 나아가는 궤도에 오르게 되는 것이다. 그리고 이러한 인식에는 반드시 행위가 따르기 마련이다. 그는 이러한 진리를 행동으로 옮겨 세계를 그 본질적인 형태(what it essentially is)로, 즉 인간의 자기의식의 실현으로 만들려고 한 것이다.

이것이야말로 바로 『정신현상학』의 전반부에 생명을 불어넣는 원동력이다. 참된 실천은 반드시 참된 이론을 전제로 하는데, 참된 이론은 무엇보다도 실증주의적 주장에 의해서 위협받는다. 상식의 철학, 즉 실증주의는 사실의 확실성에 호소한다. 그러나 헤겔이 보여 주었듯이, 사실이 현실이 존재할 수 있고 존재해야 하는 모습을 전혀 나타내 주지 못하는 세계에서는 결국 실증주의는 거짓된 그리고 소외된 세계를 있는 그대로 수용함으로써 인류의 참된 가능성을 포기하도록 만드는 결과를 낳는다. 관찰 가능한 사실로 환원될 수 없다는 이유에서 실증주의는 보편 개념을 공격하는데, 그러나 이러한 공격은 인식의 영역으로부터 아직 사실로 되어 있지 않은 모든 것을 추방해 버린다. 실증주의가[인식의 방법으로서] 호소하는 감성적 경험과 지각은 그 자체가 개개의 관찰된 사실이 아니라 보편적인 어떤 것을 포함하고 의미한다는 것을 논증함으로써, 헤겔은 실증주의에 대한 결정적인 내재적 논박을 가하고 있다. 헤겔이 계속 되풀이해서 보편자가 특수자보다 탁월하다는 것을 강조했을 때, 그는 진리를 특수한 '주어진 것'에만 한정하는 데 저항하여 투쟁하였던 것이다. 보편적인 것은 특수한 것 그 이상이다. 이것은 구체적으로는 인간과 사물의 잠재적 가능성은 그것들이 실제로 나타나 있는 주어진 형태나 관계들 속에 남김없이 완전하게 발현되어 있는 게 아니라는 사실을 의미하고 있다. 즉 인간과 사물들은 그것들이 존재해 왔던 바 그리고 현실에 존재하는 바 모두이며, 더 나아가 이러한 모든 것 그 이상이다. 진리를 보편적인 것 안에서 찾는다는 것은 자연에서건 사회에서건 어떠한 주어진 특수한 형태도 전체 진리를 모두 구현하지는 못한다는 헤겔의 확신을 표현하고 있다. 더 나아가 그것은 인간을 사물로부터 고립시키는 것을 비난하고 그것들의 가능성은 원래의 상태로 복귀되지 않는 한 보존되어질 수 없다는 것을 인정하는 하나의 방법이었다.

자기의식을 논하면서 헤겔은 이미「인륜의 체계」(*system der Sittlichkeit*)와「예나 시대의 정신철학」(*Jenenser Philosophy of Mind*)에서 시작되었던[31] 개인과 그의 세계의 관계에 대한 분석을 재개하고 있다. 인간은 자기 자신 자기의식이 사물의 현상의 배후에 있음을 알게 되었다. 그는 이제 이러한 경험을 실현하는, 즉 그 자신이 이 세계의 지배자임을 증명하는 일에 착수한다. 이리하여 자기의식은 스스로가 '욕구'(Begierde)로서 나타남을 발견한다. 즉 자기의식을 깨달은 인간은 그 주위에 있는 대상을 욕구하고 그것

---

31. 이 책의 pp.73, 94를 보라.

들을 점유하여 사용한다. 그러나 이러한 과정에서 그는 대상이 그의 참된 목적이 아니며 그의 욕구는 다른 개인들과의 관련을 통해서만 충족될 수 있다는 것을 느끼게 된다. 헤겔은 "자기의식은 오직 다른 또 하나의 자기의식 속에서만 스스로의 만족을 누리는 것이 된다."[32]라고 서술하고 있다. 조금은 이상스럽게 느껴지는 이 말의 의미는 뒤이어 계속되는 주인과 노예에 대한 논의에서 설명된다. 이 논의에서 노동의 개념은 중심적인 역할을 담당하는데, 거기에서 헤겔은 노동의 대상은 죽은 사물이 아니라 주체의 본질의 살아 있는 구현체라는 것을, 따라서 이러한 대상을 다루는 데 있어 실제로는 인간이 인간을 다루고 있다는 것을 보여준다.

개인은 또 다른 개인을 통해서만 비로소 바로 그 자신이 될 수 있다. 즉 바로 그의 실존이란 곧 그의 '대자적 존재'에 있다. 그러나 이러한 관계는 결코 그들 자신의 이익을 추구하면서 공동의 이익을 도모하는 똑같이 자유로운 개인들 사이의 조화로운 협동의 관계가 아니다. 그것은 오히려 본질적으로 불평등한 개인들, 즉 한 쪽은 '주인'이고 다른 한 쪽은 '노예'인 그런 개인들 사이의 '생사를 건 투쟁'이다. 끝까지 투쟁하는 것만이 인간이 자기의식에, 즉 그 자신의 잠재적 가능성에 대한 인식에 그리고 그것의 실현이라는 자유에로 나아갈 수 있는 유일한 길이다. 자기의식의 진리는 '나'가 아니라 '우리'이며, 즉 "나 즉 우리이며 동시에 우리가 곧 나"(Ich, das Wir, das Ich)이다.[33]

1884년에 마르크스는 헤겔의 『정신현상학』에 대한 비판적 분석

32. *Phenomenology of Mind*, p.173.
33. *Ibid.*, p.174.

을 통하여 그 자신의 이론의 기본 개념들을 예리하게 발전시켰다. 그는 헤겔의 주인과 노예의 논의에 사용되는 특유한 표현을 사용하여 노동의 '소외'를 기술하였다. 마르크스는 『정신현상학』에 앞선 헤겔 철학의 모든 단계에 정통하지는 않았지만, 그럼에도 불구하고 그는, 비록 사회적 모든 문제가 『정신현상학』의 분석틀 안에 도입되는 게 허용되면서 그 형태가 약해지긴 했지만, 헤겔의 분석이 지니는 비판적인 영향을 간파하였다. 그는 이 저작의 위대함은 헤겔이 인간의 '자기 창조'(즉 그 자신의 자유로운 행위를 통한 합리적인 사회질서의 창조)를 '물화' 및 그것의 '부정'의 과정으로 파악했다는 사실, 짧게 말하면 그는 '노동의 본질'을 간파했으며 또한 인간을 '자기 노동의 결과'로서 파악했다는 사실에 있다고 보았다.34) 마르크스는 헤겔의 결정적으로 중요한 통찰에 대해 언급하고 있는데, 그것은 지배와 예속이 일정한 노동관계로부터 필연적으로 결과한다는 것을 그리고 그러한 관계란 또한 '물화된' 세계에서의 관계맺음이라는 것을 마르크스에게 가르쳐 주었던 것이다. 따라서 주인의 노예에 대한 관계는 영원한 것도 자연적인 것도 아니며 그것은 일정한 노동의 존재양식에 그리고 인간의 그의 노동의 산물과의 관계에 뿌리를 두고 있는 것이다.

헤겔의 분석은 실제로 자기의식이 그 스스로를 입증해야 하는 세계가 두 개의 서로 대립되는 영역으로, 즉 인간이 그의 노동에 묶여 있어 그 노동이 그의 전존재를 규정하는 영역과 인간이 또 다른 인간의 노동을 점유하고 사유하고 바로 이러한 점유 및 착취

---

34. *Marx-Engels Gesamtausgabe*, Erste Adteilung, Band 3. Berlin 1932, p.15.

라는 사실에 의해서 주인이 되는 또 다른 영역으로 분리되어 있다는 '경험'으로부터 시작한다. 헤겔은 후자를 주인(Herr)으로서 전자를 노예(Knecht)로서 나타낸다.[35] 노예는 우연히 노동을 하게 된 인간이 아니라, 그는 본질적으로 노동자이며 따라서 그의 노동이 곧 그의 존재이다. 그는 자기의 것이 아닌 다른 사람에게 속한 대상에 작용을 가한다. 그는 그러한 대상들로부터 그의 존재를 분리시킬 수 없다. 왜냐하면 그것은 "그가 결코 빠져 나올 수 없는 사슬"이기 때문이다.[36] 그는 전적으로 그러한 대상을 소유하고 있는 사람의 의지에 달려 있다. 그러나 이와 같은 설명에 의하면, 인간의 인간에의 종속은 인격적인 제약도 사적인 혹은 자연적인 것(이를테면 열등함, 위약함 등등)에 근거한 제약도 아닌 사물에 의해 '매개되어져' 있는 것이다. 달리 말하면 그것은 인간의 그의 노동의 산물에 대한 관계의 결과인 것이다. 이렇듯 노동은 노동자를 대상에 속박하는 까닭에 그의 의식 자체도 '물성의 형식과 형태로서만' 존재할 수 있다. 그는 사용됨으로써 비로소 존재하게 되는 사물이 된다. 노동자의 존재는 '대타적 존재'[37](sein fürein Anderss)이다.

그러나 노동은 동시에 이러한 관계를 전환시키는 매체이기도 하다. 노동자의 행위는 사라지지 않고 그의 노동의 산물로 나타나 그 속에 보존되어 있다. 노동이 형성하고 규정한 사물은 인간의 사회적 세계를 채우고 거기에서 노동의 대상으로서 작용한다. 노동자는 그의 노동이 이 세계를 영속시킨다는 것을 알게 되고 따라서 그는 그를 둘러싸고 있는 사물들 속에서 자기 자신을 발견하고 자기 자

35. *Phenomenology of Mind*, p.182.
36. *Ibid.*,
37. *Ibid.*,

신 인정하게 된다. 이 의식은 마침내[스스로의 노동을 통하여] 자기의 작품 속에 '외화'(EntäuBrung)되어 지속적인 존재의 터전으로 제자리를 마련해 들어간다. 그리하여 '고되게 일하고 봉사하는' 인간[노동하는 의식]은 이제 자립적인 존재가 **다름 아닌 자기 자신임**을 직관하기에 이른다.[38] 그의 노동의 대상은 이제 더 이상 그를 다른 인간에게 구속시키는 죽은 사물이 아니라 그의 노역의 산물, 그리고 그 자체로서 그 자신의 존재를 구성하는 요소인 것이다. 그의 노동의 산물이 "객관화된 모습으로 드러난다고 해서 결코[그것이 노예의식에 있어서] 다름 아닌 노동을 통해서 사물을 가공하는 바로 그 자신과 상이한 어떤 타자가 되는 것은 아니다. 왜냐하면 바로 이러한 형식이야말로 그 속에서 다름 아닌 노예의식의 진리가 이룩되는 그 자체의 순수한 대자적 존재를 나타내주기 때문이다."[39]

노동의 과정은 노동자 안에 뿐만 아니라 주인 안에도 자기의식을 창출해 낸다. 지배란 무엇보다도 주인은 대상에 작용을 가하지 않고서도 그가 욕구하는 대상을 향유한다는 사실에 의해서 규정된다.[40] 그는 그 자신이 아니라 어떤 다른 사람으로 하여금 일을 하도록 함으로써 그 자신의 욕구를 충족시킨다. 이러한 그의 향유(Geunβ)는 전적으로 그 자신의 노동으로부터 해방되어 있다는 사실에 기인한다. 그가 지배하고 있는 노동자는 그가 원하는 대상을 언제라도 향유할 수 있는 완성된 형태로 그에게 가져다준다. 이렇게 하여 노동자는 그가 사물의 '부정적인 측면', 즉 사물이 인간을 촉매 시키는 측면과 마주치지 않도록 주인을 보호한다. 주인은 모

38. *Ibid.*, p.186.
39. *Ibid.*, p.187.
40. *Ibid.*, p.182.

든 것을 노동의 산물로서, 즉 죽은 대상으로서가 아니라 그것에 작용을 가한 주체의 각인이 찍힌 사물로서 받아들인다. 주인이 이러한 사물들을 그의 소유물로서 취급할 때 실제로 그가 취급하는 것은 또 다른 자기의식, 즉 노동자의 자기의식이며 그는 이러한 존재를 통하여 만족을 얻는 것이다. 이와 같은 방식으로 주인은 그 자신이 자립적인 '대자적 존재'가 아니라 오히려 본질적으로 또 다른 존재에, 그를 위해서 노동하는 그 존재의 행위에 의존하고 있음을 발견하게 된다.

헤겔은 지금까지 지배와 예속의 관계를 자신의 본질이 타자 속에 있으며 자신의 진리는 반드시 타자를 통해서만 실현될 수 있다는 것을 서로 인정하는 양측의 관계로 발전시켰다. 지금까지는 정신의 형식을 규정하는 것으로 기술되었던 주체와 대상 사이의 대립은 마침내 사라지게 되었다. 인간의 노동에 의하여 형성되고 배양된 대상은 사실은 자기 의식적 주체의 대상화이다. "노동을 통해서 그 형식을 부여받는 물성의 측면은 모두 의식 이외의 그 어떤 실체일 수 없다. 여기서 우리는 새로운 형태(Gestalt)의 자기의식이 출현하게 됨을 본다. 즉 그것은[무한성의 형식을 취하면서 동시에 의식의 순수한 운동을 본질로 삼고 있으니], 이것은 곧 "스스로 사유하는 것, 즉 자유로운 자기의식을 말한다."[41] 자유로운 자기의식과 '사유하는 의식' 사이의 이와 같은 조금은 갑작스러운 동일화는 어떻게 해서 생기는 것일까? 헤겔은 계속해서 사유를 정의해 나가면서 그의 철학의 기본적 용어로써 이 물음에 답하고 있다. 사유의 주체는 '추상적인 자아'가 아니라 스스로가 세계의 '실체'임을 인식

41. *Ibid.*, p.190.

하는 의식이라고 그는 말한다. 달리 말하면 사유란 객관적인 세계가 실제로는 주관적 세계라는 것, 그것은 주체의 객체화라는 것을 인식하는 데 있다. 참으로 사유하는 주체는 세계를 '그의' 세계로서 파악한다. 그 안에 있는 모든 것은 '개념적으로 파악된(begriffenes) 대상, 즉 자유로운 자기의식의 발전을 이루는 부분으로서만 그것의 참된 형식을 지닌다. 인간의 세계를 구성하고 있는 대상 전체는 의식에 대한 '대립'으로부터 자유로워지지 않으면 안 되고 의식의 발전을 고무하는 방법으로 정립되지 않으면 안 된다.

헤겔은 사유를 실존의 한 규정적 본질로서 기술하고 있다. "이와 같이 사유함으로써만 나는 자유로운 존재일 수 있으니, 왜냐하면 결코 여기서 나는 타재(他在) 속에 있는 것이 아니라 전적으로 나 자신에게 머물러 있는 탓으로[결국 나에게 있어서 본질적인 요소로 작용하는] 대상은 완전히 불가분리적(不可分離的) 통일 속에 있는 다름 아닌 나의 자기실존(mein Fürmichsein)일 뿐이기 때문이다. 이렇게 본다면 결국 개념 속에서 진행되는 나의 운동은 곧 나 자신 속에서 행해지는 운동일 따름이다."42) 자유에 대한 이러한 설명은 헤겔이 이러한 기본적 개념을 사회의 한 특정한 형태의 원리와 연관시키고 있다는 것을 보여 준다. 자유로운 인간이란 타자와 더불어 존재하면서도 어디까지나 오직 그 자신으로 머물러 있는 자, 바꾸어 말하면 그의 실존을 그 자신의 논박할 여지없는 명백한 자신의 소유물로서 파악하는 자라고 그는 말한다. 자유는 자기 충족적이며 모든 '외적인 것들'로부터 독립된 것으로, 그 안에서는 모든 외적인 존재가 주체에 의해 이미 점유되어 있는 상태이다. 경쟁사

---

42. *Ibid.*, p.191.

회에서의 두려움과 불안, 즉 자기 자신을 상실할 것 같은 개인의 두려움과 그 자신의 것을 보존하고 안전하게 유지하려는 데서 오는 불안이 자유에 대한 이러한 관념을 유도하지 않았나 생각된다. 그리고 그것이 헤겔로 하여금 '사유라는 요소'에 그처럼 막강한 지위를 부여하도록 했다.

그러나 만약 자유라는 게 완전히 자기충족적인 것이고 전적으로 나의 것, 또는 나 자신이 아닌 기타 모든 것은 나의 자유를 제한하는 것에 불과하다면 자유는 사유 속에서만 실현 가능할 것이다. 따라서 우리는 헤겔이 금욕주의(stoicism)를 자기 의식적 자유의 최초의 역사적 형태로서 다루게 됨을 당연히 예상할 수 있다. 금욕주의적 존재양식은 자연 및 사회에 존재하는 모든 제약을 극복한 것처럼 보인다. "이러한 의식의 본질은, 비록 그가 권좌에 있어가 아니면 예속자의 입장에 있을지라도, 오직 개별적인 현존재가 감수해야만 하는 모든 의존성으로부터 해방되어 적극적인 작용의 행사나 소극적인 고통의 감수를 막론한 갖가지 현존재의 영향권을 벗어나, 부단하게 사상의 단순한 본질성으로 후퇴하는 무기력한 상태를 유지하는 데 있다."43)

헤겔은 계속해서 그러나 이것은 참된 자유가 아니라고 말한다. 그것은 단지 '일반적인 공포와 억압이 팽배했던 시대'에 출현하는 의식의 형태에 지나지 않는다. 따라서 그는 이러한 자유의 거짓된 형태를 거부하고 위에서 인용된 그의 말을 수정한다. "즉 여기에서 뜻하는 사상의 자유가 스스로의 진리로 삼고 있는 순수한 사상이란 결코 생(生)의 충만한 내용을 담고 있는 것이 아니다. 이러한

43. *Ibid.*, p.193.

점에서 그것이 한낱 자유의 개념에 해당될 수는 있을지언정 결코 생동한 자유 그 자체를 의미할 수는 없다."[44] 이러한 말들을 서술하고 있는 금욕주의에 관한 절은 그의 철학 안에 서로 모순되는 요소들이 작용하고 있다는 것을 보여 준다. 그는 앞에서 자유는 사상이라는 요소 안에 존재한다는 것을 논증하였다. 그러나 이제 그는 사상 속의 자유로부터 '생동하는 자유'에로의 전진을 주장하고 있다. 그는 자기의식의 자유와 자립성은 따라서 참된 자유에로 나아가는 정신의 발전과정의 일시적인 한 단계에 지나지 않는다고 말한다. 후자의 경지는 인간이 사상의 추상적 자유를 폐기하고 이 세계는 바로 '자기 자신' 세계라는 것을 완전히 파악하고 그 세계에로 발걸음을 들여놓을 때 비로소 도달된다. 자기의식의 현실에 대한 "지금까지의 부정적 관계는 어느덧 긍정적인 것으로 바뀐다. 즉 지금까지는 자기의식에게 있어서 다만 스스로의 자립성과 자유에 관한 문제만이 중요한 관심사가 되었던 까닭에 그 자신으로서는 하나같이 자기본질의 부정을 뜻하는 것으로 여겨졌던 세계와 또한 자기 자신 현실을 희생시킴으로써 다만 자기 자신을 구제하고 보존하는 데만 급급했던 것이다."[45] 이제야 "자기의식은 세계를 바로 자신의 새로운 현실적 세계로서 발견하게 된 것이다. 앞에서는 자기의식이 그 세계의 소멸되는 측면에 대해서 관심을 지녀왔으나 이번에는 그 현실적인 세계의 존속 여부에 대한 것을 자기의 관심사로 여기게 된다." 주체는 세계를 자기 자신 '현재'이며 진리라고 생각하고 거기에서 발견되어지는 것은 바로 자기 자신임을

44. *Ibid.*, p.193.
45. *Ibid.*, p.223.

확신하기에 이르는 것이다.46)

이러한 과정은 역사 그 자체의 과정이다. 자기 의식적 주체는 '나'라는 형태 속에서가 아니라 우리, 주인과 노예의 투쟁의 결과로서 비로소 나타나는 공동적인 우리라는 형태 속에서 그의 자유를 획득한다. 그 우리의 역사적 현실은 "민족의 생명 안에서 그의 현실적인 실현을 발견한다"47)

우리는 이 장의 첫 페이지에서 정신의 연이은 발전과정을 지적했었다. 그 도정의 끝에 가서는 순수사유가 다시 생동하는 자유를 삼켜버리고 말 것같이 보인다. 즉 '절대지'의 왕국이 프랑스 혁명이 말소되면서 종결되는 역사적 투쟁 위에 군림하게 된다. 세계를 개념적으로 파악하는 철학의 자기 확실성은 세계를 변화시키는 실천을 누르고 승리를 거둔다. 우리는 이러한 해결이 헤겔의 최후의 말이었는지를 봐야 할 것이다.

『정신현상학』이 세계의 진리로서 제시하는 절대지의 기초는 헤겔의 『논리학』에 주어져 있다. 여기에서 이제 우리들은 이 저작으로 넘어가기로 하자.

---

46. *Ibid.*, p.223.
47. *Ibid.*, p.341.

제5장
대논리학

(The Science of Logic)

(1812~16년)

헤겔의 논리학과 전통적 논리학의 결정적인 차이는, 헤겔은 사유의 범주와 형식을 그 내용으로부터 분리시키는 통례를 거부함으로써 형식논리학을 실질논리학으로 대체시켰다는 말로써 종종 강조되어져왔다. 전통적인 논리학은 그들의 범주나 형식이 올바른 형식을 갖추기만 하면 그리고 사유의 근본법칙과 삼단논법의 법칙에 맞게 사용되기만 한다면(즉 그것들이 적용되는 내용이 어떠한 것인가에 상관없이) 타당한 것으로 간주했다. 그러나 헤겔은 이러한 절차와는 반대로 그 내용이 범주의 형태뿐만 아니라 그것의 타당성까지도 결정한다고 주장했다. "그러나 철학적 인식 속에서 생명력을 갖고 진행하는 것은 내용의 본질이며, 아니 그것뿐이며, 그와 동시에 내용의 여러 규정을 정립하고 산출하는 것은 내용의 내적 반성이다"[1] 사유의 여러 범주와 양식은 그것이 속해 있는 현실의 과정에서 나오며, 그것들의 형식은 이러한 과정의 구조에 의해서 규정된다.

---

1. *Science of Logic,* trans, W. H. Johnstone and L. G. struthers, The Macmillan Company, New York 1929, vol. I, p.36.

헤겔의 논리학이 새롭다라는 주장이 종종 행해지는 것은 이러한 맥락에서이다. 그 새로움이란 그가 현실의 동적 구조를 표현하는 범주들을 사용하고 있다는 데 있다고 생각된다. 그러나 실제로는 이러한 동적인 개념은 헤겔이 처음으로 사용한 것은 아니다. 그것은 존재의 모든 형식은 운동의 형식과 양태로서 해석되어야 한다고 한 아리스토텔레스의 철학에서 비롯되었다. 아리스토텔레스는 동적인 견지에서 철학을 엄밀하게 체계적으로 서술하려고 하였다. 헤겔은 아리스토텔레스의 『형이상학』(*Metaphysics*)의 기본 범주들을 단지 재해석했을 뿐, 새로운 범주들을 만들어 낸 것은 아니다.

우리는 이에 덧붙여 동적인 철학은 헤겔 이전의 독일철학에서도 주창되었음에 주목해야 한다. 칸트는 주어진 현실의 정적인 형식을 해체시켜 '선험적 의식'(transcendental consciousness)의 다양한 종합의 형태로 구성하였으며, 피히테는 '주어진 것'을 자아의 자발적인 행위로 환원시키려고 노력하였다. 헤겔은 현실의 동적 구조를 처음 발견하지도 않았으며 철학적 범주들을 이러한 과정에 최초로 적용시킨 사람도 아니다. 그가 발견했고 사용했던 것은 이러한 동적 구조의 명확한 형식이며, 그의 논리학이 갖는 새로움과 그 궁극적 의의는 이러한 사실에 기인한다. 그가 완성한 철학적 방법은 현실의 실제적인 과정을 반영하고 그것을 적절한 형태로 해석하려는 것이었다.

『논리학』과 함께 우리는 헤겔의 철학적 노력의 최후 단계에 도달한다. 그 이후로 그의 체계의 기본구조 및 그 기초개념은 더 이상 변화하지 않는다. 따라서 『논리학』의 「서문」 및 「서론」에서 그가 설명하고 있는 순서를 따라서 그 기본구조와 기초개념을 간단하게 살펴두는 게 좋을 것 같다.

헤겔 그 자신은 그의 논리학을 무엇보다도 비판적 도구로서 소개하고 있다는 사실에는 지금까지 충분한 주의가 기울여지지 않고 있었다. 그것은 무엇보다도 '인식의 소재는 사유와는 동떨어진, 그 자체 완결된 세계의 형태로서 존재한다'고 보는 견해, 즉 '그것은 그 자체로 완성된 완전한 어떤 것, 그것의 실재성에 관한 한 전적으로 사유가 없어도 존재할 수 있는 어떤 것으로 존재한다'고 보는 견해에 대해 비판적이다.2) 헤겔의 초기 저작들은 사유를 현실로부터 분리시키는 전통적인 사고방식에 대한 그의 공격이 인식론적 비판 그 이상을 포함하고 있다는 사실을 이미 보여주었다. 그는 그러한 이원론은 있는 그대로의 세계에 순응하는 것과 같고 또 기존의 사회질서를 진리와 조화를 이루게 한다는 사유의 숭고한 과제를 폐기하는 것과 같다고 생각했다. 사유와 존재의 분리는 사유가 상식의 맹공격 앞에 무릎을 꿇었다는 것을 의미한다.

그런데 만약 진리가 획득되어야만 한다면, 상식의 영향이 일소되어지지 않으면 안 되며 또한 그와 더불어 잘못된 현실을 고정화하고 영속화시키는 상식의 철학적 범주인 전통 논리학의 제범주도 반드시 일소되지 않으면 안 된다. 그리고 상식의 세력을 타파하는 일도 변증법적 논리학이 해야 할 일이다. 헤겔은 거듭 되풀이하여 변증법은 '부정적인' 성격을 가지고 있다고 말한다. 부정성은 '변증법적 이성의 특성이며',3) '이성의 참된 개념에로의' 첫걸음은 '부정적인 발걸음'이다.4) 그리고 부정성은 '진실로 변증법적인 과정을 구

2. *Ibid.*, vol. I, p.54.
3. *Ibid.*, p.36.
4. *Ibid.*, p.56.

성하는 것이다.'[5] 이러한 모든 용법에 있어서 '부정성'은 두 가지 의미를 가지고 있다. 첫째 그것은 상식의 고정되고 정적인 제범주의 부정을 의미한다. 그리고 둘째는 이러한 제범주들에 의해서 표현되는 세계의 부정적인, 따라서 참되지 않은 성격을 가리킨다. 우리가 이미 보았던 것처럼, 부정성은 현실의 과정 그 자체에서 나타나며 따라서 존재하는 그 어떤 것도 주어진 형태로서는 참이 아니다. 모든 개개의 사물은 그 가능성을 반드시 실현하기 위해서는 그 전과는 다른 새로운 상황을 전개하지 않으면 안 된다.

따라서 사물의 실존은 근본적으로 부정적이다. 즉 모든 것은 그의 진리로부터 떨어져 있고 또한 진리를 결여하고 있으며, 그들의 내적 제가능성에 의해 인도되는 그들의 현실적인 운동은 이러한 진리에로 나아가는 과정인 것이다. 그러나 이러한 진보의 과정은 직접적이지도 직선적이지도 않다. 모든 사물이 포함하고 있는 부정이 바로 그 존재 자체를 규정한다. 사물의 실재를 구성하는 실질적인 것은 그 사물이 아닌 것, 그것이 그 반대물로서 배제하고 반발하는 것으로 이루어져 있다. "**학적인 전진을 확보하기 위해 필요한** 유일한 것은…… 부정이란 부정인 동시에 긍정이기도 하다는 논리학상의 명제, 혹은 자기모순적인 것은 무(nullity)에로, 추상적인 무(abstract Nothing)에로 해소되는 게 아니라, 본질적으로 그의 **특수한** 내용의 부정에 귀착하는 데 지나지 않는다는 논리학상의 명제를 인식하는 것이다……."[6]

모순, 또는 우리가 지금 논하고 있는 모순의 구체적인 형태인 대

---

5. *Ibid.*, p.66.
6. *Ibid.*, pp.64~5.

립은 사물의 현실적인 동일성을 대체하는 게 아니며, 사물은 그의 여러 가능성이 전개되는 과정의 형태로 그러한 자기 동일성을 산출해 낸다. 전통적인 논리학은 동일률에 의해서 그 논리를 전개해 가는데, 이 동일률은 소위 모순율을 포함하고 있다. A는 그것이 비(非)A에 대립하는 한에서만 A이다. 또는 A의 동일성은 모순으로부터 나오며 모순을 포함하고 있다. A는 외적인 비(非)A와 모순되는 게 아니라 A의 동일성 그 자체에 속하는 비(非)A와 모순관계에 있다. 즉 바꿔 말하면, A는 자기 모순적이다.

그 자체의 본성에 속하는 부정성으로 인해 개개의 사물은 그것의 대립물과 연결되어 있다. 사물이 참다운 자기로서 존재하기 위해서는 그것은 현재 그것이 아닌 것으로 되지 않으면 안 된다. 따라서 모든 것은 그 자체와 모순된다고 말하는 것은 그것의 본질은 그것의 주어진 실존상태와 모순된다고 말하는 것과 같다. 사물의 고유한 본성, 즉 그것의 본질은 그 사물로 하여금 현재 그 자신이 처해 있는 존재상황을 '뛰어넘어' 또 다른 것에로 이행하도록 한다. 그리고 그뿐만 아니라, 그것은 그 자신의 특수성의 한계마저도 뛰어넘어 스스로 다른 사물들과의 보편적인 관계를 맺는다. 예를 들면, 인간은 결과적으로 그의 고립된 특수성을 부정하는 그러한 관계 속에서만, 즉 한 집단 또는 사회계급(그 사회계급의 제도, 조직, 가치가 바로 그 자신의 개별성을 규정한다.)의 구성원으로서만 그 자신의 고유한 동일성을 발견할 수 있다. 개별적인 것의 진리는 그의 특수성을 초월하여 서로 갈등하는 관계들의 총체를 발견하는데, 거기에서 그의 개별성은 그 스스로를 실현한다. 이리하여 우리는 다시 한 번 현실의 참된 형식인 보편자에로 인도된다.

보편적인 것의 논리적 형식은 개념이다. 헤겔은 사물의 진리와 본질은 사물의 개념 안에 살고 있다고 말한다. 이 명제는 철학 그 자체만큼이나 오래되었으며 심지어는 일상적인 언어에까지 침투해 있다. 우리들은 사물에 대한 우리의 관념 속에서 그것의 진리를 인식하고 파악한다고 말한다. 개념이란 그것들의 본질을 표현하는 표상이며 그것들의 다양한 현상적 존재들과 구별된다. 헤겔은 이와 같은 견해의 결론을 이렇게 이끌어 낸다. "우리들이 사물에 대해서 이야기하려 할 때, 우리는 그 사물의 본성 또는 본질을 그것의 개념이라고 부른다. 그러나 그와 동시에, 우리는 개념은 '사유에 있어서만 존재한다'는 것을 주장한다.[7] 왜냐하면 존재하는 모든 것은 특수자임에 반하여 개념은 보편적이라고 주장되기 때문이다. 따라서 개념은 '단지' 하나의 개념일 뿐이며 그것의 진리는 단지 사유에 지나지 않는다.

그러나 헤겔은 이러한 견해에 반대하여 보편적인 것은 존재할 뿐 아니라, 그것은 특수한 것보다도 훨씬 더 현실적임을 보여 준다. 인간 또는 동물과 같은 보편적인 실재가 존재하며 이러한 보편적인 것은 사실상 모든 개별적인 인간 또는 동물의 존재를 표상하고 있다. "모든 개별적인 인간은 비록 그 각각은 무한히 특유하다 하더라도 오직 그가 인간이라는 종(種)에 속하기 때문에만 또한 그럴 수 있다."[8] 개별적인 인간 및 개별적인 동물의 생물학적 · 심리학적 과정은 엄격한 의미에서 그 자신의 과정이 아니라 그것이 속한 유(類) 또는 종의 과정이다. 헤겔이 모든 개별적인 인간은 무엇

7. *Ibid.*, p.44.
8. *Ibid.*, p.45.

보다도 먼저 인간이다라고 말했을 때, 그가 의미했던 것은 개인의 최고의 가능성과 그의 참된 존재는 바로 그가 인간이라는 데서 발견된다는 것이었다. 따라서 모든 특수한 개인 또는 집단의 행동, 가치, 목적은 인간이 존재할 수 있고 또한 존재해야 하는 바에 따라 평가되어져야 한다.

이와 같은 견해의 구체적인 중요성은 보편자의 실재를 부정하고 스스로 보편자로서 기능한다고 자처하는 어떤 특수한 집단의 이익에 개인을 복종시키기에 유리한 근대 권위주의적 이데올로기와 대조해 보면 분명해질 것이다. 만약 개인이 단지 개인에 지나지 않는다면, 우리는 그의 삶을 지배하는 맹목적인 물질적, 사회적인 힘들에 대하여 저항할 수도, 보다 높은 보다 합리적인 사회질서에 호소할 수도 없을 것이다. 만약 그가 특정한 계급, 종족, 또는 민족의 한 구성원에 지나지 않는다면, 그의 주장은 그가 속한 특수한 집단을 뛰어넘을 수 없으며 그는 단지 그 집단의 기준을 그대로 받아들여야만 할 것이다. 그러나 헤겔에 따르면, 그 어떠한 특수성도 개인에 대해서 합법성을 주장할 수 없다. 보편적인 것만이 그러한 궁극의 권리를 보유하고 있을 뿐이다.

보편적인 것의 내용은 개념 속에 보존되어 있다. 만약 보편자가 바로 추상이 아니라 실재라면, 개념은 이러한 실재를 나타낸다. 따라서 또한 개념의 형성은 사유의 임의적인 행위가 아니라 바로 현실의 운동을 그대로 따라가는 어떤 것이다. 그리고 보편자가 형성되어 가는 과정은 결국 역사적 과정이며 보편자는 역사적인 요소이다. 우리는 헤겔의 『역사철학』에서 동양적 세계로부터 근대 세계에로의 역사적 발전과정은 인간이 스스로를 역사적 과정의 실제적인 주체로 만들어 가는 과정으로서 이해됨을 보게 될 것이다. 인간의 가능성을 구속하는 모든 역사적 존재형식이 부정을 통하여 인간은 마침내 스스로 자유에의 자기의식을 얻게 된다. 인간의 변증법적 개념은 이러한 실질적인 과정을 포착하여 포함하고 있다. 따라서 이러한 개념은 전통적인 동일률에 따라 인간의 본질을 정의한다고 주장하는 하나의 명제, 또는 일련의 명제로써는 나타낼 수가 없다. 정의는 인류의 실제적인 발전과정을 반영하고 있는 여러 명제의 전 체계를 요구한다. 체계를 구성하는 각각의 부분에서마다 인간의 본질은 각각 다르고 심지어는 서로 모순되는 형태로도 나타날 것이다. 진리는 이것들 중의 하나가 아니라 전체, 즉 인간의 구체적인 발전과정이다.

우리는 지금까지 변증법의 부정적 측면에 대해서 개괄적으로 살펴보았다. 그것의 긍정적인 면은 그것이 특수자의 부정을 통하여 보편자를 형성한다는 것, 바꿔 말하면 변증법이 개념을 구성한다는 데 있다. 사물의 개념은 "사물에 내재해 있는 보편적인 것"이다.[9] 그것이 내재해 있다고 말하는 이유는 보편자는 사물의 고유한 제 가능성을 포함하고 있으며 또한 이를 유지하기 때문이다. 변증법적 사유가 "적극적인 것은 그것이 특수자를 개념적으로 파악하게 되는 보편자의 원천이기 때문이다"[10] 그러므로 상식의 세계의 안정성을 해제하고 파괴하는 과정은 '본질적으로 구체적인 보편자'를 형성하게 된다. 그리고 여기에서 구체적이라 함은 그것이 특수자의 외부에 존재하는 것이 아니라 특수자 속에서만 그리고 특수자를

9. *Ibid.*, p.45.
10. *Ibid.*, p.36.

통해서만, 아니 특수자의 총체 속에서만 스스로를 실현하기 때문이다.

우리는 인간을 예로 들어 보편자의 변증법적 형성을 살펴보았다. 그러나 헤겔은 객관적·주관적인 세계의 모든 실재에 대해서 똑같은 과정을 논증하고 있다. 『논리학』은 이러한 실재들이 가지고 있는 일반적인 존재론적 구조를 다루는 것이지 그것들의 개별적이고 구체적인 실존을 다루는 게 아니다. 그렇게 때문에 『논리학』에서 변증법적 과정은 가장 일반적이고 추상적인 형식을 띤다. 우리는 이에 대해서 이미 「예나 시대의 논리학」에서 논의한 바 있다.[11) 사유의 전개과정은 존재의 객관적인 구조를 파악하려는 시도와 함께 시작된다. 분석을 해나가는 과정에서 이러한 구조는 다양한 독립적인 '어떤 것들', 즉 질과 양으로 분해된다. 그리고 분석을 더 진행시키면 사유는 이러한 것들이 모순의 창조적인 힘에 의해 지배되는 절대적 대립관계의 총체로 이루어져 있다는 것을 발견한다. 그리고 이러한 제관계가 존재의 본질로서 나타난다. 따라서 본질은 존재의 안정되고 제한된 형식을 모두 부정하는, 그리고 또한 마찬가지로 이러한 형식들을 표현하는 전통적인 논리학의 제개념을 부정하는 과정으로서 등장한다. 헤겔이 이러한 본질을 전개하기 위해 사용한 범주들은 존재의 현실적인 구조를 대립물의 통일로서, 즉 실재는 '주체'의 견지에서 해석되어야 한다는 것을 요구하는 대립물의 통일로서 파악한다. 이리하여 객관성의 논리는 현실의 참된 개념인 주체성의 논리로 전환된다.

설명하는 가운데 등장하는 개념이란 말은 다음과 같은 여러 가

11. 이 책의 pp.81 ff를 보라.

지 의미를 가지고 있다.

1. 개념은 사물의 '본질'이며 '본성'이다. 즉 '사유에 의해서 사물 속에서 그리고 사물에 대하여 인식된 것'이며 '사물에 있어 진실로 참인 것'이다.[12] 이는 수많은 사물에 대응하여 그것을 표시하는 수많은 개념이 있다는 것을 의미한다.

2. 개념은 존재의 합리적 구조, 로고스로서의 세계, 즉 이성을 의미한다. 이런 의미에서 개념은 '하나이고 본질적인 토대'이며, 『논리학』의 현실적 내용이다.[13]

3. 존재의 참된 형식으로서의 개념은 "자유롭고 독립적이며 자기 규정적인 주체적인 것, 아니 오히려 주체 그 자체"이다.[14] 헤겔이 "주체의 성격은 개념을 위해서 특별히 간수해 두지 않으면 안 된다"[15]고 말했을 때 의미했던 바로 그 의미에서의 개념이다.

『논리학』은 그 유명한 존재와 무의 상호작용으로 시작한다. 『정신현상학』과는 달리 『논리학』은 상식의 제자료가 아니라, 『현상학』이 마지막에 얻게 되는 개념과 똑같은 철학적 개념으로 시작한다. 사실의 배후에 있는 진리를 탐구하면서 사유는 방향 정립을 위한 확고한 토대, 즉 사물들의 무한한 유동과 다양성 가운데에서 보편적이고 필연적인 법칙을 탐구한다. 그러한 보편자는, 만약 그것이 정말로 그 다음에 계속되는 모든 제 규정의 출발점이자 토대라면, 그 자체는 반드시 규정적이어서는 안 된다. 왜냐하면 만약 그렇지 않으면, 그것은 시초도 출발점도 아니기 때문이다. 만약 그것

12. *Ibid.*, p.55.
13. *Ibid.*, p.48.
14. *Ibid.*, p.75.
15. *Ibid.*, p.72.

이 출발점이어야 한다면, 그것이 규정적이어서는 안 되는 이유는 모든 규정적인 것은 그것을 규정하는 어떤 것에 의존하기 마련이고 따라서 그것에 앞서는 것이 아니기 때문이다. 헤겔이 가리키는 최초의 무 규정적인 보편자는 존재이다. 그것은 모든 사물에 공통된 것이며(왜냐하면 모든 사물은 존재이기 때문에), 따라서 세상에서 가장 보편적인 실재이다. 그것은 그 어떠한 규정성도 갖지 않은 순수존재이며 또한 무이다.

따라서 『논리학』은 모든 서양철학이 그러했던 것처럼 존재의 개념과 더불어 시작한다. '존재란 무엇인가?'라는 물음은 모든 사물을 존재케 하고 그것들을 현재의 그것으로 존재케 하는 것을 탐구하는 것이다. 존재의 개념은 규정된 존재(어떤 것 ; 존재자 ; Seiendes)와 아무런 규정도 갖지 않은 존재 그 자체(존재 ; Sein)의 구분을 전제하고 있다.[16] 일상적 언어는 존재와 규정된 존재를 판단의 형식으로 구분한다. 우리들은 '장미는 식물이다'(a rose is a plant), '그는 질투심이 많다'(he is jealous), '이 판단(判斷)은 참이다'(a judgement is true), '신이 있다'(God is)라고 말한다. 계사(繫辭), '이다'(is)는 존재를 표시하는데, 이 존재는 규정된 존재와는 완전히 다른 것이다. '이다'는 일정한 명제의 주어가 될 수 있는 어떤 실제적인 사물을 가리키는 게 아니다. 왜냐하면 존재를 이러이러한 것으로 규정하려고 할 때, 우리는 지금 정의하려고 하는 '이다'와 같은 '이다'를 사용해야만 하는데, 이는 명백히 불가능한 일이기 때문이다. 우리는 존재를 어떤 것으로 정의할 수 없다. 왜냐하면 존재는 모든 사물의 술어이기 때문이다. 말을 바꾸면 모든 것은 존재

16. 이 책의 p.55를 보라.

한다(is). 그러나 존재는 어떤 것이 아니다(is not). 그리고 어떤 것이 아닌 것은 무(無)이다. 따라서 존재는 '순수 무 규정성이며 공허한 것'이다. 즉 그것은 아무것도 아니며 따라서 무(無)이다.[17)]

존재를 파악하려고 시도하는 가운데 우리들은 무(無)와 마주친다. 헤겔은 이러한 사실을 현실의 부정적 성격을 논증하기 위한 수단으로 사용한다. 존재의 개념에 대한 앞의 분석에서 존재는 무로 전화하는 것이 아니라 그 둘은 동일한 것으로서 나타났다. 그렇기 때문에 모든 규정적인 존재는 무와 동시에 존재를 포함하고 있다고 말하는 것은 참이다. 헤겔에 따르면, 그 자신 안에 존재와 무를 동시에 가지고 있지 않는 것은 세상에 하나도 없다. 모든 것은 그 존재의 모든 각각의 계기마다 아직 존재하지 않는 것이 존재하게 되고 현재 존재하는 것은 존재하지 않게 되는 한에서만 존재한다. 즉 사물은 그것이 생성, 소멸하는 한에서만 존재하며 또는 되어감(Werden)으로서 인식되어야 한다.[18)] 따라서 존재와 무의 공존성은 모든 존재자의 구조 안에 분명히 존재하며 모든 논리적 제범주 안에 보유되어 있지 않으면 안 된다. 즉 '최초의 진리로서 파악된 존재와 무의 통일은 곧 그것에서 비롯되는 모든 것의 토대이며 기초이다. 따라서 생성(Werden) 그 자체를 제외한 그밖에 모든 논리적 규정들…… 그리고 요컨대 모든 철학적 개념들은 이러한 통일을 보여 주는 실례가 되고 있는 것이다.'

만약 그렇다면 논리학은 철학에 있어 전례 없는 과제를 갖게 되는 셈이다. 즉 그것은 이제 더 이상 올바른 사유를 위한 법칙 및

17. *Ibid., Science of Logic,* vol. I, p.94.
18. *Ibid.,* p.118.

형식의 근거가 아니다. 실제로 그것은 전통적인 논리학의 제규칙, 형식 및 모든 범주들을 잘못된 것으로 간주하는데, 왜냐하면 그것들은 현실의 부정적인 그리고 모순적인 성격을 무시하기 때문이다. 헤겔의 논리학에서는 전통적인 제 범주의 내용이 완전히 역전된다. 더 나아가 전통적인 범주들은 일상적인 사유(일반적인 과학적 사유도 포함하여)와 일상적 행위의 진리형태이기 때문에, 헤겔의 논리학은 결과적으로 잘못된 사유와 행동의 제법칙 및 형식을 제시해 주는 셈이다.—여기에서 그것이 오류로 간주되는 까닭은 그것이 상식의 입장에서 비롯되는 것이기 때문이다. 변증법적 범주들은 존재와 무의 동일성으로부터 시작하여 참된 현실로서의 개념으로 끝남으로써 뒤죽박죽으로 혼란된 상태로서의 세계를 구축한다.

헤겔은 이러한 세계의 부조리하고 역설적인 성격을 강하게 드러내는데, 그러나 변증법적 과정을 끝까지 따라가는 사람은 이러한 역설이 사실은 은폐된 진리의 저장소이고 부조리는 오히려 상식의 정당한 측면이 지니고 있는 성질이며, 따라서 이러한 상식은 불순물을 제거하면 곧 잠재적인 진리를 포함하고 있는 것으로 드러난다는 사실을 발견하게 될 것이다. 왜냐하면 변증법은 세계에 주어져 있는 그리고 세계를 조직하고 있는 제형식은 그것의 참된 내용과 모순되어 있을지도 모른다는, 즉 인간 및 사물에 내재해 있는 여러 가능성은 이 기존의 형식을 해체할 것을 요구할지도 모른다는 위험한 암시가 상식 안에 잠재적으로 포함되어 있다는 것을 보여 주기 때문이다. 형식 논리학은 세계—형식을 있는 그대로 받아들이며 그것에 이론적인 방향정립을 위한 일반적인 제 법칙들을 제공해 준다. 그러나 변증법적 논리학은 주어진 것을 신성화하는 어떠한 주장도 거부하고, 그것의 체계 아래서 살아가는 사람들의 자기만족을 분쇄한다. 그것은 '외적인 존재'는 내용의 진리의 유일한 규준이 아니며,[19] 모든 존재의 형식은 보다 높은 심판 앞에서 그 내용이 타당한 것인가 아닌가를 입증하지 않으면 안 된다고 주장한다.

헤겔은 존재의 부정성이 그밖에 모든 것의 '토대이며 기초'라고 말한다. 하나의 논리적 범주로부터 또 다른 범주에로의 진보는 그 존재의 부정적인 상황을 극복하고 그것의 참된 형식과 내용을 얻게 되는 새로운 존재양식에로 이행하려는 존재의 모든 양태 안에 내재해 있는 경향에 의해 촉발된다. 우리들은 이미 헤겔의 『논리학』에서 제범주의 운동은 존재의 운동의 반영에 지나지 않는다는 것을 지적한 바 있다. 더구나 하나의 범주가 다른 것에로 '이행한다'고 말하는 것은 옳지 않다. 변증법적 분석은 오히려 하나의 범주를 또 다른 범주**로서** 드러내며 따라서 뒤의 범주는 앞의 범주의 전개된—즉 그 안에 내재해 있는 모순에 의해서 전개된 내용을 나타내는 것이다.

이러한 과정에 관계하는 최초의 범주는 질(quality)이다. 우리는 앞에서 세계 속에 있는 모든 존재는 규정적이며 논리학의 최초의 과제는 이러한 규정을 탐색하는 것임을 보았다. 어떤 것이 기타 다른 것과 질적으로 구별될 때, 그것은 규정적이다라고 말한다. "바로 이 질에 의해서 어떤 것은 다른 것과 대립하게 된다. 그것은 변화하는 것이고 유한한 것이며, 다른 것에 대해서 뿐만 아니라 그

19. *Ibid.*, p.124.

자신에 대해서도 부정적인 것으로서 규정된다."[20] 모든 질적인 규정은 그 자체 하나의 한계이며 따라서 부정이다. 헤겔은 이러한 오래된 철학적 명제를 현실에 대한 그 자신의 부정적인 견해와 결부시킴으로써 그것에 새로운 내용을 부여한다.[21] 사물은 일정한 성질을 가지고서 존재한다. 이는 곧 그것은 다른 여러 성질을 배제하고 그것이 가지고 있는 성질에 의해서 한정되어 있다는 것을 의미한다. 더 나아가 모든 질은 다른 여러 성질과의 관계 속에서만 그 자체로서 존재하며 이러한 관계는 그 질의 성격(性格) 그 자체를 결정한다. 따라서 한 사물이 가지고 있는 질적인 규정은 그 사물을 다른 사물들의 총체로 해소시키는 제관계로 환원되며, 따라서 그것은 '타자'의 차원으로 존재하게 된다. 예를 들면 여기 이 방안에 있는 책상은, 만일 그것이 가진 질적인 측면에서 분석한다면 그것은 책상이 아니다. 일정한 색깔, 재료, 크기, 도구 등등이다. 그것은 질의 측면에서 말한다면, 대자적 존재(für-sich-sein)가 아니라 대타적 존재(Anderssein, Sein-für-Anderss)이다. 이러한 타자에 대립하는 것으로서, 사물이 그 자체로서 존재하는 것(책상이라는 존재 그것), 혹은 헤겔이 말하는 즉자적 존재(Ansichsein)가 있다. 이것들은 두 개의 개념적 요소로서, 헤겔은 이것으로 모든 존재를 구성한다. 그리고 헤겔에 있어서 이 두 개의 요소는 서로 떨어질 수 없는 것이라는 점에 주의해야 한다. 그 자체로서의 사물이란 다른 사물과의 관계에 의해서만 바로 그것으로서 존재한다. 즉 바꾸어 말하면, 그것이 맺은 다른 사물과의 관계가 바로 그 사물의 존재 그

20. *Ibid.*, p.121.
21. 이 책의 p.143을 보라.

자체를 규정한다. 현상의 배후에 있는 물자체라는 전통적인 관념, 내적 세계와 분리되어 있는 외적 세계, 현실에서 항상 멀리 떨어져 있는 본질은 이러한 견해에 의해서 부조리한 것이 되며 이제 철학은 구체적인 현실과 명확하게 결합되어 있는 것으로서 나타난다.

그럼 질에 대한 분석에로 다시 되돌아가 보자. 규정된 존재란 끊임없이 변화하는 질 그 이상을 의미한다. 어떤 것은 이러한 끊임없는 변화를 통해서 그 스스로를 유지하며 그것은 다른 것에로 이행할 뿐만 아니라 대자적 존재로, 즉 그것들에 대립하여 존재한다. 이러한 규정된 존재는 한 과정의 산물로서만 존재하며 그것은 이러한 과정을 통해서 그 자신의 고유한 존재와 타자를 통합한다. 헤겔은 그것의 현존재는 '부정의 부정'을 통해서 생성된다고 말한다.[22] 첫 번째 부정은 그것이 변화해 가는 타자이며 두 번째 부정은 이러한 타자의 자기 자신에로의 통합이다.

이러한 과정은 사물은 그들의 운동을 지배할 수 있는 어떤 힘을 가지고 있다는 것을, 그것들은 스스로 자신의 실존적 상황을 '매개' 할 수 있는 일정한 자기관계로 존재한다는 것을 전제로 한다.[23] 헤겔은 덧붙여 이 매개라는 개념은 '극히 중요하다'고 말하고 있다. 왜냐하면 이 매개만이 실체, 엔텔레키(Entelechy), 형상 등과 같은 낡은 형이상학적 추상을 극복할 수 있으며, 객관적 세계를 주체의 발전과정으로 인식함으로써 구체적 현실에 대한 철학적 해석을 가능하게 하는 길을 마련할 수 있기 때문이다.

헤겔은 사물에는 자기 자신에 대한 영원한 관계가 있다고 말한

22. *Science of Logic,* vol. I, p.128.
23. *Ibid.*, p.127~8.

다. 어떤 것은 대타적 존재로부터 그 자체에로 복귀하는 한에서만 그 자체로서 존재한다.24) 따라서 그것은 '내적으로 반성된' 존재이다. 그러나 내적 반성은 주체에 속한 특성이며, 이런 의미에서 객관적인 '어떤 것'은 이미 '주체의 출발점'이다.25) 비록 그 출발점에 지나지 않지만, 왜냐하면 어떤 것이 스스로를 유지해 가게 되는 그 과정이란 맹목적이고 자유롭지 못하며 그 사물은 그의 존재를 형성하는 힘들을 조종할 수 없기 때문이다. 따라서 '어떤 것'은 발전과정의 낮은 단계에 지나지 않으며 그것은 자유롭고 의식적인 주체에서 그 절정에 달한다. "어떤 것은 스스로를 대자적 존재 등등으로 규정하여 마침내 개념에 이르러서야 비로소 그것은 주체의 구체적인 내포성(intensity)을 얻게 된다."26)

헤겔은 계속해서 사물의 규정적인 상태의 토대가 되는 사물의 그 자체와의 통일은 실제로는 부정적인 것이라는 것을 지적한다. 왜냐하면 그것은 '부정의 부정'을 통해서 결과된 것이기 때문이다. 객관적인 사물은 규정되어 있다. 즉 그것은 다양한 자연적인 힘들의 활동을 겪음으로써 새로운 존재양식에로 이행하며 따라서 그것이 가진 '부정적 통일'은 의식적이고 능동적인 통일이 아니라 기계적인 통일이다. 현실적인 힘의 결여로 인해 사물은 단지 '존재라는 단순한 통일에로 전락해 버리며'27) 그 통일은 그 스스로가 결정한 자기 자신 과정의 결과가 아니다. 사물은 끊임없이 다른 사물 및 상태에로 이행하여 가지만, 그것은 변화에 종속될 뿐 변화의 주체

24. *Ibid.*, p.132.
25. *Ibid.*, p.128.
26. *Ibid.*
27. *Ibid.*, p.128.

는 아니다.

다음에 이어지는 장은 사물의 통일이 발전해 나가는 방법에 대해서 개괄하고 있다. 이 부분은 이해하기가 상당히 어려운데, 왜냐하면 헤겔은 주체의 삶 속에서만 그 타당성을 발견할 수 있는 범주들을 객관적 세계에 적용하고 있기 때문이다. 규정, 매개, 자기관계, 당위 등과 같은 개념은 주체적인 존재의 범주들을 예상하게 된다. 그럼에도 불구하고 헤겔은 그것들을 객관적 사물의 세계를 특징짓는 것으로 사용하여 제사물의 존재를 주체의 존재에 입각하여 분석하고 있다. 이리하여 객관적 현실은 주체가 그 안에서 스스로를 실현해 나가야 하는 터전으로서 해석되어지게 된다.

부정성은 사물의 통일안에 존재하는 대타적 존재와 대자적 존재 사이의 구별로서 나타난다. '즉자적으로' 존재하는 사물은 그것이 실제로 존재하는 상태와는 다르다. 사물의 실제적인 상태는 그 자신의 고유한 본성에 대립하며 그의 실현을 방해한다. 헤겔은 이러한 대립을 현재 그 사물의 '고유한 본성'을 의미하고 있는 규정(Bestimmung)과 사물의 실제적인 상태 또는 상황을 가리키는 성질(Beschaffenheit)사이의 대립으로서 표시한다. 사물의 규정은 그에 내재하는 제가능성을 "아직 사물 그 자체에 통합되지 않은 외적인 제 상황에 대립하는 것으로서" 포함하고 있다.[28)]

예를 들면 우리가 인간의 규정에 대해서 그 규정은 이성이다라고 말할 때, 우리는 그 안에 현재 인간이 살고 있는 외적인 제상황은 인간 본래의 존재방식과 일치하지 않는다는 것, 즉 인간의 실존상태는 합리적이 아니며 따라서 그것을 합리적으로 만드는 것이

28. *Ibid.*, p.136.

인간의 과제라는 의미를 포함하고 있다. 그 과제가 성공적으로 완료될 때까지는 인간은 대자적 존재라기보다는 오히려 대타적 존재로서 실존한다. 그의 성질은 그의 규정과 모순된다. 이러한 모순이 존재함으로 해서 인간은 반항적이 되며 따라서 인간은 그의 주어진 외적 상태를 극복하기 위하여 투쟁한다. 따라서 모순은 인간으로 하여금 아직 존재하지 않는 것을 실현하도록 만드는 '당위'(Sollen)의 힘을 가지고 있다.

이미 앞에서 말했듯이, 이제는 객관적 세계도 역시 이와 똑같은 과정에 관계하는 것으로 취급된다. 사물의 한 성질로부터 다른 성질에로의 이행, 그리고 심지어는 그것의 다른 사물에로의 이행은 그 사물 자신의 여러 가능성에 의해서 촉발된 것으로서 이해되어야 한다. 그의 변형은 처음에 나타났던 것처럼 '그의 대타적 존재에 따라서'가 아니라 그 자신의 고유한 자아에 따라서 일어난다.[29] 변화의 과정 안에서 모든 외적인 상황은 사물의 고유한 존재로 받아들여지고 그것의 타자는 '그 사물 안에 그 자신의 계기로서 정립된다'.[30] 부정의 개념도 역시 헤겔의 서술에 있어 이 점에서 수정을 받게 된다. 우리는 앞에서 사물의 상이한 각각의 상태는 그것의 참된 존재의 각각의 '부정'으로서 해석된다는 것을 살펴보았었다. 그러나 이제는 사물은 그 자신의 다른 사물과의 관계를 통해서 스스로를 규정하는 일종의 주체로서 이해되기 때문에 그의 실존하는 질 또는 성질은 그 사물의 여러 가능성이 돌파하지 않으면 안 되는 계약 또는 한계(Grenzen)가 된다. 실존의 과정은 바로 성질과

---

29. *Ibid.*, p.137.
30. *Ibid.*, p.138.

가능성 사이의 모순과정이며 따라서 실존한다는 것과 제한되어 있다는 것은 동일한 것이다. "어떤 것은 오직 그의 한계를 통해서만 비로소 규정적 존재가 되며"31) '한계는 그것에 제한하는 것의 원리(자기내적 규정성—역주)이다'.

헤겔은 이와 같은 새로운 해석의 결과를 다음과 같이 말함으로써 요약한다. "온갖 사물의 현존재는 그 자신의 한계 속에 있는 불안정한 어떤 것이며, 어떤 것으로 하여금 그 자신을 뛰어넘게 하는 모순은 그 한계 속에 내재해 있다."32) 우리는 이와 더불어 헤겔의 유한성의 개념에 도달하게 된다. 존재는 끊임없는 생성이다. 현존재의 모든 각각의 상태는 지양되어져야 한다. 즉 그것은 부정적인 것이며 자신의 내적인 여러 가능성에 의해 스스로를 폐기하고 다른 상태에로 옮아가지 않을 수 없으며, 거기에서 그것은 또 다시 스스로를 부정적인 것으로서, 한계로서 나타내게 된다.

우리가 사물에 대해서 그것이 유한적이라고 말한다면 이것은 사물이 다만 규정성만을 지니는 것이 아니라(왜냐하면 만약 그럴 경우에는 질도 규정이나 혹은 실재성으로 간주될 수도 있을 것이므로) 오히려 이보다도 존재가 아닌 차라리 제한으로서의 비존재가 그의 본성을 이룬다는 것을 의미한다.

그런데 바로 이 규정적, 한정적인 것은 오직 당위 속에서만(nur im Sollen) 유한적일 수가 있으니, 이것은 즉 규정적인 것은 바로 자기 자신 다름 아닌 자기의 부정으로 삼고 이를 초탈해 나가려는 당위 속에서만 유한적일 수 있다는 것을 의미한다. 유한한 사물은 존재하는데 이

31. *Ibid.*, p.140.
32. *Ibid.*, p.140~41.

존재의 진리는 그 유한한 사물의 종국(種麴)이라는 것이다.

유한자는 단지 변화할 뿐만 아니고…… 그것은 소멸한다. 더구나 그 소멸은 사물이 소멸하지 않고 존재하는 수도 있을 수 있다고 하는 것과 같은, 단지 우연적인 것이 아닌 것이다. 오히려 유한자가 소멸의 맹아를 그 자신의 자기내존재(Insichsein)로서 포함하고 있다고 하는 것이 유한자의 존재 그 자체인 것이다. 따라서 그 탄생의 때가 그 죽음의 때인 것이다.[33]

위 문장은 마르크스가 후에 서양사상을 혁명화시켰던 결정적인 구절의 첫머리를 이루는 말이다. 헤겔의 유한성의 개념은 심지어는 18세기 사상의 세속적인 제형식에 강력하게 작용을 가하고 있었던 종교적, 신학적 영향으로부터 현실에 대한 철학적 접근을 해방했다. 그 당시에 일반적으로 유포되어 있던 현실에 대한 관념론적 해석은 세계는 그것이 창조되었기 때문에 유한한 세계이고 그것의 부정성은 그것이 죄가 많기 때문이라는 견해를 주장하고 있었다. 따라서 '부정적인 것'에 대한 이러한 해석에 대항하는 투쟁은 무엇보다도 종교와 교회에 대한 투쟁이었다. 헤겔의 부정성이란 관념은 도덕적인 것도 종교적인 것도 아닌 순수하게 철학적인 것이었으며, 그것을 표현한 유한성이란 개념은 헤겔에 이르러 비판적인 그리고 거의 유물론적인 원리가 되었다. 그는 세계가 유한한 것은 그것이 신에 의해 창조되었기 때문이 아니라, 유한성은 그것에 내재해 있는 고유한 성질이기 때문이라고 말했다. 따라서 유한성은 세계에 대한 중상이 아니며, 세계의 진리를 어떤 숭고한 피안의 세계에로

33. *Ibid.*, p.142.

이행할 것을 요구하지 않는다. 사물은 그것이 존재하는 한 필연적으로 유한하며 그들의 유한성은 그것의 진리의 영역이다. 사물은 소멸하지 않고서는 그들의 온갖 가능성을 전개할 수 없다.

마르크스는 후에 하나의 사회체제는 소멸하여 또 다른 사회조직의 형태로 이행하지 않는 한, 그것의 생산력을 자유롭게 해방시킬 수 없다는 철학적 법칙을 세웠다. 헤겔은 이러한 역사적 법칙이 모든 존재에 작용하고 있다고 보았다. "모든 사물이 도달할 수 있는 최고의 성숙 단계는 그것이 소멸하기 시작하는 단계이다."[34] 그것은 헤겔이 유한성의 개념으로부터 무한성의 개념에로 이행했을 때, 그는 그 이전의 분석의 결과를 무효화시킬지도 모르는 무한성에 대해서 언급할 수 없었다는, 즉 그는 무한성을 유한성과는 별개의, 또는 유한성을 넘어서 존재하는 것으로 의미할 수 없었다는 계속되는 논의로부터도 아주 분명해진다. 즉 무한성의 개념은 오히려 유한성에 대한 좀 더 엄밀한 해석으로부터 결과하는 것이어야 한다.

사실상 우리는 객관적 사물에 대한 분석은 이미 우리를 유한성으로부터 무한성에로 이끌고 갔었다라는 사실을 발견하게 된다. 왜냐하면 유한한 사물은 소멸하고 또한 소멸함으로써 또 다른 유한한 사물이 되고, 이러한 것이 똑같이 반복되는 과정은 그 자체 이미 무한한(ad infinitum) 과정이며, 그것은 그 진행과정을 중단시킬 수 없다는 식의 표면적인 의미에 그치는 것이 아니다. 유한한 사물이 '소멸하여' 또 다른 사물에로 '이행하는' 것이, 즉 소멸이 그의 참된 온갖 가능성을 완전히 실현하는 길인 한, 그것은 그 스스로를 변화시키는 것이다. 따라서 사물의 끊임없는 소멸은 그 사물의 유

34. *Ibid.*, vol. II, p.246.

한성에 대한 똑같은 끊임없는 부정이다. 이것이 무한성이다.

유한한 것은 소멸하는 가운데, 자신의 자아를 부정하는 가운데 그 즉자적 존재(Ansichsein)에 도달하게 되며 또한 그럼으로써 그 자신의 고유한 자아를 획득하는 것이다. ……이리하여 그것은 그 자신을 뛰어넘어 또 다시 자기 자신을 발견하게 된다. 이러한 자기동일성, 또는 부정의 부정은 긍정적인 존재이고 유한한 것의 타자이며…… 무한한 것이다.[35]

따라서 무한한 것은 바로 참된 의미로 파악된 유한한 것의 내적 동태(動態)이다. 그것은 다름 아닌 유한성이란 그 자신을 '넘어서는 것으로서만 존재한다'는 사실을 가리킨다.[36]

그의 설명에 대한 주석(註釋)에서 헤겔은 유한성의 개념이 관념론의 기본원리를 낳는다는 것을 보여 준다. 사물의 존재가 그 사물의 실존상태에서가 아니라 오히려 그것의 변화에 있는 것이라면 그것이 가지고 있는 여러 다양한 상태는 그것의 형식과 내용이 무엇이든 간에 이러한 포괄적인 과정의 한 계기에 지나지 않으며 이러한 과정의 총체 안에서만 존재한다. 따라서 그것들은 '관념적인' 성격을 지니고 있으며 그것에 대한 철학적 해석은 관념론이어야 한다.[37] "유한한 것은 관념적인 성격을 갖는다는 명제는 관념론을 구성한다. 철학에 있어서 관념론이란 유한자는 참된 존재를 갖지

35. *Ibid.*, vol. I, p.149.
36. *Ibid.*, p.159.
37. 헤겔은 '관념적'이란 말을 원래 역사적인 의미에서 사용하였다. 현존재는 그것이 자기 자신 의해서가 아니라 타자를 통해서 존재할 경우 '관념적인 성격을 갖는다.'

않는다는 인식 이외에 아무런 것도 아니다. 본질적으로 모든 철학은 관념론이며 또는 적어도 그것의 원리로서 관념론을 갖는다…….”[38] 왜냐하면 철학은 사물의 주어진 상태에 대해서 의문을 제기하고 그러한 상태는 궁극적인 진리 그 자체를 갖고 있지 않다는 인식으로부터 출발하기 때문이다. ‘유한한 것은 참된 존재를 갖지 않는다’라는 말은 참된 존재는 이 세계를 넘어선 피안에 혹은 인간의 가장 내적인 영혼 안에서 찾아져야 한다는 의미가 아니다. 헤겔은 그와 같은 현실로부터의 도피를 ‘악한 관념론’이라 하여 거부한다. 헤겔의 관념론적 명제가 강조하고 있는 것은 일반적으로 널리 유포되고 있는 사상의 제형태는 그것이 바로 사물의 주어진 형태에 머물러 있기 때문에, 진리에 도달하기까지 다른 형태에로 끊임없이 변화하지 않으면 안 된다는 것이다. 헤겔은 이러한 본질적으로 비판적인 태도를 그의 당위의 개념으로 구체화시킨다. ‘당위’는 도덕이나 종교의 영역이 아니라 구체적인 실천의 영역이다. 이성과 법칙은 바로 이 세상에서 실현되어야 할 뿐 아니라 반드시 실현되지 않으면 안 된다. “실제로 이성과 법칙은 단순히 당위로서 존재해야만 하는 그런 비참한 상태에 있지도 않으며…… 또한 당위는 그 자체 영원한 것도 아니고 [또 그것과 같은] 유한성은 절대적이지도 않다.”[39] 유한성의 부정은 동시에 무한한 피안의 세계의 부정이다. 즉 그것은 ‘당위’는 바로 이 세상에서 성취되어야 한다는 요구를 포함하고 있다.

이에 따라 헤겔은 그의 유한성의 개념과 유한성에 대한 신학적

38. *Ibid.*, p.168.
39. *Ibid.*, p.149.

관념을 대비시킨다. 유한한 세계 이외에는, 또한 그것을 넘어서는 어떠한 현실도 존재하지 않는다. 유한한 사물이 그것의 참된 존재를 발견하려고 할 경우, 그것은 반드시 그의 유한한 실존을 통해서 그리고 그것을 통해서만 참된 존재를 발견해야 한다. 따라서 헤겔은 그의 유한성의 개념을 '그 자체 부정적인 저 피안의 세계의 부정'이라고까지 부르고 있다. 그의 무한자는 유한자의 '타자'에 지나지 않으며 따라서 유한자에 의존하는 것이다. 즉 그것은 그 자체 유한한 무한자이다. 유한한 것과 무한한 것이라는 두 개의 세계가 있는 게 아니라 오직 하나의 세계가 있을 뿐이며, 이 세계에서 유한한 사물은 소멸을 통하여 그 자기규정을 획득한다. 그들 사물의 무한성은 이 세계 안에 있는 것이지 어딘가 다른 곳에 있는 게 아니다.

'무한한' 변화의 과정으로서 파악되는 유한자는 즉 대자적 존재(Fürsichsein)의 과정이다. 우리들은 어떤 사물이 그의 모든 외적 상황(조건)을 받아들여 그것을 그의 고유한 존재와 통합시킬 수 있을 때 그것은 대자적으로 존재한다고 말한다. 만약 '그것이 그 사물의 한계와 타자를 부정하고 그 자신에로 무한히 복귀하는 그러한 방식으로 그 한계와 타자를 뛰어넘는' 경우 그것은 대자적으로 존재한다.[40] 대자적 존재란 상태가 아니라 과정이다. 왜냐하면 모든 외적인 상황은 끊임없이 자기실현의 단계에로 전환되지 않으면 안 되며, 또한 새로이 발생한 각각의 새로운 외적 상황은 이러한 과정을 겪지 않으면 안 되기 때문이다. 헤겔의 말에 의하면 자기의식은 '유한성이 존재한다는 것을 보여 주는 가장 비근한 예'이다.

40. *Science of Logic*, vol. I, p.192.

그러나 다른 한편 '자연적인 사물은 결코 자유로운 대자적 존재를 획득할 수 없으며' 그것은 항상 대타적 존재로 머물러 있다.[41]

이와 같은 대상의 존재양식과 의식적 존재의 존재양식 사이의 본질적인 차이는 결과적으로 '유한'이라는 말을 대자적으로 존재하지 않으며 따라서 그 자신의 자유롭고 의식적인 행위를 통하여 자신의 제가능성을 실현할 힘을 가지고 있지 않는 사물에 대해서만 한정되어 사용하도록 한다. 따라서 그것들은 자유와 자기의식을 결여함으로 해서 그것이 가진 다양한 제 성질은 그것에 '무관한' 채 존재하며[42] 그들의 통일이란 질적인 통일이라기보다는 오히려 양적인 통일에 지나지 않는다.[43]

우리들은 양(量)의 범주에 대한 논의를 생략하고 직접 『대논리학』 제1권을 마무리하는 존재로부터 본질로의 이행으로 넘어가기로 하자. 양에 대한 분석은 양은 사물의 본성에 대해서 외적인 것이 아니라 그 자체 하나의 질, 말하자면 질량(Maβ)이라는 것을 밝히고 있다. 양의 질적 성격은 양은 질로 전화한다는 헤겔의 유명한 법칙으로 표현되어 있다. 사물은 질적인 변화를 조금도 일으키지 않고서도 양적인 변화를 할 수 있으며, 따라서 그런 경우 일정한 방향에로의 양의 증감(增減)이 있을 뿐 그 본성 또는 속성은 하나이며 동일하다. 모든 사물은 '이러한 변화에 대하여 무관한 채 존재할 수 있는 어떤 여지를 가지고 있다…….[44] 그러나 약간의 양

41. *Encyclopoedia of the Philosophical Sciences,* § 96, Addition (*The Logic of Hegel,* trans. W. Wallace, Oxford 1892, p.179). 『소논리학』 전원배 역. 95절, p.224.
42. *Science of Logic,* vol. I, p.192.
43. *Ibid.,* p.199.
44. *Ibid.,* p.387. 임석진 역. p.385.

적인 변화로도 사물의 본성이 변화하게 되는 일정한 점에 도달하게 된다. 이를 표시해 주는 유명한 예를 몇 가지 들어 보자. 낱알의 무더기는 한 알 한 알씩 집어내어 제거해 나가면 드디어 그것은 이미 무더기이기를 그치게 되며, 물의 경우 그것은 점점 그 온도를 내려 일정한 점에 도달하면 얼음으로 변한다. 또한 한 민족의 경우 그것은 점점 팽창해 가다가 드디어는 갑자기 파멸하고 붕괴해 버린다. 그러나 이러한 예들이 헤겔의 말의 의미를 포괄적으로 다 제시해 준다고는 할 수 없을 것이다. 이와 더불어 우리는 또한 그가 '생성 · 소멸'의 과정은 점진적인(allmählich) 과정이라는 통상적인 견해에 대한 반박을 겨냥하고 있으며, 즉 그는 '자연은 비약하지 않는다'(*natura non facit saltam*)라는 견해에 대한 반박을 표명하려 했다는 것을 반드시 이해해야 한다.[45]

주어진 존재의 형태는 소멸하지 않고서는 그 내용을 전개할 수 없다. 새로운 것은 단순한 수정이나 개정이 아니라 낡은 것에 대한 실제적인 부정이지 않으면 안 된다. 분명히 진리는 성숙할 대로 성숙해서 하늘로부터 툭 떨어지는 것이 아니라, 새로운 것은 낡은 것 속에 어떠한 형태로든 내재해 있었음이 틀림없다. 그러나 그것은 단지 가능성으로서만 거기에 있었을 뿐이며 그것의 구체적인 실현은 현상태의 존재형식에 의해서 배제되어 있었던 것이다. 현상태의 존재양식은 철저하게 분쇄되어야 한다. '존재의 변화'는 '그 점진성을 타파하고 이전의 현존재와는 질적으로 상이한 다른 것으로 되는 과정'이다.[46] 세상에는 평탄한 진보란 없다. 즉 모든 새로운 상

---

45. *Ibid.*
46. *Ibid.*, p.389. 임석진 역, p.385.

황의 출현은 그 안에 비약을 포함하고 있으며, 새로운 것의 탄생은 곧 낡은 것의 죽음이다.

『대논리학』은 '존재란 무엇인가?'라는 질문으로 시작한다. 그것은 우리들로 하여금 참으로 현실적인 것을 파악할 수 있게 하는 범주에의 탐구를 제기한다. 분석이 진행됨에 따라서 존재의 안정성은 해체되어 생성의 과정으로 변하고 사물의 영속적인 통일은 '부정적인 통일'임이 드러난다. 그리고 이러한 부정적인 통일은 양적 혹은 질적인 측면으로부터 인식되는 게 아니라 오히려 모든 질적, 양적인 제규정의 부정을 포함하는 것이다. 왜냐하면 모든 규정적인 속성은 사물이 '대자적으로' 존재하는 바와 모순되는 것으로 나타나기 때문이다. 대자적' 존재의 영구적인 통일은 그것이 어떤 것이건 간에 세상 어디에나 존재하는 질적 또는 양적인 실재가 아니라, 오히려 이러한 제규정의 부정임을 우리는 알게 된다. 따라서 그것의 본질적인 성격은 부정이며, 그것은 '모든 실존하는 규정성의 부정에 의해서' 그렇게 존재하는 것이기 때문에 헤겔은 그것을 '보편적 모순'이라고 부른다.[47] 그것은 '절대적 부정' 또는 '부정적 전체'이다.[48] 그리고 이러한 통일은 사물이 모든 단순한 외적 성질 및 타자를 부정하고 그것을 동적인 자아에 관계지우는 과정에 의해서 그럴 수 있는 것이다. 사물은 오직 그것이 자신의 모든 제규정을 정립하고(gesetzt) 그것들을 자기실현의 계기로서 삼아 모든 변화하는 상황 속에서도 항상 '자기 자신으로 복귀할' 때만 대자적으로 존재한다.[49] 헤겔은 이러한 부정적 통일 및 자기실현의 과정

47. *Ibid.*, p.394.
48. *Ibid.*, p.403.
49. *Ibid.*, p.404.

을 사물의 본질이라 부른다.

따라서 이제 '존재란 무엇인가'라는 질문에 대한 대답은 '존재의 진리는 본질이다.'라는 말로 표현된다.[50] 그리고 본질이 무엇인가를 알기 위해서 우리는 단지 앞의 분석의 결과들을 수집하기만 하면 된다.

1. 본질은 "규정적인 존재를 갖지 않는다."[51] 이념 혹은 실체의 영역에 대한 모든 전통적인 제안들은 반드시 기각되어야 한다. 본질은 세계 안에 있는 어떤 것도, 또는 세계를 초월하여 존재하는 그 어떤 것도 아닌 모든 존재의 부정이다.

2. 이러한 모든 존재의 부정은 무(無)가 아니라 모든 규정적인 상태를 초월한 '존재의 무한한 운동'이다.

3. 운동은 우연한 그리고 외적인 과정이 아니라 주체가 그의 모든 제규정을 그 자신의 자기실현의 계기로서 정립하게 하는 제관계의 힘에 의해서 통합된 과정이다.

4. 그와 같은 힘은 일정한 즉자적 존재, 즉 바꿔 말하면 규정된 상태를 인식하고 그것에 반성을 가할 수 있는 능력을 전제로 하고 있다. 본질의 과정은 곧 반성의 과정이다.

5. 본질은 스스로가 주체임을 드러내게 되는데, 이 주체는 그 과정의 밖에 존재하는 것도 또는 그것의 불변적인 기체(基體)도 아닌 바로 그 과정 자체이며 그것의 모든 성격은 동적이다. 그리고 그것의 통일은 본질론에서 반성의 운동으로서 기술되는 운동의 전체이다.

---

50. *Ibid.*, vol. II, p.16 II.
51. *Ibid.*, p.17.

헤겔에 있어서 반성은 모든 본질의 성격과 마찬가지로 객관적인 운동임과 동시에 주관적인 운동을 가리키고 있다는 것은 주지해야 할 아주 중요한 것이다. 반성은 사유의 과정일 뿐 아니라 존재 그 자체의 과정이기도 하다.[52] 따라서 존재로부터 본질로의 이행은 철학적 인식이 진행하여 가는 과정일 뿐만 아니라 현실 그 자체의 과정이기도 하다. 존재 '자신의 본성'은 '존재로 하여금 스스로를 내화(內化)하도록 하며' 따라서 '그 자체 속으로 들어간' 존재는 '본질이 된다'. 이것이 의미하는 바는 객관적인 존재는 그것이 참된 형태로 파악되기 위해서는 반드시 주체적 존재로서 이해되어야 하며 또한 실제로도 주체적 존재라는 것이다. 주체는 이제 존재의 실재로서 나타나며 또는 존재는 많든 적든 의식적인 주체의 실존에 속하게 된다. 그리고 이 의식적인 주체는 자신을 규정하는 제상태에 직면하여 이를 개념적으로 파악할 수 있으며 따라서 이들에 반성을 가하여 자기 자신을 형성할 수 있는 능력을 가지고 있다. 본질의 범주는 존재의 전영역을 포괄하며 그것은 이제 참된, 그리고 개념적으로 파악된 형태로 스스로를 현현하게 된다. 그리고 존재론의 범주에서는, 규정된 존재는 현존재로서 파악되었으나 그 이후에는 현실성으로서 나타나며, '어떤 것'은 사물로서 파악되었으나 다음에는 실체 등등으로 나타나게 된다.

반성이란 현존재가 스스로를 주체의 통일로서 구성해나가는 과정이다. 그것은 어떤 것의 수동적이고 가변적인 통일과 대조되는 본질적인 통일을 가지며, 그것은 규정되는 존재가 아니라 규정하는 존재이다. 여기에서 모든 규정은, '본질 그 자체에 의해서 정립되

52. *Ibid.*, vol. II, p.16.

며' 그것을 규정하는 힘에 의해 지배된다.

헤겔이 본질의 과정으로 귀속시켰던 것과 반성의 제규정이라는 제목 하에 논했던 것을 살펴보면, 우리들은 여기에서 전통적인 사유의 궁극의 법칙들, 즉 동일률, 배중률 및 모순을 발견한다. 또 다른 제목 아래 충족이유율이 덧붙여진다. 이러한 제법칙의 본래적인 의미 및 그 현실적인 객관적 내용의 발견은 헤겔의 논리학에 의해서 이루어졌다. 형식논리학은 그것들의 의미에 접근할 수조차 없다. 즉 사유의 주제를 그것의 형식으로부터 분리시킴으로써 진리를 존재하게 하는 근거 자체를 제거해 버리게 된다.

사유는 그것이 사물의 구체적인 운동에 순응하여 그것의 갖가지 변화를 정확하게 따르는 한에 있어서만 참이다. 사유는 객관적 과정으로부터 분리되어 겉보기만의 정확성과 확실성을 위하여 수학적 엄밀성을 모방하려고 하자마자 곧 참되지 않은 것이 된다. 『대논리학』 안에서 변증법적 논리를 수학적 방법으로부터 해방시키는 기본개념들을 제공해 주는 것은 본질론 이었다. 헤겔은 본질론으로 들어가기 전에 그의 양에 대한 논의에서 수학적 방법에 대하여 철학적 비판을 가하고 있다. 양은 단지 존재의 완전히 외적인 특성에 지나지 않으며 사물의 현실적 내용이 상실되는 영역에 지나지 않는다. 양을 가지고서 조작하는 수학적 제학문은 측정 가능하고 셀 수 있으며 무차별적인 수와 기호에 의해 표현되는, 내용 없는 형식을 가지고서 조작한다. 그러나 현실의 과정은 그러한 식으로 다루어져서는 안 된다. 그것은 모든 형식화나 고정화를 거부한다. 왜냐하면 그것은 바로 모든 고정된 형식에 대한 부정이기 때문이다. 이러한 과정 안에서 나타나는 사실과 제관계는 발전의 각각의 단계마다 그들의 본성을 변화시킨다. "자유, 법, 도덕 내지 신(神)과 같은 제대상은 계량(計量)할 수도 없고 계산할 수도 없으며 따라서 수학적 공식으로 표시할 수 없다.

그렇기 때문에 사실상 우리의 인식작용은 이러한 제대상을 인식하기가 곤란하다. 그래서 우리는 이러한 제 대상에 관해서는 정밀과학을 단념하고 대체로 막연한 표상으로 만족할 수밖에 없었다. [그 반면에 지금까지 여러 대상의 상세한 내용과 특수성은 사람마다 제멋대로 생각하여 왔다.] 이러한 처지에서 실천 상 얼마나 유해(有害)한 결론이 나올 것인가는 자명한 사실이다……."[53] 단지 철학뿐만이 아니라 다른 모든 참다운 연구영역도 그러한 내용의 인식을 목표하고 있기 때문에, 학문을 수학으로 환원한다는 것은 궁극적으로 진리의 폐기를 의미하는 것이다.

철학적 학문의 방법이나 내용과 관련 있는 어떤 것을 규정하기 위해서 수학적인 제범주를 사용할 경우, 주로 다음과 같은 점에 있어서 그것은 앞뒤가 바뀐 방식이라는 점이 증명된다. 즉 수학적 공식이 사상이나 개념적 구별을 의미하는 경우 그것의 의미는 먼저 철학에 의해서 제시되고 규정되고 또한 정당화되지 않으면 안 된다. 철학에 속하는 구체적인 제학문에 있어서 철학은 수학으로부터가 아니라 논리학으로부터 논리적 제요소를 끌어내지 않으면 안 된다. 철학을 위한 논리를 얻기 위해서 다른 제 학문에 있어서 논리가 취하고 있는 제형태를 빌려 쓰려고 하는 것은 철학적인 무능력을 은폐하는 일종의 궁여지책에 지나지

53. *Encyclopoedia of the Philosophical Science*, § 99, Addition (*The Logic of Hegel*, trans, W. Wallace, p.187). 『소논리학』 전원배 역 98절, p.231.

않으며 더구나 그들 형태의 대부분은 논리적인 것의 희미한 예감에 지나지 않고, 또한 어떤 것은 그 위축된 자태에 지나지 않는 것이다. 단지 이처럼 빌려온 제형식을 사용한다는 것은 여하튼 외적인 표면적인 방식이다. 그것들의 가치나 의미에 대한 인식이 그것들의 사용에 선행해야 할 것이다. 그러나 그와 같은 인식은 오직 개념고찰에서 생기는 것이며 수학이 그것들에 주고 있는 권위에서 생기는 것은 아니다.[54)]

본질론은 '관찰 가능한 사실'의 숭배로부터 그리고 이러한 숭배를 강요하는 과학적 상식으로부터 인식을 해방시키고자 시도한다. 수학적 형식주의는 사실에 대한 어떠한 비판적인 이해나 사용도 파기하고 거부한다. 헤겔은 수학적 논리와 사실에 대한 무차별적인 순종 사이에 내적인 연관성이 있음을 간파하였으며, 이런 정도까지 그는 백년 이상에 걸친 실증주의의 발전을 예견하고 있었다. 인식의 참된 영역은 있는 그대로의 사물에 대한 주어진 사실이 아니라, 그 주어진 형식을 뛰어넘기 위한 전제로서의 그것들에 대한 비판적인 평가이다. 인식이 가상(假象)을 다루는 것은 그것을 뛰어넘기 위해서이다. 모든 것은 본질을 가지고 있다. 즉 사물은 실제로는 직접적으로 드러나 있는 그대로의 것이 아니다. 따라서 어떤 것은 단지 하나의 질로부터 다른 질에로 이행한다거나 단지 질적인 것으로부터 양적인 것으로 또는 그 반대로 전화하는 데 그치는 게 아니며 사물 안에는 변치 않고 남아 있는 것이 있다. 그리고 바로 이것이 본질이다."[55)] 현상과 본질은 일치하지 않는다는 것을 인식

54. *Science of Logic, op.cit.*, vol. I, p.231.
55. *Encyclopoedia of the Philosophical Science*, § 112, Addition (*The Logic of Hegel,* trans, W. Wallace, p.208). 『소논리학』 전원배 역 110절,

하는 것이 진리의 출발점이다. 변증법적 사유의 특징은 본질적인 것을 실재의 현상적인 과정과 구별하고 이들의 관계를 파악할 수 있는 능력이다. 헤겔이 완성한 모순의 법칙은 변증법의 가장 근본적인 법칙이다. 이에 대해서 잠깐 살펴보기로 하자.

본질은 존재의 통일, 변화를 통한 자기동일성을 가리킨다. 그러면 이러한 동일 또는 동일성이란 대체 무엇인가? 그것은 영원하고 고정된 기체(基體)가 아니라 하나의 과정이며, 그 안에서 모든 것은 그 자신의 내재적인 모순과 싸워 자기 자신 그 성과로서 전개해 나간다. 이러한 식으로 파악되는 경우 동일성은 그 안에 그것의 대립물과 구별을 그리고 자기 분화와 그것에 계속되는 통일을 포함하고 있다. 모든 현존재는 스스로를 부정의 상태로 빠뜨려 이러한 부정을 부정함으로써만 바로 그것이 된다. 그것은 다양한 상태 및 다른 것과의 제관계에로 분화하는데, 이러한 상태 및 제관계는 본래는 그것에는 무관한 것이었지만 그 본질의 작용 밑에 놓일 경우에는 그 자신의 고유한 자아의 일부분이 된다. 따라서 동일성은 '부정적인 총체성'과 같은 것이며 이것이 현실의 구조이자 곧 "본질과 같은 것이다."[56]

이와 같이 생각하면 본질은 현실의 실제적인 과정을 그려내고 있는 셈이다. "존재하는 모든 것을 고찰하는 데 있어서 그 자체로서 드러난 사실이란 오직 모든 것은 자기 동등성 속에서도 어느덧 자기 자신의 부등(不等)한 모순된 상태를 빚는가 하면 또한 이러한 상이성 및 모순을 간직한 상태에서 어느덧 그것은 자기와의 동일

---

p.251.

56. Science of Logic, vol. II, p.38.

자가 되어 있음으로서 결국 만물은 그 자체로 볼 때 이렇듯 하나의 규정으로부터 또 다른 규정으로 이행하는 운동을 뜻한다. 그뿐만 아니라 또한 나타나는 것은 그 어떤 규정이건 간에 모두 다름 아닌 자기 자신 반대물이라는 데로부터 발단된다고 하는 사실이다."[57]

헤겔의 입장은 전통적인 사유법칙 및 그것으로부터 유래하는 전통적인 종류의 사유를 완전히 역전시키는 것이다. 우리는 사물의 이러한 동일성을 불변의 기체와 그 속성을 그것의 대립자 또는 모순되는 것과 분리시키는 명제로는 표현할 수 없다. 헤겔에 있어서 차이와 대립은 사물의 본질적인 동일성에 속하는 것이며 이러한 동일성을 파악하기 위해서, 사유는 사물이 그 자신의 대립자로 되고 따라서 이 대립자를 부정하여 그 자신의 존재로 통합하는 과정을 재구성해야만 한다.

헤겔은 이러한 생각의 중요성을 되풀이하여 강조하고 있다. 모든 사물은 그것에 고유하게 내재해 있는 부정성으로 인해 자기모순적이되고 자기 자신에 대립하게 된다. 그리고 그들의 존재는 "이 모순을 자체 내에 부둥켜안은 상태에서 끝까지 이를 견디어 낼 수 있는 힘"에 있다.[58] 모든 사물은 그 자체 모순적이다—이 명제는 전통적인 동일률 및 모순율과는 너무나도 날카로운 대비를 이루고 있지만 헤겔에 있어서는 '사물의 진리와 본질'을 표현한다.[59] '모순은 모든 운동 및 활력의 근원이며' 모든 현실은 자기 모순적이다. 특히 운동은 그것이 외적인 운동이든 자기운동이든 곧 '현존재

57. *Ibid.*, II.
58. *Ibid.*, vol. II, p.68.
59. *Ibid.*, p.66.

속에서 작용하는' 모순 자체이다.60)

헤겔의 반성의 제규정에 대한 분석은 변증법적 사고가 그것을 사용하는 관념론적 철학의 구조 자체를 분쇄시킬 수 있다는 것을 보여 주는 부분이다. 지금까지 우리들은 변증법이 현실은 본질적으로 모순적이며 '부정적 총체'이다라는 결론을 낳기까지의 과정을 주목해 왔다. 헤겔의 변증법을 통찰하게 되면, 이제 변증법은 모든 존재는 자기 자신의 대립물로 전화하고 그 대립을 통해 활동함으로써 그 존재의 동일성을 산출해 내는 과정을 밟아간다고 주장하는 하나의 보편적인 존재론적 법칙으로서 나타나게 된다. 그러나 이 법칙을 좀 더 면밀히 연구해 보면, 그것은 근본적으로 비판적인 동기를 부여하는 역사적 의미가 있음이 드러난다. 만약 사물의 본질이 그러한 과정의 결과라면 그 본질 자체는 구체적인 발전의 산물, 즉 '생성된 것'(ein Gewordenes)이다.61) 그리고 이러한 역사적 해석은 결과적으로 관념론의 근저를 동요시키는 것이다.

근대사회의 고도로 발달된 적대관계가 철학으로 하여금 모순이야말로 '모든 활동과 자기운동의 명확한 기반'이라고 주장하도록 했다고 말해도 결코 무리는 아닐 것이다. 이와 같은 해석은 헤겔의 초기체계에서의 결정적인 사회관계에 대한 취급방법을 통해서도 충분히 확증된다(예를 들면, 노동과정에 대한 분석, 개별 이익과 보편 이익 간의 충돌, 그리고 국가와 사회 간의 긴장 등에 대한 서술). 거기에서 사회적 현실의 모순적 성격에 대한 통찰은 전반적인 변증법 이론의 완성에 선행한다.

60. *Ibid.*, p.67.
61. *Ibid.*, p.62.

그러나 어쨌든 반성의 제규정을 역사적 현실에 적용하게 되면 우리는 필연적으로 사적 유물론이 발전시켰던 비판적 이론에 접근하게 된다. 도대체 동일과 모순의 통일은 사회적 형식과 힘이라는 견지에서는 무엇을 의미하겠는가? 존재론적으로는 그것은 부정성의 상태는 사물의 참된 본질의 왜곡이 아니라 그것이 바로 본질이라는 것을 의미한다. 사회 · 역사적으로는 그것은 일반적으로 위기나 붕괴는 우연적인 일이나 외적인 사회적 혼란이 아니라 사물의 본질 그 자체를 현현시키는 것이며 따라서 현존하는 사회체제의 본질을 이해할 수 있는 토대를 제공해 준다는 것을 의미한다. 더 나아가 그것은 인간 및 사물의 내적인 제가능성은 그것들을 처음에 끌어낸 사회질서의 붕괴를 통하지 않고서는 사회 안에 전개될 수 없다는 것을 말한다. 헤겔은 어떤 것이 그 대립물로 전화했을 때, 그것이 그 자신과 모순될 때, 그것은 그의 본질을 나타낸다고 말한다. 마르크스가 말했듯이 정의와 평등에 대한 현행의 이념과 실천이 불의와 불평등을 낳을 때, 평등한 쌍방 간의 자유로운 교환이 한 편에는 착취를 그리고 다른 한 편에는 부의 축적을 산출할 때 그러한 모순 역시 현재의 사회관계의 본질을 구성한다. 모순은 진보의 실제적인 추동력이다.

그리하여 본질론은 사유의 일반법칙을 파괴—진리를 위한 파괴의 법칙으로서 확립한다. 그와 동시에 사유는 현존의 사회형태를 그것의 참된 내용이라는 이름으로 부인하는 법정(法廷)의 자리에 앉게 된다. 본질, 즉 '존재의 진리'는 사유에 의하여 유지되며 또한 반대로 사유에 의해서 부정된다.

그러나 헤겔에 따르면 모순은 끝이 아니다. 모순이 자리하는 곳인 본질은 반드시 소멸하지 않으면 안 되고 "모순은 반드시 해소되어야 한다."[62] 그리고 본질이 존재의 근거가 되는 한 모순은 해결된다. 본질은 사물의 근거가 됨으로써 실존의 단계로 이행한다. 사물의 근거는 헤겔에 있어서는 실존의 구체적인 상황 및 상태 안에 구체화된 그 본질의 총체에 다름 아니다. 따라서 본질은 존재론적임과 동시에 역사적이다. 사물의 본질적인 모든 가능성은 그들의 실존을 확립하는 그러한 포괄적인 과정 속에서 스스로를 실현한다. 사물의 온갖 가능성이 현실적인 상황 속에서 그리고 그것을 통하여 충분히 성숙되었을 때 본질은 그의 실존을 '획득할'수 있다. 헤겔은 이러한 과정을 현실성에로의 이행으로서 묘사한다.

앞에서의 분석이 사물의 고유한 제가능성은 기존의 존재형태 안에서는 실현될 수 없다는 사실에 의해 전개된 반면, 현실성의 분석은 이들 제가능성이 실존으로 실현되었을 때의 실재의 형태를 밝힌다. 본질적인 제규정은 여기에서는 사물의 외부에 존재해야 하는 그러나 아직 존재하지 않는 어떤 것의 형태로 있는 게 아니라 이제는 완전히 구체화된다. 현실성이라는 개념 안에 구현된 이러한 전반적인 진전에도 불구하고 헤겔은 현실성을 가능성과 실재성 사이의 갈등에 의하여 완전히 침투된 하나의 과정으로서 서술하고 있다. 그러나 이러한 갈등은 이제는 더 이상 실존하는 힘과 아직 실존하지 않는 힘 사이의 대립이 아니라 공존하고 있는 실재성의 서로 적대적인 두 형태 사이의 대립이다.

현실성에 대한 면밀한 분석을 통하여 우리는 그것이 처음에는 우연성(Zufälligkeit)이라는 사실을 발견한다. 존재하는 것은 필연적

62. *Ibid.*, vol. II, p.60. 임석진 역. p.91.

으로 바로 그것으로 존재하는 게 아니라, 그것은 또한 다른 어떤 형태로 존재할 수도 있다. 헤겔은 여기에서 어떤 공허한 논리적 가능성에 대해서 언급하고 있는 것은 아니다. 수많은 가능한 제형태는 임의적인 것이 아니다. 주어진 것과 가능한 것 사이에는 일정한 관계가 있다. 바로 현실적인 것의 내용 그 자체로부터 비롯된 것만이 가능한 것이다. 우리들은 여기에서 앞서 실재성의 개념과 연관하여 이루어진 분석을 상기하게 된다. 실재적인 것은 스스로가 대립적인 것임을 보여 주며 그것은 존재와 당위로 분열한다. 실재적인 것은 그 직접적인 존재방식의 부정을 바로 그 본성으로서 포함하고 따라서 "가능성을…… 포함하고 있다."[64] 실재적인 것이 직접적으로 존재하는 형태는 그것이 그 내용을 전개해 나가는 과정의 한 단계에 지나지 않는다. 바꿔 말하면 주어진 실재성은 다름 아닌 가능성이기도 한 것이다.[65]

이리하여 실재성의 개념은 가능성의 개념으로 이행한다. 실재적인 것은 아직 '현실적'인 것이 아니라 처음에는 단지 현실적인 것의 가능성에 지나지 않는다. 단순한 가능성은 임의적인 사변작용에 의해서 부과된 것이 아니라 바로 실재성의 성격 그 자체에 속하는 것이다. 가능한 것과 실재적인 것 사이에는 변증법적인 관계가 있고, 이것이 작용하기 위해서는 어떤 특별한 조건을 필요로 하며, 그 조건은 사실적인 것이 아니면 안 된다. 예를 들면, 기존의 사회체제 내에 존재하는 제 관계가 정당하지 못하고 비인간적인 경우라 하더라도 다른 실현 가능한 제가능성이 그 사회체제 내에 뿌리

64. *Science of Logic*, vol. II, p.175. 임석진 역, p.279.
65. Ibid., p.177. 임석진 역. p.281.

를 내리고 있는 것으로서 나타나지 않는다면, 기존의 사회체제는 이러한 제가능성에 의해서 전복되지 않는다. 그러한 제가능성은 이를테면 상당히 풍부한 생산력, 인간의 물질적인 욕망과 욕구의 발달, 진보된 문화, 그들의 사회적·정치적 성숙 등의 형태로 거기에 현존하지 않으면 안 된다. 그러한 경우 제가능성은 실재적인 적일뿐 아니라, 그것의 직접적인 존재형태에 대립하는 사회체제의 참된 내용을 나타내고 있는 것이다. 따라서 그것들은 단순히 주어진 것을 넘어선 보다 현실적인 실재성이다. 우리는 그러한 경우에 '가능성은 실재성이다', 그리고 가능적인 것의 개념은 실재적인 것의 개념에로 복귀했다고 말할 수 있을 것이다.[66]

그렇다면 어떻게 해서 가능성은 실재성이 될 수 있을까? 가능적인 것은 그것이 실제로 존재하지 않으면 안 된다는 엄격한 의미에서 실재적이지 않으면 안 된다. 사실상 그것의 존재양식은 이미 드러나 있는 셈이다. 그것은 부정되고 변형되어야 하는 어떤 것으로서, 즉 주어진 실재성 그 자체로서 존재한다. 달리 말하면 가능적인 것은 또 다른 실재의 '조건'으로서 파악된 주어진 실재성이다.[67] 주어진 존재 양태의 총체는 다른 존재양태를 위한 조건인 한에서만 타당하다.[68] 이것이 바로 헤겔의 실재적 가능성의 개념이다. 이는 구체적인 역사적 경향이나 힘으로서 정립된 개념이며 따라서 현실로부터의 관념적인 도피로써 사용되는 것은 분명히 거부되어야 한다. '사실'(die Sache)은 '실존하기' 전에 '존재한다'[69]

66. *Ibid.*
67. *Encyclopoedia of the Philosophical Sciences*, § 146.
68. *Science of Logic*, vol. II, p.179.
69. *Ibid.*, p.105.

라는 헤겔의 유명한 명제는 이제 그 정확한 의미를 부여받을 수 있게 된다. 사실은 실존하기 전에 수없이 흩어져 있는 현존하는 여러 자료 안에 하나의 조건의 형태로서 존재한다. 실존의 상태는 또 다른 수많은 사실들을 위한 하나의 조건에 지나지 않으며 후자는 주어진 것에 내재해 있는 모든 가능성을 실현한다. 어떤 사상(事象)을 이루는 모든 조건이 완전히 갖추어졌을 경우 비로소 그 사상은 현실 속에 제 모습을 드러낸다.[70] 그리고 바로 그러한 때 또한 주어진 실재성은 또 다른 실재성에로 전환되기 위한 실재적 가능성이다. 따라서 "어떤 사상(einer Sache)의 실재적 가능성은 바로 이 사상에 관계하는 갖가지 상황이 현존하는 다양성이다."[71] 그러면 아직 실현되지 않은 사회적 체제라는 우리들의 문제로 되돌아가 보자. 그러한 새로운 체제가 가능한 것은 그것을 위한 제조건이 낡은 것 안에 현존했을 때, 즉 이전의 사회형태가 현실적으로 새로운 조직의 실현으로 향하는 내용을 가지고 있을 때이다. 낡은 형태 안에 있었던 제조건은 따라서 그 자체로서는 참된 그리고 독립적인 것으로 생각될 수는 없으며 단지 전자의 부정을 포함하는 또 다른 상태를 위한 제조건으로서 이해되어야 한다. "따라서 실재적 가능성은…… 제조건의 전체이며 그러므로 현실성은 어떤 또 다른 현실적 존재의 즉자성을 의미할 뿐이다."[72] 이리하여 실재적 가능성의 개념은 발전하여 사실 그 자체의 본성으로부터 실증주의의 입장을 비판하게 된다. 사실은 아직 사실이 아닌 것, 그리고 아직 그 자체를 실재적 가능성으로서 주어진 현실로 현현하지 못한 것

70. *Ibid.*,
71. *Ibid.*, p.179.
72. *Ibid.*, p.180.

과 관계되는 한에서만 사실이다. 또는 달리 말하면 사실은 스스로를 뛰어넘어 아직 실제로 실현되지 않은 것에로 나아가는 과정의 한 계기로서만 바로 그것, 즉 사실이다.

'스스로를 초탈하여 지양해 나아가는, 이러한 과정은 주어진 것으로서의 사실 자체 안에 내재해 있는 객관적인 경향이다. 그것은 사유 속에서의 행위가 아니라 현실에서의 행위, 즉 자기실현의 고유한 행위이다. 왜냐하면 주어진 실재성은 실재적 가능성을 그의 내용으로서 가지고 있는, 즉 '그 자신이 실재성과 가능성이라고 하는 이중의 성격'을 지닌 것이기 때문이다. 그 각각의 국면과 관계에서 뿐만 아니라 그 전체에 있어서도 실재적 가능성의 내용은 자체 내로 반성하지 않은 산만한 상태에 둘러싸여 있어, 오직 그것의 파괴만이 그 가능성을 현실성으로 전환할 수 있다. "즉 다양한 실존이야말로 그 자체에 있어서 스스로를 지양함으로써 또한 파멸되는 것이니 바로 이 점에 있어서 그것은 본질적으로 단지 가능한 것으로 그칠 수밖에 없다는 규정을 받는다."[73] 현존하는 제형태를 파괴하고 그것을 새로운 형태로 대체해 나가는 과정은 그것의 내용을 해방하고 그것이 현실적 상태를 획득할 수 있게 한다. 현실의 기존질서가 소멸하고 다른 것에로 나아가는 과정은 따라서 낡은 현실의 자기생성에 다름 아니다.[74] 즉 그것은 현실의 자기 자체로, 바꿔 말하면 그 참된 형태로의 '복귀'이다.[75]

기존 현실의 내용은 새로운 형태로의 자기전환의 맹아를 품고 있으며 그 전환은 그것이 우연적인 실재가 현실적으로 될 수 있는

73. *Ibid.*, p.180.
74. *Ibid.*, p.183.
75. *Ibid.*, p.184.

유일한 길이라는 의미에서의 '필연의 과정'이다. 현실성에 대한 변증법적인 해석은 우연성, 가능성 및 필연성 사이의 전통적인 대립을 폐기하고 그 모든 것을 하나의 포괄적인 과정의 계기로서 통합한다. 필연성은 우연적인 실재를, 즉 기존의 형태에서는 아직 실현되지 않은 가능성으로서 유지되는 것을 전제로 한다. 필연성은 우연적인 실재가 그것에 합당한 형태를 획득하게 되는 과정이다. 헤겔은 이것을 현실성의 과정이라 부른다.

실재성과 현실성의 차이를 파악하지 못하면 헤겔 철학은 그 결정적인 원리들부터가 무의미한 것이 된다. 이미 앞에서 언급한 바 있지만, 헤겔은 실재성이 합리적(또는 이성적)이라고 주장하지 않았으며, 이러한 속성을 취하고 있는 것은 실재성의 일정한 한 형태, 즉 현실성이다. 그리고 현실적인 실재성은 그 안에서는 가능적인 것과 실재적인 것 사이의 불일치가 극복되어 있는 실재성이다. 이러한 결실은 기존의 현실을 그 안에 있는 명백한 가능성에 따라 진전시키는 변화의 과정을 통하여 이루어진다. 따라서 새로운 것은 낡은 것의 해방된 진리이므로, 현실성은 낡은 것 안에서 통일되지 않은 상태로 존재하던 요소들 가운데 '유일하게 긍정적인 통일'이다. 즉 그것은 가능적인 것과 실재적인 것의 통일이며, 그것은 변화의 과정 안에서 '자기 자신에로 복귀한다.'[76] 현실적인 것의 다양한 제형태 사이의 차이는 단지 현상적인 것에 지나지 않는다. 왜냐하면 현실성은 스스로를 모든 형태로 전개시켜 나가기 때문이다. 실재성은 그것이 모든 우연성의 절대적 부정을 통하여 보존되고 영속되는 경우 달리 말하면 그것의 서로 다른 제 형태 및 단계가

76. *Ibid.*, p.184.

그 참된 내용의 명확한 현현인 경우, 현실적이다. 이러한 실재성 안에서는 우연성과 필연성 사이의 대립은 극복된다. 그 과정은 필연적이다. 왜냐하면 그것은 그 자신의 본성에 고유한 내적인 법칙에 따라 나아가며 어떠한 상황에서도 동일한 것으로 남아 있기 때문이다.[77] 동시에 이러한 필연성은 자유이다. 그 이유는 그 과정은 외부로부터, 즉 외적인 힘에 의하여 결정되는 게 아니라 엄격한 의미에서 자기발전이기 때문이다. 즉 모든 상황은 실재적인 발전 그 자체에 의해서 파악되고 정립되기 때문이다. 이렇듯 현실성은 이제 더 이상 변화에 종속되지 않는 존재의 궁극적인 통일 상태에 붙여지는 명칭이다. 왜냐하면 그것은 모든 변화를 지배하는 자율적인 힘을 행사하기 때문이다. 즉 그것은 단순한 동일성이 아니라 '자기동일성'이다.[78]

그러한 자기동일성은 자기의식과 인식을 매개로 해서만 획득 가능하다. 왜냐하면 그 자신의 가능성과 그 세계의 가능성을 인식할 수 있는 능력을 가진 존재만이 모든 기존의 상태를 자기실현을 위한 조건으로 변화시킬 수 있기 때문이다. 참된 실재성은 자유를 전제로 하고 자유는 진리에 대한 인식을 전제로 한다. 따라서 참된 실재성은 인식하는 주체의 실현으로서 이해되어져야 한다. 이리하여 실재성에 대한 헤겔의 분석은 모든 실재성 안에서 참으로 현실적인 것, 즉 주체의 이념에 도달한다.

우리는 객관적 논리학이 주관적 논리학으로 바뀌는 지점에, 또는 주관성이 객관성의 참된 형식으로 나타나는 지점에 도달했다. 우리

77. *Ibid.*, p.184.
78. *Ibid.*, p.186.

들은 헤겔의 분석을 다음과 같은 도식으로 총괄할 수 있을 것이다.

· 실재성의 참된 형태는 자유를 필요로 한다.
· 자유는 자기의식과 진리의 인식을 요구한다.
· 자기의식과 진리의 인식은 주체의 본질적인 요소들이다.
· 실재성의 참된 형태는 주체로서 파악되어야 한다.

우리들은 '주체'라는 논리적 범주가 주관성의 어떤 특수한 형태(인간과 같은)를 지칭하는 게 아니라 '정신'이라는 개념에 의하여 가장 잘 특징지어질 수 있는 전반적인 구조를 가리키고 있다는 점에 주목해야 한다. 주체는 스스로를 개별화하는 보편자를 가리키며, 만약 그 구체적인 예를 들고 싶다면 우리들은 한 역사적 시대의 정신, 즉 '시대정신'을 지적할 수 있겠다. 만약 우리가 그러한 시대를 개념적으로 파악했다면, 즉 그것의 개념을 포착했다면 우리들은 모든 기존의 제도, 사실 및 관계 속에서 개인들의 자기의식적인 행동을 통하여 전개해 나가는 보편적인 원리를 보게 될 것이다.

그러나 주체의 개념이 헤겔의 분석의 마지막 단계는 아니다. 이제 그는 계속해서 주체는 개념이다라는 명제의 논증에 착수한다. 그는 주체의 자유는 존재하는 것을 개념적으로 파악할 수 있는 그 능력에 있다는 것을 보여 준다. 달리 말하면 자유는 진리의 인식에서 그 내용을 얻는 것이다. 그러나 진리가 유지되는 형식은 개념이다. 자유는 결국 사유하는 주체 그 자체의 속성이 아니라, 이러한 주체가 파악하고 장악한 진리의 속성이다. 따라서 자유는 개념의 속성이며, 존재의 본질이 실현된 실재성의 참된 형태가 개념이다.

그러나 개념은 사유하는 주체 안에서만 '실존한다'. "개념은 본래적으로 자유로운 그러한 실존에로 나아가는 한에서만 곧 자아이며 또는 순수 자기의식이다."79)

언뜻 이상해 보이는 헤겔의 개념과 자아 또는 주체의 동일화는 그가 개념을 그것의 추상적인 논리적 형식 또는 결과(파악되어진 것;Begriff)라기보다는 오히려 파악하는 행위(파악하는 것; Begreifen)라고 생각한다는 점을 명심하면 곧 이해될 수 있을 것이다. 우리는 여기에서 사유의 가장 고차적인 개념을 인식의 과정에서 다시 새로워지는 자아의 창조적인 행위로서 파악하는 칸트의 선험적 논리학을 상기하게 된다.80) 그러나 이 점에 관한 헤겔의 상세한 설명81)을 길게 서술하는 대신 그의 개념이란 말이 가지고 있는 몇 가지 의미에 대해서 살펴보기로 하자.

헤겔에 따르면 개념은 주체의 활동이며 또한 그 자체 실재성의 참된 형태이다. 다른 한편 주체는 자유에 의해 특징지어지므로 헤겔의 개념론은 실제로는 자유의 제범주를 전개해 나간다. 사유가 '물화된' 현실의 힘으로부터 해방되어 존재의 '실체'로서 등장하게 될 때, 이러한 범주들은 세계를 나타나는 그대로의 형태로 파악한다. 그러한 해방된 사유는 마침내 논리적 형식과 그 내용의 전통적인 분리를 극복하게 된다. 헤겔의 개념이라는 이념은 사유와 현실 사이의 일반적인 관계를 역전시키고 비판적 이론으로서의 철학의 초석이 된다. 상식적인 사유에 따르면 인식은 현실로부터 추상화하면 할수록 더욱 더 비실재적이 된다. 그러나 헤겔에 있어서는 그

79. *Ibid.*, p.217.
80. 이 책의 p.97을 보라.
81. *Science of Logic*, vol. II, pp.280ff.

반대가 참이다. 개념의 형성을 위해 요구되는 현실로부터의 추상은 개념을 현실보다 더욱 더 빈곤하게 만드는 것이 아니라 훨씬 풍부하게 만든다. 왜냐하면 그것은 사실로부터 그것의 본질적인 내용에로 나아가기 때문이다. 주체가 사실 속에 살지 않고 오히려 그것에 대립적이 되는 한 진리는 그러한 사실들로부터 얻어질 수 없다. 사실들의 세계는 그 자체가 합리적인 것이 아니라 이성에로, 즉 현실이 실제로 진리와 일치하는 형태에로 고양되지 않으면 안 된다. 이것이 성취되지 않는 한, 진리는 구체적인 현실에 있는 게 아니라 추상적인 개념으로만 남아 있을 뿐이다. 추상의 일은 "[단순한 현상으로서의] 현실을 초월하여 오직 개념으로만 나타나는 본질에로 환원하는 데 있다."[82] 개념의 형성과 더불어 추상은 현실성을 저버리는 게 아니라 오히려 현실성에 이른다. 자연 및 역사가 실제로 존재하는 모습은 기존의 사실 안에서는 발견될 수 없을 것이다. 왜냐하면 세계는 그렇게 조화로운 것은 아니기 때문이다. 따라서 철학적 인식은 현실에 대립적이고 이러한 대립은 철학적 개념의 추상적인 성격으로 표현된다. "철학은 일어나는 일에 대해서 이야기하려는 게 아니라 일어나는 일 속에서 참다운 것을 인식하려고 한다. 그리고 더 나아가 그것은 이야기 속에서는 단순한 우연적인 일로서 나타나는 것을 진리의 실체로부터 파악하지 않으면 안 된다."[83]

철학적 인식은 경험 및 과학보다 우위에 있다. 그러나 이는 그 개념이 헤겔이 변증법적 개념에 대해서만 인정한 바 있는 진리에

---

82. *Ibid.*, p.222.
83. *Ibid.*, p.223.

의 관계를 포함하는 한에서만 그러하다. 단순히 현실을 넘어선다고 해서 변증법적 인식이 실증주의적 과학과 구별되는 것은 아니다. 후자 역시도 현실을 뛰어넘는다. 즉 그것도 법칙을 포착하고 예측 등등을 한다. 그러나 이러한 과정의 장치에도 불구하고 실증주의적 과학은 기존의 현실 안에 머물러 있다. 즉 그것이 예측하는 미래, 심지어는 그것이 도달하게 되는 형태의 변화마저도 결코 주어진 것으로부터 분리되는 일이란 없다. 과학적 개념의 형식과 내용은 사물의 기존 질서에 여전히 묶여 있으며, 그 개념들은 운동과 변화를 표현할 때조차도 성격상으로는 여전히 정적(政敵)이다. 또한 실증주의적 과학도 추상적인 개념을 사용한다. 그러나 그것들은 추상에 의해서 사물의 특수하고 변화하는 형태로부터 생기며 이러한 공통적이고 지속적인 성격을 고정시킨다.

변증법적 개념을 낳는 추상의 과정은 이와는 아주 다르다. 여기에서 추상은 현실의 여러 다양한 형태들과 제관계를 그것들이 구성되는 현실적인 과정에로의 환원시키는 것이다. 변화하는 것과 특수한 것이 여기에서는 공통적이고 지속적인 것만큼이나 중요하다. 변증법적 개념의 보편성은 추상적인 특성들의 고정되고 안정된 총계(總計)가 아니라 이러한 총계에 속하는 모든 사실들의 특수한 차이들을 그 자체 포함하고 있는 구체적인 전체이다. 개념은 현실을 구성하고 있는 모든 사실들뿐만 아니라 이러한 사실들이 스스로를 발전시키고 해소시켜 나가는 과정들도 포함하고 있다. 따라서 개념은 '그 구별의 원리'를 확립한다.[84] 즉 개념이 파악한 다양한 사실들은 개념 그 자신의 '내적 구별'로서 이해되어야 한다.[85]

---

84. *Ibid.*, p.244.

변증법적 방법은 하나의 포괄적인 원리(이는 주제 그 자체의 현실적인 발전의 원리이다)로부터 모든 구체적인 제규정을 도출해 낸다. 주제의 갖가지 상태, 특성들, 상황 등은 그 자신의 긍정적으로 전개된 내용으로서 나타나야 한다. 그 어느 것도 밖으로부터 첨가될 수 없다(예를 들면, 어떤 주어진 사실). 변증법적 발전은 '주관적인 사유의 외적인 활동'이 아니라 실재적인 것 그 자체의 객관적인 역사이다.[86] 헤겔은 따라서 다음과 같이 말할 수 있었다. 즉 변증법적 철학에서는 "개념을 형성하는 것은 우리가 아니며"[87] 개념의 형성은 객관적인 발전과정이며 우리는 단지 그것을 재생산하는 데 지나지 않는다. 변증법적 개념 형성의 본보기로서 마르크스의 자본주의 개념보다 더 적절한 예는 없을 것이다. 헤겔이 개념은 대립을 포함한 전체이다라는 원칙에 따라서 진리를 긍정판단, 또는 판단일반과 같은 형태로 진리를 형성한다는 것을 불가능하며 나아가 터무니없는 일이라고 주장했던 것처럼,[88] 마르크스도 역시 진리를 일군(一群)의 궁극적인 명제들로 고정시키는 어떠한 정의도 거부하였다. 자본주의의 개념은 자본주의의 발전원리 속에서 파악된 자본주의적 과정의 전체이다. 자본주의의 개념은 현실적인 생산자와 생산수단의 분리로부터 시작하여 자유노동의 확립과 잉여가치의 착취를 낳고 이는 기술의 발달과 함께 자본의 축적과 집중, 이윤율의 점진적인 저하 그리고 마침내는 자본주의 전체계의 붕괴를 가져온다. 따라서 헤겔의 '개념'의 개념이 그의 『대논리학』 전체 3권을 포괄하고 있

85. *Ibid.*, p.249.
86. *Philosophy of Right*, § 31.
87. *Encyclopoedia of the Philosophical Sciences*, § 163, Addition (*The Logic of Hegel*, trans. W. Wallace, p.293.)
88. *Science of Logic*, vol. Ⅱ, p.229.

듯이 자본주의의 개념은 『자본론』 3권 바로 그것이다.

더 나아가 개념은 오직 모순적인 힘에 의해서만 전개될 수 있는 '부정적 전체'를 구성한다. 따라서 현실의 부정적인 측면은 조화된 전체 내부의 '교란' 또는 '약점'이 아니라 현실의 구조와 경향을 노출시키는 모든 조건 바로 그것이다. 이러한 방식의 엄청난 중요함은 마르크스가 공황을 자본주의 체제의 실질적 계기로서 따라서 이러한 '부정적인' 계기를 자본주의 체제의 원리의 실현으로서 파악하는 방법을 고려해 보면 금방 분명해질 것이다. 공황은 자본주의의 '자기분화'에 있어 필연적인 단계이고 자본주의 체제는 붕괴라는 부정적인 행위를 통해서 그 참된 내용을 드러내게 된다.

개념은 모든 특수한 계기가 보편적인 것 전체를 지배하는 원리의 '자기분화'로서 나타나며 따라서 그 자체 보편적인 것으로 나타나는 객관적인 전체를 나타낸다. 즉 말하자면 모든 특수한 계기들은 바로 그 자신의 내용으로서 전체를 포함하고 있으며 따라서 전체로서 이행되어야 한다. 이것을 설명하기 위해서 변증법적 논리학이 결실을 맺게 되는 영역, 즉 사회이론에 대해서 다시 언급하기로 하자.

변증법적 논리학은 모든 특수한 내용은 전체의 운동을 규정하는 보편적인 원리에 의해서 형성된다고 주장한다. 예를 들면 아버지와 아들 사이의 관계와 같은 단일한 인간관계도 사회체제를 지배하는 근본적인 관계에 의해서 구성된다. 아버지의 권위는 아버지가 가족에게 의식주를 공급하는 사람이라는 사실에 의해 뒷받침되며 그의 사랑 속에는 경쟁사회의 이기주의적 본능이 이미 침투해 들어가 있다. 또한 성인이 된 사람에게는 자기 아버지의 상(像)이 항상 따라다녀 그로 하여금 그의 사회적 존재를 지배하는 제권력에 복종하게 한다. 이와 같이 가족관계라는 실생활은 기존의 사회적 관계를 열고 그 안으로 들어가며 이리하여 사적인 관계는 그 스스로 그 자신의 사회적 내용을 전개하게 된다. 이러한 발전과정은 '규정적인 부정'의 원리에 따라 진행된다. 즉 말하자면 가족관계는 그 본래의 내용을 파괴하는 그의 모순을 산출하면 이러한 모순은 비록 가족의 해체를 낳지만 그의 현실적인 기능을 성취한다. 특수자는 보편자이다. 따라서 특수한 내용은 그의 구체적인 실존의 전개과정을 통해서 직접 보편적인 것으로 전환된다. 여기에서 다시 변증법적 논리학은 사회적 과정이 모두 제한되고 안정된 생활영역을 경제적인 동태로 해소시키는 현실의 역사적 형태의 구조를 재현한다.

전체에 속하는 다른 모든 특수한 계기와의 내적인 관계로 인해 모든 주어진 국면의 내용과 기능은 전체의 모든 변화와 함께 변화한다. 따라서 특수한 계기들을 고립시키고 고정화한다는 것은 불가능하다. 수학과 변증법적 이론 사이에 존재한다고 주장되는 그 넘을 수 없는 한계는 바로 이 점에 있다. 이것이 바로 진리를 수학적 형태로 형성하려는 시도는 필연적으로 진리를 파괴할 수밖에 없는 이유이다. 왜냐하면 수학적 대상은 "서로에 대해서 외적인 ……특유한 구별을 가지고 있으며 고정된 규정을 가지고 있기 때문이다. 따라서 개념을 이러한 방식으로 취하여 그것을 그러한[수학적] 기호에 대응시키게 되면, 이제 개념은 개념이기를 멈추게 된다. 개념의 제규정은 수나 선과 같은 죽은 것이 아니고…… 그것들은 살아있는 운동이다. 즉 한편의 상이한 규정성은 또한 다른 편에 직접적으로 내적인 것이며 또 수나 선에 대해서는 완전히 모순적인 것이 개념의 본성에 대해서는 본질적인 것이다."[89] 개념, 즉 진리의 유일하게 적합한 형태는 "정신에 의해서만 본질적으로 파악될 수 있다. ……외적인 눈을 위해서나 개념 없는 기계적인 처리 혹은 계산을 위해서 공간적 도식이나 대수적 기호에 의해서 그것을 고정시키려는 시도는 결국 덧없는 일이 되고 만다."[90]

개념론 전체는 그것이 역사적 이론으로서 이해되고 수행될 때 완전히 '현실주의적'인 것으로 드러난다. 그러나 앞에서 잠깐 언급했다시피 헤겔은 역사적 실천의 요소를 해소시켜 그것을 사유의 독립적인 실재로 대치하려는 경향이 있다. 수많은 각종 특수한 개념들(notions)은 마침내 '개념'(the notion)으로 수렴되며 이것이 『논리학』 전체의 유일한 내용이 된다.[91] 만약 개념을 이성에 의한 세계의 궁극적인 통찰을 나타내는 것으로 생각한다면, 이러한 경향은 여전히 역사적 해석과 조화될 수 있을 것이다. 따라서 개념의 실현은 인간이 합리적인 사회조직을 가짐으로써 수행되는 자연에 대한 보편적인 정복을 의미하는 것이며, 세계는 모든 사물의 개념의 실현으로서 생각되어질 것이다. 그러한 역사적인 견해는 헤겔 철학 내에 계속 보존되어 있지만 그러나 그것은 절대적 관념론의 존재론적인 개념작용에 의해서 끊임없이 압도당한다. 결국 『대논리학』은 후자로써 그 종결을 맺는다.

우리들은 지금까지 도달했던 점 이상으로 개념론은 계속 더듬어 갈 수가 없겠다. 간단히, 따라서 불충분한 방식으로 주관적 논리학을 요약하는 것보다는 마지막 몇 절을 개괄적으로 해석하는 편을

89. *Ibid.*, p.251.
90. *Ibid.*, p.252.
91. 이 책의 p.183을 보라.

택하겠다. 그 절들은 『논리학』으로부터 『자연철학』, 『정신철학』에로의 이행을 서술한 유명한 곳이며, 이와 같이 해서 전체계의 종결이 이루어진다.

개념은 모든 존재의 일반적 형태를 가리키며 동시에 이러한 형태를 적절하게 나타내고 있는 참된 존재, 즉 자유로운 주체를 가리킨다. 주체는 다시 자기실현의 보다 낮은 양태로부터 보다 높은 양태에로의 운동으로 실존한다. 헤겔은 자기실현의 최고의 형태를 이념이란 부른다. 플라톤 이래로 이념은 현상적인 실재에 대하여 사물의 참된 가능성의 상(像)을 의미해 왔다. 그것은 원래 본질의 개념과 마찬가지로 사물이 직접적으로 나타나는 형태에 너무 쉽게 만족해 버리는 상식의 안이함을 비난하는 비판적인 개념이었다. 참된 존재는 이념이지 현실이 아니라는 명제는 따라서 의도된 역설을 포함하고 있다.

세계의 저편에 있는 진리의 영역을 인정하지 않았던 헤겔에 있어서 이념은 현실적인 것이며 인간의 과제는 그 현실성 속에서 사는 것이다. 이념은 인식과 생(生)으로서 실존한다. 헤겔의 초기 저작 이래로 생은 참된 존재의 현실적인 형태를 나타내는 말이었기 때문에[92] 이제는 이해하기가 그렇게 어렵지는 않을 것이다. 그것은 주체가 다른 모든 타자의 의식적인 부정을 통하여 그 자신의 자유스러운 산물을 만들어 나가는 존재양식을 나타낸다. 더 나아가 생은 오직 인식에 의해서만 그와 같은 자유로운 산물일 수 있다. 왜냐하면 주체는 사물의 제가능성을 자신의 뜻대로 처리할 수 있는 개념적인 사유능력을 요구하기 때문이다.

---

92. 이 책의 p.53 을 보라.

실천의 요소는 『논리학』의 마지막 장에까지 그대로 유지되고 있다. 이념의 바른 형태는 인식과 행위의 통일, 또는 이론적 이념과 실천적 이념의 동일성으로서 불려진다.[93] 헤겔은 실천적 이념, 즉 외적인 실재를 변화시키는 '선'(善)의 실현이 "인식의 이념보다 더 고차적이다……. 왜냐하면 그것은 보편성의 신성함뿐만 아니라 단순히 현실적인 것의 신성함도 가지고 있기 때문이다"라고 분명하게 언명하고 있다.[94]

그러나 헤겔이 이러한 통일을 논증하는 방법은 그가 결국 역사를 존재론으로 변형시키고 있다는 것을 보여 준다. 참된 존재는 완전히 자유로운 존재로서 파악된다. 헤겔에 따르면 완전한 자유는 주체가 모든 대상을 개념적으로 포착하여 그들의 독립적인 대상성이 극복될 것을 요구한다. 이리하여 객관적인 세계는 주체의 자기 실현을 위해 매개자가 되고 주체는 모든 실재를 그 자신의 것으로서 인식하며 그 자신 이외에는 어떠한 대상도 갖지 않게 된다. 인식과 행위가 주체에 의해서 아직 정복되는 않아, 따라서 주체에 소원하고 적대적인 것으로 남아 있는 한 주체는 자유롭지 않다. 행위는 항상 적대적인 세계에 대하여 향해지며 그것은 항상 그러한 적대적인 세계를 포함하는 것이기 때문에 행위는 본질적으로 주체의 자유를 제한한다. 오직 사유, 순수사유만이 완전한 자유를 위한 모든 요구를 충족시킬 수 있다. 왜냐하면 스스로를 '생각하는' 사유는 그 타자에 대하여 완전히 대자적으로 존재하기 때문이다. 즉 사유는 그 자신 이외에는 어떠한 대상도 가지지 않는다.[95]

93. *Science of Logic*, vol. Ⅱ, p.466.
94. *Ibid.*, p.460.
95. *Philosophy of Right* § 4, Addition 참조.

우리들은 '모든 철학은 관념론이다'라는 헤겔의 말을 상기하게 된다. 이제 우리는 이 말을 입증하는 관념론의 비판적인 면을 이해할 수 있다. 그러나 관념론에는 그 비판적 제경향이 극복하려고 하는 바로 그 현실과 똑같은 방식으로 결부되는 또 다른 측면이 있다. 원래 관념론의 근본개념들은 지적 영역과 물질적인 생산 영역 사이의 사회적 분리를 반영하고 있다. 관념론의 내용 및 타당성은 '유한계급'의 권력과 능력에 관련되어 있으며 따라서 유한계급은 사회의 물질적인 재생산을 위해서 반드시 일하지 않아도 된다는 사실로 인해 이념의 수호자가 되었던 것이다. 왜냐하면 그들의 예외적인 지위는 물질적인 재생산이 창출해 놓은 비인간적인 관계로부터 이러한 계급을 자유롭게 했으며 또한 그것을 초월할 수 있도록 했기 때문이다. 이리하여 철학의 진리는 그들을 실질적인 실천으로부터 멀어지게 하는 기능을 하게 되었다.

우리는 앞에서 헤겔이 철학에 있어서 그러한 경향을 배격했으며 그러한 경향을 이성의 완전한 폐기라고 생각했다는 것을 살펴보았었다. 그는 이성의 현실적인 힘을 그리고 자유의 구체적인 실현을 강조했다. 그러나 그는 이러한 과제를 담당했던 사회적 힘을 보고 두려움을 느끼게 되었다. 프랑스 혁명은 근대사회가 화해 불가능한 적대관계로 이루어진 체계라는 것을 다시 한 번 보여 주었다. 헤겔은 시민사회의 제관계가 그것이 기초하고 있는 특수한 노동양식 때문에 결코 완전한 자유와 완전한 이성을 제공할 수 없다는 것을 인정했다. 이러한 사회에서 인간은 통제(統制)할 수 없는 경제법칙에 종속되게 되며 또한 사회적 적대관계를 통제할 수 있는 강력한 국가에 의하여 길들여지지 않으면 안 된다. 따라서 궁극적인 진리는 현실의 다른 영역 안에서 구해지지 않으면 안 된다. 헤겔의 정치철학은 철두철미하게 이러한 신념에 의해서 주도되고 있다. 이리하여 『논리학』도 체념의 징조를 품고 있다.

만일 이성과 자유가 참된 존재의 기준이고 더구나 그것들이 구현되는 현실이 비합리성이나 속박에 의하여 형편없이 망가져 있다면, 이성과 자유는 재차 이념 안에서 안식을 발견하지 않을 수 없다. 따라서 인식은 행위 그 이상이 되며 지(知), 철학의 지는 사회·정치적 실천보다 훨씬 진리에 가깝게 접근하는 것이 된다. 비록 헤겔은 그가 살던 당시에 도달했던 역사적 발전단계는 이념이 실현되었다는 것을 나타내고 있다고 말했지만, 그것은 사유 안에 현존하는 개념적으로 파악된 세계로서, 즉 '학의 체계'로서 '실존하는' 것이다. 이와 같은 지(知)는 이제 더 이상 개인적인 것이 아닌 보편자의 '존엄'을 지니고 있다. 인류는 이제 세계를 이성으로서 자각하고 이성이 실현할 수 있는 모든 것의 참된 형태를 의식하기에 이르렀다. 실존에 덧붙여 있는 불순물이 정화되어 있으므로 이러한 학의 체계는 완전무결한 진리, 즉 절대이념이다.

절대이념은 독립된 최고의 실재로서 앞의 분석의 결과들에 덧붙여지는 것이 아니다. 절대이념은 그 내용으로 말한다면 『논리학』이 전개했던 개념들의 전체이고 그 형식으로 말한다면 이러한 전체를 발전시켰던 '방법'이다. "절대이념에 대해서 말한다는 것은 우리들이 비로소 진정한 것에 그리고 모든 것의 총계에 도달했다는 것을 암시할지도 모른다. 그리고 절대이념에 대하여 공연한 여러 말들을 늘어놓을 수도 있을 것이다. 그러나 절대이념의 진정한 내용은 지금까지 우리가 고찰하여 온 전체계 이외의 다른 것이 결코 아니다."[96] 따라서 헤겔은 절대이념의 장에서 우리들에게 변증법적 방법에 대한 최후의 포괄적인 논증을 해주고 있다.[97] 여기에서 다시 그것은 여러 가지 양태의 '부정의 부정'을 통해서만 스스로를 보존해 나가는 존재의 객관적인 과정으로서 제시된다. 결과적으로 절대이념을 움직여서 『논리학』에서 『자연철학』 및 『정신철학』에로 이행시키는 것은 바로 이러한 역동성이다. 절대이념은 실재의 참된 개념이며 그 자체 인식의 최고의 형태이다. 즉 그것은 전체적으로 전개된 변증법적 사유이다. 그러나 그것은 변증법적 사유이기 때문에 그 자신의 부정을 포함하고 있다. 즉 그것은 조화로운 안정된 형식이 아니라 대립물의 통일의 과정이다. 그것은 타자 속에서만 완전해질 수 있다.

절대이념은 그 궁극적인 형태에 있어서는 주체, 즉 사유이다. 그리고 그것의 타자 및 부정이 곧 대상이며 존재이다. 헤겔의 『논리학』은 따라서 그것이 시작한 지점에서, 즉 존재의 범주로 끝난다. 그러나 이것은 『논리학』이 처음 시도했던 분석에서 적용된 개념들을 통해서는 이제 더 이상 설명될 수 없는 다른 존재이다. 왜냐하면 이제 존재는 그 개념으로, 즉 모든 특수한 형태들이 하나의 포괄적인 원리의 본질적인 구별과 관계들로서 지지(支持)되는 구체적 전체로서 이해되기 때문이다. 이렇게 파악된 존재는 따라서 자연이며 변증법적 사유는 『자연철학』에로 이행한다.

이러한 설명은 이행의 한 측면만을 서술하는 데 지나지 않는다. 『논리학』을 넘어서는 전진은 하나의 학(논리학)으로부터 다른 학

---

96. *Encyclopedia of the Philosophical Sciences*, § 237, Addition (*The Logic of Hegel*, trans. W. Wallace, pp.374f.) p.404.
97. *Science of Logic*, vol. Ⅱ, pp.468~84.

(자연철학)에로의 방법론적인 이행일 뿐 아니라 하나의 존재형태(이념)로부터 다른 형태(자연)로의 객관적 이행이기도 하다. 헤겔은 '이념은 스스로를 자유롭게 해방하여 자연으로 된다' 혹은 자유롭게 '스스로를' 자연으로서 '정립한다'하고 말한다.[98] 헤겔의 체계를 이해하는 데 있어 그 지대한 난해성을 주는 것은 이러한 이행을 현실 안에서의 실제적인 과정으로서 제시하는 바로 이 말이다.

우리는 앞에서 변증법적 논리학은 사유의 형식을 그 내용과 연결시킨다는 점을 강조했었다. 논리적 형식으로서의 개념은 동시에 실존하는 실재로서의 개념이다. 즉 바꿔 말하면 그것은 사유하는 주체이다. 이러한 실존의 바른 형태인 절대이념은 따라서 그 자체 안에 스스로를 대립자로서 정립하고 이러한 대립의 부정을 통하여 스스로에게 복귀하는 동적 구조를 포함하지 않으면 안 된다. 그러나 이와 같이 절대 이념이 객관적 존재(자연)에로 그리고 자연으로부터 정신에로의 자유로운 전환이 실제로 일어나는 것이라는 것을 어떻게 증명할 수 있을까?

이 점에서 헤겔의 논리학은 서양철학의 형이상학적인 전통, 즉 많은 측면에서 이제까지 간과되어 왔던 하나의 전통을 회복하고 있다. 아리스토텔레스 이래 존재(그 자체)에 대한 탐구는 참다운 존재에 대한 탐구와 동일시되어 왔다. 바꿔 말하면 존재 자체의 성격을 가장 올바르게 표현하는 일정한 존재의 탐구와 동일시되어 왔다. 그리고 그러한 참다운 존재를 신(神)이라 불렀다. 아리스토텔레스의 존재론은 신학에서 그 절정에 달한다.[99] 그러나 그 신학은

98. *Ibid.*, p.486.
99. *Aristotle*, *Metaphysics*, Book A, 7.

종교와는 아무런 관계도 없다. 왜냐하면 그것은 신이 존재를 물질적 사물을 다루는 방식과 정확히 똑같은 방식으로 다루고 있기 때문이다. 아리스토텔레스의 신은 세계의 창조자도 심판자도 아니다. 그의 기능은 순수하게 존재론적이며 심지어는 기계론적이라고까지 말할 수 있다. 즉 그는 운동의 일정한 양태를 나타내고 있다.

이와 같은 전통을 이어 받아 헤겔도 또한 그의 논리학을 신학과 직결시키고 있다. 헤겔은 논리학은 "자연과 유한한 정신을 창조하기 전 그의 영원한 본질로 존재하는 신을 제시해 준다"고 말한다.100) 이러한 방식으로 존재하는 신이란 순수형태로 존재하는 모든 존재의 전체, 또는 『논리학』이 전개하는 존재의 순수 본질을 의미한다. 이러한 본질인 그의 완전한 자유는 사유인 자유로운 주체 안에서 실현된다. 이 점에까지는 헤겔의 논리학은 아리스토텔레스의 형이상학의 모범을 그대로 따르고 있다. 그러나 이제는 헤겔의 철학이 깊게 뿌리를 내리고 있는 기독교적 전통이 그의 권리를 주장하며 신의 순수한 존재론적인 개념의 고수를 방해하고 나선다. 절대이념은 세계의 실제적인 창조자로서 이해되지 않으면 안 된다. 바꿔 말하면 신은 그것의 타자, 즉 타자에로 자유로이 스스로를 해방시킴으로써 그의 자유를 입증하지 않으면 안 된다.

그러나 헤겔의 관점은 그의 철학의 합리주의적인 경향을 고수하고 있다. 참된 존재는 이 세계를 초월하여 주재하는 게 아니라 그것을 영속화시키는 변증법적인 과정 안에서만 실존한다. 이 세상을 구제한다는 어떠한 궁극목적도 이러한 과정 밖에서는 존재하지 않는다. 『논리학』이 묘사하고 있듯이, 세계는 '그 자체 전체이며 진

100. *Science of Logic*, vol. I, p.60.

리 그 자체의 순수이념을 포함하고 있다'.[101] 실재의 과정은 그 모든 각각의 계기마다 똑같은 절대적 형태를 보여 주는 하나의 원환(圓環), 즉 그의 타자의 부정을 통하여 스스로에게 복귀하는 과정이다. 이리하여 헤겔의 체계는 창조의 이념을 배재해 버리기까지 한다. 즉 모든 부정성은 실재의 내적인 동력에 의해서 극복된다. 자연은 그것이 역사의 영역에 들어올 때 비로소 그의 진리를 획득한다. 주체의 발전은 존재를 그의 맹목적인 필연성으로부터 해방시켜 자연은 인류 역사의 일부분, 따라서 정신의 일부분이 된다. 그리고 역사는 인류가 자연과 사회를 개념적으로 실천적으로 지배하게 되기까지의 긴 도정(道程)이며, 그와 같은 지배는 이성에 즉 이성으로서의 세계를 소유하기에 이르렀을 때 비로소 실현되는 것이다. 이러한 상태가 성취되었다는 것을 보여 주는 지표는 그 자신의 철학체계를 의미하는 참된 '학의 체계'가 완성되었다는 사실이다. 그것은 전세계를, 다시 말해 개념적으로 파악되어진 세계를 포괄하며, 그 체계 안에서는 모든 사물이나 관계가 그 자신의 현실적인 내용과 형식으로, 즉 그의 개념으로 나타난다. 그리고 거기에서 주체와 객체의 통일, 사유와 실재의 통일이 달성된다.

101. *Ibid.*, vol. II, p.227.

제**6**장

정치철학

(The Political Philosophy)

(1816~1821년)

『대논리학』의 제1권은 1812년에 그리고 마지막 권은 1816년에 출판되었다. 이 4년 사이에 프로이센의 '해방전쟁'이 일어났고 나폴레옹에 대항하는 신성동맹이 결성되어 라이프치히 전투와 워털루 전투가 있었으며, 동맹군의 파리 입성이 성공리에 결행되었다. 당시 뉘른베르크의 고등학교 교장이었던 헤겔은 1816년에 하이델베르크의 철학교수직에 임명되었다. 그리고 그 다음해인 1817년에 그는 『엔찌클로패디』(*Enzyklopädi eder Philosophischen Wissenschaften*)의 초판을 발행하였고 베를린 대학에 피히테의 후임총장으로 선임되었다. 그의 학자로서의 경력의 이 종착점은 그의 철학적 발전의 종말과 일치하고 있다. 헤겔은 프로이센 국가의 소위 어용철학자가 되었으며 독일철학의 독재자가 되었다.

여기에서는 더 이상 헤겔의 전기에 대해서 이야기하지 않기로 하자. 왜냐하면 여기에서 우리들은 그의 개인적 성격이나 동기를 다루려는 게 아니기 때문이다. 그의 철학이 행한 사회·정치적 역할 그리고 그의 철학과 왕정복고와의 유착은 나폴레옹 시대의 종말에 이르러 근대 사회가 처해 있었던 특수한 상황을 고려하여 설명되지 않으면 안 된다.

헤겔은 나폴레옹을 프랑스 혁명의 운명을 실현한 역사적 영웅으로 보았다. 헤겔은 그를, 즉 1789년의 성과들을 하나의 국가 질서로 전환시키고 개인의 자유를 안정된 사회체제의 보편적 이성과 결합시킬 수 있는 유일한 사람이라 생각했다. 그가 나폴레옹에 대해 찬양한 것은 추상적인 위대함이 아니라 시대의 역사적 요구를 표현하고 있다는 점이었다. 나폴레옹은 시대의 보편적 과제를 구현하고 있는 '시대정신'이었다. 그 과제란 이성의 원리에 입각한 새로운 형태의 사회를 공고히 하고 이를 보존·유지하는 일이었다.

헤겔에 있어 이성의 원리란 개인의 합리적인 자율성을 토대로 한 사회질서를 의미한다. 그러나 개인적 자유는 조야한 개인주의의 형태를 취하고 있었다. 각 개인의 자유는 다른 모든 개인들의 자유와 생사를 건 경쟁적 투쟁으로 맞서게 된다. 1793년의 공포정치는 이러한 개인주의의 실례이며 그것의 필연적인 결과였다. 일찍이 봉건제도하의 여러 신분간의 갈등은 봉건제도가 이미 개인적 이해와 일반적 이해를 통합시킬 수 없다는 것을 증명했었다. 이제 도처에 팽배해 있는 개인들의 경쟁적 자유는 근대 중산계급사회 역시 이를 통합하지 못함을 증명하였다. 헤겔은 절대적 국가권위 속에서 이러한 통합에 이를 수 있는 유일한 원리를 보았다.

나폴레옹은 독일의 봉건적 잔재들을 대부분 분쇄했다. 그리고 구(舊)독일제국의 많은 지역에 『나폴레옹 법전』(*Civil Code*)이 도입되었다. "시민의 평등, 종교적 자유, 11조와 봉건적 제권리의 폐지,

성직자 소유지의 매각, 길드의 금지, 관료의 증가, '현명하고 자유로운' 행정, 그것과 더불어 사회 저명인사들의 조세 및 법률에의 투표권을 부여하는 헌법, 이 모든 것은 프랑스 지배권의 유지와 밀접하게 관련된 일련의 이해관계를 대변하고 있었다."[1] 터무니없을 정도로 무력한 제국은 수많은 주권국가들로 대체되었으며 특히 남부 독일에서는 그 정도가 더욱 심했다. 이러한 국가들은 우리가 알고 있는 근대 주권국가의 기이한 모방형태에 지나지 않았다. 그러나 이들 국가들은 그럼에도 불구하고 자본주의의 발전을 낡은 사회질서에 적응시키려고 무의미한 노력을 거듭하고 있었던 이전의 독일연방에 비하면 현저한 진보를 이룩하였다. 이들 새로운 국가들은 적어도 이전보다 훨씬 큰 경제적 단위를 이루었다. 즉 이들 국가들은 중앙집권적인 관료조직, 훨씬 단순한 사법제도 및 일종의 공공(公共)관리 하에 두는, 보다 합리적인 세제방법을 갖추고 있었다.

이러한 혁신은 프랑스 혁명에 의해서 해방된 새로운 지적(知的), 물질적 힘들의 발전에 적합한, 보다 합리적인 질서를 이루는 정치형태에 대한 헤겔의 요구와 일치하는 듯이 보였다. 따라서 그가 처음에는 나폴레옹에 대항하는 투쟁을 반동이라고 보았다는 것은 전혀 놀라운 일이 아니다. 사실 그는 더 나아가 동맹군이 성공리에 파리에 입성한 직후까지도 나폴레옹의 패배를 인정하려 들지 않았다. 이 시대의 정치적인 사건들에 대한 헤겔의 태도는 그의 강의(1816) 내용 중에 전형적으로 나타나 있다. 거기에서 그는 순수 지적인 가치들을 현실적인 정치적 이해관계들에는 반(反)하는 것으로서 강조하고 있다.

1. Georges Lefebvre, *Napoleon*, Paris 1935, p.428.

"우리는 지금까지 다른 모든 관심들을 그 자신의 관심 안에 삼켜버렸던 국가에 더하여 이제 교회가 그의 높은 위치를 재개할 것을, 그리고 지금까지 모든 사유와 노력을 경주해왔던 지상의 왕국에 더하여 신의 왕국이 또한 고려될 것이라고 기대해도 좋을 것이다. 말을 바꾸면 정치문제와 기타 일상생활의 관심과 더불어 학문, 즉 자유롭고 이성적인 정신의 세계가 다시 부흥할 것이다."[2)]

그야말로 이것은 기묘한 태도였다. 불과 1년 뒤에는 프로이센 국가의 관제(官制) 이데올로기의 대변자가 되었으며 국가의 법은 이성 그 자체의 법이라고 선언했던 정치철학자가 지금 여기에서는 정치적 활동을 공공연히 비난하고 민족해방을 철학적인 학문연구에 있어서의 자유를 의미하는 것으로 해석하고 있다. 지금 그는 진리와 이성을 사회·정치적 소용돌이를 초월한 순수 학문의 영역에 위치지우고 있다.

이제 우리는 헤겔의 새로운 입장에 주목해야 한다. 오히려 반민족주의자였던 입장으로부터 민족주의자의 입장으로서 그의 전향을 살펴보면서, 우리는 그와 비슷한 '모순'이 초기 근대 철학적 저작에서 발견됨을 상기하게 된다. 상승하는 부르주아지의 가장 특징적인 철학자로 불리는 홉즈는 그의 정치철학이 처음에는 찰스 1세의 군주제와, 다음에는 크롬웰의 혁명적 국가와 그리고 마지막으로는 스튜어트의 반동과 양립 가능한 것이라 생각했다. 주권국가가 민주주의 형태를 취하든, 과두정치를 취하든, 또는 제한군주제를 취하든

---

2. *Lectures on the History of Philosophy*, trans, E. S. Haldane, London 1892, pp.xi f.

그것이 다른 국가들과의 관계 속에서 자신의 주권을 주장하고 그의 시민들과의 관계에서서는 그 자신이 권위를 주장할 수 있는 한, 홉즈에게는 문제가 되지 않았다. 또한 역시 헤겔에 있어서도 국가간의 정치형태의 차이는 사회·경제적 관계를 밑받침하는 정체가 중산계급사회의 그것으로서 일률적으로 유지되는 한 문제가 되지 않았다. 그에게는 근대 입헌군주제가 이러한 경제구조를 유지하는데 아주 적합한 것으로 보였다. 독일에서 나폴레옹 체제의 참된 계승자로서 기꺼이 환영해 마지않았다.

헤겔에 있어 국가의 주권은 중산계급사회를 유지하기 위해 절대적으로 필요한 기구였다. 왜냐하면 주권국가는 개인들로부터 파괴적인 경쟁적 요소를 제거하여 이 경쟁을 보편적인 공공의 이익에 긍정적인 것으로 만들 수 있을 것이고, 따라서 그 구성원들의 서로 적대적인 이해관계를 지배할 수 있을 것이기 때문이었다. 여기에서 이것이 의미하는 것이란 바로 사회체제가 각 개인들의 실존이 타인들과의 경쟁에 의존하기를 요구하는 곳에서는 적어도 공동 이익의 제한된 실현이나마 보장하는 유일한 방법은 국가의 보편적 질서 내에 개인의 자유를 제한하는 것이라는 것이다. 따라서 국가의 주권은 서로 적대적인 정치 단위들 사이에 국제적인 경쟁을 전제하고 있으며 이들 각 국가들의 힘은 본질적으로 그 국민들에의 절대적인 권위에 있다.

뷔템베르크 공국의 논쟁에 대한, 1817년에 출판된 그의 보고문에서 그의 관점은 전적으로 이러한 태도로 일관되어 기술되고 있다. 뷔템베르크 공국은 나폴레옹의 법령에 의해서 주권왕국이 되어 있었다. 쓰러져가는 반봉건적 체제를 대체하기 위하여 새로운 헌법이 요구되었으며, 새로 획득된 지역은 중앙집권적인 사회·정치적 전체를 형성하기 위하여 원래의 국가와 통합되어야 했다. 왕은 그러한 헌법을 입안하여 1815년에 그것을 국민의회에 제출하였다. 국민의회는 이를 받아들이기를 거부했다. 헤겔은 의회의 반대에 대항하여 왕의 법률안을 강력히 옹호하면서 이 두 편 사이의 갈등을 새로운 사회원리와 낡은 사회원리, 봉건적 특권층과 근대 주권 사이의 투쟁으로 설명하였다.

그의 보고문은 일관하여 주권의 원리를 보여 주고 있다. 나폴레옹은 국가의 외적 주권을 확립하였다—따라서 이제 역사적 과제는 그것의 내적 주권, 즉 그 시민들에 대한 정부의 절대적 권위를 확립하는 것이라고 그는 말한다. 그리고 이것은 국가와 그 국민과의 관계에 대한 새로운 개념을 만들어낸다. 사회계약이라는 이념은 객관적 전체로서의 국가의 이념으로 대체되어야 한다. 『예나 시대의 체계』[3]는 사회계약을 국가에 적용하는 어떠한 경우도 비난하였었다. 그러나 이제 헤겔 철학을 형성하는 주요 주제는 '국가는 사회와 분리되어 있다'는 것이다.

근대 사회적 관계의 기초를 이루는, 특수 이해들 사이의 화해 불가능한 갈등으로부터 이러한 사회의 내적 메커니즘은 어떠한 공동 이익도 산출해내지 못한다. 보편적인 것은, 말하자면 서로의 의지에 반하는 특수자들 위에 군림해야 하고 따라서 한 편의 개인과 다른 한 편의 국가 사이의 관계는 각 개인들 사이의 관계와 똑같은 것일 수 없다. 계약은 후자, 즉 개인들 간의 관계에는 적용될 수 있으나 전자, 즉 국가와 개인의 관계에 대해서는 주장될 수 없

3. 이 책의 p.100을 보라.

다. 왜냐하면 계약은 계약을 하는 당사자가 '서로 각자에 대하여 평등하고 독립적인 존재'라는 것을 이미 그 안에 내포하고 있기 때문이다. 그러나 이들 사이의 이러한 동의는 그들 각자의 주관적인 필요에 그 근거를 두고 있는 '우연적인 관계'에 불과하다.[4] 그러나 국가는 본질적으로 주관적 필요와는 독립된 '객관적이며 필연적인 관계'이다.

헤겔에 따르면, 시민사회는 필연적으로 결국에는 권위주의적 체제를 발생시키게 된다. 이는 그 사회 자체의 경제적 토대로부터 생겨난 변화이며 그것의 구조를 영속화시키는 데 기여한다. 형식에 있어서의 이러한 변화는 위협을 받고 있는 내용을 구제할 것으로 기대된다. 우리는 헤겔이 예나 시대의 도덕성의 체계에 대한 결론 부분에서 '통제의 정부'(government of discipline)에 대해서 말했을 때, 권위주의적 체제를 개괄하고 있던 것을 상기해 보자. 그러한 정부의 형태는 새로운 질서에 해당하는 것이 아니라 단지 현행의 개인주의 체제 위에 하나의 방법을 부과하는 데 불과할 뿐이다. 여기에서 다시 사회 위에 국가를 놓음으로써 헤겔은 똑같은 방식을 따르고 있다. 그는 국가에 최상의 지위를 부여한다. 왜냐하면 그는 근대 사회 안에 내재하는 적대관계의 필연적인 결과를 보았기 때문이다. 상호 대립·경쟁적인 개인들 간의 이해관계는 전체의 유지를 보장하는 체제를 자체적으로 만들어 낼 수 없다. 따라서 논쟁할 여지없이 절대적인 권위가 그 위에 군림해야만 한다. 정부의

---

4. 'Verhandlungen in der Versammlung der Landstände des Königreichs Württemberg im Jahre 1815 und 1816,' in *Schriften zur Politik und Rechtphilosophie*, p.197.

그 국민들에 대한 관계는 계약의 영역에서 떨어져 나와 '근본적이고 실체적인 통일'[5]을 이룬다. 개인은 무엇보다도 먼저 국가에 대한 의무의 관계를 가지고 있으며 그의 권리는 국가에 종속된다. 따라서 주권국가는 통제적인 국가로서의 형태를 취한다.

그러나 그러한 국가의 주권은 (모든 국민들이 국가권력의 실질적 요소가 되어야 하는) 절대주의 국가의 그것과는 다르지 않으면 안 된다.[6] 왜냐하면 근대 경제는 해방된 개인들의 활동에 기초하고 있으며 개인의 사회적 성숙은 주장되고 장려되어야 하기 때문이다. 이러한 맥락에서 볼 때, 국왕의 헌법초안 가운데 참정권의 제한을 취급하고 있다는 점에 대해서 헤겔이 특별한 비판을 가하고 있다는 사실은 주목할 만하다. 국왕이 규정한 조항은 첫째로 국가의 관료뿐만 아니라 군인, 승려, 의사 직에 있는 사람들은 선출되어서는 안 된다는 것과 둘째로 부동산에서 나오는 순수입이 최소한 200플로린[florin : 1849년부터 영국에서 유통된 2실링 은화 ; 1971년 2월부터 10펜스 값어치로 통용—역주] 이상이 되어야 참정권을 부여받을 수 있다는 것이었다. 헤겔은 첫 번째 조항에 대하여 결과적으로 국가 관료들을 국민의회로부터 제거한다는 것은 극히 위험스러운 일이라고 주장했다. 왜냐하면 그것은 특수한 이해에 대항하여 공공의 이익을 옹호할 가장 유능한 사람들은 바로 전문적인 정치가 및 양성된 정치가들일 것이기 때문이다. 이 사회에 있는 모든 사적인 기업들은 바로 그의 본성상 개인을 공동체와 적대적인 대립에 놓게 한다고 그는 주장했다. "부동산 소유자, 상인 및 기타 재산이나 기능

5. *Ibid.*, p.197.
6. *Ibid.*, p.161.

을 소유하고 있는 사람들은 부르주아적인 질서의 유지에 관심을 모으고 있으나 실제 그 안에 있는 그들의 직접적인 목적은 그들의 사유 재산을 보존하는 것이다."[7] 그들은 전체를 위해서는 될 수 있는 한 아무것도 하지 않으려고 하고 또한 그렇게 하도록 규정되어 있다. 그는 덧붙이기를 이러한 태도는 윤리의 문제나 어떤 개인들의 개인적 성격의 문제가 아니라 '사실의 본성에'[8] 즉 이러한 사회계급의 본성 안에 뿌리박고 있다고 말한다. 그러나 그것은 경제적인 상호 경쟁의 영역으로부터 될 수 있는 한 멀리 떨어져서 사적인 일에 대한 어떠한 간섭도 배제하고 국가에 봉사할 수 있는 안정된 관료체계에 의해서 중화될 수 있다.

국가 안에서 관료제도가 갖는 이러한 본질적 기능은 헤겔 정치사상의 실질적인 중요한 요소이다. 역사적 발전은 비록 그의 기대와는 상당히 다른 형태이긴 하지만 그러한 결론을 탄생시켰다.

헤겔은 또한 두 번째의 선거권의 제한, 즉 재산 자격에 의한 선거권의 제한을 거부하고 있다. 왜냐하면 바로 재산이야말로 개인을 보편적인 것에 대립시켜 보편적인 것 대신에 사적인 이해관계의 굴레를 따르도록 하는 요소이기 때문이다. 헤겔의 용어로 말하면, 재산은 인간의 속성과는 아무런 관계도 없는 '추상적인' 자격에 불과하다. 단순한 재산의 양이 정치에 영향력을 행사한다는 것은 프랑스 혁명의 부정적인 유산이며 특권의 기준으로서 그것은 결국 극복되어야 하며, 아니면 적어도 더 이상 "가장 중요한 정치적 기능들 가운데 하나인 참정권을 결정하는 유일한 조건"[9]이 되어서는

7. *Ibid.*, p.169.
8. *Ibid.*, p.170.
9. *Ibid.*, p.177.

안 된다고 그는 주장한다. 참정권에의 필수조건으로서의 재산 자격의 폐지는 국가를 약화시키기보다는 오히려 강화시킬 것이다. 왜냐하면 앞으로 조직이 가능하다고 하면 강력한 관료제도는 상대적으로 적은 재산소유자들의 이해관계가 제공할 수 있는 것보다도 훨씬 견고한 토대 위에 국가를 확립할 것이기 때문이다.

뷔템베르크에서의 국왕과 국민의회 사이의 투쟁을 기술하면서 헤겔은 그것을 '이성적인 국법'(vernünftiges Staatsrecht)과 전통적인 실증법 사이의 갈등으로 묘사하고 있다.[10] 실증법은 바로 수백 년 동안 타당했기 때문에 영원히 타당하다고 주장하는 낡은 특권계급의 시대에 뒤떨어진 법전으로 몰락했다. "실증법은 그것의 존재조건인 실질적 토대를 상실했을 때는 반드시 소멸되어야 한다"[11]고 그는 주장한다. 각종 신분의 낡은 특권이 근대사회에 기반을 갖는다면 '희생적 살인, 노예제도, 봉건적 압제, 기타 무수한 비행'도 거의 마찬가지로 근대사회에 기반을 갖게 될 것이다.[12] — 이성은 프랑스 혁명 이래 이미 역사적 현실이 되었다. 인간의 제 권리에 대한 인정은 낡은 특권을 폐지하고 기존의 '입법, 행정, 사법의 그 영원한 원리들'을 폐기했다.[13] 그와 동시에 헤겔이 여기에서 논하고 있는 이성적(합리적) 질서는 점점 그것이 가진 혁명성을 상실하고 그 당시의 사회가 요구하는 조건에 적응하도록 조정된다. 그것은 그에게 있어서 바야흐로 이 사회가 원리적으로 부정됨이 없이 합리적인 체제가 될 수 있는 최대한의 한계를 나타내는 것이

10. *Ibid.*, p.198.
11. *Ibid.*, p.199.
12. *Ibid.*
13. *Ibid.*, p.185.

다. 그는 1793년의 혁명적 공포정치를, 기존질서는 어떠한 수단을 써서라도 반드시 보호되어야 한다는 사실을 그대로 보여주는 경고로서 받아들여야 한다고 주장한다. 따라서 군주들은 '새로운 체제의 확립과 그리고 사상과 일치하는 현실의 기준과 연관되어 나타난 위험과 공포를 지난 25년간의 경험의 결과로서' 파악해야 한다.14)

헤겔은 현실을 사상과 일치하여 형성하려는 노력들을 널리 찬양했다. 이것은 인간의 가장 고귀한 특권이며 진리를 구체화하는 유일한 방법이었다. 그러나 이러한 노력이, 원래 인간의 특권으로서의 이러한 노력을 탄압했던 바로 그 사회를 위협하게 되었을 때, 헤겔은 어떠한 상황 아래에서도 기존의 질서를 유지하는 쪽을 택했다. 우리는 여기에서 기존의 질서를 그것과는 질적으로 전혀 다른 철학 사상들과 통합시키려고 얼마나 고심했던가를 보여주는 홉즈를 다시 인용해보자. "그 어떠한 형태이든 모순이 없는 인간사회(국가)란 존재하지 않는다." 그러나 "그 어떠한 정치형태에 있어서도 국민 일반에게 일어날지도 모르는 가장 큰 모순도 내란에 따르는 비참함과 무서운 참화에 비한다면 거의 문제가 되지 않는다……" "기존의 상태는 언제나[다른 상태에 대하여] 우위에 있으며 따라서 유지되어야 하고 최상의 것으로 설명되어야 한다. 왜냐하면 그것을 파괴로 이끄는 어떠한 행위를 한다는 것은 자연법을 그리고 신성한 실증법을 거역하는 것이기 때문이다."15)

개인적 자유가 따라서 보편적인 것에 부여된 권위에 의해 그늘

14. *Ibid.*, pp.161~2.
15. Hobbes, *Leviathan, in Works*, edited by Molesworth, vol. Ⅲ, pp.170, 548.

에 가려지고, 이성적인 것이 결국에는 기존 사회질서의 탈을 쓰고 나서게 된다는 것이 헤겔 체계 안에서는 결코 모순이 아니다. 명확하게 드러난 모순은 당시의 역사적 진리(현실)를 반영하고 개인주의적 사회의 적대적 모순 과정을 그대로 보여 주는 것이며, 그리하여 이것은 자유를 필연적으로 그리고 이성을 권위로 변하게 한다. 헤겔의 『법철학 요강』(*Grundlienien der philosophie des Recht*, 1821)이 갖는 타당성은, 상당한 정도로 그것의 기본 개념들이 이러한 개인주의 사회의 제모순을 흡수하고 이를 의식적으로 보유하여 그것들을 끝까지 천착하고 있다는 사실에 기인하고 있다. 그것이 반영하고 있는 사회가 반동적인 한, 그 저작은 반동적이며 또한 그것이 진보적인 한 이 저작도 진보적이다.

『법철학』의 의미와 의의를 모호하게 하는 커다란 오해들 가운데 몇몇은 헤겔 체계 내에서 이 저작이 차지하는 위치를 고려하는 것만으로도 제거될 수 있을 것이다. 이 저작이 다루고 있는 것은 문화적 세계의 전체가 아니다. 왜냐하면 법의 영역은 정신의 영역을 구성하는 일부분, 즉 헤겔이 객관적 정신이라고 명명했던 부분에 지나지 않기 때문이다. 간단히 말하면, 헤겔에 있어 궁극의 진리를 구현하고 있는 예술, 종교, 철학이라는 문화적 현실을 논구하거나 다루고 있는 게 아니다. 『법철학』이 헤겔 체계 내에서 차지하고 있는 위치를 고려할 때, 법의 영역 내에서 최고의 현실성을 획득하고 있는 국가를 전체 체계 내에서의 최고의 현실로서 간주할 수는 없다. 헤겔의 국가에 대한 가장 강력한 신격화조차도 객관적 정신을 절대적 정신에, 즉 정치적 진리를 철학적 진리에 종속시키는 헤겔의 결정적 입장을 말소하지는 못한다.

다음에 다루어질 내용은 왕정복고에의 극도의 굴종과 그 당시의 모든 자유주의적 · 진보적 제경향에 대한 완고한 적의를 입증해 주는 것으로서 종종 공격의 대상이 되고 있는 그의 「서문」의 내용이다. 반란을 일으킨 독일 청년운동 지도자의 한 사람이었던 프리스(J. F. Fries)에 대해서 헤겔이 비난했다는 사실, 모든 자유스런 행위나 발언(이것에는 당시 흔히 악용되고 있었던 '선동적'이라는 폿말이 임의로 붙여졌다.)을 일률적으로 탄압할 것을 결의한 카알스바트 결의(Karlsbader Beschlüsse, 1819)를 그가 옹호했다는 사실, 그리고 학문의 자유를 억압하기 위한 엄격한 검열제도와 진정으로 민의를 대변하는 정부의 형태를 지향하는 모든 경향들을 금지하는 정부의 태도를 그가 변명했다는 사실들이 모두 헤겔을 비난하는 근거로서 제시되어 왔다. 물론 당시에 취했던 그의 개인적인 태도에 대해서는 변명할 여지가 없다. 그러나 당시의 역사적 상황과 특히 그 이후의 사회 · 정치적 전개과정에 비추어 볼 때, 그의 입장과 『법철학』의 전체 「서문」은 각기 아주 다른 의의를 가지게 된다. 우리는 여기에서 짧게나마 헤겔이 비판했던 민주주의적 반항의 성격에 대해서 검토해 보지 않으면 안 된다.

그러한 운동은 1813~15년의 전쟁 이후 쁘띠부르주아지의 실망과 환멸에서 생겨난 것이었다. 프랑스의 지배로부터 독일제국의 해방은 결과적으로 절대주의적 반동을 동반하였다. 민중의 제권리에 대한 정치적 승인의 약속은 이행되지 않았으며 적절한 헌법에의 꿈은 실현되지 않은 채였다. 이에 대한 대응으로서 독일 국민의 정치적 통일을 제창하는 선전운동의 물결이 번졌으나, 이는 새로이 확립된 전제정치에 대한 참으로 자유주의적인 적의를 다분히 내포하고 있었다. 그러나 상층계급은 절대주의적인 구조 내에서 자기 자신 지위나 재산을 보존할 수 있었으며 조직된 노동계급은 아직 존재하지 않았기 때문에, 이 민주주의적인 운동은 주로 무력한 쁘띠부르주아지의 울분으로 이루어진 것이었다. 이러한 격분은 「학생연맹」(Burschenschaften)이나 그 선봉인 「체육협회」(Turnvereine)의 계획에 현저하게 나타나 있었다. 자유 및 평등에 대해 많은 말들이 있었지만 그것은 게르만인에게만 부여된 특권일 수 있는 자유였으며, 전반적인 빈곤과 궁핍을 의미하는 평등이었다. 문화는 부자와 외국인의 전유물로서 그리고 민중을 타락시키고 유약하게 만드는 것으로서 간주되었다. 유태인, 가톨릭교도, 귀족들에 대한 증오와 함께 프랑스인에 대한 적개심이 고조되었다. 그 운동은 '풍부한 민족성'을 전개할 수 있도록 하는 참으로 '독일적인 투쟁'을 호소하였다. 그것은 독일의 통일을 달성하는 '구세주'를, 즉 '민중이 모든 죄를 참회할 수 있는' 인물을 갈구하고 있었다. 그들은 서적을 불태우고 유태인의 불행을 외쳤다. 그것은 스스로가 법과 헌법의 위에 있다고 믿었다. 왜냐하면 '참된 대의(大義)에 입각한 법률은 없기' 때문이다.[16] 국가는 대중의 순수한 열광을 통하여 '밑'으로부터 세워져야 하며 **민족**(Volk)의 '자연적' 통일은 국가나 사회의 계층화된 질서를 대신해야 하였다.

이러한 '민주주의적인' 슬로건 속에서 파시즘의 **민족협동체**(Volksgemeinschaft)라는 이데올로기를 발견하기는 어렵지 않다. 사실 민족주의와 반(反)합리주의를 제창했던 「학생동맹」의 역사적 역할

16. Heinrich von Trietschke, *Deutsche Geschichte in Neunzehnten Jahrhundert*, 3rd edition, 1886, vol. Ⅱ, pp.383~443, 특히 pp.385, 391, 427, 439를 보라.

과 국가사회주의(National Socialism)의 관계는 헤겔의 입장과 후자 사이의 관계보다 훨씬 밀접하다. 헤겔은 사이비 민주주의적 이데올로기에 대항하여 국가를 옹호하기 위해 『법철학』을 썼는데, 그는 기존의 권위가 계속 지배하는 것에서보다도 오히려 이러한 사이비 민주주의적 이데올로기 속에서 자유에의 보다 심각한 위협을 보았다. 그의 저작이 이러한 기존 특권층의 세력을 강화하고 따라서 이미 승리를 거둔 반동세력에 동조했다는 사실은 의심할 수 없다. 그러나 그 이후 불과 얼마 되지 않아 그것은 반동세력에 대한 무기임이 판명되었다. 왜냐하면 헤겔이 마음에 그리고 있었던 국가는 비판적 이성의 기준과 보편적으로 타당한 법에 의해 다스려지는 국가였기 때문이다. 법의 합리성은 근대국가의 생명이다라고 그는 말한다. “법은 …… 이른바 국민의 거짓 동포와 동료를 탐지해 내는 쉬보레쓰[Shibboleth ; 시험하는 말, ‘sh’를 발음 못하던 에프라임 사람(Epraimites)을 길르앗 사람(Gileadites)과 구별하기 위해서 쓰였음—역주]이다.”17) 우리들은 헤겔이 그의 원숙한 정치철학을 통해서 이 주제를 천착해 나가는 것을 곧 보게 될 것이다. 단지 우연적인 것에 불과한 개인의 자연적 · 사회적 지위에 관계없이 모든 개인들의 권익을 보호하는 보편적이며 합리적인 법에 입각하여 국가를 세운다는 견해만큼 파시즘의 이데올로기와 양립할 수 있다는 견해도 없을 것이다.

더 나아가 왕정복고에 대항하는 민주주의적 반대자들에 대한 헤겔의 공격은 유기체적인 국가이론의 반동적인 대변자들에 대한 그의 보다 날카로운 비판과는 서로 분리될 수 없다. ‘국민운동’(Volk-

17. *Philosophy of Right*, trans. S.W. Dyde, George Bell and Sons, London 1969. p.xxiii.

sbewegung)에 대한 헤겔의 비판은 독일의 정치적 낭만주의에 지대한 영향을 끼쳤던 할러(K. L. von Haller)의 『국가학의 부흥』(*Restauration der Staatwissenschaft*, 1816년에 초판 발행)에 대한 그의 논박과 결부되어 있다. 거기에서 할러는 국가는 자연적인 사실(fact)이며 동시에 신의 산물이라고 생각하고 있었다. 이처럼 그는 이를 정당화하는 하등의 근거도 없이 모든 국가에서 볼 수 있는 약자에 대한 강자의 지배를 용납했으며, 또한 국가가 자유로운 개인의 제도화된 제권리를 표상하고 인간의 이성의 요구에 따른다고 보는 여하한 해석도 거부하였다. 헤겔은 할러의 입장을 그야말로 '광신, 정신적 저능, 위선'에 불과한 것으로 특징지었다.[18] 만약 이성의 가치가 아니라 자연적 제가치가 국가의 근본적인 제원리라면 우연, 불의 및 인간의 야수성이 인간적 조직의 합리적인 모든 기준을 대체하게 될 것이다.

국가에 대한 민주주의적 반대자나 봉건주의적 반대자 둘 다는 법의 지배를 거부하는 데 동의한다. 이 두 입장에 반대하여 헤겔은 법의 지배만이 근대사회에 적합한 유일한 정치형태라고 주장했다. 그에 의하면 근대사회는 자연적 공동체도 신에 의해 주어진 특권의 질서도 아니다. 그것은 자기 독립적인 행위를 통하여 사회적 과정에 있어서의 자신의 지위를 획득하고 유지시켜 나가는 자유로운 재산 소유자들의 일반적인 경쟁 위에 기초하고 있다. 그것은 공공의 복지나 전체의 영속성이 맹목적인 우연성에 의해서만 주장될 수 있는 사회이다. 따라서 특수한 이해관계의 충돌 위에 서서 또한 더 나아가 그들 각각의 이익을 보호하면서 힘에 의해 사회적인 적

18. *Ibid.*, § 258, p.244를 보라.

대관계 등을 의식적으로 조절하는 것이야말로 많은 개인들의 무정부적인 총체를 합리적인 사회로 전환시키는 유일한 길이다. 법의 지배는 이러한 변화의 지렛대가 되어야 한다.

그와 동시에 헤겔은 정치이론 그 자체를 거부하고 그것이 정치적 생활에 유용하다는 것을 절대 부정했다. 법의 지배가 바로 곁에 있었다. 즉 그것은 국가 속에 구현되어 있으며 이성의 충분한 역사적 실현을 이루고 있었다. 이처럼 일단 기존의 질서가 그대로 수용되고 묵인되자 정치이론은 쓸데없는 것이 되어 버렸다. 왜냐하면 "이론들은 이제 기존의 질서에 대립하여 마치 자신이 절대적으로 참이며 필연적인 것처럼 주장하기 때문이다."[19] 헤겔은 이론을 폐기하지 않을 수 없게 되었다. 왜냐하면 이론은 필연적으로 비판적이기 마련이고 특히 서양 역사에서 그것이 취해 온 형태는 더욱 그러하였기 때문이다. 데카르트 이래 이론은 우주의 합리적인 구조를 특정할 수 있으며 이성은 그 노력을 통하여 인간생활의 기준이 될 수 있다고 주장되었다. 따라서 진리의 이론적이며 합리적인 인식은 아직 기준에는 미달하는 현실의 '비(非)진리'를 인정하는 것이 된다. 기존 현실의 불완전한 성격은 이론으로 하여금 그것을 초월하도록, 즉 이상주의적이 되도록 만든다. 그러나 이제 헤겔은 역사는 아직 멈추지 않았으며 인류는 이성을 실현할 모든 수단들이 바로 손 가까이에 있는 단계에 도달했다고 말한다. 근대국가는 이러한 실현의 현실이다. 따라서 이론을 정치에 더 이상 적용한다는 것은 그 어떠한 경우든 이제 이론을 공상적인 것으로 만들 것이다. 기존의 질서가 합리적인 것으로 간주될 때 이상주의는 그 역할을

19. *Ibid.*, p.xx, note.

끝마치게 된다. 그렇기 때문에 정치철학은, 절대 국가는 이러이러해야 한다는 당위적 존재를 가르쳐서는 안 된다. 국가는 현존하며 합리적이고 그리고 최후의 단계에 도달하여 있다. 헤겔은 덧붙여 자신의 철학은 그 대신 국가는 도덕적 우주로서 인정되지 않으면 안 된다는 것을 충고할 것이라고 말한다. 이제 철학의 과제는 인간을 현실과 화해시키는 일이 되어 버렸다.

이것은 그야말로 기이한 화해이다. 근대사회의 화해하기 어려운 모순을 이보다 더 가차없이 파헤치거나 또는 근대사회의 모순에 이처럼 완고하게 복종하는 것처럼 보이는 철학적 저작도 또 다시 없을 것이다. 헤겔이 비판적 이론의 폐기를 주장했던 바로 그 「서문」이야말로 '존재하는 것과 존재해야 하는 것 사이의 갈등'을 강조함으로써 비판적 이론을 요구하고 있는 것처럼 생각되는 것이다.

이성이 지시하는 내용은 바로 가까이에 있다고 헤겔은 말했었다. 이성의 실현은 더 이상 철학의 과제가 아니며 공상적인 사변에 탐닉하는 것도 허용될 수 없다. 실제로 서 있는 사회는 그 변혁을 위한 물질적 조건을 이미 성숙시키고 있어 철학이 그 핵심에 포함하고 있었던 진리는 당장 개화하려고 하고 있다. 자유와 이성은 이제 내적인 가치 그 이상의 것으로서 볼 수 있게 되었다. 현재라는 주어진 상황은 참고 견디어야 할 '십자가'이며 비참함과 불의가 팽배한 사회이긴 하지만 그 내부에는 자유로운 이성의 여러 가능성을 꽃피우고 있었다. 이러한 제가능성을 인식하는 것이 지금까지는 철학의 역할이었지만 이제는 사회의 참된 질서의 달성이 실천의 역할이 되었다. 헤겔은 '하나의 삶의 형태가 낡아버렸다는 것', 그리고 그것을 철학에 의해서 다시 젊어지게 할 수는 없다는 것을 알고 있었다.[20] 서문의 마지막 절들은 『법철학』 전체의 논조를 나타내고 있다. 그러한 절들은 자기가 대변하고 있는 진리가 그 종국에 가까워지고 있으며 그것은 더 이상 세상에 활기를 불어넣어 줄 수 없다는 것을 알고 있는 사람의 체념을 나타내고 있다.

그 진리는 또한 헤겔이 이해하고 대변하고 있었던 사회적 힘들을 고무시킬 수도 없다. 『법철학』은 완전한 자기의식에 도달한 중산계급 사회의 철학이다. 그것은 완전히 성숙하여 자신이 뛰어넘을 수 없는 한계를 충분히 인식한 그 사회의 긍정적 요소와 부정적 요소를 제시하고 있다. 근대 철학의 모든 근본 개념들은 『법철학』에서 그것들이 생겨난 사회적 현실에 재적용되어 그것의 구체적인 형태를 되찾게 된다. 그것들의 추상적, 형이상학적 성질은 사라지고 그의 현실적이며 역사적인 내용이 전면에 드러난다. 주체(자아)라는 개념은 이제 그것이 고립된 경제적 인간과 내적 연관을 가지고 있음을 폭로하고 자유의 개념은 소유와 또 이성의 개념은 자유경쟁 사회에 있어서의 참된 보편성과 공동체의 결여와 내적 연관을 가지고 있음이 명백해진다. 그리고 자연법은 이제 자유경쟁사회의 법칙이 된다. 이러한 모든 사회적 내용은(억지로 꿰어맞춘—역주.) 무리한 해석의, 이러한 개념들의(내적 필연성을 결여한—역주.) 외적인 적용의 산물이 아니라 그러한 개념들의 본래적인 의미의 결정적인 전개이다. 그 뿌리에 있어 『법철학』은 유물론적인 접근방법을 취하고 있다. 헤겔은 각각의 절마다 그의 철학적 개념들의 사회·경제적 하부구조를 파헤치고 있다. 분명히 그는 모든 사회적·경제적 현실을 이념으로부터 도출해내고 있지만 그것은 그러한 현실에 입

20. *Ibid.*, p.xxx.

각하여 표현된 것이고 각각의 모든 계기마다 현실적인 의미를 갖고 있다.

『법철학』은 국가에 대한 어떤 특수한 이론을 해설하는 것이 아니다. 그것은 단지 법, 국가 및 사회의 철학적 연역도 그들 현실에 대한 헤겔의 개인적 의견의 표명도 아니다. 그 저작에서 본질적인 것은 근대 철학의 기본개념들에 대한 자기해체와 자기부정이다. 그러한 개념들은 그것들이 설명하는 그 사회와 운명을 같이한다. 그것들은 그 진보적인 성격을, 희망에 찬 어조를, 비판적인 경향을 상실하고 좌절과 신망의 형태를 취한다. 우리들이 앞으로 전개하려고 하는 것은 이 저작의 체계적인 구성보다는 오히려 이 저작에서 발생했던 이러한 내면적인 사건이다.

「서론」에서는 법, 시민사회, 국가를 자세하게 설명하기 위한 전반적인 골격이 제시되어 있다. 법의 영역은 자유의 영역이다.[21] 사유하는 주체는 자유로운 존재이며 자유는 그의 의지의 한 속성이다. 자유로운 것은 바로 그 의지이며 따라서 자유는 그것의 실체이고 본질이다.[22] 이러한 주장은 사유만이 자유의 유일한 영역이라는 『논리학』에서의 결론과 모순되는 것으로 생각해서는 안 된다. 왜냐하면 의지는 '사유의 한 특수한 방법', 즉 '그 스스로를 현실로 이행시키는 사유'이며 실천으로 되는 사유이기 때문이다. 자신의 의지를 통하여 개인은 그의 자유로운 이성에 따라 행위를 규정할 수 있다. 법의 전 영역, 즉 개인, 가족, 사회, 국가의 권리는 개인의 자유의지로부터 나오며 그것에 따르지 않으면 안 된다. 따라서

21. *Ibid.*, § 1, Addition.
22. *Ibid.*, § 4.

우리들은 여기까지는 헤겔 초기 저작의 결론, 즉 국가와 사회는 해방된 개인의 비판적 이성에 의해 구축되어야 한다는 사실을 재차 서술하고 있는 셈이다. 그러나 바로 그 점이 곧 의문에 부쳐진다. 근대사회의 해방된 개인은 그러한 비판적 이성을 구축할 능력이 없기 때문이다. 특수이익의 표현인 그의 의지는 특수이익과 일반이익에 공동의 기반을 부여할 '보편성'을 포함하고 있지 않다. 개인의지는 저절로 '일반의지'를 구성하는 일부분이 되지 않는다. 사회계약의 철학적 기초는 이러한 이유에서 부정되지 않으면 안 된다.

의지는 서로 다른 두 측면 또는 계기의 통일이다. 그 첫 번째 측면 또는 계기는 모든 구체적인 특수한 상황으로부터 후퇴하여(추상화하여—역주) 그것을 부정함으로써 순수자아라는 절대적 자유에로 복귀하는 개인의 능력이고[23] 두 번째 측면 또는 계기는 하나의 구체적 상황을 자유롭게 선택하여 자기의 현존재를 특수한, 제한된 자아로서 자유롭게 긍정하는 개인의 행위이다.[24] 헤겔은 그 첫 번째 측면을 의지의 보편적인 측면이라 부른다. 왜냐하면 모든 규정적인 상황의 끊임없는 추상과 부정을 통하여 자아는 그의 동일성을 그의 특수한 상태의 다양성에 대립하는 것으로 주장하기 때문이다. 즉 개별적인 자아는 그것이 모든 특수한 상황을 추상하고 초월하여 그러한 과정 속에서 여전히 자기동일성을 유지할 수 있다는 점에서 참으로 보편적인 것이다. 두 번째 측면은, 개인은 사실에 있어서는 모든 특수한 상황을 부정할 수 없으며 반드시 그의 삶을 영위해 갈 어떤 상황인가를 선택하지 않으면 안 된다는 것을

23. *Ibid.*, § 5.
24. *Ibid.*, § 6.

인정한다. 바로 그런 점에서 그는 특수한 자아이다.

의지의 어느 한 형태에만의 집착은 부정적인 자유를 결과한다. 만약 개인이 모든 특수한 상황을 사상하고 그의 자아의 순수의지에로 후퇴한다면 그는 끊임없이 모든 기존의 사회·정치적 형태들을 부정하게 될 것이고 프랑스 혁명에서 높이 찬양되었던 추상적 자유와 평등과 같은 것에만 매달리게 될 것이다. 이와 똑같은 것이 루소의 국가이론 및 사회이론에서도 행해지고 있었다. 이 이론은 인간의 원초적인 상태를 미리 상정하고 있는데 거기에서 하나의 단위로서 인간은 선과 악이라든가 사유재산 소유자 또는 사유재산을 갖고 있지 않은 공동체의 일원 등등과 같은 어떤 임의로 선택된 성질들을 가지고 있는 추상적인 개인이었다. 헤겔에 의하면 루소는 '자기 멋대로 사는 특수한 개인의 의지와 정신을' 사회에 있어서의 "…… 실체적인 제1의 기초"로 삼았던 것이다.[25]

헤겔의 의지의 개념은 의지가 이중의 성격을 가지고 있어, 특수한 요소와 보편적인 요소 사이의 근본적인 적대관계로 되어 있다는 것을 증명하기 위한 것이었다. 더 나아가 그것은 이러한 의지는 하나의 사회·정치적 질서를 낳기에는 충분하지 않고, 이러한 질서는 역사의 오랜 과정을 통해서만 비로소 이러한 의지와 조화를 이룰 수 있는 또 다른 요소를 요구하고 있다는 것을 보여주기 위해서였다. 개인의 자유의지는 필연적으로 자신의 사적 이익을 주장한다. 따라서 그것이 저절로 일반 또는 공동이익을 의지한다는 것을 결코 있을 수 없는 일이다. 예를 들면 헤겔은 자유로운 인간은 그 자체 다른 재산 소유자들과 적대적인 입장에 서 있는 재산 소유자

25. *Ibid.*, § 29, p.35.

가 되었다는 것을 보여 주고 있다. 그의 의지는 '그 본성상' 그의 직접적인 '충동이나 욕망, 경향'에 의해 규정되고 이들의 만족을 지향한다.[26] 만족이란 그가 그의 의지의 대상을 그의 소유물로 만들었다는 것을 의미한다. 그는 자신의 원하는 대상을 점유하지 않고서는 따라서 다른 개인들이 똑같은 것을 사용하고 향유하는 것을 배제하지 않고서는 그의 욕구를 충족시킬 수 없다. 그의 의지는 필연적으로 '개별성의 형태'(Einzelheit)를 취하지 않으면 안 된다.[27] 자아에 대하여 대상이란 '그의 것이 될 수도 안 될 수도 있는' 어떤 것이다.[28] 그리고 개별적 의지는 본질적으로 '나의 것'과 '너의 것'의 이러한 상호배제를 넘어서서 이 둘을 어떤 공통된 제3자로 통합시킬 수 있는 그 어떤 것도 가지고 있지 않다. 그렇기 때문에 그의 자연적인 차원에 있어서 자유의지는 언제까지나 우연에 불과한 임의적인 점유의 과정에 매어 있는 자의일 뿐이다.[29]

우리는 여기에서 헤겔이 자연의 법칙과 자유경쟁사회의 법칙을 동일화하는 최초의 예를 본다. 자유로운 의지의 '본성'이란 의지의 어떤 특수한 역사적 형태, 즉 자유의 최초의 실현으로서의 사유재산을 가진 사적 소유자로서의 개인의 형태를 가리킨다는 식으로 생각되었다.[30]

그렇다면 그들 사이의 아무런 공통 기반도 없는 '나의 것'과 '너의 것'의 분리된 주장을 표현하고 있는 개인의 의지는 어떻게 하여 '우리'의 의지가 되고 그래서 공동 이익을 대변할 수가 있는 것일

26. *Ibid.*, § 11.
27. *Ibid.*, § 12.
28. *Ibid.*, § 14, p.24.
29. *Ibid.*, § 15.
30. *Ibid.*, § 41.

까? 사회계약이라는 가정은 성립할 수 없다. 왜냐하면 사법의 영역을 초월하는 개인들 사이의 계약이란 있을 수 없기 때문이다. 국가와 사회의 기초로서 계약을 가정한다는 것은 사적인 이해관계를 지배하는 똑같은 자의성에 전체를 종속시키는 것이 될 것이다. 동시에 국가는 개인의 제권리의 폐기를 담고 있는 어떠한 원리도 그 기초로서 삼을 수 없다. 헤겔은 신흥 중산계급의 모든 정치철학에서 표명되고 있었던 이 주장을 굳게 고수하고 있다. 『리바이어던』(*Leviathan*)에서 기술된 절대주의 국가가 새로운 중산계급의 이익을 보존할 수 있는 가장 좋은 정치형태라고 생각되던 시대는 이미 지나갔다. 긴 단련의 과정은 벌써 이전부터 그 열매를 맺고 있었다. 즉 개인은 이미 경제적 질서의 결정적 단위가 되었으며 더 나아가 이제는 정치적 조직 내에서의 자기 권리를 요구하고 있었다. 헤겔은 그의 모든 정치이론을 통하여 이러한 요구에 충실했으며 이를 전면에 부각시켰다.

헤겔은 의지의 '보편성'을 자아의 보편성으로서 나타내고 있다고 말했는데, 이것이 의미하는 바로 보편성은 자아가 생존의 모든 조건들을 자기동일성으로 통합한다는 사실에 있다는 것이다. 그 결과는 역설적이다. 즉 보편자는 인간의 가장 개인적인 요소 안에, 즉 그의 자아 안에 자리하게 된다. 사회적인 현상을 통해 본다면 이러한 과정은 금방 이해될 수 있다. 근대사회는 개인들이 전체의 선을 위하여 자율적이고도 일치된 행동을 할 수 있도록 개인들을 통합하지 못한다. 그들은 그들의 사회를 의식적으로, 즉 집단적 행위에 의해서 재생산하는 것이 아니다. 이와 같은 상황 아래에서는 개별적인 자아의 추상적 평등만이 자유를 향한 유일한 도피처가 된다.

그것이 의지하는 자유는 소극적이며 전체의 끊임없는 부정이다. 적극적인 자유의 획득은 개인이 그의 사적인 이익이라는 단자적인 영역을 떠나, 어떤 특수한 목적이 아니라 의지 그 자체를 지향하는 의지의 본질에로 이행할 것을 요구한다. 따라서 개인의 의지는 일반적인 자유를 향한 자유가 되어야 한다. 그러나 오직 개인이 현실적으로 자유롭게 되었을 때 비로소 의지는 그렇게 될 수 있다. 스스로 자유로운 개인의 의지만이 적극적인 자유를 지향할 수 있다. 헤겔은 이러한 결론을 "자유는 자유를 의지한다" 또는 "자유로운 의지는…… 자유로운 의지를 의지한다"라는 신비스러운 정식으로 서술하고 있다.[31]

이러한 정식은 언뜻 보기에 추상적인 철학의 전형처럼 보이지만 그 속에는 구체적이고 역사적인 삶이 포함되어 있다. '자유를 원하는' 것은 어떤 개인이 아니라 자유로운 개인이다. 참된 형태로 존재하는 자유는 자유롭게 '존재하는' 개인에 의해서만 인식되고 의지될 수 있다. 인간은 자유를 소유하지 않고서는 자유를 인식할 수 없다. 따라서 인간은 자유롭게 되기 위해서 반드시 자유로워야 한다. 자유란 단지 그가 소유하고 있는 지위가 아니라 자기의식적인 주체로서 그가 기도(企圖)해야 할 행위이다. 인간은 자유를 알지 못하는 한 결코 자기 스스로 자유를 획득할 수 없다. 인간은 자유가 결여되어 있음으로 해서 그 자신의 속박을 자진하여 선택하거나 그것에 묵종(黙從)하는 일까지도 생길 수 있다. 이와 같은 경우에 인간은 자유에 아무런 관심도 가지고 있지 않으며 그의 자유는 그 자신의 의지에 반하여 일어나게 된다. 말을 바꾸면, 해방한다는

31. *Ibid.,* § 21, Addition, p.30, and § 27, p.34.

행위는, 예속상태에 있음으로 해서 자유를 그 자신의 나아갈 길로서 스스로 선택할 수 없는 사람의 손으로부터는 벗어나 있다는 것을 의미한다.

『법철학』에서의 자유의 개념은 『대논리학』에서 제시된 자유와 사유 사이의 본질적 관계와 연관되어 있다. 그러한 관계의 뿌리는 이제 사회적인 구조로서 노정되고 그와 더불어 관념론과 소유권의 원리 사이의 관계도 명백해진다. 분석을 진행시키면서 헤겔의 개념은 그 비판적 내용을 상실하고 사유재산의 정당화로서 공헌하게 된다. 여기에서 우리들은 논의의 이러한 전향을 살펴보기로 하자.

의지가 자유를 욕구하게 되기까지 스스로를 '순화'해 가는 과정은 역사를 통해 행해지는 힘든 교육의 과정이다. 교육이란 사유의 활동이며 산물이다. "그것의 대상, 내용, 또는 목적을 순화하여 그것을 보편성에로 고양시키는 자기의식은 의지에까지 스스로를 관철해 나가는 사유이다. 의지는 사유하는 지성으로서만 참되고 자유롭다는 것이 명백해지는 것은 바로 이 점에서이다."[32] 의지의 자유는 사유에, 진리의 인식에 의존하다. 인간은 자신의 가능성을 인식했을 때 비로소 자유로울 수 있다. 노예는 두 가지 이유에서, 즉 첫째는 그가 실제로 예속상태에 있기 때문에 그리고 둘째는 그의 자유에 대한 아무런 경험과 인식도 가지고 있지 않기 때문에 자유롭지 않다. 인식, 혹은 헤겔의 말을 빌리면, 자유의 자기의식은 '법, 도덕 및 모든 형태의 사회적 윤리의 원리'이다.[33] 『대논리학』에서는 자유가 사유에 근거하고 있음을 밝히고 있는데 『법철학』은 그

32. *Ibid.*, § 21, pp.29~30.
33. *Ibid.*, § 21, p.30.

요점을 되풀이하면서 이러한 결론을 위한 사회·역사적 상황에 대해서 언급하고 있다. 의지가 자유로운 것은 의지가 "완전히 자기 자체로서만 존재할 때이다. 왜냐하면 그것은 오직 자기 자신만 관계하고 있으며 기타 다른 어떤 것에의 모든 의존관계는 사라지기 때문이다."[34)]

의지는 바로 그 본성부터가 그 대상을 점유하여 그것을 자기존재의 일부분으로 만들 것을 목적으로 한다. 이것은 완전한 자유를 위한 필수조건이다. 그러나 물질적인 대상은 그러한 점유에 일정한 제한을 제공한다. 본질적으로 그것들은 점유하는 주체에 대해 외적인 것이며, 따라서 그것들의 점유는 필연적으로 불완전하다. 완전히 나의 소유물이 될 수 있는 유일한 대상은 정신적 대상이다. 왜냐하면 그것은 사유하는 주체와 떨어져 독립된 실재는 가지고 있지 않기 때문이다. "가장 완전한 방식으로 내가 점유할 수 있는 것은 바로 정신이다."[35)] 정신적 점유는 물질적 대상의 소유와는 다르다. 왜냐하면 개념적으로 파악된 대상은 주체에 대하여 외적인 것이 아니기 때문이다. 따라서 소유는 이렇듯 자유의지에 의하여 완성되며 이와 같은 소유야말로 점유의 실현임과 동시에 자유의 실현이다.

『논리학』의 결론은 자유란 주체가 '타자'에 대하여 완전한 지배력을 가질 때 존재한다는 것이었다. 그러한 자유의 구체적인 형태는 완전하고 항구적인 소유권이다. 관념론의 원리와 소유권의 원리의 통일은 이렇게 하여 완성된다. 헤겔은 그의 철학을 일관하여 이

---

34. *Ibid.*, § 23, p.31.
35. *Ibid.*, § 52.

러한 동일화를 철저하게 진행시켜 나간다. "의지와는 대조적으로 다른 모든 것은 상대적인 반면에 의지는 유일하게 무제한적이고 절대적이다. 점유한다는 것은 근본적으로 사물이 자기완결적인 것도 아니며 또한 자기 독자적인 목적을 갖는 것도 아니라는 점을 증명함으로써 곧 사물에 대한 나의 지배를 표명하는 것이다. 이것은 내가 대상 속에 그것이 본래 가지고 있었던 것과는 다른 또 하나의 목적을 불어넣음으로써 이루어진다. 생물(헤겔은 그 예로서 의지의 잠재적 대상으로서의 동물을 들고 있다.)은 나의 소유물이 될 때 그것이 가졌던 것과는 다른 연관을 갖게 된다. 나는 그것에 나의 의지를 부여한다."[36]고 헤겔은 서술한다. 그리고 그는 '따라서 자유의지는 있는 그대로의 사물은 자기 완결적이라고 생각하는 것을 부정하는 관념론'이라고 결론짓는다.

객관적 존재는 사유에 의존한다는 관념론의 원리는 이제 잠재적 소유 가능성이라는 사물의 성격의 기초로서 해석된다. 동시에 관념론이 소유권의 이념을 실현하는 것으로 생각하고 있는 것은 가장 참된 존재인 정신이다.

헤겔의 자유의지의 분석은 소유를 바로 개인을 구성하는 본질에, 즉 그의 자유의지 속에 정립한다. 자유의지는 자유를 향한 순수의지로서 실재하게 된다. 바로 이것이 '법의 이념'이며 자유 그 자체와 동일한 것이다. 그러나 그것은 단지 법의 그리고 자유의 이념에 지나지 않는다. 이러한 이념의 구체적 실현은 해방된 개인이 자기 의지를 점유할 수 있는 자유로서 주장할 때 비로소 시작된다. "이러한 자유의 최초의 단계가 소유임을 우리는 알게 될 것이다."[37]

36. *Ibid.*, § 44, Addition, pp.51~2.

자유의지의 본질로부터 소유를 연역해 내는 것은 헤겔의 논의에 있어서의 하나의 분석적 과정이다. 즉 그는 의지에 대한 그의 이전의 결론으로부터 그 귀결을 도출한다. 첫째 자유의지란 하나의 배타적인 개인으로서 주체가 관계 맺고 있는 세계의 다양한 대상들을 향하여 갖는 목적들로 충만한 '주체의 유일한 의지'이다. 그는 타자를 그의 의지의 대상으로부터 배제시키고 그것을 배타적인 자기 자신 것으로 만듦으로써 그의 자유를 시험해가는 과정 속에서 실제로 자유로워진다. 바로 그의 배타적인 의지로 해서 개인은 '인격'이 된다. 즉 인격성은 그의 의지의 대상을 자신의 것으로 만드는 자기의식적인 힘이 있을 때 비로소 시작된다.38)

헤겔은 개인이 자유로운 존재로서 인정받았을 때 비로소 자유롭다는 것을, 그리고 그러한 인정은 그가 지신의 자유를 입증했을 때 그에게 주어진다는 것을 강조하고 있다. 그러나 입증은 점유함으로써, 그의 의지의 대상에 대한 그의 지배력을 보여줌으로써 성취된다. 그리고 점유라는 행위는 다른 개인들이 그것에 동의하고 또는 그것을 '인정'했을 때 비로소 완결된다.39)

우리들은 또한 헤겔에 있어서 주체의 실체가 '절대적 부정성'에 있다는 것은 자아가 대상의 독립성을 부정하고 그것을 자기 자신 성취를 위한 매개자로 바꾸는 한에 있어서라는 것을 이미 고찰했다. 재산 소유자의 행위는 이제 이러한 부정의 추동력이 된다. "인격으로서의 개인은 어떠한 대상에 대해서든 자신의 의지를 기투(企投)할 수 있는 권리를 그의 현실적이며 적극적인 목적으로서 갖는

37. *Ibid.*, § 33. Addition, p.41.
38. *Ibid.*, § 39.
39. *Ibid.*, § 44, p.51.

다. 이렇게 하여 대상은 그의 것이 된다. 대상은 그 자체로서는 어떠한 목적도 갖고 있지 않기 때문에 그것은 그(주체)의 의지로 그의 의미와 혼을 부여받는다." 인간은 모든 사물에 대하여 점유할 수 있는 절대적인 점유권을 가지고 있다.[40] 단순한 점유는 단순한 점취(Besitz)만을 결과한다. 그러나 점취는 그 소유자에 대해서 뿐만 아니라 다른 개인들에 대해서도 객관적인 것이 되었을 때 비로소 소유(Eigentum)가 된다. '대상으로부터 단순한 주관성이란 형식은 제거되지 않으면 안 된다. 즉 그것들은 일정한 개인(인격)의 일반적으로 인정된 소유물로서 주장되고 사용되어야 한다.[41] 그리고 또한 이 인격은 그가 소유한 물건들 속에서 스스로를 인정하지 않으면 안 되고 그것들을 자기의 자유의지의 성취로서 인식하고 취급하지 않으면 안 된다. 그런 경우에 아니 오로지 그런 경우에만 소유는 실제적인 권리가 된다.[42] 자유의지는 필연적으로 일정한 개인의 '독단적 의지'이며 소유는 '사유재산이라는 성질'을 갖게 된

40. 헤겔의 개인들 간의 '상호인정'이라는 개념은 그 안에 다음과 같이 서로 다른 요소들을 내포하고 있다.
 a. 실증주의적 요소;점유라는 사실에 대한 단순한 인정.
 b. 변증법적 요소;소유자는 착취당하는 사람들의 노동이 그의 소유의 영속과 향유를 위한 조건이라는 것을 인정한다.
 c. 역사적 요소;소유권이라는 사실은 사회에 의해 확증되지 않으면 안 된다.
 「예나 시대의 체계」와 『정신현상학』은 처음의 두 요소를 강조했으며 『법철학』은 주로 첫 번째와 세 번째 요소 위에 구축된다. 『법철학』에 있어서의 사유재산의 연역은 근대철학에 특유한 모든 요소들, 특히 사실이 가진 최고의 권위에 대한 숭배, 이와 더불어 그러한 사실들의 기초는 합리적으로 정당화되어야 한다는 요구를 명백하게 하고 있다.
 이러한 논의 가운데 변증법적 요소가 제거되었다는 것은 헤겔의 개념 속에 물화의 영향이 증대했다는 것을 보여 준다. 「예나 시대의 체계」 및 『정신현상학』은 소유를 인간들 간의 관계로서 취급했었다. 그런데 이제 『법철학』에서는 그것을 주체와 대상 사이의 관례로서 취급하고 있다.

41. *Ibid.*, § 51, Addition.

42. *Ibid.*, § 45.

다.[43)]

사유재산제도를 이처럼 철저하게 고립된 개인의 본성으로부터 전개시키고 그것에 그 기초를 두었던 시도는 그때까지는 거의 그 유례가 없었다. 지금까지는 헤겔의 연역에는 어떠한 보편적 질서도 개입되지 않았으며 개인적인 점유에 보편적인 권리를 인정하지도 않았다. 그것을 규정하고 정당화하기 위해서 신에게 호소된 일도 없고 또한 그것을 산출하는 원인으로서 어떠한 인간의 요구도 언급되지 않았다. 소유는 오로지 자유로운 주체의 힘에 의해서만 존재한다. 즉 그것은 자유로운 인격의 본질로부터 유래하는 것이다. 헤겔은 사유제도를 어떠한 유연적인 관계로부터도 제거하거나 그것을 존재론적인 관계로서 실체화하였다. 그는 사유제도가 인간의 욕구를 충족시키는 수단으로서 정당화되어서는 안 된다고 거듭 강조하고 있다. "소유의 이론적 근거는 그것이 욕구를 충족시킨다는 데 있는 것이 아니라 오히려 그 제도가 단순한 주관성을 극복하고 동시에 인격의 규정을 실현하는 데 있다. 인격은 소유에 의해서 비로소 이성으로서 존재한다"[44)] 소유는 사회의 우연적인 제요구에 선행한다. 그것은 '자유의 최초의 구현이며 따라서 그 자체 실체적인 목적'이다. '인간의 외적 대상과의 관계에 있어 이성적인 요소는 재산의 소유에 있다.' 그러나 인간이 무엇을 소유하고 얼마만큼 소유하는가는 우연의 문제이며 법의 입장에서 보더라도 전적으로 우연적인 것이다.[45)] 헤겔은 현재 재산의 분배는 우연적인 상황의 산물이며 합리적인 요구와 조금도 일치하고 있지 않다는 것을 분명

43. *Ibid.*, § 46.
44. *Ibid.*, § 41, Addition.
45. *Ibid.*, § 49.

히 인정하고 있다. 그러나 다른 한편 그는 이러한 분배의 문제에 대해서 판결을 내리는 일을 이성에 대해서 면제해 주고 있다. 그는 인간의 평등이라는 철학적 원리를 소유의 불평등이라는 문제에 적용하려는 노력을 전혀 기울이지 않았으며 실제로 그러한 과정을 거부하고 있다. 이성으로부터 도출할 수 있는 유일한 평등은 "모든 사람은 재산을 소유해야 한다는 것"46)이며 이성은 소유권의 질과 양에 대해서는 전혀 무관심하다. 헤겔이 "법은 개인적인 차이에 대해서는 무관심하다"라는 결정적인 정의를 내리고 있는 것은 이러한 맥락에서이다.47)

이러한 정의는 그의 법철학이 진보적인 면과 억압적인 면을 동시에 가지고 있다는 점에서 알 수 있다. 곧 보게 되겠지만 개인적 차이에 대한 무관심은 법률의 추상적인 보편성의 특징이며 그것은 불합리성과 불의의 질서 위에 최소한의 평등과 합리성을 정립한다. 그러나 다른 한편 다름 아닌 이 무관심이 전체의 보전은 개인의 인간적 본질을 무시함으로써만 달성될 수 있는 사회적 실천을 전형적으로 드러내고 있다. 법의 대상은 구체적인 개인이 아니라 추상적인 권리의 주체이다.

인간과 인간과의 관계를 사물과 사물과의 관계로 변형하는 과정은 헤겔의 논리전개에서도 일어난다. 인격은 소유 속에 침잠되고 그의 소유물에 의해서만 하나의 인격이 된다. 결과적으로 헤겔은 모든 인격의 법을 소유의 법으로서 나타내고 있다. "분명히 인격만이 우리에게 사물에 대한 권리를 부여한다. 따라서 인격권은 본질

46. *Ibid.*, Addition.
47. *Ibid.*

적으로 물권(Sachenrecht)이다."[48]

물화의 과정은 끊임없이 헤겔의 분석에 침투해 있어 그는 계약법이나 채권법 전체를 소유법에서 도출하고 있다. 인격의 자유는 사물의 외적인 영역에 행사되는 것이기 때문에 인격은 자기 자신을 '외화'할 수 있다. 즉 자기 자신을 외적인 대상으로서 취급할 수 있다. 인격은 자기 자신을 자유의지로써 스스로를 '양도하고'(또는 소외시키고 ; alienate) 그의 일이나 봉사를 팔 수 있다. "정신적인 재능, 학문, 기술 또는 설교나 미사, 기도나 축복 따위의 종교적인 요소까지도 또한 발명 등등도 계약의 대상이 되며 그것들은 구매, 판매 등등과 같은 것을 위한 대상과 똑같은 방법으로 인정되고 취급된다."[49] 그러나 인격의 양도는 시간적으로 제한을 받지 않을 수 없는데 그럼으로써만 인격의 '전체성과 보편성' 가운데 어떤 것인가가 여전히 남아 있을 수 있기 때문이다. 만약 내가 "나의 구체적인 노동의 전 시간, 나의 생산물의 전체'를 팔아야 한다면 나의 인격성은 어떤 다른 사람의 소유가 될 것이며 따라서 나는 더 이상 하나의 인격일 수 없고 스스로를 법의 영역 밖에 내팽개치는 것이 될 것이다."[50] 자유의 원리는 모든 사물에 대한 인격의 절대적인 주권을 증명해야 하는 것이었으나, 그 원리는 이제 인격을 사물로 바꾸었을 뿐 아니라 그를 시간의 함수로 만들어 버렸다. 헤겔은 후에 마르크스로 하여금 인간이 '자유의 영역'으로 이행하기 위한 조건으로서 '노동시간의 단축'을 요구하게 한 똑같은 사실에 이미 생각이 미쳐 있었다. 헤겔의 개념들은 또한 더 멀리 나아가 노동시간

48. *Ibid.*, § 40, note.
49. *Ibid.*, § 43.
50. *Ibid.*, § 67.

의 숨은 힘에 대해서 논급하고 있으며, 고대의 노예와 '자유로운' 노동자 사이의 차이는 '주인'에게 속하는 노동의 양에 의해 표현될 수 있다는 것을 갈파하고 있다.[51]

사유재산제도는 인격의 자유로운 의지에서 유래하는 것이었다. 그러나 이러한 의지는 일정한 한계, 즉 다른 개인의 사유재산이라는 한계를 가지고 있다. 나는 다른 사람들의 소유물에 대한 나의 점유의 권리를 폐기하는 한에서만 소유자이며 또한 계속 소유자로 남을 수 있다. 이리하여 사유재산은 고립된 개인을 넘어서서 그와 비슷하게 고립된 다른 개인과의 관계로 넘어간다. 이와 같은 차원에서 사유재산을 보증하는 제도는 계약(Vertrag)이다.[52] 여기에서 다시 이성이라는 존재론적 이념은 상품생산 사회에 맞게 조정되고 거기에서 그것의 구체적인 현실성을 부여받는다. '인간이 재산을 갖는다는 것과 마찬가지로 인간이 계약을 하고 교환을 하고 거래를 한다는 것은 이성에 대해 필연적인 것이다.' 계약은 소유를 사유재산으로 전환시키기 위해 요구되는 '상호인정'을 구성한다. 헤겔의 본래 변증법적인 개념이었던 '인정'은 이제 이익사회에 있어서의 상태를 나타내고 있다.[53]

그러나 계약은 단지 재산 소유자들의 특수한 이익들을 조정하는 것일 뿐 어떠한 경우에도 사법의 영역을 넘어서는 것은 아니다. 헤겔은 여기에서 다시 사회계약설을 거부하고 있다. 왜냐하면 그의 주장에 의하면 인간이 국가로부터 탈퇴할 수도 또는 그렇지 않을 수도 있다는 식의 임의적인 선택권을 가지고 있다고 말하는 것은

51. *Ibid.*, Addition.
52. *Ibid.*, § 72.
53. 상술한 주(註) 40을 보라.

거짓이기 때문이다. 그와는 반대로 '오히려 국가 안에 존재한다는 것은 모든 인간에게 있어 절대적으로 필연적인 것이다.' 봉건적 국가에 대한 근대국가의 '위대한 진보'는 전자는 '목적 그 자체'이며 국가에 대해서는 어느 누구도 사적인 협약을 할 수 없다는 사실에 기인한다.[54]

사유재산이 내포하고 있는 여러 함축적인 의미는 헤겔로 하여금 법의 기초라는 어둡고 좁은 길로 더 깊이 더듬어 가도록 했다. 헤겔은 죄악과 형벌이 본질적으로 사유재산제도에 내포되어 있다는 것을,[55] 따라서 또한 법의 제도에 내포되어 있다는 것을 서론에서 이미 밝히고 있다. 사유재산 소유자들은 그들이 각각 자기 자신 특수한 의지인 주체인 타자들과 대립하고 있는 한, 그들의 권리는 필연적으로 충돌하지 않을 수 없다. 그들 각자의 행위는 전적으로 그들의 지식과 의지가 명령하는 '자의적이고 임의적인 선택'에 의존하며[56] 그의 사적인 의지와 일반의지의 일치는 새로운 갈등의 맹아를 내포하고 있는 우연에 지나지 않는다. 따라서 사적인 권리는 필연적으로 불법이다. 왜냐하면 고립된 개인은 일반적인 법에 어긋나지 않을 수 없기 때문이다. 헤겔은 사기와 범죄가 시민사회의 실질적인 부분임을 명시하면서 '사기와 범죄'가 '범의(犯意)가 없는 불법, 혹은 민사상의 불법'(unbefangenes oder bürgerliches Unrecht)이라고 말하고 있다. 시민사회에 있어서의 법은 특수한 의지들의 추상적인 일반화가 존재한다는 사실로부터 생긴다. 만약 개인이 자신의 이익을 추구할 때 법과 충돌할 경우, 그는 다른 개인들

54. *Ibid.*, § 75, Addition.
55. *Ibid.*, § 33, Addition.
56. *Ibid.*, § 81.

이 그에 대해서 주장하는 권리를 똑같이 자신을 위해서 주장할 수 있다. 즉 다시 말하여, 그는 자신의 이익을 보호하기 위하여 소송을 제기할 수 있다. 그러나 법은 보다 높은 권위를 가지고 있다. 왜냐하면 그것은 또한(비록 부적절한 형태이긴 하지만) 전체의 이익을 대변하고 있기 때문이다.

전체의 법과 개인의 법은 똑같은 효력을 가질 수 없다. 전자는 사회의 요구를 성문화한 것이고 더 나아가 개인의 유지와 복지는 그것에 의존해 있기 때문이다. 만약 후자가 이러한 법을 인정하지 않는다며, 그들은 보편자에 대해서 뿐만 아니라 그 스스로에 대해서도 죄를 범하게 된다. 그들은 불법이다. 그리고 그들은 자신의 죄에 대한 형벌을 받음으로써 그들의 실제적인 권리를 다시 회복하게 된다.

헤겔의 형벌이론을 일관하고 있는 이러한 논리전개는 불법의 이념을 모든 도덕적인 고찰로부터 완전히 분리한다. 『법철학』은 불법을 도덕성의 범주 안에 넣지 않고 추상법이라는 항목 아래 두고 있다. 불법은 개인적인 소유자들 서로의 관계에 있어서 필연적인 요소이다. 헤겔의 설명 방식에는 이러한 강한 기계론적인 요소가 포함되어 있으며, 여기에서 다시 홉즈의 유물론적인 정치철학과 비슷한 유사성을 보여 주고 있다. 확실히 헤겔은 자유로운 이성이 개인의 의지와 행위를 지배한다고 주장했으나 이러한 이성은 자율적인 인간의 활동으로서가 아니라 자연법칙과 같은 방식으로 활동하고 있는 듯이 보인다. 이성은 인간의 의식적인 힘을 통하여 작용하는 게 아니라 오히려 인간을 지배하고 있다. 따라서 헤겔이 '이성의 법'(Vernunftrecht)과 '자연법'(Naturrecht)을 동일화했을 때 이러한 정식은 헤겔의 의도와는 전혀 다른 불길한 의미를 띠게 된다. 그는 이성이 바로 사회의 '본성'(nature)임을 강조하기 위해서 이러한 표현을 썼지만, 이성이 법의 '자연적'(natural) 성격은 합리적인 사회의 자기 의식적 자유라기보다는 맹목적인 자연의 필연성이라는 데 더 가깝게 접근하고 있다. 우리는 헤겔이 시민사회에 있어서의 이성의 '맹목적인 필연성'을 거듭해서 강조하고 있는 것을 보게 될 것이다. 마르크스가 후에 자본주의의 무정부성으로 고발했던 바로 그 맹목적인 필연성이 이렇게 헤겔 철학의 중심에 놓였던 것이다.

사회에 있어서 이성의 현실적인 원동력인 자유의지는 필연적으로 불법을 낳는다. 개인은 객관적인 형태로 자기 자신 의지를 나타내고 있다고 주장하는 사회질서와 충돌하지 않을 수 없다. 그러나 불법과 그것을 '시정하는 정의'는 '보다 고차적인 논리적 필연성'[57]을 표현할 뿐 아니라 자유의 보다 고차적인 사회적 형태에로의 이행 즉 추상법으로부터 도덕성에로의 이행을 준비한다. 왜냐하면 불법을 저지르고 그의 행위에 대한 형벌을 받아들이면서 개인은 그의 자유의 '무한한 주관성'을 의식하게 된다.[58] 그는 자신이 사적인 인격으로서만 자유롭다는 것을 알게 된다. 그가 법의 질서와 충돌했을 때 그가 실천하고 있었던 이러한 양태의 자유는 결코 뛰어넘을 수 없는 한계에 도달했다는 것을 발견한다. 외적 세계에서 거절당한 의지는 거기에서 절대적인 자유를 구하기 위해 이제 내적인 세계로 이행한다. 자유의지는 그것의 성취를 위한 두 번째 영역

57. *Ibid.*, § 81.
58. *Ibid.*, § 104. p.103.

에로 들어간다. 그리고 이제 점유하는 주체는 도덕적 주체가 된다.

헤겔 저작의 제1부로부터 제2부로의 이행은 이와 같이 자유가 내면화되는(verinnerlicht) 근대사회의 결정적인 경향을 그대로 따르고 있다. 헤겔이 존재론적 과정으로서 진행시키고 있는 의지의 동적 구조는 독일의 종교개혁과 함께 시작되는 역사적 과정과 일치한다. 우리는 이 점을 이미 서론에서 지적한 바 있다. 헤겔은 이러한 메시지를 밝히고 있는 가장 중요한 문헌 중의 하나인 루터의 논문 「크리스천의 자유에 대하여」를 인용하고 있는데, 거기에서 루터는 '육체가 혹사를 당하고 인력이 다른 사람의 폭력 밑에 굴종한다 하더라도 영혼은 침해되지도 손상되지도 않을 것이라고 주장하고 있다.' 헤겔은 이러한 성명을 '무분별한 궤변적 추론'이라고 말하고 있으나 동시에 그러한 상황이 가능하다는 것을, 즉 인간은 '예속상태에서도 자유로울' 수 있다는 것에 동의한다. 헤겔의 주장에 의하면 이러한 상태는 그것이 인간의 자유의지의 결과인 한에서 그리고 그 자신에 대해서만 참일 수 있다. 타인에 관해서는, 만약 그의 육체가 예속되어 있다면 그는 자유롭지 않으며 그가 실제로 그리고 구체적으로 자유롭게 존재할 경우에만 그는 자유롭다.[59] 헤겔에 있어서 내적 자유는 외적 자유를 성취하는 과정에서의 일시적인 단계에 지나지 않는다. 자유의 내적인 영역을 파기하려는 경향은 내면화된 가치의 과정이 더 이상 개인의 제요구를 제한하는 수단으로서 유효하지 않다는 것을 증명하는 사회의 단계를 그 전조로서 예시하고 있는 것이라고 말해도 좋을 것이다. 내적 자유는 적어도 어떠한 권위도 결코 간섭할 수 없는 절대적인 사생활

59. *Ibid.*, § 48.

의 영역을 개인에게 유보해 주며 도덕성은 그를 어떤 보편적으로 타당한 제의무 아래 위치지운다. 그러나 사회가 독점주의적 제국주의의 필요에 따라 전체주의적인 형태로 변하게 되면 인격의 전영역이 정치적 대상이 된다. 그의 가장 내면적인 도덕성까지도 국가에 종속 되며 그의 사생활을 붕괴된다. 전에는 가치의 내면화를 요구했던 바로 그 상황이 이제는 그것들이 완전히 외화될 것을 요구하게 된다.

헤겔의 『법철학』은 지금까지 그러한 두 개의 서로 다른 양극의 발전과정 사이의 균형을 보여 주고 있다. 헤겔은 의지의 주관성은 '어디까지나 자유가 실존하는 근거'60)이며 자유의 궁극의 형태는 전능한 국가라고 말한다. 그러나 내적 자유의 영역인 도덕성은 헤겔의 저작에서 그 광채와 영광을 모두 상실하고 사법과 헌법의, 추상법과 사회생활의 단순한 접합점에 지나지 않게 된다.

헤겔의 체계는 어떠한 실질적인 윤리학도 포함하고 있지 않다는 점이 종종 강조되어 왔다. 그의 도덕철학은 그의 정치철학에 습수되어 있다. 그러나 윤리학을 정치철학에 포함시키는 것은 그의 시민사회에 대한 해석 및 평가와 일치한다. 그의 저작 가운데 도덕성의 부분이 가장 간결하고 가장 중요하지 않다는 것은 결코 우연이 아니다.

이제 우리는 사회 · 정치적 인륜(sittlichkeit)을 다루고 있는 『법철학』의 가장 마지막 부분으로 나아가 보자. 저작의 이 부분은 가족, 시민사회, 국가를 다루고 있는데 먼저 『법철학』의 제 1부 및 제 2부와 이 부분이 갖고 있는 체계적 연관성에 대해 간략하게 살

60. *Ibid.*, § 106, p.152.

펴보기로 하자. 의지는 여기에서 외부로 향하여 사회적 현실의 외적인 영역으로 나아간다. 내적 자유와 그의 도덕성의 진리를 향유하고 있던 개인은 자유와 진리에 도달하지 못했다는 것을 우리는 안다. '추상적인 선'은 '무력하며' 그것은 기존의 어떠한 내용과도 양립 가능하다.[61] 『논리학』은 이념이 현실성으로서만 실현된다는 것을 논증했었다. 이와 마찬가지로 자유의지는 내적 세계와 외적 세계의, 주관적인 법과 보편적인 법의 분리를 극복하지 않으면 안 되며 개인은 객관적인 사회·정치제도 안에서 그의 의지를 실현해야 한다. 그리고 또한 이러한 객관적인 여러 제도는 그의 의지와 일치해야 한다. 『법철학』 제3부 전체는 주체의 자유의지에 토대를 두지 않은 객관적 제도는 존재하지 않으며 또한 객관적인 사회질서 속에 나타나지 않는 주관적 자유도 존재하지 않는다는 것을 전제로 하고 있다.

첫머리의 여러 절은 바로 이 점을 서술하고 있다. 더 나아가 이념은 현실적 존재로서 제시될 것이라는 약속이 주어진다. 인류는 이미 성숙의 단계에 도달했으며 이성의 실현을 가능하게 하는 모든 수단을 소유했다. 그러나 바로 이러한 수단들은 사적인 이해들의 자유로운 활동을 그 구성 원리로 하는 사회, 따라서 그것들을 전체의 복지를 위해서 이용할 수 없는 사회에 의해서 발전되어지고 사용되어져 왔다. 『법철학』은 사유재산이 자유로운 주체의 실체(물질적 현실)이며 자유의 실현이라고 주장했다. 그러나 초기의 저작에서 헤겔은 사유재산 관계는 진실로 자유로운 사회질서의 형성을 방해한다고 보았었다. 이기주의적인 사유재산 소유자들의 무정

61. *Ibid.*, § 141, p.154.

부적 상태는 그 메커니즘으로부터 통합된, 합리적인, 그리고 보편적인 사회체제를 산출해내지 못한다. 그와 동시에 헤겔은 사유재산권을 부정하게 되면 이러한 사회질서는 정립될 수 없다고 주장한다. 그렇게 되면 자유로운 개인은 폐기될 것이기 때문이다. 따라서 없어서는 안 될 이러한 통합을 형성하는 과제는 개인적인 이익과 그들 사이의 경쟁하는 관계 위에 서 있는, 더 나아가 그들의 소유물과 활동을 보호할 제도에 위임된다.

헤겔은 이 문제를, 그가 자연법을 문제 삼았을 때 따랐던 방식으로 처리한다. 자연법 학설은 무정부적인 점유의 상태(자연의 상태)가 어떻게 하여 재산이 전반적으로 보호될 수 있는 그러한 상태로 전환 될 수 있는가라는 문제로 골머리를 앓았는데, 시민사회는 그러한 전반적인 보장의 상태를 확립하는 것으로 생각되었다. 헤겔은 여기에서 똑같은 문제를 제기하고 있으나 이에 대답하는 전통적인 방식에서 한 걸음 앞서 있다. 발전의 두 단계, 즉 자연의 상태와 시민사회의 상태는 제3의 단계인 국가에 의해 연결된다. 헤겔은 자연법의 학설이 합당하지 못하다고 주장한다. 왜냐하면 그것은 시민사회를 목적 그 자체로 보기 때문이다. 홉즈의 정치철학에서조차도 절대주권은 시민사회의 안전과 재산을 보호하기 위한 필요에 종속되며 이러한 상태의 실현이 주권의 내용을 이루고 있었다. 헤겔은 시민사회는 그 내적 모순으로 인하여 참된 통일과 자유를 획득할 수 없으므로 시민사회가 목적 그 자체는 될 수 없다고 말한다. 따라서 시민사회의 독립성은 헤겔에 의해 부정되고 자율적인 국가에 종속되게 된다.

헤겔은 이성의 질서의 실현이라는 과제를 시민사회로부터 국가로 이전시킨다. 그러나 후자는 시민사회 그 자체를 대체할 수는 없으며 다만 그것의 내용을 변화시키지 않으면서 시민사회의 이익을 지키고 그것이 작동하도록 할 뿐이다. 따라서 시민사회를 넘어서는 이 발걸음은 권위주의적인 정치체계에로 나아가며 그것은 그 사회의 물질적 내용을 그대로 유지한다. 헤겔의 정치철학에서 나타나는 이러한 권위주의적 체계는 시민사회의 적대적인 모순을 드러내는 그 구조에 의해 필연적으로 이루어지는 것이다.

그러나 이것이 그 유일한 경향을 아니다. 변증법은 시민사회의 구조적 변화가 그 궁극적인 부정에 이르기까지의 과정을 추적한다. 이러한 부정을 가리키는 개념은 바로 헤겔 체계의 뿌리에 자리하고 있다. 즉 진정한 변증법적 개념으로서의 이성과 자유는 기존의 시민사회라는 체제 내에서는 실현될 수 없다. 따라서 헤겔의 국가에 대한 개념 속에서는 시민사회의 질서와는 양립할 수 없는 그리고 인류의 미래의 사회조직의 청사진을 개괄하고 있는 요소들이 나타난다. 이러한 요소는 특히 국가에 대한 헤겔의 기본적인 제요구에 적용되는데, 즉 국가는 개인의 참된 이익을 보호하고 충족시켜야 하며 이는 개별자와 보편자 사이의 완전한 통일을 이루지 않고서는 생각되어질 수 없다는 것이다. 여기에서 다시 『논리학』의 추상적인 제규정들은 그들의 역사적 의의를 전면에 드러낸다. 『논리학』에서는 참된 존재는 보편자이며 그것은 그 자체 개별적이며 또한 그 안에 특수자를 포함하고 있다. 『논리학』에서 개념이라 불리는 이러한 참된 존재는 이제 이성과 자유를 구현하고 있는 국가로서 재현된다. 국가는 '그의 현실적인 합리성을 이미 전개하고 있는 보편자'62)이며 '일반의지와 특수의지의 동일성'63)을 대변한다.

국가는 '구체적인 자유의 구현체'이며 그 안에서 '인격과 그의 특수이익은 완전한 발전을 이루어 자신들의 권리에 대한 충분한 승인을 얻는다.'[64] 개인의 특수이익은 어떠한 상황 아래에서도 제외되거나 억압받지 않는다. 즉 일체의 '모든 것은 국가에 있어서의 보편성과 특수성의 통일에 의존한다.'[65]

이성과 자유의 참된 변증법적 내용은 기존의 사회체제를 구제하기 위한 헤겔의 권위주의적 방식을 통해서 거듭 나타난다. 기존의 사회 체제를 보존하려고 하는 열망은 헤겔로 하여금 국가를 개인들의 권리위에 자리하고 있으며 심지어는 개인들의 권리와 대립되기도 하는 자립적인 영역으로서 실체화하게 만든다. 국가는 '절대적인 권위 또는 힘을 가지고 있다.[66] '개인이 존재하느냐 않느냐'[67]는 국가에 있어서는 무관심한 문제이다. 그러나 다른 한편에서는 헤겔은 가족, 시민사회, 국가는 '주체와는 소원한 그 어떤 것이 아니라' 바로 '그 자신의 본질'을 이루는 한 부분이라고 주장한다.[68] 그는 개인의 이러한 제도와의 관계를 '의무 또는 책무'라고 부르는데 이것은 필연적으로 그의 자유(liberty)를 제한한다. 그러나 그는 이것이 단지 그의 '추상적인 자유'를 제한하는 데 불과하며 따라서 이는 오히려 그의 '실체적인 자유(freedom)'의 해방을 의미한다고 말한다.[69]

62. *Ibid.*, § 152.
63. *Ibid.*, § 155.
64. *Ibid.*, § 260.
65. *Ibid.*, § 261, Addition.
66. *Ibid.*, § 146.
67. *Ibid.*, § 145. Addition.
68. *Ibid.*, § 147.
69. *Ibid.*, § 148~9.

헤겔의 제개념을 그것의 중산계급 사회와의 유대로부터 분리하여 이러한 사회체제를 넘어서는 변증법적 분석에로 나아가게 하는 똑같은 추동력이 『법철학』 제3부의 모든 부분에서 계속 되풀이되어 나타난다. 가족, 시민사회 및 국가는 그것의 부정을 내포하고 있는 방법에 의해서 정당화된다. 제3부의 첫머리에 나오는 가족에 대한 논의는 그야말로 이러한 역설에 의해서 생기를 띠게 된다. 가족은 국가에서 그 절정에 달하는 이성의 질서를 위한 '자연적인' 토대이다. 그러나 동시에 그것은 그것이 해체되는 한에서만 비로소 그러하다. 가족은 사유재산에 있어 '외적인 실재'를 이룬다. 그러나 사유재산은 또한 가족을 파괴한다. 아이들은 자라서 성인이 되면 재산을 가진 그 자신의 가족을 확립한다.[70] 이리하여 가족이라는 '자연적' 단위는 서로 경쟁하는 수많은 재산소유자 집단으로 분열되며, 그들은 본질적으로 자신들의 특수한 이기주의적 편의를 도모하게 된다. 이러한 집단은 시민사회의 등장을 촉진하며 이는 모든 윤리가 상실되고 부정되었을 때 전면에 나타나게 된다.[71]

헤겔은 시민사회에 대한 그의 분석을 근대사회의 실질적인 두 원리에 기초하여 전개하고 있다. 즉 (1)개인은 그 자신의 사적인 이익만을 목적으로 하며 이러한 이익을 추구하는 데 있어 그는 '물리적 필요와 자의의 혼합체'로서 행위한다. (2)다수의 개인적 이익은 상호 밀접한 관계를 맺어 한 개인의 주장과 만족은 다른 개인의 주장과 만족에 의존한다.[72] 이러한 분석은 아직까지는 모든 개인은 자기 자신 이익을 추구하는 가운데 '저절로' 또한 전체의 이

70. *Ibid.*, § 177.
71. *Ibid.*, § 181.
72. *Ibid.*, § 182.

익을 촉진한다는 '상호의존의 체계'로서 근대사회를 묘사하는 전통적인 18세기 류의 방식을 그대로 따르고 있는 데 불과하다.[73] 그러나 헤겔은 이러한 체제의 긍정적인 측면보다는 오히려 부정적인 측면을 천착한다. 시민적 공동체는 출현하자마자 곧 '과잉과 곤궁, 물질적·사회적 타락을 노정하면서' 멸망해 갈 뿐이다.[74] 우리들이 알고 있는 바와 같이, 헤겔은 처음부터 그 자신의 진보와 재생산의 자유로운 주체로서의 참된 사회는 의식적인 자유를 실현하는 사회라는 것을 주장했다. 시민사회에서의 이러한 측면의 완전한 결여는 그것에 붙여진 이성의 궁극적 실현이라는 자격을 박탈하게 한다. 마르크스와 마찬가지로 헤겔은 이러한 사회에서의 사적 이익들의 통합은 자유롭고 합리적인 결정의 산물이 아니라 전적으로 우연의 산물에 지나지 않는다는 것을 강조한다. 따라서 전체성은 자유로서가 아니라 '필연으로서' 등장한다.[75] "시민사회에 있어서 보편성은 곧 필연성인 것이다."[76] 그것은 생산과정에 하나의 질서를 부여하는데, 거기에서 개인은 자신의 필요와 능력에 따라서가 아니라 자신의 '자본'에 따라서 그의 위치를 결정하게 된다. 여기에서 '자본'이란 용어는 개인의 고유한 경제적 힘뿐만 아니라 그가 경제적 과정에서 소비하는 육체적 힘의 일부, 즉 그의 노동력을 가리키고 있다.[77] 개인의 특수한 욕구는 추상적인 노동에 의해서 충족되며,[78] 이 추상적인 노동은 인간의 '보편적이며 항구적인 소유물'이다.[79]

73. *Ibid.*, § 184, Addition.
74. *Ibid.*, § 185.
75. *Ibid.*, § 186.
76. *Ibid.*, § 229, Addition.
77. *Ibid.*, § 199-200.
78. *Ibid.*, § 196, 198.

보편적인 부에 참여할 수 있는 가능성은 전적으로 자본에 의존해 있기 때문에 이러한 체제는 점점 심화되는 불평등을 낳게 된다.[80] 이러한 관점에서 한 걸음 더 나아가면 한편에서의 부의 축적과 다른 한편에서의 점점 심화되는 빈곤 사이의 내적 연관성을 서술하고 있는 유명한 구절에로 옮아가게 된다.

"자신의 필요를 위한 인간관계를 일반화해 감으로써 그리고 이러한 필요를 충족시키기 위한 제수단을 준비하고 만들어 내는 방식을 일반화해 감으로써 막대한 부가 축적된다. 그러나 다른 한편에서는 개개 노동자의 노동의 재분할과 제한이, 결과적으로 장인계급의 종속과 빈곤이 발생한다……

대다수의 사람들이 사회의 성원으로서 본질적으로 요구되는 생활수준 이하로 떨어지고 자활에 의해서 얻을 수 있는 권리, 정직 및 명예감을 상실하게 될 때 빈민계급이 생겨나고 부는 불균등하게 소수의 손에 집중되게 된다.[81]

헤겔은 거대한 산업예비군의 창출을 미리 내다보고 "이 사회는 부의 과잉에도 불구하고 빈곤의 증대와 빈민층의 창출을 방지하기에…… 충분할 만큼 풍요롭지는 않다."[82]라는 말 속에 시민사회의 화해 불가능한 모순을 집약하고 있다. 헤겔이 시민사회의 본래의 조직체로서 개괄하고 있는 계층사회는 그 자체로서 자신의 모순을

79. *Ibid.*, § 199.
80. *Ibid.*, § 200.
81. *Ibid.*, § 243~4.
82. *Ibid.*, § 245.

해결하지 못한다. 농민, 상인(장인, 제조업자, 상인을 포함한다), 그리고 관료라는 세 개의 계층을 조직함으로써 서로 경쟁하는 개인들 사이의 통일을 도모하려는 시도는 이 문제에 대한 헤겔의 초기의 시도를 되풀이하는 데 지나지 않으며, 이러한 생각은 여기에서는 그 이전보다도 훨씬 설득력 없게 들린다. 시민사회의 모든 조직과 제도는 '재산의 보호'를 위해 존재하며,[83] 이러한 사회에서의 자유란 '소유권'을 의미하는 데 불과하다. 각 계층들은 경제조직보다도 훨씬 강력한 외적인 힘에 의해서 통제되지 않으면 안 된다. 바로 이러한 힘이 사회의 정치적인 질서 정립에로의 이행을 준비한다. 이러한 이행은 사법, 경찰 및 직업 단체에 관한 여러 제도에서 이루어진다.

사법은 추상법을 법률로 만들고, 시민사회의 맹목적이고 우연적인 과정에 의식적이고 보편적인 질서를 끌어들인다. 법률이라는 개념은 『법철학』의 표제를 '법률철학'이라고 붙이는 게 더 좋은 만큼 이 저작에 있어 중심적인 개념이다. 그 논구의 전체가 법은 현실적으로는 법률로서 존재한다는 것을 가정하고 있는데, 이러한 가정은 헤겔 철학의 존재론적 원리의 당연한 결과이다. 이미 살펴보았던 바와 같이 법은 자유로운 주체의, 즉 인격의 속성이다. 또한 인격은 사유함으로써만, 즉 사유하는 주체로서만 인격인 것이다. 사유는 그렇지 않으면 고립되어 있을 개인에게 진정한 공동체를 확립해 주며 그들에게 보편성을 부여한다. 법은 그들이 보편적인 한에서만 개인들에게 적용된다. 그것은 어떠한 특수하고 우연적인 특성 때문에 소유되지 않을 수도 있다. 이것이 의미하는 것은 법을 소유

83. *Ibid.*, § 208.

하는 개인은 '보편자의 형식으로 존재하는 개인, 즉 보편적 인격으로서의 자아'로서 법을 소유한다는 것이며,[84] 따라서 법의 보편성은 본질적으로 추상적인 보편성이다. 여기에서 우리는 참된 존재는 사유라고 하는 관념론적 원리는, 법은 보편적인 법률이라는 형식으로 존재할 때의 바로 그 보편적이라는 의미를 내포하고 있음을 보게 된다. 왜냐하면 법률은 개인적인 것을 추상화하여 그를 '보편적 인격'으로서 취급하기 때문이다. '인간은 그가 유태인, 구교도, 신교도, 독일인 또는 이탈리아인이기 때문이 아니라 그가 인간이기 때문에 자신의 가치를 갖는 것이다.[85] 법률의 지배는 구체적인 개인에게가 아니라 '보편적인 인격'에 관계하며, 그것은 바로 그것이 보편적인 한에서만 자유를 구현하는 것이다.

헤겔의 법이론은 분명히 근대사회의 진보적인 제경향과 결부되어 있다. 법률학의 장래의 발전을 예상하면서 헤겔은 법률의 보편성보다도 오히려 재판이 판례에 중점을 두는 모든 이론들에 반대하고 재판관을 '항구적인 입법자'로 만들거나, 옳고 그름에 대한 궁극의 결정을 그들에게 일임하는 관점들을 비판하였다.[86] 그 당시에 권력을 잡고 있던 사회 세력들은, 자유주의의 다른 현상들과 마찬가지로 법률의 추상적인 보편성이 그들의 계획을 방해한다는 점에 대해서 그리고 보다 직접적이고 효과적인 지배기구가 필요하다는 점에 대해서 아직 의견이 일치하는 데까지는 이르지 못하고 있었다. 헤겔의 법률 개념은 물질적으로 어느 정도 평등하게 분배를 받은 개인들 간의 자유경쟁으로 특징지어지는, 따라서 '모든 사람

84. *Ibid.*, § 209.
85. *Ibid.*
86. *Ibid.*, § 211.

들은 그 자체가 목적이며…… ' 그리고 '각각의 특수한 인격에 대하여 타자는 그의 목적의 달성을 위한 수단이 되는' 시민사회의 초기 단계에 적합하게 만들어진 것이었다. 헤겔은 이러한 체계 내에서는 공공의 복지, 보편자까지도 '수단으로서 나타난다'고 말한다. 바로 이것이 시민시회를 산출한 사회체제이다. 이러한 사회체제는 그것을 구성하고 있는 서로 적대적인 이해관계를 조화시켜서 그것을 지배하는 상품시장의 운용보다도 훨씬 합리적이고 계산 가능한 형태로 변형되지 않고서는 스스로를 영속시킬 수 없다. 무제한적인 경쟁은 상호 경쟁자에 대한 최소한의 평등한 보호와 계약 및 봉사를 위한 확실한 보증을 요구하게 된다. 그러나 이러한 최소한의 조화와 통합은 각 개인의 구체적인 실존과 그들 간의 차이를 추상화하지 않고서는 이루어질 수 없다. "법은 인간의 특수한 규정성을 취급하지 않는다. 그것의 목적은 인간의 필수적인 욕망이나 특수한 목적과 충동(지식욕이라든가 생명, 건강 등등을 유지하려고 하는 욕구와 같은 것.)의 면에서 인간을 진보시킨다든지 보호하는 게 아니다."[88] 인간은 자본의, 노동력의, 또는 기타 다른 사회적으로 필요한 능력이나 창안(創案) 따위 추상적 주체로서만 계약이나 교환관계 및 기타 채무관계를 맺는다. 따라서 법률은 그것이 추상적인 한에서만 보편적일 수 있고 개인을 평등하게 취급할 수 있다. 그렇기 때문에 법은 내용이라기보다는 오히려 형식이다. 법률에 의해 시행되는 법은 계약이나 관계의 일반적 형식으로 타나나며 개인적인 생활의 구체적인 차이는 정상경감(情狀輕減)이라든가 정상가중(情狀加重)

88. Philosophische Propaedeutik, I, § 22 (Sämtliche Werke, ed. Hermann Glockner, Stuttgart 1927, vol. Ⅲ, p.49.

이라는 형태로서만 참작되게 된다. 이와 같이 보편자로서의 법률은 부정적인 측면을 가지고 있다. 그것은 필연적으로 우연이라는 요소를 포함하게 되며 그것을 특수한 상황에 적용했을 때는 불완전한 점이 생겨서 불의와 고난을 초래하게 된다. 그러나 이러한 부정적인 요소는 재판관의 자유재량권을 확장한다고 해서 제거되는 것은 아니다. 법률의 추상적인 보편성은 그것의 모든 결점에도 불구하고 개인의 구체적이고 특유한 자아보다도 훨씬 뛰어난 권리의 보증이다. 시민사회에서 모든 개인은 전체에 대립하는 사적인 이해관계 속에 있으며, 때문에 그 중 어느 누구도 법의 근원임을 주장할 수 없다.

그와 동시에 법 앞에서의 인간의 추상적인 평등이 그들의 물질적인 불평등을 제거할 수 없으며, 또한 어떤 의미에서는 그들이 소유하고 있는 사회·경제적 지위를 둘러싼 전반적인 우연성을 배제할 수 없다는 것도 또한 사실이다. 그러나 법률은 그것이 우연적인 요소를 무시한다는 사실의 강력한 힘에 의해서 불평등, 모험적인 도박이나 그 밖에 각종 불의를 산출해내는 구체적인 사회관계보다도 훨씬 공정하다. 법률은 모든 개인에게 공통된 몇 가지 본질적인 요소에 근거하고 있다(우리는 헤겔에게는 사유재산권이 이러한 '본질적 요소들' 가운데 하나이며 그에게 있어서 인간의 평등이란 또한 재산을 가질 수 있는 평등한 권리를 의미한다는 점에 명심할 필요가 있다). 법률은 기본적 평등의 권리를 고수함으로써 그 존재의 구성요소로서의 불의의 존속을 요구하는 사회질서를 전복시키지 않고서도 극악한 불의를 바로잡을 수 있다.

이러한 논리전개는, 적어도 지금까지 그것을 대신했던 권위주의적 법령의 지배보다도 법의 지배가 약한 자의 안전과 보호를 더 확실히 보장하는 한에서만은 타당한 철학적 주장이다. 헤겔의 학설은 자유주의 시대의 산물이며 그것의 전통적인 원리들을 구현하고 있다. 전제군주 시대에는 '법률을 너무 높이 매달아 놓아서 시민들은 어느 누구도 그것을 읽을 수 없었다'는 사실을 인용하면서 법률이 준수되기 위해서는 모든 사람에게 알려져 있지 않으면 안 된다고 그는 말한다. 똑같은 이유로 그는 소급법을 배제한다. 또한 재판관의 판결권은 법률 그 자체의 예측 가능한 용어를 통해서 시행 가능한 데까지만으로 제한되어야 한다고 그는 서술한다. 예를 들면 공개재판은 그러한 제한적 방책의 하나로서 본질적으로 필요하며, 법률은 시민의 신뢰를 필요로 하며 본질적으로 보편적인 법은 모든 사람에게 적용된다는 사실에 의하여 그 정당성을 갖는다.[89]

헤겔의 개념은 법률의 실체는 자유로운 인간이 그 자신의 이성에 의거하여 스스로 확립한 것이라는 점을 내포하고 있다. 민주주의적 정치철학의 전통에 따라 그는 자유로운 개인이 그 스스로에게 법률을 부여하는 본래적인 입법자라고 가정한다. 그러나 이러한 가정이 법률의 구체화는 '사법에 의한 소유권의 보호'에 있다고 헤겔이 말하는 것을 막지는 못한다.[90]

법률의 지배와 소유권의 지배 사이의 실질적인 연관성에 대한 이러한 통찰은 로크 및 그 후계자들과는 대조적으로 헤겔로 하여

89. *Ibid.*, § 224, Addition.

90. *Ibid.*, § 208. 로크(Locke)의 『시민정부에 대해서』(*Of Civil Government*) 2권 § 134를 보라. 로크의 소유 개념은 그 의미 안에 개인의 기본적 제 권리, 즉 그의 생명, 자유, 재산을 포함하고 있다. 이러한 개념은 헤겔의 저작에서도 여전히 작용하고 있는데, 헤겔에 따르면 '자유로운 정신'이 아닌, 그것으로부터 분리될 수 있는 것은 모두 재산이 될 수 있다.

금 자유주의적인 학설을 뛰어넘게 한다. 바로 이러한 연관성 때문에 법률은 시민사회를 통합하는 궁극점이 될 수도, 또한 그것의 참된 보편성을 나타낼 수도 없다. 법률의 지배는 단지 소유의 '추상적인 권리'만을 구체적으로 표현할 뿐이다. "사법의 기능은 단지 시민사회에 있어서 개인적 자유의 추상적인 면을 현실화하고 이를 필연으로 만드는 것일 뿐이다…… 그러나 욕망의 체계의 맹목적인 필연성은 아직 보편자의 의식에까지 고양되지 않았으며 그러한 관점으로부터 작용하고 있지도 않다."[91] 따라서 법률은 개인을 보다 직접적으로 보다 확실하게 지배할 훨씬 강력하고 엄격한 힘에 의해 보완되고, 더 나아가서는 그것에 의해 대체되지 않으면 안 된다. 여기에서 경찰이 등장한다.

헤겔의 경찰(치안)의 개념은 절대주의가 사회·경제적 생활에 대하여 그것이 시행했던 통제를 정당화하기 위해 사용했던 교의의 몇 가지 특징을 채택하고 있다. 경찰은 생산 및 분배과정에 간섭할 뿐만 아니라, 또한 매매 및 이윤의 자유를 제한하고 가격, 빈곤, 부랑자를 감시하며 공공의 복지에 영향이 있는 경우에는 언제든지 개인의 사생활을 감독했다. 그러나 근대 절대주의의 부흥기에 그러한 모든 일을 했던 경찰과 왕정복고 시대의 경찰 사이에는 중요한 차이가 있다.[92] 상당한 정도까지 헤겔의 『법철학』은 후자의 공인된 이론을 표현하고 있다. 경찰은 너무 약해서가 아니라 너무 강해서 사회·경제적 과정의 일사불란한 기능을 보장하지 못하는 사회

91. *Encyclopoedia of the philosophical sciences,* § 532 (*Hegel's philosophy of Mind,* trans. W. Wallace, London 1894, p.261).

92. Kurt Wolzendorff, *Der Polzeigedanke des modernen Staates.* Breslau 1918, pp.101~130.

제 세력에 대항하여 전체의 이익을 대변하는 것으로 생각된다. 경찰은 더 이상 이것을 달성하기 위한 사적인 힘이나 지식이 부족하다고 해서 자신이 직접 생산과정을 조직할 필요가 없다. 경찰의 역할은 오히려 소극적인 것, 즉 법률의 보편적인 제조항들에 의해 포괄되지 않은 우연적인 영역에서 '개인과 재산의 안전'을 보호하는 것이다.93)

그러나 경찰의 기능에 대한 헤겔의 서술은, 특히 시민사회의 점점 심화되는 대립은 끊임없이 사회조직을 이기적인 여러 이익들의 맹목적인 혼돈상태로 만들고 이러한 혼란을 통제할 강력한 제도의 설립을 요구하게 한다는 것을 강조한다는 점에서 왕정복고 시대에 주장됐던 교의를 넘어서 있다. 대단히 의미심장하게도 헤겔이 시민사회가 앞으로 겪게 될 파국의 과정에 대해서 그의 가장 날카롭고 안목 있는 언급을 하고 있는 것은 바로 경찰에 대한 이 논의에서이다. 그리고 그는 "그 자신의 변증법에 의해서 시민사회는 일정한, 그리고 자기완결적인 사회로서의 그 자신의 한계 너머로 몰아내지게 된다"는 말로써 결론짓고 있다. 시민사회는 점점 증가하는 과잉생산물을 흡수할 새로운 시장을 개척해야 하며 경제팽창 정책 및 체계적인 식민정책을 추구하지 않으면 안 된다.94)

경찰을 국가의 대외정책과 연결시키는 데서 생기는 곤란은, 헤겔에 있어 경찰은 시민적 질서의 증가하는 적대관계의 산물이며 이러한 제모순에 대처하기 위해 도입되고 있다는 사실을 고려해 보면 금방 사라질 것이다. 따라서 경찰과 (경찰이 시작했던 것을 완결짓

93. *Philosophy of Right*, § 230~31.
94. *Ibid.*, § 246~8.

는) 국가 간의 경계선은 명확하지가 않다. 헤겔은 '모든 사람의 노동이 행정적 통제 하에 놓이게 되는' 최종적인 상황을 염두에 두고 있다.[95] 이것은 시민사회가 처하게 될지도 모르는 '위험한 변동을 단축하고 완화하게' 될 것이라고 그는 말한다. 달리 말하면 "갈등은 단지 무의식적인 필연에 의해서도 스스로를 조정해 나가게 되지만"[96] 전체주의적 사회조직은 그것에 요하는 시간을 단축시킬 것이다.

그러나 경찰이 유일한 구제책은 아니다. 시민사회의 무궤도성은 또 다른 제도, 즉 직업단체에 의해서 조정되지 않으면 안 된다. 헤겔이 생각하는 직업단체란 옛날의 길드 제도의 연장으로서 이에 근대적인 자치국가의 몇몇 특징이 가해진 것이다. 직업단체는 다음의 두 가지 기능을 가진, 경제적 단위임과 동시에 정치적 단위이다. 즉 그 기능의 첫째는 제계층 간에 발생하는 서로 경쟁적인 이해관계와 행위에 통일을 가져오는 것이며, 둘째는 국가에 대하여 시민사회의 조직된 이익을 옹호하는 것이다. 직업단체는 국가에 의해 감독을 받지만[97] 그것은 상업과 산업에 관련된 실질적인 이익의 보호를 그 목적으로 한다. 자본과 노동, 생산자와 소비자, 개인적 이익과 공공의 복지가 직업단체 안에서 서로 만나고, 거기에서 경제적 주체의 특수한 이익의 속성인 이기주의는 국가의 보편적인 질서에 적합할 수 있도록 정화된다.

헤겔은 이러한 모든 것이 어떻게 가능한가에 대해서는 설명을 하고 있지 않다. 직업단체는 그들의 실제적인 자격에 따라 그 성원

95. *Ibid.*, § 236.
96. *Ibid.*
97. *Ibid.*, § 255, Addition.

을 선정하며 그것은 그들의 사업과 재산을 보호하는 것으로 보이는데, 그러나 이것이 그 내용의 전부이다. 직업단체는 어디까지나 실제로 존재하지도 않는 이상, 즉 전체의 비이기주의적인 목적을 위해서 일하도록 개인들에게 권고하는 이데올로기적인 장치에 불과하다.[98] 더 나아가 직업단체는 개인에게 사회의 승인된 성원으로서의 인가(認可)를 수여하게 되는데, 그러나 실제로 이러한 승인이 도움이 되는 것은 개인이 아니라 경제적 과정에 대해서이다. 따라서 개인은 단지 이데올로기적 선(善)을 얻을 뿐이며 그의 보상금은 직업단체에 속해 있다는 '명예'를 나타낼 뿐이다.[99]

직업단체를 거쳐 시민사회의 장은 국가의 장으로 옮아간다. 국가는 본질적으로 사회와는 분리된 개별적인 것이다. 시민사회의 결정적인 특징은 '소유 및 개인의 자유에 대한 안전과 보호'이며 '개인의 이익'이 그 궁극의 목적이다. 국가는 이와는 전혀 다른 기능을 하며 그것은 상이한 방식으로 개인에 관계한다. 국가에 있어서는 '합일(合一) 그 자체가 참된 내용이고 목적이다.' 통합하는 요소는 특수자가 아니라 보편자이다. 개인은 국가 속에서 '보편적인 삶을 영위하게' 되며 그의 특수한 만족이나 활동, 생활양식은 여기서는 공공의 이익에 의해서 통제된다. 국가는 엄격한 의미에서의 주체 즉 이제는 '보편적인 법률과 원리'에 입각해 있는 모든 개인적인 활동의 실제적인 수행자이자 목적이다.[100]

국가의 법률과 제원리는 자유롭게 사유하는 주체의 행위를 인도하는 것이기 때문에, 사유하는 주체를 구성하는 것은 자연이 아니

98. *Ibid.*, § 253.
99. *Ibid.*
100. *Ibid.*, § 258, note.

라 정신, 즉 서로 유대를 이루고 있는 개인의 합리적인 인식과 의지이다. 이것이야말로 헤겔이 국가를 '객관적 정신'이라고 부르는 이유이다. 국가는 시민사회와는 달리 그 자신의 영속을 위하여 특수한 욕망과 실현의 맹목적인 상호관계에 의존하지 않는 질서를 창조한다. '욕망의 체계'는 공공의 복지에 대한 인간의 자율적인 결정에 의해 조절되는 삶의 의식적인 체계가 된다. 따라서 국가는 '자유의 실현'이라고 표현될 수 있는 것이다.101)

우리들은 헤겔에 있어 국가의 가장 근본적인 과제는 특수이익과 일반이익을 일치시켜 개인의 자유와 권리를 보호하는 것이라는 점을 이미 언급한 바 있다. 그러나 그러한 요구는 사회와 국가의 분리가 아니라 그것들 간의 동일화를 전제하고 있다. 왜냐하면 개인의 욕망과 이익은 사회 안에 존재하는 것이며, 그것들이 공공복지라는 요구에 의해 아무리 조정된다 하더라도 그것들은 개인의 삶을 지배하는 사회적 과정 안에서 일어나는 것이며 어디까지나 그것과 결부되어 있는 것이기 때문이다. 따라서 자유와 행복이 실현되어야 한다는 요구는 결국은 국가가 아니라 사회를 토대로 한 것이다. 헤겔에 따르면 국가는 '합일 그 자체' 이외에 어떠한 목적도 갖지 않는다. 말을 바꾸면 만약 사회·경제적 질서가 '참된 합일'을 이루고 있다면, 그것은 아무런 목적도 갖지 않게 된다. 개별적인 것과 보편적인 것 사이에 조화를 이루어 나가는 과정은 국가를 부흥시키기는커녕 오히려 국가를 '소멸시키게' 될 것이다.

그러나 헤겔은 사회를 시민사회로서, 즉 '참된 합일'을 이루고 있지 못한 사회로 보았기 때문에, 그 사회의 우연적인 상호관계로부

101., *Ibid.*, § 258, Addition and § 260.

터 국가의 합리적 질서를 분리시켰다. 그의 변증법이 갖는 이러한 비판적 특성은 그로 하여금 사회를 그와 같이 보도록 했다. 변증법적인 방법은 현존하는 것을 그것이 내포하고 있는 부정성이라는 측면에서 이해하고 그것의 변화에 비추어 현실을 바라본다. 변화는 역사적 범주이다.[102] 『법철학』이 다루고 있는 객관적 정신은 시간 속에서 스스로를 전개하며,[103] 그 내용에 대한 변증법적 분석은 이러한 내용이 역사 속에서 밟아 왔던 형식에 의해서 인도되지 않으면 안 된다. 따라서 진리는 역사적 실현으로서 나타나며, 그렇기 때문에 인간이 시민사회와 함께 도달했던 단계는 그 이전의 모든 역사적 노력들을 실현하고 있는 것이다. 합일의 어떤 다른 형태가 미래에 나타날지 모르나, 현실의 학으로서의 철학은 그것에 관한 사변에 빠지지는 않는다. 사회적 현실은 일반적인 경쟁상태, 이기심, 착취로 가득차 있고 또한 한편에는 흘러넘치는 부가 있는가 하면 또 다른 한편에는 혹심한 빈곤이 자리하고 있지만, 바로 그 사회적 현실이야말로 이성이 구축하지 않으면 안 될 토대인 것이다. 철학은 역사를 뛰어넘을 수 없다. 왜냐하면 철학은 그 시대의 아들이며 '사상으로 파악된 그 시대'이기 때문이다.[104]

시대는 이제 이성과 자유의 실현을 위한 물질적 토대가 이미 준비되어 있는 시민사회의 시대이지만, 이성은 그 경제적 과정의 맹목적인 필연성에 의해 왜곡되고 자유는 서로 대립하는 사적 이해의 상호경쟁에 의해 악용되었다. 그러나 바로 이와 같은 사회는 진

102. Hegel, *Philosophie der Weltgeschichte*, ed. Georg Lasson, 1920, vol. I, p.10.
103. 앞의 책 p.243을 보라.
104. *Philosophy of Right*, p.xxviii.

정으로 자유롭고 합리적인 일체성을 이루기 위한 많은 것을 가지고 있다. 즉 그것은 개인의 양도할 수 없는 권리를 옹호하고, 인간의 욕망과 그 충족을 위한 수단을 증대하고 분업을 조직화하며 법의 지배를 진전시킨다. 이러한 제요소는 사적인 이해관계로부터 자유로워져 시민사회의 상호경쟁적 체제의 위에 서 있는, 특히 높은 위치에 있는 권력에 맡겨지지 않으면 안 된다. 이러한 권력이 곧 국가이다. 헤겔은 국가를 거기에서는 '개인은 단지 계기에 불과한' '독립적이고 자율적인 권력'으로서, '세계 속에서의 신의 행진'으로 본다.[105] 그는 이것이 바로 국가의 본질이라고 생각했다. 그러나 실제로는 그는 단지 시민사회에 상응하는 역사적 형태의 국가를 기술하고 있는 데 지나지 않았던 것이다.

우리는 헤겔 자신이 시민사회를 기술함에 있어 염두에 두고 있었던 사회·역사적 배경에 그의 국가의 개념을 위치시킴으로써 그의 국가에 대한 이러한 해석에 도달하였다. 헤겔의 국가의 이념은 자유주의적 국가관 및 사회관의 붕괴를 통찰했던 철학으로부터 유래한다. 우리들은 헤겔의 분석이 특수이익과 일반이익 사이의, 시민사회와 국가 사이의 어떠한 '자연적인' 조화도 부정하기에 이르는 과정을 지금까지 보아 왔다. 이리하여 자유주의적 국가관은 파괴된다. 기존의 사회질서 체계가 파괴되지 않기 위해서, 공공의 복지는 하나의 자율적인 기관에 위임되고, 국가의 권위는 서로 경쟁하는 사회 제계층 간의 전쟁터 위에 군림하지 않으면 안 된다. 그러나 헤겔의 '신격화된' 국가는 결코 파시스트적 국가와 평행선상에 있는 것은 아니다. 후자의 국가는 헤겔의 국가가 피하려고 했던

105. *Ibid.*, § 258, Addition.

사회적 발전의 단계, 즉 특수한 이익이 전체를 직접 전체주의적으로 지배하는 상태를 나타내고 있다. 파시즘 하에서는 시민사회가 국가를 지배하는 반면 헤겔의 국가는 시민사회를 지배한다. "근대 국가의 본질은 보편자와 특수자의 완전한 자유 및 보편자와 개인의 복지와의 결합에 있다."106) 고대 세계와 근대 세계의 가장 큰 차이는 근대 세계에서는 인간 생활의 중요한 문제들이 어떤 높은 권위에 의해서가 아니라 인간의 자유로운 '나는 의지한다'에 의해서 결정되어야 한다는 사실에 의거하고 있다. "이러한 자유로운 주체의 의지는…… 바로 국가라는 거대한 건축물 안에서 그의 독자적인 위치를 찾지 않으면 안 된다."107) 이러한 국가의 기본 원리는 개인의 완전한 발전인 것이다.108) 그 구조와 그 정치적인 온갖 제도는 '그 개인의 지식과 의지'를 표현하지 않으면 안 된다.

그러나 바로 이 점에서 헤겔의 정치철학에 내재한 역사적 모순이 그 운명을 결정한다. 공동의 이익 안에서 그의 참된 이익을 인식하고 원하는 개인, 이러한 개인은 결코 존재하지 않는다. 개인은 사적 소유자로서만, 즉 시민사회의 격렬한 상호경쟁과정의 주체로서만 존재하고 이기심 및 그것이 포괄하고 있는 모든 것에 의해서 공동이익으로부터 단절되어 존재한다. 시민사회가 손을 뻗치고 있는 범위 내에서는 어떠한 개인도 그 올가미로부터 빠져나올 수 없다.

그러나 사회의 바깥에는 자연이 자리하고 있다. 만약 그가 사회적 존재로서가 아니라 그의 자연적 존재로서 그 자신의 개체성을 획득하는, 그리고 사회적 구조에 의해서가 아니라 자연적 구조에

106. *Ibid.*, § 260. Addition.
107. *Ibid.*, § 279. Addition.
108. *Ibid.*, § 260과 § 261.

의해서 현재의 바로 그 자신으로 존재하는 사람이 발견될 수 있다면, 그 사람이야말로 거기로부터 국가가 지배될 수 있는 견고한 지점일 것이다. 헤겔은 그와 같은 사람을 군주에게서 발견하는데, 군주는 '자연적 혈통에 의해서' 그 지위에 선출된다.109) 궁극적 자유는 그와 함께 존재할 수 있다. 왜냐하면 그는 왜곡되고 부정적인 자유의 세계의 밖에 있고 '모든 특수하고 제약적인 것을 초월하여' 있기 때문이다.110) 다른 모든 사람들의 자아는 모든 것을 형성하는 사회질서에 의해 타락되고 군주만이 그것에 영향을 받지 않으며 따라서 그는 자신의 순수한 자아에 의거하여 자신의 행위를 일으키고 결정할 수 있다. 그는 '완전한 자기 확실성' 속에서 모든 특수성을 말소할 수 있다.111)

우리들은 '순수자아의 자기 확실성'이 헤겔의 체계에 어떤 의미를 가지고 있는지를 안다. 즉 그것은 '주체로서의 실체'의 본질적 특성이고 따라서 참된 존재를 특징지어주는 것이다.112) 이러한 원리의 역사적 적용이 군주의 자연적 인격을 낳는다고 하는 것은 재차 관념론의 좌절을 표시하는 것이다. 이제 자유는 냉혹한 자연의 필연성과 같은 것이 되고 이성은 출생의 우연으로 귀착된다. 여기에서 다시 자유의 철학은 필연의 철학으로 전화하게 된다.

고전 정치경제학은 근대사회를 '자연적 체계'로서 기술하는데, 거기에서 작용하는 제법칙은 물리적 법칙의 필연성을 지니고 있는 것으로 나타난다. 이러한 관점은 곧 그 매력을 상실했다. 마르크스

109. *Ibid.*, § 280.
110. *Ibid.*, § 279.
111. *Ibid.*
112. 이 책 p.174를 보라.

는 어떻게 해서 자본주의의 무정부적인 힘은 그것이 인간의 이성에 종속되지 않는 한 자연력의 성질을 띠게 되는가, 그리고 사회에 있어 이러한 자연적인 요소는 긍정적인 것이 아니라 부정적인 것임을 보여 준다. 헤겔은 이러한 점을 어느 정도 감지하고 있었던 것 같다. 그는 때때로 군주의 모든 결정은 형식적인 것에 불과하다고 언명하면서 군주에 대한 그 자신의 이상화를 일소에 부치고 있는 듯하다. 그는 '예스(yes)라고 말하면서 최후의 승낙만을 내리는 사람'이다.[113] 군주는 정신적, 육체적으로 뛰어난 사람이 아니다. 그러나 그럼에도 불구하고 만인은 묵묵히 그의 지배 아래 복종한다고 헤겔은 서술한다.[114] 그래도 헤겔은 군주의 지적 위약함이 시민사회의 현명함보다 훨씬 바람직하다고 생각했다.

헤겔의 오류는 그의 프로이센 군주정치에의 찬미보다도 더 깊은 데에 있다. 그의 오류는 프로이센의 군주정치에 굴종적인 태도를 보였다는 것보다 그의 최고의 철학적 제이념을 왜곡했다는 데 있다. 그의 정치이론은 사회를 자연으로, 자유를 필연으로, 그리고 이성을 변덕으로 내던져 버린다. 그리고 그렇게 함으로써 그것은 자유를 추구하면서도 결국은 이성보다 훨씬 하위에 있는 자연의 상태에 빠져버리는 사회질서의 운명을 그대로 반영하고 있다. 시민사회에 대한 변증법적인 분석은 사회가 저 스스로는 이성과 자유를 확립시킬 수 없다는 결론에 도달했던 것이다. 그리하여 헤겔은 이러한 목적을 달성하기 위한 강력한 국가를 전면에 제시했으면 군주정치에 강력한 헌정(憲政)이라는 풍미를 가함으로써 국가와 자유

113. *Ibid.*, § 280, Addition.
114. *Ibid.*, § 281, Addition.

의 이념을 화해시키려 했던 것이다.

국가는 법률을 매개로 해서만 존재한다. "법률은 객관적 자유의 내용을 표현한다. …… 법률은 절대적은 궁극목적이며 보편적 소산이다."115) 따라서 국가는 독재적인 명령과는 정반대인 법률에 의해서 구속을 받는다. 법률의 실체는 이성과 서로 결합되어 있는 인간들의 의지를 통합하는 '보편적 소산'이다. 헌법은 만인의 이익(여기에서는 물론 글들의 참된, 그리고 '정화된' 이익.)을 표현하며 행정, 입법, 사법적 제권력은 헌법을 수행하는 제기관일 뿐이다. 헤겔은 이러한 권력들 사이의 전통적인 분립을 국가의 통일을 해친다는 이유로 거부한다. 즉 정부의 모든 기능은 끊임없이 현실적인 유대 속에서 작용해야 한다. 국가의 통일에의 강조는 너무 강해서 그것은 때때로 헤겔의 논리전개를 유기체적 국가이론에 가깝게 접근시킨다. 예를 들면 그는 헌법은 비록 '시간 속에서 생기지만' 그렇다고 해서 인간에 의해서 '만들어진 것으로 생각되어서는 안 되고' 오히려 '신성하고 영원한 것'으로서 생각해야 한다고 주장한다.116) 이런 식의 발언은 가장 선견지명 있는 철학자들로 하여금 국가를 어떠한 비판의 위험도 있을 수 없도록 높은 지위에 올려놓게 했던 똑같은 동기로부터 생기는 것이다. 그들은 서로 대립하는 지배계층 집단들을 가장 효과적으로 단결시킬 수 있는 끈은 기존질서의 전복에 대한 두려움이라는 것을 알고 있었던 것이다.

헤겔의 헌법론은 그의 체계의 몇몇 중요한 특징들은 언급할 만한 가치가 있으나, 이 주제에 대한 초기 저작에서 본질적으로 더

115. *Encyclopoedia of the philosophical sciences* (trans. W. Wallace, as Hegel's *Philosophy of Mind*), p.263.
116. *Philosophy of Right*, § 273, note.

나아가지 않았기 때문에, 이 문제는 더 이상 다루지 않기로 하자. 정치적 권력의 전통적임 삼위일체는 바뀌어져 군주권, 통치권, 입법권을 구성하게 된다. 이것들은 서로 중첩되어져 행정권은 처음 두 권리에 속하며 이에 더하여 사법권을 포함하는 반면, 입법권은 정부와 국회가 함께 행사한다. 전체 정치적 체계는 다시 주권의 이념에 집중하여 그것은 비록 군주라는 '자연적' 인격에 뿌리박고 있지만 역시 전체 구조에 걸쳐 있다. 시민사회의 적대적 대립관계 위에 서는 국가주권과 병행하여 헤겔은 이제 민중의 위에 서는 국가주권을 강조한다. 민중이란 '자기가 원하는 것이 진정 무엇인지를 모르는 국가의 부분이며' 만일 통제되지 않는다면 그의 '움직임이나 행동은 원시적이며, 이성을 결여하여 폭력적, 폭악한 것이 될 것이다.'[117] 여기에서도 역시 헤겔은 그 당시의 국민운동(Volkbewegung)을 생각하고 있었던 듯하다. 즉 프로이센의 군주정치가 당연히 '밑으로부터'의 게르만 민족운동에 비해서 이성의 전형처럼 생각되었을 것이다. 그러나 민중에게 지배적인 강력한 권력에 대한 헤겔의 옹호는 보다 일반적인 경향의 하나로서 이것은 그의 국가의 전체적인 구조를 위협하는 것이다.

국가는 특수이익과 보편이익의 통일을 제공한다. 이러한 통일에 대한 헤겔의 관점은 그의 국가가 시민사회의 사회·경제적 구조 위에 부과된 것이고 독립적인 정치적 제 권력과 제 제도에 귀속되는 한, 자유주의적인 관점과는 다르다. "객관적 의지는 그것이 개인에 의해 의식되든 되지 않던, 그들의 변덕의 대상으로서 의지되든 안 되든, 그 자체로서 바로 그 개념에 있어 이성적이다."[118]

117. *Ibid.*, § 301 와 § 303, note.

그러나 헤겔의 국가의 정치권력에 대한 승화는 몇 가지 분명하게 비판적인 특성도 가지고 있다. 종교와 국가의 관계를 논하면서 그는 "종교는 기본적으로 사회적 재난, 혼란 및 압제의 시대에 요구되고 호소되는 것이며 그것은 불법에 대하여 위안을, 상실에 대하여 보상의 희망을 줄 것을 가르친다.'[119] 그는 사람들의 주의를 현실적인 자유의 추구로부터 다른 데로 돌리고 그에게 현실적인 부정에 대하여 가공의 대가를 지불한다는 그 경향 안에 잠재해 있는 종교의 위험한 기능을 지적한다. '만일 전제정치에 의해 억압을 받고 있는 사람들이 종교의 위안에 스스로를 맡긴다면 그것은 분명히 지독한 웃음거리로 생각될 것이다. 그리고 종교는 가장 비참한 노예상태를 포함하는 견디기 어려운 미신의 형식을 취할 수 있다는 것도, 인간을 동물 이하로 타락시킬 수 있다는 것도 망각되어서는 안 될 것이다.' 그와 같은 경우에 개인을 종교로부터 구제하기 위해서는 어떤 힘이 개입되지 않으면 안 된다. 이리하여 국가는 '이성과 자기의식의 옹호자가 된다.' '우리 시대에 종교를 일종의 도전적인 신앙으로 만들었던 것은 그것이 강력하지 못하고 오히려 약하기 뿐이다.' 인간의 역사적 완성을 위한 투쟁은 종교적인 투쟁이 아니라 사회·정치적인 투쟁이며 그것을 신앙이나 도덕성이라는 영혼의 내적인 성소(聖所)에 이전시킨다는 것은 이미 오래전에 지나간 단계에로의 후퇴를 의미한다.

그럼에도 불구하고 이러한 비판적 성질들은 권위주의에 내재한 억압적인 경향에 의해 위축된다. 그리고 이러한 억압적 제경향은

118. *Ibid.*, § 258.
119. *Ibid.*, § 270, *note.*

헤겔의 대외적 주권의 이론에서 그 전력을 발휘한다. 우리는 이미 헤겔이 어떻게 특수한 국가의 국가적 이익을 국제관계에 있어서 최고의 의심할 여지없는 권위의 지위에까지 고양시켰는가를 이미 살펴보았었다. 국가는 국민들을 결합하여 공동체를 이룸으로써 그들의 이익을 옹호하고 주장하며, 이러한 방법으로 그들의 자유와 권리를 실현하고 시민사회의 파괴적인 힘을 통일된 전체로 변형시킨다. 국가의 대내적인 권위의 확립은 성공적인 경쟁의 필수조건이 되며 또한 후자는 필연적으로 대외적인 주권의 확립을 요구하게 된다. 시민사회에서의 상호인정을 위한 개인들 간의 생사를 건 투쟁은 주권국가들 사이에서는 전쟁의 형태로 나타난다. 그것은 절대적 악도 우연적인 일도 아닌 '윤리적인' 요소이다. 왜냐하면 전쟁은 시민사회가 혼자서는 확립할 수 없었던 제이익 간의 통합을 가져오기 때문이다. "성공적인 전쟁은 국내의 소요를 막아 주며 국가의 내적인 힘을 강화한다."[120]

따라서 헤겔은 부르주아적 국가의 문제에 대해서는 홉즈만큼이나 냉소적이며 그는 국제법의 완전한 거부로 끝을 맺고 있다. 시민사회를 영속시키는 궁극의 주체인 국가는 그보다도 높은 법률에 의해 구속을 받을 수 없다. 왜냐하면 그러한 법률은 주권의 대외적 제한을 가져올 것이며 시민사회의 생명을 파괴할 것이기 때문이다.[121]

---

120. *Ibid.*, § 324, note

121. 파시즘의 이데올로기는 주권과 전쟁 및 자유경쟁 사이의 이러한 내적인 연관성을 자유주의적 자본주의에 반대하는 결정적인 논거로 삼고 있다. '완전한 공동체는 다른 공동체와의 전쟁, 또는 경쟁에서만 질서정연한 방식으로 경쟁을 실행할 수 있다. 따라서 전쟁 시에는 각각 전쟁 중인 공동체는 국내적으로는 협동을 토대로, 대외적으로는 경쟁을 토대로 움직인다. 이러한 식으로 내적으로는 질서가, 외적으로는 무정부상태가 있게 된다. 그것이 무정부상태로 특징지어진다는 것은 어떠한 사회에서든 주권국가의 피

국가 간에는 어떠한 계약도 통용되지 않는다. 주권은 그 본성상 쌍방의 상호의존을 내포하고 있는 조약에 의해 제한될 수 없다. 주권국가는 국내의 상호의존의 세계 밖에 있으며 '자연의 상태'로 존재한다.

우리들은 맹목적인 자연이 침입하여 객관적 정신의 자기의식적인 합리성을 밀어제치고 있는 것에 재차 주목하기로 하자.

"국가 간의 관계는 법적인 관계라기보다는 자연적인 관계이다. 따라서 그들 사이에는 끊임없는 투쟁이 있게 된다. 그들은 조약을 체결하고 그것과 함께 그들 사이의 법적인 관계를 확립한다. 그러나 다른 한편으로 그들은 자율적이고 독립적인 것이다. 따라서 그들 사이의 법은 현실적일 수가 없다. 그들은 임의로 조약을 파기할 수 있으며 그들은 필연적으로 서로를 끊임없이 신뢰하지 못한다. 그들은 자연의 상태에 있기 때문에 그들은 폭력에 의존하여 활동한다. 그들은 그들의 힘을 통해서 스스로의 권리를 유지하고 획득하며 필연적으로 전쟁에 빠져들지 않을 수 없다."122)

헤겔의 관념론은 홉즈의 유물론과 같은 결론에 이르게 된다. 주권 국가들의 제권리는 보다 상위의 권력으로써 구성되는 일반의지에 있어서가 아니라 그들의 특수의지에 있어 그 현실성을 갖는다.123) 따라서 그들 사이의 충돌은 전쟁에 의해서만 해결될 수 있

할 수 없는 필연적인 조건이다. 다수의 주권이란 무정부상태와 동의어에 불에 불과하다. 국제적인 무정부성은 국가주권의 당연한 결과이다.' Lawrence Dennis의 저서 *The Dyanmics of War and Revolution*(1940, p.122)에서 뽑은 이절은 헤겔의 주권이론의 정확한 재언(再言)이다.

122. *Philosophische Propädeutik*, I, § 31, in *Sämtliche Werke*, op.cit., vol. III, p.74.

다. 국제관계란 '특수한 정열, 이익, 목적, 재능, 덕, 힘, 불법, 악, 그리고 외적인 우연성이 날뛰는' 투기장이며 그 자체 윤리적 목적인 '국가의 자율성은 우연에 내맡겨지게 된다.'[124]

그러나 우연과 폭력의 이러한 활극이 진실로 궁극적인 것일까? 이성은 무모한 자연력의 상태와 그 유희로 귀착하고 국가는 하는 수 없이 이러한 유희에 빠져들지 않으면 안 되는 것일까? 헤겔은 『법철학』 전체를 통하여 이러한 결론을 거부하고 있다. 국가의 법은 국제법에 의해 구속을 받지 않는다고 해서 그것이 궁극의 법은 아니며, 그것은 '무조건적으로 절대적인 세계정신의 법'을 충족시키지 않으면 안 된다.[125] 국가는 '최고의 절대적인 진리'를 보유하고 있는 보편역사(Weltgeschichte), 즉 세계정신의 영역에서 그의 참된 내용을 갖는 것이다.[126] 더 나아가 헤겔은 자율적인 국가 간의 어떠한 관계도 '반드시 외적이어야 한다'는 점을 강조한다. '따라서 제3자가 그들 위에 서서 그들을 통일하지 않으면 안 된다.' '이러한 제3자란 다름 아닌 세계역사 속에서 스스로를 실현하며 스스로 국가들 위에서 절대적인 재판관이 되는 정신이다.[127] 국가는 아니 법률이나 의무마저도 단지 '규정된 현실'에 지나지 않으며 그것들은 보다 높은 영역으로 이행하고 또 그것에 의거한다.[128]

그렇다면 국가 및 사회의 이러한 궁극의 영역이란 무엇인가? 사회와 국가는 세계정신과 어떠한 관계에 있는가? 이러한 질문은 헤

123. *Philosophy of Right*, § 333.
124. *Ibid.*, § 340.
125. *Ibid.*, § 30.
126. *Ibid.*, § 33.
127. *Ibid.*, § 259, Addition.
128. *Ibid.*, § 270, *note*.

겔의 『역사철학』에 대한 해석으로 넘어가서만 비로소 대답을 얻을 수 있을 것이다.

제7장
역사철학
(The Philosophy of History)
(1816~1821년)

변증법적 논리학에 있어서 모든 현실의 내용과 발전은 모순의 과정을 통해야만 이루어진다는 것이다. 『논리학』은 이러한 과정의 무시간적인 구조를 정밀하게 드러내는데, 그러나 『논리학』과 체계의 다른 부분과의 내적 연관, 특히 변증법적 방법이 포괄하는 함축적인 의미 연관은 바로 무시간성이라는 이념을 파괴한다. 『논리학』은 참된 존재는 이념이라는 것을 보여 주었는데, 그러나 이 이념은 공간 속에서(자연으로서) 그리고 시간 속에서(정신으로서) 스스로를 전개한다.[1] 정신은 그 본질상 시간의 영향을 받는다. 왜냐하면 그것은 역사의 시간적 과정 속에서만 존재하기 때문이다. 정신의 제형식은 시간 속에서 스스로를 현현하며 세계사는 시간 속에서의 정신의 자기전개이다.[2] 따라서 변증법은 현실을 시간적으로 파악하게 되며, 『논리학』에서 사유의 과정을 규정했던 '부정성'은 『역사철학』에서는 시간의 파괴적인 힘으로서 나타난다.

---

1. *Philosophy of History*, p.72.
2. *Philosophy der Weltgeschichte*, ed. G. Lasson, op.cit, p.134.

『논리학』이 이성의 구조를 논증했다면, 『역사철학』은 이성의 역사적 내용을 설명한다. 또는 여기에서의 이성의 내용은 역사의 내용과 같은 것이라고 말해도 좋을 것이다. 그러나 우리가 말하는 내용이란 잡다한 역사적 사실들이 아니라 역사를 합리적인 전체로 만드는 것, 즉 역사적 사실들이 지시하는 그리고 거기에서 그 의미를 부여받는 법칙과 경향들을 가리킨다.

"이성은 세계의 주권자이다."[3] 헤겔에 따르면 이것은 하나의 가정이며 역사철학 전체를 통틀어 유일한 가정이다. 역사를 취급하는 철학적 방법을 기타 다른 방법들(헤겔은 역사를 취급하는 방법을 근원적 역사, 반성적 역사, 철학적 역사로 구분하고 있다.—역주)로부터 구별짓는 이러한 가정은 역사가 일정한 목적을 가지고 있다는 것을 의미하는 것은 아니다. 역사의 목적론적 성격은(만약 역사가 실제로 그러한 성격을 가졌다면) 역사의 경험적 연구로부터 도출된 하나의 결론일 수 있을 뿐, 선험적으로(a priori) 가정될 수 있는 것은 아니다. 헤겔은 "역사에 있어서 사유는 주어진 것에, 즉 사실로서 존재하는 것에 복종하지 않으면 안 된다. 이것이 사유의 기초이고 지침이다."[4]라는 점을 특히 강조하고 있다. 결론적으로 "우리는 역사를 있는 그대로 포착해야 한다. 우리들은 역사적으로-경험적으로 진행하지 않으면 안 된다." 이것은 관념론적인 역사철학으로서는 색다른 연구 태도임에 분명하다.

역사의 법칙은 사실에 의거해서 사실로부터 증명되지 않으면 안 된다. 따라서 여기까지의 헤겔의 방법은 경험적이다. 그러나 이러

---

3. *Philosophy of History*, p.9.
4. *Ibid.*, p.8.

한 법칙들은 올바른 이론의 인도 하에 관찰되지 않는 한 인식될 수 없다. 사실 그 자체는 아무것도 밝히지 않는다. 그것들은 단지 올바른 이론적 물음에만 대답할 뿐이다. 진실로 과학적인 객관성은 주어진 사실들의 수동적인 수용이 아니며, 자료들은 그것들을 그 현실적인 의미에 따라서 조직화하는 올바른 범주의 적용을 요구한다. "그에게 주어진 자료에만 스스로를 내맡긴 채 단지 수용적인 태도만을 취한다고 믿고 있고 또한 그렇다고 공언하는 일반적인 공평한 역사 편찬가들까지도 그의 사유력을 활동시키는 데 있어서는 결코 수동적이지 않다. 그는 그 자신의 범주를 갖고 오로지 이들을 매개로 해서만…… 현상을 바라본다."5)

그러나 타당한 범주와 올바른 이론은 어떻게 해서 판별될 수 있는가? 철학이 그것을 결정한다. 철학은 모든 특수 분야에 있어서의 탐구를 방향지워 주는 일반적 범주들을 정교하게 만들어 낸다. 그러나 이들 분야에서의 그 범주들의 타당성은 사실에 의해서 검증되어야 하며 이러한 검증은 다음과 같이 이루어진다. 즉 주어진 사실들은 검증된 이론에 의해서 파악되며 그럼으로써 이들 사실은 일정한 법칙 아래 그리고 일정한 경향(흐름)의 계기로서 나타나며, 이들 법칙이나 경향은 그 사실들의 계기 및 상호의존 관계를 설명한다.

철학이 역사의 이해를 위한 일반적인 범주들을 제공해야 한다는 주장은 임의적인 것도, 헤겔에서 비롯된 것도 아니다. 18세기의 위대한 이론들은 모두 역사는 진보한다는 철학관을 택하고 있었다. 이 진보라는 개념은 비록 곧바로 천박한 자기만족으로 변질되지만,

---

5. *Ibid.*, p.11.

원래는 시대에 뒤떨어진 사회질서에 대한 비난 섞인 날카로운 비판을 나타내고 있었다. 부상하는 중산계급은 진보의 개념을 인류의 과거 역사를 그들이 지배하는 시대, 즉 세계를 완성하게 될 그들 자신의 시대에 앞선 전사(pre-history)로서 해석하기 위한 수단으로서 사용하였다. 새로운 중산계급이 그들의 중산계급이 그들의 주장(이익)에 따라 세계를 만들어 가게 되었을 때, 물질적 및 정신적인 힘의 그 유례없는 발흥을 통해 인간은 자연의 지배자가 되고 인간성의 참다운 역사가 시작될 것이라고 그들은 말했다. 이러한 모든 것이 구체적으로 실현되지 않는 한 역사는 여전히 진리를 향한 투쟁의 상태에 있게 된다. 프랑스 계몽주의 철학의 가장 중심적인 요소였던 진보의 이념은 역사적 사실을 이성에로 나아가는 인간 역정을 표시하는 도표(道標)로서 해석하였다. 진보는 기존의 상태가 더 이상 계속되지 않고 부정될 것이라는 의미를 포함하고 있다.

이러한 태도는 헤겔의 『역사철학』에도 여전히 지배적으로 나타나고 있다. 철학은 역사가 아직 인간의 가능성을 완전하게 실현할 수 있는 단계에 도달하지 않는 한, 실질적으로나 논리적으로나 역사의 아프리오리(a priori)이다. 그러나 헤겔은 역사가 그 목표에 이미 도달했으며 이념과 현실은 그 공통의 기반을 발견하였다고 생각했다. 따라서 헤겔의 저작은 비판철학적 역사학의 최정점이며 그 종말을 표시한다. 그는 어디까지나 역사적 사실들을 다루면서 자유의 관심에 주목하고 자유를 향한 투쟁을 역사의 유일한 내용으로 보았다. 그러나 이러한 관심은 그 생명력을 상실하고 투쟁은 종말을 고한다.

『법철학』이 보여 주었듯이, 자유의 개념은 자유로운 소유권의 양식을 따르고 있다. 그 결과 헤겔이 전망하고 있는 세계의 역사는 이러한 자유로운 소유권을 토대로 한 중산계급의 역사를 고양하고 찬미한다. 역사는 이미 그 종국에 다다랐다는 납득하기 어려운 헤겔의 확신에 찬 이 단언은 그 안에 분명한 진리를 담고 있다. 그러나 그것은 역사의 종말이 아니라 한 계급의 종말을 단언하고 있을 뿐이다. 그 책의 마지막 부분에서 왕정복고를 기술한 후 헤겔은 "이것이 의식이 도달한 점이다."[6]라고 서술하고 있다. 그러나 이것이 종말을 나타내고 있다고는 전혀 생각되지 않는다. 의식은 역사적 의식이며, 우리가 『법철학』에서 읽었던 "하나의 생활양식이 케케묵은 낡은 것이 되었다."에서 낡은 것이 된 것은 하나의 생활양식이지 생활양식 전체는 아닌 것이다. 헤겔은 그가 속한 계급의 의식과 목적만을 받아들였다. 헤겔은 그들이 세계를 다시 활력 있게 만들 새로운 원리를 가지고 있다고는 생각하지 않았다. 만약 이러한 의식이 정신의 궁극형태이어야 한다면 역사는 아무런 진보도 없는 영역에로 이미 진입해 있는 셈이다.

철학은 역사 편찬가에게 그의 일반적인 제범주를 제공하는데, 이러한 범주들은 변증법의 기본개념들과 동일한 것이다. 헤겔은 역사철학 서론의 강의에서 이들 범주들에 대해서 총괄하고 있다.[7] 이것들에 대해서는 나중에 살펴보기로 하고, 여기에서는 먼저 그가 특별히 역사적 범주라고 부르고 있는 몇 가지 개념들에 대해서 논

6. *Ibid.*, p.456.
7. Georg Lasson은 이 역사철학 서론의 여러 상이한 판을 헤겔의 『세계사의 철학』(*Philosophy der Weltgeschichte*, 1920~22)이라는 한 권의 책으로 편집·출판했다. 특히 vol. I, p.10 및 그 이하 그리고 p.31 및 그 이하를 참고하라.

의하기로 하자.

『역사철학』이 그 토대로 삼고 있는 가정은 이미 헤겔의 『논리학』에 의해 검증되었다. 즉 그 가정이란 참된 존재는 이성이며 그것은 자연 속에 그 모습을 현현하며 인간 속에서 그 실현을 이루게 된다는 것이다. 이성의 실현은 역사 속에서 일어나며 역사 속에서 실현된 이성이 정신이므로, 헤겔의 가정은 역사의 실질적 주체 또는 추동력은 정신이라는 의미를 포함하고 있다.

물론 인간은 또한 자연의 일부분이고 그의 자연적 충동 및 본능은 역사에서 실질적인 역할을 한다. 헤겔의 역사철학은 그 어떤 경험적 역사 편찬물보다도 이러한 역할을 훨씬 정당하게 평가하고 있다. 인간의 삶을 위한 자연적 제조건의 총체라는 형태로 자연은 헤겔의 저작을 일관하여 역사의 기본적인 토대가 되고 있다.

자연적 존재로서의 인간은 특수한 제조건의 제한을 받는다. 즉 그는 이곳 혹은 저곳에서, 이 시간 혹은 저 어떤 다른 시간에, 이 민족 혹은 저 민족의 구성원으로 태어나 그가 속한 특수한 전체와 그 운명을 같이하게 된다. 그러나 이러한 모든 것에도 불구하고 인간은 본질적으로 사유하는 주체이며 사유는 보편성을 구성한다. 사유는 첫째 인간으로 하여금 그들의 특수한 규정성을 뛰어넘게 하며, 둘째 수많은 외부의 사물들을 주체의 발전을 위한 매개로 삼게 한다.

이러한 이중의 보편성, 즉 주관적 보편성과 객관적 보편성은 인간이 그의 삶을 펼쳐나가는 역사적 세계를 특징짓는다. 사유하는 주체의 역사로서의 역사는 본질적으로 보편적 역사(Weltgeschichte)이다. 왜냐하면 '그것은 바로 정신의 영역에 속하기' 때문이다. 우리는 역사의 내용을 민족, 국가, 농경사회, 봉건사회, 시민사회, 전제주의, 민주주의, 군주제, 프롤레타리아트, 중산계급, 귀족 등등과 같은 일반 개념들을 통하여 이해한다. 시저, 크롬웰, 나폴레옹은 우리에게는 로마인, 영국인, 프랑스인이다. 즉 우리들은 그들을 그들이 살았던 당시의 사회와 국가에 대응하여 그가 속한 민족의 한 성원으로서 이해한다. 우리의 일반적인 개념들은 이러한 보편자를 역사의 실질적인 주체로서 파악하며, 그렇기 때문에, 예를 들면 인류의 역사는 알렉산더 대왕, 시저, 독일 황제, 프랑스 왕, 크롬웰 및 나폴레옹의 삶과 전쟁이 아니라, 각각 상이한 문화적 전체를 통하여 각각 다른 모습으로 스스로를 전개해 나가는 보편자의 삶과 전쟁이다.

이러한 보편자의 본질은 정신이며 "정신의 본질은 자유이다……. 철학은 정신의 모든 성질은 자유를 통해서만 존재한다는 것을, 이러한 모든 것은 자유를 실현하기 위한 수단에 불과하며 이러한 모든 것은 자유의 실현을, 아니 자유의 실현만을 그 목적으로 한다는 것을 가르쳐준다."[8] 우리들은 이러한 성질들에 대해서는 이미 논의한 바 있고, 또한 자유는 완전한 점유에 대한 자기 확신으로 귀착되며 정신은 그것이 세계를 그의 소유물로서 소유하고 인식했을 때 비로소 자유롭다는 것을 보았다. 따라서 왜 『역사철학』이 중산계급 사회의 확립과 더불어 끝나고 역사의 각 시기는 중산계급에 특유한 형태의 자유의 실현을 향한 필연적인 단계로서 나타나야 하는가를 분명히 이해할 수 있을 것이다.

역사의 참된 주체는 개별적인 것이 아니라 보편적인 것이며, 역사의 참된 내용은 개인들의 이해관계, 욕망, 행동이 아니라 자유의

8. *Philosophy of History*, p.17.

자기의식의 실현이다. “세계사는 자유의식의 진보 이외의 그 어느 것도 아니다.”[9] 그러나 “역사를 얼핏 살펴보면 우리는 인간 행위는 그들의 욕망, 그들의 정열, 그들의 성격 및 재능으로부터 나온다고 믿게 되며, 이들 욕망, 정열 및 이익이 행위의 유일한 근원이며 이 활동 무대에 있어서의 주요한 동인이라고 강하게 믿게 된다.”[10] 따라서 역사를 설명한다는 것은 “인류의 열정, 그들의 재능 그리고 그들의 활동적인 힘을 묘사하는 것”을 의미하게 된다.[11] 그러면 헤겔은 이런 명백한 모순을 어떻게 해결했는가? 물을 필요도 없이, 개인의 필요 및 이익이 모든 역사적 행위의 동인이며, 역사 속에서 반드시 실현되어야 하는 것은 개인의 완성임이 분명하다. 그러나 이와는 다른 어떤 것이 스스로를 주장하고 나서는데, 그것이 역사적 이성이다. 각 개인들은 그들 자신의 이익을 추구하면서 또한 정신의 진보를 촉진한다. 즉 자유를 진보시키는 보편적인 과업을 수행한다. 헤겔은 시저의 권력투쟁의 예를 든다. 시저는 로마 국가의 전통적인 형태를 타도할 때에 확실히 야심에 불타고 있었지만, 그는 그 자신의 개인적인 욕망을 충족시키면서 ‘로마의 역사 및 세계사의 필연적인 운명을’ 성취시켰던 것이다. 요컨대 그는 그의 행위를 통해서 보다 높은, 보다 합리적인 정치조직의 형태를 확립했던 것이다.[12]

이와 같이 보편적 원리는 개인의 특수한 이익 속에 내재해 있으며, 그것이 보편적인 이유는 그것이 ‘진리의 발전의 필연적인 단계’

9. *Ibid.*, p.19.
10. *Ibid.*, p.20.
11. *Ibid.*, p.13.
12. *Ibid.*, p.30.

이기 때문이다.[13] 즉 정신이 개인을 그의 무의식적 도구로서 이용하는 것과 같다. 그러면 헤겔의 『역사철학』과 그 이후의 변증법의 발전과정 사이의 연관관계에 대해서 상세하게 논구했던 마르크스주의 이론으로부터 하나의 예를 들어보기로 하자. 마르크스는 산업자본주의가 발전해감에 따라 각각의 개별적인 자본가들은 그들의 이익을 확보하고 경쟁자들을 넘어뜨리기 위해서는 그들의 기업을 기술의 급속한 발전에 적응시키지 않을 수 없게 된다고 주장한다. 그럼으로써 그들은 그들이 고용하는 노동력의 양을 감소시키고, 그런데 그들의 잉여가치는 노동력에 의해서만 창출되기 때문에, 결과적으로 그들 계급의 손에 들어오는 이익률을 감소시키며, 이러한 방법으로 그들은 그들이 유지시키고자 하는 사회체계가 붕괴해 가는 속도를 가속시키게 되다는 것이다.

개별자를 통하여 스스로를 실현해 나가는 이성의 과정은 자연적 필연성으로 행해지지도, 연속적인 일직선상의 과정을 밟아가는 것도 아니다. "역사 속에는 일견 이러한 발전과정이 일시 중단하는 것처럼 보이는 시대가 상당히 많이 나타난다. 그리고 그러한 시대에는 이전의 문화가 성취했던 거대한 성과 전체가 완전히 상실되는 듯이 보이고 그러한 시대가 지난 후에는 불행하게도 전혀 새로운 시작을 개시해야만 하는 듯이 보이게 된다."[14] 꾸준히 진보하는 시대와 후퇴의 시대가 역사 속에서 서로 엇갈리면서 번갈아가며 나타난다. 그러나 그렇게 나타나는 퇴보는 '외적인 우연'이 아니라, 곧 알 수 있겠지만 역사적 변화의 변증법을 구성하는 일부분이

13. *Ibid.*, p.29.
14. *Ibid.*, p.56.

다. 역사의 보다 높은 단계로의 진보는 무엇보다도 먼저 모든 현실에 내재해 있는 부정적인 힘이 기존의 현실을 지배하게 될 것을 요구한다. 이리하여 결국은 보다 높은 단계에로의 달성이 이루어지는 것이다. 자유를 향한 역정 위에 가로놓여 있는 모든 장애물은 자기의식적인 인류의 노력을 통해 극복될 수 있는 것이다.

이것이 바로 역사의 보편적 원리이다. 그러나 이것은, 예를 들면 물질을 지배하는 과학적 의미에서의 '법칙'이 아니다. 그 자신의 고유한 구조와 운동성을 가지고 있는 물질은 그것을 수행하고 유지하는 불변의 법칙을 가지고 있다. 그러나 물질은 이러한 과정의 주체도 아니고 그 법칙들을 지배할 수 있는 힘을 가지고 있는 것도 아니다. 그러나 그 자신의 실존의 능동적이며 의식적인 주체인 존재자는 이와는 전혀 다른 법칙 하에 있다. 자기의식적인 실천이 바로 그 법칙의 내용을 구성하는 일부분이 되며, 그렇기 때문에 후자는 그것들이 주체의 의지 안에 채택되어 그의 행위에 영향을 주는 한에서만 법칙으로서 작용하게 된다. 역사의 보편적 법칙은 헤겔의 논리전개에 의하면 단순한 자유에의 진보가 아니라 '자유의 자기의식의' 진보이다. 일련의 역사적 제경향은 인간이 그것들을 개념적으로 파악하고 그 위에서 행위를 했을 때 비로소 하나의 법칙이 된다. 달리 말하면, 역사적 법칙들은 인간의 의식적인 실천에서만 비롯되며 또한 그 안에서만 현실적이다. 따라서 예를 들면 자유의 보다 높은 형태에로 향하는 진보의 법칙이 있다 하더라도, 인간이 그것을 인식하고 그것을 실행하지 않는다면 그것은 법칙으로서 작용하기를 그치게 된다. 헤겔의 역사철학은 결정론적 이론에 해당할지 모르나, 거기에서는 적어도 역사를 결정하는 요소는 자유이다. 진보는 이성의 보편적 관심을 파악할 수 있는 인간의 능력과 그것을 실현하는 인간의 의지 및 활동력에 달려 있다.

그러나 인간의 특수한 욕망과 이익만이 그들 행위의 유일한 동인이라면, 자유의 자기의식은 어떻게 인간의 실천을 유도할 수 있는가? 이러한 문제에 대답하기 위해서는, 우리는 먼저 역사의 실질적인 주체는 누구인가, 누구의 실천이 역사적 실천인가라는 물음을 제기해야 한다. 개인은 단순한 역사의 대리인에 지나지 않는 것처럼 보인다. 그들의 의식은 그들의 사적인 이익에 의해 제약을 받고 있으며, 때문에 그들은 일을 하고 있는 것이지 역사를 만드는 것은 아니다. 그러나 이러한 단계를 초월하여 존재하는 개인들도 있다. 즉 그들의 행위는 삶의 낡은 양식을 그대로 되풀이하는 게 아니라 새로운 형태의 삶을 창조한다. 그러한 사람이란 뛰어나게(kat'-exochen) 역사적인 인물, 즉 알렉산더, 시저, 나폴레옹과 같은 세계사적인 개인(welthistorische Individuen)들이다.[15] 그들의 행위도 역사 사적인 관심에서 비롯되는 것이지만, 그러나 그들의 경우에는 이러한 개인적인 관심은 보편적인 관심과 일치하게 되고 후자는 어떤 특수한 집단의 관심을 초월하며, 그들은 역사의 진보를 만들어 내고 그것을 집행한다. 그들의 관심을 필연적으로 기존의 생활체계의 특수한 이익과 충돌하게 된다. 역사적 개인들이란 "기존의 승인된 의무, 법칙, 권리와 이러한 고정된 체제에 대립하고 더 나아가서는 이러한 체제의 기초와 존립을 공격하고 파괴하기까지 하는 제가능성 사이에" '결정적인 충돌'이 발생하는 시대의 인간들이다.[16] 이

15. *Ibid.*, p.29.

러한 가능성은 역사적 개인들에게는 그들의 특수한 능력을 위한 선택으로서 나타나지만, 그것이 기존체계 내에서 완전히 성숙한 보다 높은 생활형태의 선택인 한 '보편적인 원리'를 포함하고 있다. 따라서 역사적 개인들은 "그들의 세계가 밟아가야 할 진보의 필연적인……그 다음의 단계를" 미리 예견한다.17) 그들이 욕구하고 얻기 위해 투쟁하는 것은 '바로 그들 시대의, 그들 세계의 진리'였다. 그들은 '시대의 요구'를 그리고 '무엇이 발전을 위해 성숙했는가'를 의식하고 행위한다.

그러나 이러한 역사적 인물마저도 역사의 실제적인 주체는 아니다. 그들은 역사의 의지의 집행자이며 '세계정신의 대행자'에 지나지 않는다. 그들은 보다 높은 필연성의 희생자이며 이러한 필연성은 그들의 삶을 통하여 스스로를 실행한다. 즉 그들은 역사적 진보를 위한 도구에 불과하다.

헤겔은 역사의 궁극의 주체를 세계정신(Weltgeist)이라 부른다. 세계정신의 실재는 이성과 자유를 구현하는 행위, 경향, 노력 및 제도 안에 있다. 그것은 이러한 실재와 분리되어 존재하는 게 아니라 이러한 대행자와 매개물을 통해서 활동한다. 따라서 세계정신이 나타내는 역사의 법칙은 개인의 배후에서, 개인의 머리 위에서 저항할 수 없는 익명의 힘이라는 형태로 활동한다. 동방의 문화에서 그리스 세계의 문화로의 이행, 봉건제의 발생, 부르주아적 사회의 확립, 이 모든 것은 인간의 자유로운 활동의 산물이 아니라 객관적인 역사적 힘의 필연적인 결과이다. 헤겔의 세계정신이라는 개념

16. *Ibid.*,
17. *Ibid.*, p.30.

은, 유사 이래 지금까지의 시대에 있어서는 인간이 자기 존재의 자기의식적인 지배자가 아니었다는 것을 강조한다. 그리하여 세계정신의 신성한 힘은 인간의 행위를 지배하는 객관적인 힘으로서 나타나게 된다.

헤겔이 묘사하고 있듯이 세계정신의 주권은 역사의 힘을 지배하기보다는 오히려 그 힘에 의해 지배당하는 세계의 어두운 모습을 암시해 준다. 인간이 이러한 역사적 힘을 그의 참된 본질의 형태로 인식하기 전까지는, 인간의 역사 속에서 그 결과로 드러난 불행과 파멸만을 보게 된다. 그리하여 역사는 "민족의 행복, 국가의 지혜 그리고 개인의 덕이 희생되어 왔던 살육장"으로 나타난다.[18] 동시에 헤겔은 개인의 행복 및 공동 복지의 희생을 찬양하며 그것을 '이성의 간계'(das List der Vernunft ; 또는 이성의 교지—역자 주.)라고 부른다.[19] 개인은 불행한 삶을 영위하며 고되게 일하다가 죽어간다. 그러나 비록 그들은 실제로 자신의 목적을 달성하지 못하지만 그들의 고뇌와 좌절이야말로 진리와 자유가 앞으로 나아가기 위한 수단이다. 인간은 결코 그 자신의 노동의 성과를 거두지 못하지만 그 성과는 언제나 그 다음 세대에 계승된다. 그의 정열과 관심은 압살당하지 않는다. 오히려 그것은 보다 높은 힘과 보다 높은 관심을 위해서 그로 하여금 계속해서 일하도록 하는 동인이 된다. "한편으론 이러한 충동을 통하여 자신의 실존을 발전시켜 나가는 것이 불행을 맛보고 상실을 감내하게 하면서도, 스스로를 위하여 이러한 정열을 작동하게끔 하는 것, 바로 이것을 두고 이성의 간계

18. *Ibid.*, p.21.
19. *Ibid.*, p.33.

라 할 수 있겠다."[20] 개인은 좌절하고 소멸해 가지만 이념은 승리하고 영원히 존재한다.

이념은 바로 개인이 좌절 속에서 소멸해 가기 때문에 영원한 승리를 거둔다. "대립과 투쟁에 직면하고 위험에 노출되는 것은 이성"이 아니다. "그것은 배후에 도사린 채 아무런 침해나 공격을 받지 않는 까닭에." "갈등의 틈바구니에 끼어들어 스스로의 힘을 탕진하는 것은 개인일 뿐이다." "이념은 스스로의 현존성이나 허망함으로 인해 생기는 부담을 그 스스로 짊어지지 않고 개인의 정열로 하여금 그 짐을 지게 한다."[21] 그렇다면 이러한 이념이 여전히 진리와 자유의 구현이라고 간주될 수 있는 것일까? 칸트는 인간을 단순한 수단으로서 이용하는 것은 인간의 본성에 어긋난다고 강력하게 주장했다. 그러나 불과 몇십 년 후에 헤겔은 "개인 및 그의 목적과 바로 그 목적의 충족까지도 회생시키며 그들이 누릴 수 있는 행복도 우연의 왕국에 방임하고 그것을 우연에 속하는 것으로 간주하며, 더 나아가서는 모든 개인 일반을 단지 수단이라는 범주하에서만 고찰하는 이념"에 찬의(讚意)를 표시하고 있다.[22] 헤겔은 인간이 단지 보다 높은 역사적 과정의 대상일 수밖에 없는 경우, 그는 도덕성과 종교의 영역에서만 스스로를 목적으로 삼을 수 있다는 것을 스스로 인정하고 있다.

세계정신은 역사의 실재적인 주체이다. 그것은 현실적인 주체의 형이상학적 대체물, 즉 캘빈파의 신과 같이 눈에 보이지 않는 두려운, 절망한 인간의 불가사의한 신의 형이상학적 대체물이다. 그것

20. *Ibid.*,
21. *Ibid.*,
22. *Ibid.*,

은 생기(生起)하는 모든 것 속에서 인간의 의식적인 행위에 상관없이 그의 행복을 희생시키면서 행위하는 세계의 운동자이다. "역사는…… 행복의 무대가 아니다. 행복의 시대는 역사에 한 번도 자취를 남긴 적이 없었다."[23]

그러나 이러한 형이상학적인 주체는, 헤겔이 세계정신은 어떻게 스스로를 구체적으로 실현하는가라는 문제를 제시하자마자 구체적 형태를 취하게 된다. '이성의 이념은 어떠한 재로 안에서 수행되는가?' 세계정신은 현실적인 자유의 영역, 즉 국가 속에서만 자유를 실현하려고 하고 또한 스스로를 구현할 수 있다. 여기에서 세계정신은 소위 제도화된다. 즉 국가 속에서 세계정신은 자기의식을 발견하며 이 자기의식을 통해서 역사의 법칙은 작용한다.

『역사철학』은(『법철학』에서처럼) 국가의 이념에 대해서 논하지 않는다. 그것은 국가의 다양한 구체적인 역사적 형태들을 논한다. 헤겔의 유명한 체계는 자유의 발전을 세 가지 주요 역사적 단계로 나누는데, 즉 동양적 세계, 그리스 로마 세계, 독일 기독교 세계가 그것이다.

"동양인들은 정신(인간 그 자체)이 자유롭다는 인식을 가지지 못했다. 즉 그들은 이것을 알지 못했기 때문에 자유롭지 않다. 그들은 단지 한 사람만이 자유롭다고 생각했다. 그러나 바로 이러한 이유로 해서 그 한 사람의 자유는 변덕에 불과하다……따라서 그 한 사람은 자유로운 한 인간이 아니라 전제군주일 뿐이다. 자유의 의식은 그리스인들에게서 최초로 생긴다. 따라서 그들은 자유롭다. 그러나 그들은, 그리고 또한 로

23. *Ibid.*, p.26.

마인도 마찬가지로, 인간 그 자체가 아니라 몇 사람만이 자유롭다는 것을 알았을 뿐이다…… 따라서 그리스인은 노예를 갖는다. 그리고 그들의 전체적인 생활과 그들의 찬란한 자유의 유지는 노예제도와 연관되어 있다…… 기독교의 영향 아래 있는 독일 민족은 인간이 인간으로서 자유로우며 정신의 자유야말로 인간의 본질을 이룬다는 의식을 가진 최초의 사람들이다."[24]

헤겔은 자유의 발전의 주요 세 단계에 대응하여 전형적인 세 가지 국가형태를 구분한다. '동양적 세계는 한 사람만이 자유롭다고 생각하며 오늘날에까지도 그렇게 알고 있다. 그리고 그리스 · 로마 세계는 몇 사람만이 자유롭다는 것을 그리고 독일적 세계는 만인이 자유롭다는 것을 안다. 따라서 우리가 역사 속에서 발견하는 최초의 정치형태는 전제정치이고 두 번째는 민주정치와 귀족정치, 그리고 세 번째는 군주정치이다.' 그러나 이것은 아리스토텔레스의 유형론을 보편적 역사에 적용한 데 지나지 않는다. 군주정치는 헌법의 보증 하에 행해지는 정의와 법의 지배 덕택으로 최초로 완전하게 자유로운 국가형태로서의 지위를 획득한다.

"군주정치에 있어서는 한 사람의 주인이 있을 뿐 노예는 없다. 왜냐하면 노예제는 군주정치에 의해서 폐지되었기 때문이다. 그 안에서는 정의와 법이 승인된다. 왜냐하면 그것은 현실적인 자유의 근원이기 때문이다. 따라서 군주정치 하에서는 개인의 변덕은 억제되고 하나의 지배공동체가 확립된다."[25]

---

24. *Ibid.*, pp.104~10.
25. *Ibid.*, p.399.

여기에서 헤겔의 판단은 그가 근대 절대주의 국가를 봉건제도에 대한 하나의 진보로서 간주한다는 사실에 근거하고 있다. 그는 1793년 혁명기의 공포정치를 극복했던 강력하게 중앙집권화된 부르주아 국가를 염두에 두고 있었다. 그는 자유는 소유와 함께 시작하여 소유에의 평등한 권리를 승인하고 보호하는 법률의 보편적인 지배로 나타나며, 소유의 자유에 따르는 적대관계에 잘 대처할 수 있는 국가에서 그 절정에 달한다는 것을 보여주었다. 따라서 결과적으로 자유의 역사는 근대 군주정치의 도래와 함께 끝나게 되며 헤겔의 시대에 그것은 그 목적을 달성한다.

『법철학』은 국가의 법은 세계정신의 법에 그리고 보편적 역사의 심판에 종속된다는 말로써 결론을 맺고 있다. 헤겔은 이번에는 이 점을 발전시킨다. 그는 먼저 상이한 각각의 국가형태를 그 대표적인 역사상의 시기와 대응시켜 이를 역사적 과정 안에 위치지운다. 헤겔이 말하려고 했던 것은 동양적 세계는 전제주의만을, 그리스 로마 세계는 민주정치만을, 그리고 게르만 민족은 군주정치만을 알고 있었다는 게 아니었다. 그의 도식이 표시하고 있는 것은 오히려 전제정치가 동양적 세계의 물질적 · 지적(知的) 문화에 가장 적합한 정치형태이고 그 밖의 정치형태는 제각기 그 밖의 역사상의 시기에 가장 적합했다는 것이다. 더 나아가 그는 국가의 통일이 당시의 지배적인 민족문화에 의해서 제약되어 있다고 주장한다. 바꿔 말하면, 국가는 지리적 위치나 민족의 자연적 · 종족적 · 사회적 성질과 같은 제요소에 의존하고 있다는 것이다. 이것이 그의 민족정신(Volksgeist)이라는 개념의 요지이다.[26] 민족정신은 각각의 역사적 발전단계에 있어서의 세계정신의 현현이다. 그것은 세계정신이 보편역사의 주체이다라는 의미와 같은 의미에서 민족 역사의 주체이다. 민족의 역사는 보편적 역사에 의거하여 이해되지 않으면 안 된다. "각각의 특수한 민족적 영웅은 보편적 역사 과정에서의 한 개인으로서만 취급되어져야 한다."[27] 한 민족의 역사는 자유의 자기의식을 향한 전인류의 진보에의 그 공헌 정도에 따라 평가되어져야 한다.[28] 각각의 민족이 모두 똑같은 정도로 이바지하고 있는 것은 아니다. 그들 가운데 몇몇 민족만이 이러한 진보의 능동적인 추진자가 된다. 이들이 바로 세계사적 민족(welthistorische Volks-geister)이다. 새롭고 보다 높은 삶의 형태에로의 결정적인 비약은 이들 민족의 역사 속에서 일어나며 다른 민족들이 연출하는 역할은 오히려 미미한 것에 지나지 않는다.

특수한 국가와 세계정신의 관계에 대한 물음은 이제야 대답될 수 있을 것이다. 모든 국가의 형태는 그것이 인류가 도달했던 역사의식의 단계에 적합한가의 여부에 따라서 평가되어져야 한다. 자유는 각각의 역사 단계마다 똑같은 것이 아니며 똑같은 것을 의미할 수도 없다. 왜냐하면 각각 시대에 있어서 한 형태의 자유만이 참된 자유이기 때문이다. 국가는 이러한 자유의 승인에 의거하여 확립되지 않으면 안 된다. 게르만 민족의 세계는 종교개혁을 통하여 그

26. *Ibid.*, pp.50~54. 또 p.64 을 보라

27. *Ibid.*, p.53.

28. 헤겔이 말하는 '민족정신'의 개념과 역사학과(Historische Schule)에 의해서 사용되었던 같은 개념의 용법과의 결정적인 차이는 다음과 같은 점에 있다. 즉 역사학과는 합리적 발전이라기보다는 오히려 자연적 발전이라고 하는 관점에서 '민족정신'을 생각하여 그것을 보편적 역사에 주어서 한층 높은 가치들과 대립시켰다. 우리는 나중에 역사학과의 개념이 헤겔적인 합리주의에 대한 실증주의적 반동에 속한다는 것을 고찰하게 될 것이다.

역사적 과정 속에서 인간의 본질적인 평등을 승인하는 그러한 종류의 자유를 산출해 냈다. 입헌군주제는 이러한 형태의 사회를 표현하며 완성한 것이다. 헤겔에 있어 그것은 자유 실현의 최절정이었다.

이제는 역사적 변증법의 일반적 구조에 대해서 살펴보기로 하자. 아리스토텔레스 이래로 역사적 변화는 자연에 있어서의 변화와는 대립되는 것으로 생각되어져 왔다. 헤겔 또한 이러한 구분을 승인한다. 헤겔은 자연에 있어서의 변화는 "단지 영원한 자기반복적인 순환을 나타내는 데" 반하여 역사적 변화는 "보다 나은 어떤 것에로의 진보"라고 말한다.[29] 어떤 새로운 것이 일어나는 것은 역사적 변화에서 뿐이다. 따라서 역사적 변화는 발전이다. '모든 것은 이러한 발전의 원리의 이해에 달려 있다.' 이 원리는 첫째 잠재적인 '운명', 즉 '스스로를 실현하려고 하는 가능성'이 존재한다는 것을 의미한다. 이는 생명이 있는 존재에 있어서는 분명한 사실인데, 그것의 삶이란 그 맹아 속에 내재해 있는 제가능성의 전개이고 그것들의 끊임없는 실현이다. 그러나 그 발전의 가장 높은 형태는 자기의식이 이 모든 과정에 지배력을 발휘했을 때 비로소 달성된다. 엄밀한 의미에서 사유하는 주체의 삶만이 소위 자기실현이라 할 수 있는 유일한 삶의 형태이다. 사유하는 주체는 '자기 자신을 산출하고, 그것이 항상 가능적으로 있었던 것을 향하여 현실적으로 자기를 전개해 간다.' 그리고 이것은 모든 특수한 실존적 상황이 그 안에 내재해 있는 가능성에 의해서 해소되고 새로운 상황으로 전환되어 이것이 이러한 제가능성을 실현하는 한에서만 이러한 결

29. *Ibid.,* p.54.

과를 성취하게 된다. 그러면 이러한 과정은 어떻게 역사 속에서 현현되는 것일까?

사유하는 주체는 역사 속에서 살아가며 국가는 그의 역사적 삶의 거의 모든 실존적 상황을 이룬다. 국가는 개인들의 행위와 제관심 가운데 보편적 관심으로서 존재한다. 개인들은 이러한 보편적인 것을 여러 가지 형태로 경험하는데, 그 각각이 모든 국가의 역사에 있어서 실존적인 국면을 이룬다. 국가는 처음에는 직접적이고 '자연적인' 단일체로서 나타난다. 이 단계에서는 사회적 적대관계는 아직 채 강화되어 있지 않은 상태이고 개인은 그들의 개별성을 공동체에 의식적으로 대립시키지 않은 채 국가 안에서 편안함을 발견한다. 이 단계가 모든 민족의 황금시대에고 세계사의 황금시대이다. 이 단계에서는 무의식적인 자유가 있을 뿐이다. 그러나 바로 무의식적이기 때문에 이는 단순한 잠재적 자유의 단계에 지나지 않는다. 현실적인 자유는 자유에 대한 자기의식과 더불어서만 올 수 있다. 따라서 이러한 가능성은 스스로를 현실화하지 않으면 안 된다. 그럼으로써 그것은 인간 조직의 무의식적인 단계를 해체시키게 된다.

사유는 이러한 과정을 진행시키는 매개자이다. 개인들은 자신의 가능성을 자각하게 되고 그들의 이성에 따라서 그들의 관계를 조직한다. 이러한 개인들로 구성된 민족은 "그들의 생활과 상황의 원리를 파악하고 그들의 법률, 법, 도덕을 지(知)로서 인식하여 의식적으로 국가를 조직했던 것이다."[31]

이러한 국가는 또한 사유에 종속한다. 그리고 이 사유는 이러한

---

31 *Ibid.*, p.76.

국가에 형식을 부여했던 요소이지만 또한 결국은 그것의 파괴를 이끌게 된다. 사회 · 정치적 현실은 아무리 오랜 시간이 흘러도 이성의 요구에 부응할 수 없다. 왜냐하면 국가는 현존의 이익을 유지하려고 하고 따라서 보다 높은 역사적 형태에로 나아가려는 모든 힘을 제어하기 때문이다. 그리하여 조만간에 사유의 자유로운 합리성은 필연적으로 기존 생활 질서의 합리성과 갈등을 일으키게 된다.

헤겔은 이러한 과정에서 시간 그 자체처럼 결코 변화할 수 없는 역사의 일반법칙을 발견했다. 그 어떠한 권력도 결국은 이러한 사유의 진행을 멈추게 할 수는 없다. 사유한다는 것은 아무런 해가 없는 행위가 아니라 아주 위험한 행위이다. 그것은 시민들 사이에 흘러 들어가 그들의 실천을 규정하게 되자마자 그들로 하여금 전통적인 문화형태에 의문을 제기하고 더 나아가서는 그것을 전복시키기까지 한다. 헤겔은 사유의 이러한 파괴적인 힘을 고대신화의 예를 들어 설명한다.

크로노스(Kronos) 신은 처음에 인간의 삶을 지배하였는데 그의 지배는 인간이 그들 사이에 그리고 자연과의 직접적인 통일 속에서 살았던 황금시대였다. 그러나 크로노스는 시간의 신이었으며 시간은 그 자신의 산물을 삼켜버리고 말았다. 인간이 성취했던 모든 것은 파괴되고 아무것도 남지 않았다. 그리하여 크로노스 자신은 시간보다 더 위대한 힘인 제우스에 의해 멸망되었다. 제우스는 이성을 낳고 예술을 장려하는 신이었다. 그리고 그는 국가를 창조하고 그것을 자기 의식적이며 도덕적인 개인들의 산물이게 한 '정치적 신'이었다. 이러한 국가는 이성과 도덕성에 의해 산출되고 유지되었다. 그것은 존속하고 영속할 수 있는 것이었다.—이성의 생산적인 힘은 시간을 정지시킬 수 있을 것처럼 보였다. 그러나 이 도덕적이고 합리적인 공동체는 그것을 창조하였던 바로 그 힘에 의해서 해체되었다. 사유의 원리, 즉 이성과 인식의 원리는 국가라는 아름다운 예술작품을 파괴하고, 시간의 파괴적인 힘을 멈추게 했던 제우스 그 자신도 멸망해버리고 말았다. 사유의 산물은 사유에 의해서 파괴되었다. 이와 같이 사유는 시간의 흐름 안에 끌어들여지게 되고, 『논리학』에서 인식으로 하여금 모든 특수한 내용을 부정하도록 했던 그 힘이 『역사철학』에서는 시간 그 자체의 부정성으로서 나타난다. 헤겔은 이렇게 말하고 있다. "시간은 감성적 세계에 있어서 부정적인 요소이다. 사유도 그와 똑같은 부정성이다. 그러나 그것은 부정성의 가장 심오한 무한한 형식이다……"[32]

헤겔은 사유의 파괴적인 힘을 '보편성'으로 나아가는 '역사적' 과정과 연결시켰다. '기존 국가형태의 해체는 이전의 형태보다도 보다 '보편적인', 보다 높은 국가형태에로의 이행이다. 인간의 자기의식적 행위는 "한편으로는 현실을, 현존하는 것의 영속성을 파괴하지만 그와 동시에, 다른 한편으로는 본질, 개념, 보편성을 획득한다."[33] 헤겔에 따르면 역사적 진보는 사유의 진보에 의해서 선행되고 인도된다. 사유는 현존하는 상태에의 집착으로부터 해방되자마자 사물의 액면 가치를 넘어서서 그것의 개념을 추구한다. 그러나 개념은 사물의 본질을 그것의 현상과 구별되는 것으로서 파악한다.—즉 현존의 상태는 사물과 인간의 모든 가능을 완전히 실현하지 못한 제한된 특수자로서 나타난다. 이성의 원리를 고수하는

32. *Ibid.*, p.77.
33. *Ibid.*, p.77.

사람들은 만약 새로운 사회정치적 상황의 확립에 성공한다면 그들의 보다 높은 개념적 인식을 통하여 그들의 가능성을 한층 풍부하게 생활 질서로 구현하려고 노력할 것이다. 헤겔은 역사의 진보를 적어도 인간의 본질적인 자유와 평등이 점차로 인정되어 가고 이 자유와 평등에 대한 특수한 제한이 점차로 제거되어 가는 과정으로 보았다.

사유가 실천의 매개가 될 때, 그것은 기존의 역사적 상황의 특수한 형태를 해체시킴으로써 그 보편적 내용을 실현한다. 헤겔은 인류의 발전을 국가 및 사회에 있어서의 참된 보편성에로 나아가는 과정으로 보았다. "세계사는 방만한 자연적 의지를 단련하여 보편성에로 그리고 주체적인 자유에로 나아가는 과정이다."[34] 『논리학』에서 헤겔은 개념을 보편자와 특수자의 통일로서, 그리고 주체성과 자유의 영역으로서 표현하였다. 『역사철학』에서는 그는 그와 똑같은 범주들을 역사적 발전의 궁극목적에, 즉 주체의 자유가 전체와 의식적인 통일을 이루는 국가에 적용한다. 개념적인 사유의 진보, 즉 개념의 이해과정은 여기에서는 자유의 진보와 연결되었다. 그리하여 『역사철학』은 『논리학』에서 설명되었던 개념과 자유 사이의 이러한 본질적인 연관을 역사적으로 설명했다. 헤겔은 소크라테스의 저작의 분석을 통하여 이러한 연관관계를 보다 명료하게 밝혔다. 헤겔의 『역사철학』의 내용을 개관하는 대신 소크라테스의 공적에 대한 그의 분석을 논하기로 하자.

헤겔은 '의지의 주체성'이 아직 깨어나지 못한 채 폴리스의 자연적 통일에 머무르고 있었던 그리스 도시국가의 초기에 대한 서술

34. *Ibid.*, p.104.

로부터 시작한다. 법률이 존재했으며 시민들은 그것에 따랐다. 그러나 그들은 법률을 '자연의 필연성'으로서 간주하였다.[35] 이 시대는 위대한 헌법제정의 시대였다(탈레스, 비아스, 솔론). 법률은 바로 그것이 법률임으로 해서 타당한 것으로 생각되었으며 자유와 정의는 관습(Gewohnheit)의 형태로서만 존재하였다. 이 국가의 자연적, 연속적인 성격은 "민주적인 헌법을……여기에서 유일하게 가능한 형태로 만들었으며, 시민들은 아직까지 각각의 특수한 이해를, 따라서 인간을 타락시키는 요소를 의식하지 못한 채였다……"[36] 의식적인 주체성의 결여는 민주정치가 아무런 동요 없이 움직이기 위한 조건이었다. 공동체의 이익은 '시민들의 의지와 결의에 위임' 할 수 있었다. 왜냐하면 이들 시민들은 언제라도 공동체에의 대립으로 돌변할 수 있는 자율적인 의지를 아직 가지고 있지 않았기 때문이다.

헤겔은 이러한 점을 모든 민주정치의 일반적인 성격으로 생각했다. 그에 의하면 참된 민주정치는 인류발전의 초기 단계, 즉 개인이 해방되기 이전의 단계를, 개인의 해방과 양립할 수 없는 단계를 나타낸다. 그의 판단은 분명히 사회의 진보는 필연적으로 개인의 이익과 공동체 이익 사이의 갈등을 일으키게 될 것이라는 확신에 토대하고 있다. 사회는 개인을 공동체로부터 분리시키고 주체적인, 자유에 대한 그의 열망을 전체의 요구에 대립시키지 않고서는 개인을 자유롭게 할 수 없다. 그리스의 도시국가가 민주정치일 수 있었던 이유는 그것이 아직 그들의 본질적인 개별성을 의식하지 못

35. *Ibid.*, p.252.
36. *Ibid.*,

한 시민들로 구성되어 있었기 때문이라고 헤겔은 생각한다. 헤겔은 해방된 개인들의 사회는 민주주의적인 동질성과는 모순된다고 주장한다.

개인의 자유에 대한 자각(승인)은 결과적으로 고대 민주정치의 해체를 의미하게 된다. "우리들의 세계에서는 자유의 원리를 구성하고 자유의 특유한 형식을 규정하는 바로 그 주체적 자유(이는 우리의 정치적·종교적 삶의 절대적인 토대를 이룬다.)가 그리스에서는 파괴적인 요소로밖에는 나타날 수 없었다."[37]

이러한 파괴적인 요소는 소크라테스에 의해서 그리스 도시국가에 유입되었다. 소크라테스는 헤겔이 고대 민주정치에 대한 파괴적인 요소라고 불렀던 바로 그 '주체성'을 가르쳤던 것이다. "주체성(내면성 ; Innerlichkeit, 사유의 절대적 독립성)의 원리가 자유로운 표현을 획득한 것은…… 소크라테스에 있어서였다."[38] 소크라테스는 '인간은 정의가 무엇이고 선이 어떠한 것인가를 그 자신 안에서 발견하고 인식해야 하며 이러한 정의와 선은 본질적으로 보편적이다'라는 것을 가르쳤다. 국가 안에는 아름다운 것들 즉 선하고 용감한 행위, 바른 판단과 공정한 재판관 등이 있다.—그러나 아름다움 그 자체, 선 그 자체, 용기 그 자체 등과 같은 것이 존재하며 이것은 그들의 모든 특수자 이상의 것으로 그들 모든 것에 공통적인 것이다. 인간은 미(美), 선(善) 등의 개념 안에 아름다운 것, 선한 것 등의 이념(Idee)을 갖고 있다. 개념은 참으로 아름다운 것, 참으로 선한 것을 함축하여 의미하는데, 소크라테스는 사유하는 주체로 하

37. *Ibid.*,
38. *Ibid.*, p.269.

여금 이러한 진리를 발견하고 그것은 모든 외적인 권위에 대립하여 주장하도록 가르쳤던 것이다. 이리하여 소크라테스는 진리를 보편자로서 따로 취급하고 이러한 보편자의 인식을 개인의 자율적인 사유에 귀속시켰다. 그렇게 함으로써 그는 "개인을 모든 궁극적 결정의 주체로서 고양하여 조국과 관습적 도덕에 대항했던 것이었다."[39] 이리하여 소크라테스의 제원리는 '아테네 도시국가에 대한 혁명적 저항'을 보여주게 된다.[40] 그는 사형을 선고받았다. 이러한 판결은 아테네 사람들이 그들의 '절대적인 적'에 대하여 유죄를 선고한 이상 정당하다. 그러나 사형선고는 그럼으로써 아테네 시민들이 또한 그들의 사회와 국가에 유죄판결을 하게 되는 심히 '비극적인' 요소를 포함하고 있다. 왜냐하면 그들의 선고는 '그들이 소크라테스에 대해서 비난했던 것이 이미 그들 사이에 단단한 뿌리를 내리고 있었다'는 것을 인정하는 것이기 때문이다.

이리하여 결정적인 역사적 전환은 사상의 발전에 있어서의 전환을 뒤따르게 되었다. 철학은 보편적인 제개념의 완성에 착수했으며 이는 국가의 역사에 있어 새로운 단계의 서막이었다. 그러나 보편적인 제개념은 추상적인 개념이며 '추상적인 국가의 설립'이 기존 국가의 기초 그 자체를 동요시켰던 것이다. 도시국가의 동질성은 노예, 다른 그리스 시민들 및 '야만인'들의 배척에 의해서 얻어진 것이었다. 비록 소크라테스 그 자신은 이것이 갖는 함축적인 의미를 발달시키지 않았지만 본질적으로 추상적인 보편개념은 모든 특수성을 초월한 자유로운 주체, 인간으로서의 인간의 승리를 의미하

39. *Ibid.*, p.269~70.
40. *Ibid.*, p.270.

는 것이다.

추상적인 사유 안에 진리를 자리잡게 한 바로 그 과정이 개인을 참된 '주체'로서 해방시켰다. 소크라테스는 인간은 사유와 존재의 전통적인 기준으로부터 해방시키지 않고서는 그들에게 추상적으로 사유할 것을 가르칠 수 없었다. 『논리학』에서 주장했던 대로 자유로운 주체는 실제로 개념과 본래적인 관련을 맺고 있다. 자유로운 주체는 개인이 사물의 개념을 인식하고 또한 진리는 일반적으로 유포되고 있는 규범이나 여론에 있는 게 아니라는 것을 알고서, 더 이상 사물들의 기존질서를 그대로 받아들이기를 멈추고 그것에 용감하게 대항했을 때만 생길 수 있다. 그는 과감하게 추상적 사유에로 들어가지 않고서는 이것을 알 수 없다. 추상적 사유는 그로 하여금 기존의 제기준으로부터 필연적으로 '초탈'하게 해주며 그것은 비판적, 저항적 사유의 형태로 자유로운 개인이 움직여 나가게 하는 매개자가 된다.

주체성의 원리가 소크라테스와 함께 처음 나타났을 때 그것은 구체화될 수도 국가와 사회의 기초를 이룰 수도 없었다. 그 원리는 기독교와 함께 현실에 등장했으며 따라서 '처음에는 종교 안에서 일어났다.'

주체성의 원리의 현실적인 세계의 여러 제관계에로의 도입은 단순한 인식을 넘어선 보다 광범위한 문제를 포함하고 있다. 그리고 그 문제의 해결 및 적용은 엄격하고 오랜 시간을 요하는 교양의 과정이 필요하였다. 이를 증명하는 것으로 우리는 노예제가 기독교의 수용과 함께 곧바로 폐지되지 않았다는 것을 지적할 수 있겠다.

더 나아가 국가에 있어서 자유가 그 이전보다 훨씬 지배적이지도 않았고 정부와 헌법이 합리적인 조직을 채택하지도, 자유를 그것의 토대로서 승인하지도 않았다. 기독교 원리의 정치적 제관계에의 적용과 그것에 의한 사회의 철저한 형성 또는 침투는 역사 그 자체와 동일한 과정을 통해 이루어진다."[42]

독일의 종교개혁은 주체성의 원리를 변화하는 사회·정치적 제관계에 도입한 최초의 성공적인 시도였다. 그것은 행위의 유일한 귀책 근거를 자유로운 개인에 두었으며 전통적인 권위 및 특권체계에 기독교적 자유와 인간이 평등의 이름으로 도전하였다. "이리하여 개인이 그 자신 신적인 정신으로 가득차 있다는 것을 알게 되면 [지금까지 존재해왔던 모든 외적인 제 관계는]……사실상 폐기된다. 성직자와 평신도 사이에는 더 이상 구별이 존재하지 않으며, 더 이상 한 계급만이 진리의 실체를, 교회의 모든 정신적 및 세속적 부를 배타적으로 소유하지 않게 된다." 개인의 가장 내적인 주체성이 "진리를 점유할 수 있고 진리를 점유해야 할 것으로" 승인되었으며 "이러한 주체성은 모든 인류가 공통적으로 가지고 있는 재산이다."[43]

근대사회가 이러한 사회 현실의 발전을 찬양하기 위해 사용했던 이념들을 혼동함으로써, 헤겔의 종교개혁에 대한 묘사는 그 이후의 사회 발전에 대한 묘사만큼이나 모순투성이다. 이리하여 그는 역사를 조화론적으로 해석하게 되었으니, 이에 따르면 새로운 역사적 형태로의 전환은 동시에 보다 높은 역사적 형태로의 진보를 의미

42. *Ibid.*, p.18.
43. *Ibid.*, p.416.

한다.—이는 아주 터무니없는 해석이다. 왜냐하면 역사의 모든 덧없는 불행과 희생이 그러한 것처럼, 모든 억압과 불의의 희생자들은 이에 대해 불리한 증언을 하기 때문이다. 이러한 해석은 변증법의 비판적 의미를 부정하고 사유의 진보와 현실의 과정 사이에 조화로운 관계를 수립함으로써 더욱 더 불합리한 것이 된다.

그러나 헤겔은 인간의 역사적 실현을 확고부동한 진보로서 보지 않았다. 인간의 역사는 그에 있어서 동시에 인간의 소외(Entfremdung)의 역사이다.

"정신이 실제로 추구하려는 것은 그 개념의 실현이다. 그러나 그렇게 함으로써 그것은 그 자신의 시야로부터 그 목적을 감추고 그 자신의 본질로부터의 이러한 소외를 자랑하고 만족하게 된다."[44] 인간이 세운 제제도와 인간이 창조한 문화는 그 자신의 법칙을 발전시키며 인간의 자유는 이들 법칙에 따라야 한다. 그는 그의 경제적·사회적·정치적 환경의 팽창하는 부에 의해 압도당하여 그 자신, 그의 자유로운 발전이 이러한 모든 산물의 궁극목적이라는 것을 잊고, 그 대신 그는 그것들의 지배에 굴복하게 된다. 인간은 항상 기존의 문화를 영속화시키려 노력하고 또한 그럼으로써 그 자신의 좌절을 영속화시키려 한다. 인간의 역사는 인간의 참된 본질로부터의 소외의 역사이며, 바로 그와 같은 이유로 해서 인간 본질이 실현의 역사이다. 사회적 세계에서의 인간의 참된 관심의 은폐는 '이성의 간계'에 속하는 것이며, 이는 또한 그것이 없이는 보다 높은 형태로의 진보가 있을 수 없는 '부정적인 요소' 가운데 하나이다. 비록 헤겔도 소외가 갖는 의미에 대한 전반적인 직관을 가지

44. *Ibid.*, p.416.

고 있긴 했지만 소외의 기원 및 의의를 최초로 설명한 사람은 마르크스이다.

헤겔은 1831년에 죽었다. 그 다음해에는 헤겔이 시민사회에 있어서 이성의 실현을 나타낸다고 생각했던 종교개혁의 정치체제에 대하여 최초의 혁명적인 격동이 가해졌다. 국가는 비틀거리기 시작했다. 프랑스에서는 부르봉 왕조가 7월 혁명에 의해 전복되었다. 영국에서의 정치생활은 개정법(Reform Bill)에 대한 열띤 토론으로 가득차 있었으며, 이 법은 도시 부르주아 계급에게 유리한 선거체제에 커다란 변화를 가져왔으며 국왕을 희생시켜 국회의 강화를 초래했다. 영국과 프랑스에서의 움직임은 국가를 현행의 권력관계에 맞추어 조정하는 데 그쳤을 뿐이며 따라서 정치적 형태로 계속되었던 민주화의 과정은 그 어느 곳에서도 시민사회의 사회체제를 넘어서지 못했다. 그럼에도 불구하고 헤겔은 계속되는 변화들 가운데 세세한 것조차가 가지고 있는 위험들을 속속들이 알고 있었다. 그는 시민사회의 동력이 일단 국가라는 안전장치로부터 풀려나게 되면 그것은 언제라도 걷잡을 수 없는 힘들로 전체 체계를 분쇄하게 될 것임을 알았다.

헤겔의 가장 최근의 글 가운데 하나는 그가 죽은 해에 출판되었던 영국 개정법에 대한 논문이다. 그것은 개정법에 대해서 신랄한 비판을 하고 있는데 헤겔은 여기에서 그것이 프랑스 혁명의 '추상적인 원리들'을 국가의 구체적인 위계질서에 대립시킬 국회를 설립함으로써 군주권을 약화시켰다고 주장했다. 그는 국회의 강화가 결국에는 '민중'의 무서운 힘을 풀어놓게 될 것이라고 경고한다. 기존의 사회 상황에서는 개혁은 순식간에 혁명으로 돌변할 것이다. 개

정법이 성공적으로 통과되면,

"……투쟁은 격화되어 더욱 더 위험한 상태에 빠지게 될 것이다. 이제는 더 이상 실증적인 특권계급의 이익과 보다 현실적인 자유에의 요구 사이를 매개할 어떤 보다 높은 힘도, 즉 이들을 제한하고 화해시킬 힘도 존재하지 않게 될 것이다. 왜냐하면 영국에서는 군주는 다른 국가들이 가지고 있는 그리고 그것을 통하여 단지 실증적인 제권리에 기초한 입법으로부터 참된 자유의 원리에 기초할 입법에로의 이행을 성취할 수 있었던 권력을 갖고 있지 않다. 다른 국가들은 사회적 대변동, 폭력 및 약탈을 겪지 않고서도 그러한 전환을 성취할 수 있었다. 그러나 영국에서는 그러한 전환은 또 다른 힘, 즉 민중에 의해서 수행되어야만 할 것이다. 지금까지는 국회와 무관했던 계획 위에 스스로를 세우고 국회 내에서 다른 당들에게 그의 영향력을 펼칠 수 없다고 느낀 반대당은 민중들 사이에서 그 힘을 구하려고 할 것이다. 그리하여 개혁을 성취하는 대신 그것은 혁명을 야기할 것이다."[45]

헤겔을 독일 자유주의에 준하여 해석했던 루돌프 하임(Rudolf Haym)은 헤겔의 논문이 반동적인 정치철학의 기록이라기보다는 오히려 두려움과 근심의 기록이라고 생각했다. 왜냐하면 "헤겔은 개정법의 경향과 내용에 불만을 표시한 게 아니라 개혁 그 자체의 위험을 두려워했기 때문이다."[46] 왕정복고 시대의 국가의 안정성에 대한 헤겔의 믿음은 비참하게 깨지고 말았다. 개혁은 좋은 것일 수 있다. 그러나 이러한 국가는 그것이 의거하고 있는 권력체계를

45. 'Ueber die Englische Reformbill' in *Schriften zur Politik und Rechpilosophiei* p.326.
46. *Hegel und seine Zeit*, Berlin, p.456.

위험에 빠뜨리지 않고서는 개혁의 자유를 줄 수 없다. 헤겔의 개정법에 대한 논문은 그의 『법철학』 서문보다 기존의 국가형태가 영원히 존속할 것이라는 신념이나 확신을 훨씬 덜 표현하고 있다. 여기에서도 역시 헤겔의 철학은 회의와 체념으로 끝나고 있다.47)

47. Göschel(1830년 12월 13일자) 및 Schultz(1931년 1월 29일)에게 보내는 헤겔의 편지를 보라 ; cf. F. Rosenzweig, *Hegel und der staat,* München 1920, vol. Ⅱ, p.220.

제2편

사회이론의 발흥

K. 마르크스

서 론

철학으로부터 사회 이론에로

철학으로부터 국가와 사회 영역으로의 이행은 헤겔 체계의 본질적인 부분이었다. 그의 기본적인 철학적 이념들은 국가와 사회가 이때까지 취해 왔던 특수한 역사적 형태 속에서 스스로를 성취했으며, 후자는 새로운 이론적 관심의 중심적인 것이 되었다. 철학은 이러한 식으로 사회 이론에 그 직책을 양도해 왔다. 헤겔 철학이 헤겔 이후의 사회 이론에 준 영향을 이해하기 위해서는, 보통 행해지는 설명과는 다른 방향에서 시작하지 않으면 안 된다.

헤겔 철학 이후의 역사에 대한 전통적인 설명은 헤겔 사후의 헤겔학파가 우파와 좌파로 분열했다는 사실의 지적으로부터 시작한다. 이 집단의 가장 대표적인 사상가만을 든다면 미슐레(Michelet), 괴쉘(Göshel), 요한 에두아르트 에트트만(Johann Eduard Erdmann), 가블러(Gabler), 로젠크란쯔(Rosenkranz)로 이루어진 우파는 헤겔 체계, 특히 논리학에 있어서의 보수주의적인 흐름을 이어받아 이를 체계화했다. 다비드 프리드리히 스트라우스(David Friedrich Strauss), 에드가 바우어(Edgar Bauer), 부르노 바우어(Bruno Bauer), 포이어바흐(Feuerbach), 치스코프스키(Ciszkowski) 등으로 이루어진 좌파는 헤겔에 있어서 비판적인 경향들을 발전시켰으며, 이를 종교에 대한 역사적 해석으로부터 시작하였다. 이들 후자의 집단은 점점 더 왕정복고와 사회적, 정치적 갈등을 일으켰으며 나중에는 결국 철저한 사회주의 및 무정부주의, 또는 쁘띠부르주아적 형태의 자유주의에 이르게 되었다.

19세기 중엽이 되면서 헤겔주의의 영향은 거의 자취를 감추고 있었다. 이는 19세기 말경 영국의 헤겔주의(그린Green, 브레들리Bradley, 보상께Bosanquet)에 있어 되살아나고, 그 이후에는 이탈리아에서 새로운 정치적 기운을 얻었으며 여기에서 헤겔은 파시즘을 위한 준비로서 이용되었다.

전혀 다른 형태로, 헤겔의 변증법은 또한 마르크스의 이론과 그에 대한 레닌적 해석의 중심적인 부분이 되었다. 이러한 주요 노선과는 달리 또한 헤겔의 어떤 개념들은 사회학(예를 들면, 로렌쯔 폰 슈타인 Lorenz von Stein의 저작)에, 법률학(역사학파 ; 라살레Lasalle)에 그리고 역사 영역(드로이젠Droysen, 랑케Ranke)에서 이용되었다.

이와 같은 설명은 형식적으로는 정확할지 모르나, 너무 도식적이고 어떤 중요한 점을 놓치고 있다. 예를 들면 헤겔 철학의 역사적 유산은 '헤겔주의자들'(좌파든 우파든 불문하고)이 그대로 이어받지도 않았으며, 또한 그들은 헤겔 철학의 참된 내용을 되살린 사람들도 아니다. 헤겔주의의 역사가 헤겔에 대항하는 투쟁의 역사—여기에서 헤겔은 새로운 지적[그리고 상당한 정도로 실천적인 정치적] 노력들이 적대했던 모든 것의 상징으로 이용되었다.—였음에도 불구하고 헤겔 철학의 비판적인 경향들은 마르크스의 사회 이론만을 물려받았고 그에 있어서만 지속되었다. 헤겔의 체계는 데카르트에서 시작하여 근대

사회의 기본 이념들을 구현했던 근대 철학의 전시대를 종결짓는다. 헤겔은 자연과 역사를 다 같이 사유 및 자유의 기준에 종속시킴으로써 역사를 이성으로써 해석한 최후의 사람이었다. 동시에 그는 인간이 성취한 사회·정치적 질서를 이성이 그 스스로를 실현해야 할 토대로 인식했다. 그의 체계는 철학을 자기부정의 문턱에까지 몰아넣었으며, 그럼으로써 비판 이론의 낡은 형식과 새로운 형식 사이에, 즉 철학과 사회 이론 사이에 유일한 교량 역할을 했다.

서구 철학의 내적 움직임이 어떻게 해서 비판적인 사회 이론으로의 이행을 필연적으로 만들었는가를 살펴보기 전에, 우리들은 근대를 특징짓는 역사적 노력들이 어떠한 방식으로 철학적 관심에로 침투해 들어갔으며 어떠한 방식으로 철학적 관심들로 형성되었는지를 밝혀보아야 할 것이다. 이러한 역사적 소용돌이 속에서 움직이고 있는 사회적 힘들은 철학을 특히 합리적인 형태로 이용했는데, 여기에서 이성이라는 이념은 우리 논의의 출발점이 될 수 있을 것이다.

17세기를 발단으로 해서, 철학은 부상하는 중간 계층의 원리들을 아주 결정적으로 흡수했다. 이성은 이러한 계급의 비판적인 슬로건이었으며, 이를 가지고 그들은 그들의 정치적·경제적 발전을 방해하는 모든 사람들과 싸웠다. 이성이라는 말은 교회에 대한 과학과 철학의 투쟁에서, 절대주의에 대한 프랑스 계몽주의의 공격에 있어서 그리고 자유주의와 중상주의 간의 논쟁에 있어서 빈번하게 사용되었다. 그러나 이 시대를 통틀어 이성에 대한 명확한 정의나 그것에 대한 하나의 의미가 일관되게 사용되었던 것은 아니다. 이성의 의미는 중산 계층의 변화하는 위치에 따라 변경되었다. 여기에서 우리는 그것을 이루는 본질적인 요소들을 통합하여 그것이 가한 다양한 역사적 영향들을 평가해 보기로 하자.

이성이라는 이념이 필연적으로 반(反)종교적인 것은 아니다. 이성은 세계가 신의 창조물이고 세계의 질서는 신적이고 합목적적일 수 있다는 가능성도 허용했다. 그러나 이러한 것이 자신의 필요와 지식에 따라 그의 세계를 구축하는 인간의 권리를 지배하지는 않았다. 세계가 이성적이라고 하는 의미는 무엇보다도 세계는 인간의 풍부한 지적 활동에 의해서 이해 가능하고 변화 가능하다는 것을 함축하고 있다. 자연은 이성을 매개로 주체와 객체가 만나는, 즉 바로 그 구조로부터 이성적인 것으로 간주되었다.

두 번째로, 인간 이성은 그것이 사회적이든 그렇지 않든 이미 만들어진 기존의 질서에 결코 구속되지 않은 것으로 설명되었다. 인간이 가지고 있는 많은 재능들은 모두 역사 속에서 생성되고 역사 속에서 발전하며, 인간은 그 재능들을 그 자신의 욕구의 가능한 최대한의 충족을 위해서 사용한다. 충족 그 자체는 그가 자연과 사회를 지배하는 정도에 달려 있을 것이다. 이 폭넓은 지배의 영역에 있어서 이성의 기준은 궁극적인 것이었다. 말하자면 자연과 사회는 실존하는 주체적 및 객체적 자질들이 자유롭게 전개될 수 있도록 조직되어야만 할 것이다. 사회의 잘못된 조직형태는 대개는 여러 제도들이 택하고 있는 유해하고 부정한 형식에 그 책임이 있다. 합리적인 사회 질서를 향한 진보와 함께, 이러한 것들은 그들의 해악적인 성격을 상실하게 될 것이라고 주장되었다. 인간은 교육에 의하여 이성적인 사회의 이성적인 인간이 될 것이다. 이러한 과정이 완성되었을 때 인간의 개인적, 사회적 삶의 법칙은 그 자신의 자율적인 판단에 의해 결정될 것이다. 따라서 이성의 실현은 인간의 실존을 자유로운 사유의 기준과 모순되게 만드는 모든 외적인 권위의 종말을 내포하고 있다.

세 번째로, 이성은 보편성을 포함하고 있다. 왜냐하면 인간이성의 강조는 인간의 행위가 개념적 인식에 의해 지도되는 사유하는 주체의 행위임을 천명하기 때문이다. 그의 수단으로서의 개념을 가지고 사유하는 주체는 세계의 모든 우연적인 것과 심원한 바탕을 이루는 것들을 꿰뚫어 보고 무한한 개별적인 제대상을 지배하고 질서지우는 보편적이고 필연적인 법칙들에 도달한다. 그럼으로써 그는 수많은 특수자들에 공통적인 가능성들을, 즉 사물의 변화하는 제형식을 설명할 수 있고 그것들이 나아가는 방향과 영역을 설정해 주는 제가능성을 발견한다. 보편적인 개념들은 세계를 변화시키는 실천의 원칙이 될 것이다. 보편적인 개념들은 이러한 실천을 통해서만 생길 수 있을 것이며, 그것의 내용은 실천의 진보에 따라 변화될 것이지 결코 우연적으로 결정되지는 않는다. 참된 추상이란 결코 임의적인 것도, 자유로운 상상의 산물도 아닌, 현실의 객관적인 구조에 의해 엄격하게 규정된다. 보편은 특수와 마찬가지로 현실적이며 그것은 각기 다른 형태로, 말하자면 힘, 동력(dynamics), 가능성으로서 실존할 뿐이다.

네 번째로, 사유는 자연 세계뿐만 아니라 사회 · 역사적 세계의 다양성도 통일한다. 사유의 주체, 개념적 보편성의 원천인 사유의 주체는 모든 인간에 있어 하나이며 동일하다. 보편적 개념의 특수한 내용들 및 그것이 내포하는 것들은 다양할지라도, 그것들의 원천인 사유하는 자아는 순수 행위들의 전체이며 모든 사유하는 주체들에 있어서 동일하다. 따라서 사유하는 주체의 합리성이 합리적인 사회구조를 위한 궁극적인 토대라고 말하는 것은 결국은 모든 인간의 본질적인 평등을 인식하는 것이다. 더 나아가 사유하는 주체는 보편적 개념들의 창조자로서 필연적으로 자유로우며, 그의 자유는 바로 주체성의 본질을 이룬다. 이러한 본질적인 자유는 사유하는 주체가 직접적으로 주어진 존재 형태에 구속되어 있는 게 아니라 그것을 초월하여 그 주어진 존재형태를 그 자신의 개념에 맞게 변화시킬 수 있다는 사실을 표징해준다. 또한 사유하는 주체의 자유는 그의 도덕적·실천적 자유를 포함한다. 왜냐하면 그가 마음에 그리는 진리란 수동적인 사변의 대상이 아니라 실현을 요구하는 객관적인 가능성이기 때문이다. 이성의 이념은 이성에 따라 행동할 자유를 포함하고 있다.

다섯 번째로, 이성에 따라 행동할 이러한 자유는 자연과학의 실천에서 행사된다고 생각되었다. 자연 및 최근에 이르러 발견된 천연자원과 미개발지역에 대한 지배는 세계를 거대한 상품시장으로 변화시키려는 새로운 생산과정에 의해 요구되는 것이었다. 이성의 이념은 기술 진보의 통제 아래 놓이게 되었으며, 경험적인 방법이 합리적인 행위의 표본으로서, 즉 세계의 내재적인 가능성들이 자유롭게 전개하고 활동할 수 있도록 세계를 변화시키는 절차로 여겨졌다. 근대의 합리주의는 결과적으로 사회적 삶뿐만 아니라 개인적 삶도 자연의 표본에 맞추려는 경향을 가지고 있었다. 예를 들면 우리들을 테카르트의 기계론적 철학, 홉즈의 유물론적 정치사상, 스피노자의 수학적 윤리학, 그리고 라이프니쯔의 단자론을 들 수 있겠다. 인간 세계는 자연 법칙과 유사하거나 또는 동일하기까지 한 객관적 법칙에 의해 지배되는 것으로 표현되었으며, 사회는 주관적인 욕망이나 목표와는 거의 무관한 객관적 실체로서 제시되었다. 인간은 그들 서로간의 관계가 물리 법칙들의 필연성에 따라 움직이는 객관적인 법칙들로부터 결과하는 것이며 그들의 자유는 그들 자신의 사적인 실존을 이러한 필연성에 부합시키는 데 있다고 믿었다. 근대 합리주의 발전은 결정적으로 순응주의적인 회의주의를 동반하였다. 이성이 기술과 자연과학에서 개가를 올리면 올릴수록, 점점 더 인간 사회생활에 있어서의 자유에 대한 요구는 떨떠름한 것이 되었다. 이러한 과정의 압력 하에서 비판적이며 이상적인 요소들은 서서히 자취를 감추고 이단적이고 적대적인 교설(예를 들면 프랑스 계몽주의 시기의 무신론적 유물론)에서 그 도피처를 찾았다. 중산 계층의 대표적인 철학자들(특히 라이프니쯔, 칸트 및 피히테)은 그들의 철학적 합리주의와 현존하는 사회관계의 지독한 비합리성을 화해시키려 했으며 인간의 이성과 자유를 뒤엎고 이를 고립된 영혼 또는 정신의 잔재, 외적인 현실과 분명히 양립 가능한 내적인 현상(이러한 현실이 이성과 자유에 모순되는 때조차도)으로 만들어 버렸다.

우리들은 이미 앞에서 헤겔로 하여금 내적으로 침잠해가는 경향을 타파하고 주어진 사회 정치적 제(諸)제도 속에서의 그리고 그것을 통한 이성의 실현을 천명하도록 했던 여러 동기들을 밝혔었다. 그리고 우리들은 철학으로 하여금 사회 현실과 손잡게 한 과정에서의 변증법의 역할을 강조해 왔다. 이는 상식에 의해서 정립된 고정적인 대상들의 조화로운 세계의 해체와 철학이 구하는 진리가 널리 퍼져 있는 모순의 전체라는 인식을 낳았다. 이제 철학적 개념들은 현실의 실제적인 운동을 반영하게 되었으며, 그러나 그 개념들이 그의 사회적 내용 위에서 정식화된 까닭에, 이러한 사회체제를 넘어서는 이념 및 가치들은 절대정신이 영역, 즉 변증법적 철학체계 안에 처박혀지면서 그 개념들은 그 내용, 즉 시민사회를 지배하는 국가가 끝나는 곳에서 멈추게 되었다.

그러나 이러한 체계 내에서 움직였던 방법은 그 체계를 완결시킨 개념보다도 훨씬 더 나아갔다. 변증법을 통해서 역사는 이성 그 자체의 내용을 이루는 부분이 되었다. 헤겔은 인류의 물질적·정신적 힘들이 인간의 사회적 정치적 실천이 이성의 실현을 요구할 만큼 충분히 발전했다는 것을 논증했었다. 이제 철학 그 자체는 어떤 외적인 힘으로서가 아니라 그것의 정통적인 후계자로서 사회 이론 및 실천에 직접적으로 적용이 가능하게 되었다. 만약 이러한 철학을 뛰어넘는 어떤 진보가 있다면, 그것은 철학 그 자체를 뛰어넘는, 그리고 동시에 철학 그 자신의 운명과 연결되어 있는 사회·정치적 질서를 뛰어넘는 진보가 되어야 했다.

바로 이 점이 연대상의 순서를 버리고 초기 프랑스 및 독일의 사회학을 다루기 전에 마르크스 이론의 기초를 논의하지 않을 수 없는 그 내적인 이유이다. 사회 이론에 끼친 헤겔 철학의 영향, 그리고 근대사회 이론의 특수한 기능은 헤겔의 철학이 충분히 전개된 형태 및 마르크스의 이론으로 이어진 그것의 비판적 제경향으로부터가 아니면 이해될 수 없을 것이다.

제1장
변증법적 사회이론의 기초

1. 철학의 부정

헤겔에서 마르크스로의 이행은 모든 점에서 본질적으로 완전히 다른 진리 체계로의 이행이며, 철학으로는 해석될 수 없는 것이다. 우리는 마르크스 이론의 철학적 개념이 모두 사회적·경제적 범주이며, 반면에 헤겔의 사회적·경제적 범주는 모두 철학적 개념이라는 것을 곧 알게 될 것이다. 더욱이 마르크스에 있어서는 초기 저작까지도 철학적이지가 않다. 그것들은 여전히 철학적인 용어로 표현되었지만, 철학의 부정을 나타내고 있었다. 분명히 몇몇 헤겔의 근본적 개념들은 헤겔에서 포이어바흐를 거쳐 마르크스에로의 발전 과정에 나타나 있지만, 그러나 마르크스 이론에 대한 접근은 낡은 철학적 범주의 변형을 보여줌으로써 이루어질 수 있는 것은 아니다. 새로운 이론이 그에 선행하는 이론으로부터 도출될 수 없는 새로운 개념적 구조와 틀을 가지고 있듯이, 마르크스 이론에 있어서 모든 각각의 개념들은 실제로 아주 다른 기초를 가지고 있다.

문제에 대한 첫 번째 접근으로서, 헤겔 체계의 모든 범주들은 현존질서에 귀착되지만, 마르크스의 범주들은 이 질서의 부정에 대해 언급하고 있다고 말할 수 있다. 마르크스의 범주들은 그 당시의 지배적인 형태를 서술하는 경우조차도 새로운 사회형태를 목표삼고 있다. 본질적으로 그것들은 시민사회의 폐지를 통해서만 얻어질 수 있는 진리에 착수했던 것이다. 모든 개념들이 현존 질서 전체에 대한 고발이라는 의미에서 마르크스의 이론은 '비판'인 것이다.

마르크스는 헤겔 철학을 부르주아 원리들의 가장 진보되고 포괄적인 언표로 간주하였다. 헤겔 시대의 독일 중산계급은 서유럽 국가들의 중산계급이 지니고 있던 경제적·정치적 힘의 수준에는 아직 미치지 못한 상태였다. 따라서 헤겔의 체계는 아직 사회적 현실의 일부분이 되지 못한 부르주아적 원리들(다른 서유럽 국가들에 있어서는 '현실적으로' 완성되었던)을 '사상적으로' 전개하고 완성시켰던 것이다. 그의 체계는 이성을 사회의 유일한 보편적 기준으로 삼았으며, 상이한 개인의 이해를 하나의 통일된 '욕망 체계'로 통합시키는 데 있어서 추상적 노동의 역할을 인정하였고, 자유와 평등이라는 자유주의적 이념의 혁명적 의미를 발견하였을 뿐만 아니라, 시민사회의 역사를 이 사회질서에 있어서 고유한 화해 불가능한 대립의 역사로서 묘사하였던 것이다.

마르크스는 헤겔의 노동의 개념이 결정적인 공헌을 했다고 특히 강조하고 있다. 노동의 분업과 욕망의 체계에 있어서 개인적 노동의 상호의존은 공히 국가와 사회의 체계를 규정하며, 더욱이 노동의 과정도 마찬가지로 의식의 발전을 규정하고, 주인과 노예의 생사를 건 투쟁은 자기 의식적 자유로의 길을 열어 준다고 헤겔은 이미 설파하고 있었다.

나아가 우리는 헤겔 철학이 주관과 객관의 관계에 대한 특수한 해석에 의거하고 있음을 상기해야만 한다. 헤겔은 주체(의식)와 객체 사이의 전통적인 인식론적 대립을 일정한 역사적 대립의 반영으로 간주하였다. 객체는 첫째로 욕망의 대상으로서, 즉 인간의 욕구를 충족시키기 위해서 만들어지고 점유된 어떤 것으로 나타난다. 즉 점유의 과정 속에서 객체는 인간의 타재(the otherness)로서 현현하게 된다. 인간은 그의 욕망의 대상과 노동의 대상을 다룰 때, 자신과 더불어 있는 것이 아니라 오히려 어떤 외적인 힘에 의존하고 있다. 인간은 자연과 우연 그리고 다른 소유자들의 이해와 싸우지 않으면 안 된다. 의식과 대상 세계 사이의 관계를 넘어선 그 이상의 발전은 사회적 과정이다. 그것은 첫째로 의식의 전체적인 '소외'(estrangement)에 이르게 되는데, 인간은 스스로가 만든 사물에 의해 압도당하게 된다. 그러므로 이성의 실현은 이 소외를 극복하는 것, 즉 주체가 모든 대상 속에서 스스로를 인식하고 소유하는 상태를 확립하는 것을 의미한다.

노동의 역할 및 물화의 과정 그리고 그 지양에 대한 설명은 헤겔의 『정신현상학』의 가장 뛰어난 업적이라고 마르크스는 단언했다. 그러나 그 설명의 무게는 상실되었다. 왜냐하면 헤겔은 주체와 객체의 통일이 이미 이루어졌고, 물화이 과정이 극복되었다고 주장하기 때문이다. 시민사회의 대립은 헤겔의 군주국가에서 해결되고 있으며, 모든 모순은 결국 사상이나 절대정신의 영역에서 조장되고 있다.

'진리'는 기존이 사회 · 정치적 질서와 실제로 일치했던가? 그러면 역사는 사회에 있어서 주어진 생활체계를 초월해야 할 어떤 필요성으로부터 이론을 면제시켰었던 것일까? 헤겔의 긍정적 답변은 사회·정치적 형태가 이미 이성이 원리에 적합하게 되었기 때문에 인간의 최고의 가능성은 현존 사회형태의 발전을 통해서 전개될 수 있다고 하는 가정에 의거하였던 것이다. 그의 결론은 현실과 이론과의 관계에 있어서 결정적인 변화를 내포하고 있었다. 즉, 현실이 이론과 일치하고 있었던 것이다. 헤겔이 마지막으로 이론에 부여했던 형식에 있어서 진리를 담기에 적합한 저장소인 이론은 있는 그대로의 사실을 환영하고 있는 것처럼 보였으며, 이성과 일치하는 것으로서 사실을 환영하였던 것이다.

헤겔은 주장하기를, 진리는 어떤 단순한 요소 안에도 현존해야만 하는 전제이며, 따라서 만일 단 하나의 실질적인 요소나 사실이 이성의 과정과 결합될 수 없는 경우에도 전체의 진리는 파괴된다고 했다. 반면에 마르크스는 그와 같은 요소, 즉 '프롤레타리아'가 존재한다고 말했다. 프롤레타리아의 존재는 이른바 이성의 현실과 모순되는 것이다. 왜냐하면 그것은 바로 이성의 부정을 증명해 주는 하나의 완전한 계급이기 때문이다. 프롤레타리아의 운명은 인간의 가능성의 실현이 아니라 그 반대인 것이다. 만일 재산이 자유로운 인격의 첫 번째 능력을 이루는 것이라면, 프롤레타리아는 재산을 소유하지 않았기 때문에 자유도 아니고 인격도 아니다. 만일 절대정신의 활동인 예술, 종교, 철학이 인간이 본질을 이루는 것이라면, 프롤레타리아라는 존재는 이와 같은 활동들에 전념할 여유가 없기 때문에 자신의 본질로부터 영원히 단절되는 것이다.

더구나 프롤레타리아의 존재는 헤겔의 『법철학』에서 서술된 합리적 사회를 손상시키며 부르주아 사회 전체를 손상시킨다. 프롤레타리아는 노동의 과정에서 생기며, 이 사회에 있어서 실질적인 노동의 수행자이며 주체이다. 그러나 노동은 헤겔 자신이 보여 주듯이, 인간의 본질과 그것이 취하는 사회형태를 규정한다. 거기서 만일 프롤레타리아의 존재가 완전한 인간의 상실을 증명하고, 또 이 상실이 시민사회의 토대를 이루는 노동의 양식에서 결과하는 것이라면, 그 사회는 전체적으로 결함이 있으며 프롤레타리아는 전체적인 부정성, 즉 보편적 고통과 보편적 불의를 나타내는 것이다.[1] 그때는 이성과 정의와 자유의 실현이 오류와 불의와 속박의 실현으로 변해버리고 만다.

이와 같이 프롤레타리아의 존재는 진리가 실현되어 있지 않았다는 사실을 생생하게 증명해 주고 있다. 역사와 사회적 실현 그 자체는 이처럼 철학을 부정하고 있는 것이다. 사회에 대한 비판은 철학적 이론에 의해 수행되는 것이 아니라 사회·역사적 실천의 작업이 된다.

마르크스의 이론의 발전을 개괄하기 전에 우리는 철학의 부정 위에서 수립된 동시대의 다른 형태와 그것을 구별하지 않으면 안 된다. 철학은 종말을 고하였다는 확신의 거대한 물결이 헤겔이 죽은 뒤 2,30년간을 휩쓸고 있었다. 즉 사상의 역사는 결정적인 전환점에 이르렀으며, '진리'가 발견될 수 있고 진리가 시행될 수 있는 오직 하나의 매개만, 다시 말하자면 인간이 구체적이고 실질적인 존재만 남아 있을 뿐이라는 확신이 널리 퍼져 있었다. 철학적 구조는 이제까지 진리를 인간의 역사적 투쟁에서 분리시켜 추상적이고

1. Marx, 'Zur Kritik der Hegelschen Rechtsphilosophie', in *Marx-Engels Gesamtausgabe*, ed. Marx-Engels Institute, Moskow, Vol. I, Frankfurt M. 1927, p.619.

초월적인 이론의 복합체라는 형태 속에서 '진리'의 소재를 정했었다. 그러나 이제 인간의 해방은 그 스스로의 일이 되고 자기 의식적 실천의 목표로 될 수 있게 되었다. 참된 존재, 이성 그리고 자유로운 주체는 이제 역사적 현실로 변형되어질 수 있었다. 따라서 헤겔의 후계자들은 인간의 신격화를 통한 신의 실현으로서(포이어바흐), 철학의 실현으로서(포이어바흐, 마르크스), 인간의 보편적 본질의 실현으로서(포이어바흐, 마르크스) 철학의 부정을 찬탄해 마지않았던 것이다.

2. 키에르케고르

누가 그리고 무엇이 인간의 본질을 실현하려고 했을까? 이 물음에 대한 상이한 답변들이야말로 헤겔 철학 이후의 여러 경향들을 말해 주고 있다. 여기에는 두 개의 일반적인 유형이 구별되어질 것이다. 첫째로는, 포이어바흐와 키르케고르에 의해 대표되는 것으로 고립된 개인을 포착하고 있으며, 둘째로는, 마르크스에 의해 대표되는 것으로 사회적 노동의 과정에 있어서 개인의 기원을 통찰하고 그 과정이 어떻게 인간 해방의 토대가 되는가를 보여 주고 있다.

헤겔은 개인의 가장 완전한 실존은 그의 사회생활 속에서 이루어진다는 것을 보여 주었다. 변증법적 방법의 비판적 채용은 개인의 자유는 자유로운 사회를 전제로 하고 있으며, 따라서 개인의 참된 해방은 사회의 해방을 요구한다는 것을 밝히는 데 이바지하였다. 그러므로 오로지 개인에만 집착하는 것은 헤겔 자신이 제쳐두었듯이 추상적 접근 방법을 채택하는 것과 다름없을 것이다. 포이어바흐의 유물론과 키에르케고르의 실존주의는 뿌리 깊은 사회이론의 여러 특성을 구현하고 있지만 이전의 철학적·종교적 문제 접근 방식을 넘어선 것은 아니다. 반면에 마르크스 이론은 비판적 사회이론에 초점을 맞춘 것으로서 전통적인 정식화나 경향과는 갈라서고 있다.

'철학의 부정'에 대한 키에르케고르의 개인주의적 해석은 불가피하게 서유럽의 합리주의에 대한 날카로운 대립을 전개하였다. 우리가 살펴본 바와 같이 합리주의는, 이성이 사유하는 자아 속에, 객관 정신 속에 자리하고 있는 본질적으로 보편적인 것이었다. 진리는 개인 생활을 둘러싸고 있는 환경에 의해 전혀 구속을 받지 않는 보편적인 '순수이성' 속에 자리잡고 있든지, 혹은 개인은 고통받고 죽어가더라도 그 자체는 번창할 수 있는 보편정신 속에 자리잡고 있었다. 인간의 구체적인 행복은 이성의 내향성에 의해서 뿐만 아니라 있는 그대로의 세계를 성급하게 받아들임으로써 그 어떠한 경우에도 버림을 받았다.

합리주의 철학은, 개인주의자들이 주장하기를, 인간의 현실적인 요구나 동경에 무관심했다고 한다. 합리주의 철학은 인간의 참된 관심사에 부응한다고 주장하였지만, 행복에 대한 인간의 단순한 요구에 대해서조차도 아무런 답변을 주지 못했다. 그것은 인간이 끊임없이 내려야 할 구체적인 결단에 대해서도 도움을 줄 수 없었다. 만일 합리주의자들이 주장하는 것처럼, 개인의 현실적이고 독자적인 실존(그것은 결코 보편적인 것으로 환원될 수 없다.)이 철학의 제1주제가 아니며, 진리가 이 독자적인 실존 속에서 발견되거나 그것에 관계되지 않는다면, 모든 철학적 노력들은 허사일 뿐만 아니라 위험스럽기까지도 한 것이다. 왜냐하면 그러한 노력들은 인간이 진리를 구하고 필요로 하는 유일한 영역으로부터 인간의 관심을 다른 데로 돌려버리기 때문이다. 따라서 진정한 철학에 적용되는 유일한 기준은 그것이 개인을 구제하는 능력 여하에 의해 결정되었다.

키에르케고르에 따르면, 개인은 인식하는 주체성이 아니라 오직 윤리적으로 실존하는 주체성이라는 것이다. 개인에게 문제되는 유일한 현실은 그 자신의 윤리적 실존이다.[2] 진리는 인식 속에 있지 않다. 왜냐하면 감각적 지각과 역사적 인식은 단순히 외관(semblance)에 불과하며, '순수한' 사유는 '환상'일 뿐이기 때문이다. 인식은 오로지 가능태만을 다룰 뿐이며, 어떤 것도 현실화할 수 없고 현실을 파악하는 것조차 불가능하다. 진리는 행위 속에만 있을 뿐이며, 행위를 통해서만 경험될 수 있다. 개인 자신의 실존은 현실적으로 포착될 수 있는 유일한 현실이며, 실존하는 개인 자신만이 유일하게 이러한 파악을 수행하는 주체이다. 개인의 실존은 사유하는 실존이지만, 그의 사유는 그의 개인적 삶에 의해서 규정되며, 따라서 모든 그의 문제는 그의 개인적 활동에서 일어나고 해결되는 것이다.

모든 개인은 그의 가장 내적인 개인성에 있어서 다른 모든 사람들로부터 고립되어 있다.[3] 개인은 본질적으로 혼자이다. 개인의 영역을 침범할 어떤 통일도, 어떤 공동체도, 어떤 '보편성'도 존재하지 않는다. 진리는 영원히 그 자신의 결정(Entscheidung)의 결

2. Kierkegaard, *Abschliessende unwissenschaftliche Nachschrift*, in his *Werke*, Jena 1910, Vol. Ⅶ, p.15.
3. *Ibid.*, p.21.

과이며, 이 결정에서 나오는 자유로운 행위 속에서만 실현될 수 있는 것이다. 개인에게 열려 있는 유일한 결정은 영원한 구제 아니면 영원한 파멸뿐이다.

키에르케고르의 개인주의는 가장 철저한 절대주의로 바뀐다. 오직 하나의 진리, 즉 그리스도 안에서의 영원한 행복이 있을 뿐이며 오직 하나의 올바른 결단, 즉 기독교적인 삶 속에서 사는 길밖에 없다. 키에르케고르의 작업은 강압적인 사회질서의 파괴적인 충격으로부터 인간성을 해방시키기 위한 궁극적 원칙으로서의 종교를 부활시키려는 최후의 위대한 시도이다. 그의 철학은 인간의 능력을 왜곡시키고 손상시키는 사회를 비난하면서 도처에 강력한 사회비판을 함축하고 있다. 구제책은 기독교와 기독교적 생활양식은 끊임없는 투쟁 및 절대적인 굴욕과 패배를 포함하고 있으며, 현 사회형태 속에서 기독교적 실존은 도대체 불가능하다는 것을 키에르케고르는 알고 있었다. 교회는 국가와 분리되어야만 할 것이다. 왜냐하면 국가에 대한 어떤 종류의 의존도 기독교에 위배되기 때문이다. 교회의 진정한 역할은 어떤 구속력에도 지배됨이 없이 널리 퍼져 있는 불의와 속박을 규탄하고, 개인의 궁극적인 관심사인 그의 구제를 강조하는 것이다.

구제는 외적인 제도나 권위에 의존할 수 없는 것이며, 순수 사유에 의해서도 이루어질 수 없는 것이다. 결국 키에르케고르는 이제 진리 속에서 생(生)을 성취하는 짐을 구체적 개인에게, 즉 기독교의 근본 관심사인 바로 그 개인에게 옮기고 있다. 개인이 바로 '진리'이지 이성이나 인류나 국가는 진리가 아니다. 왜냐하면 개인이야말로 유일한 현실이기 때문이다. "실존하는 것은 항상 개인이다.

추상적인 것은 실존하지 않는다."[4]

키에르케고르는 빈곤하고 고뇌에 찬 개인에게 호소하는 종교의 본래적 기능으로 되돌아간다. 그럼으로써 그는 기독교에 그 투쟁적이고 혁명적인 힘을 회복시켜 준다. 신의 계시(appearance)는 부패한 사회에서 갑자기 발발하는 역사적 사건의 공포스러운 면을 띤다. 행복의 실현은 일상생활의 가장 중요하고도 직접적인 문제가 되는 반면, 영원성은 시간적인 측면을 취하고 있다.

그러나 키에르케고르는 더 이상 종교적인 형태를 취할 수 없는 내용에 집작하고 있었다. 종교는 철학의 운명과 같이해야 되는 숙명에 있었다. 특히 종교의 혁명적인 핵심을 사회 해방을 위한 구체적인 투쟁을 향하여 추진시키면서, 진보하는 역사적인 힘들이 움직이고 있는 한, 인류의 구원은 이제 더 이상 신앙이라는 영역에 머무를 수 없게 되었다. 이러한 상황 하에서 종교적 저항은 나약하고 무기력했으며, 종교적 개인주의는 그것이 구제하려는 개인에게 적대적이 될 수도 있었다. 개인의 내적 세계에 머물러 있는 한에만 '진리'는 그것이 속해 있는 사회적 정치적 소용돌이에서 분리될 것이다.

추상적 사유에 대한 키에르케고르의 공격은 그들 인간의 본질적인 평등과 존엄성을 뒷받침해 주는 어떤 보편적 개념을 공격하도록 이끌었다. 그는 인간성(reine Menschheit)을 '부정성'으로, 개인으로부터의 단순한 추상으로, 그리고 모든 실존적 가치들의 수평화로 간주하고 있다.[5] 헤겔이 진리의 완성으로 본 이성의 '전체성'도

---

4. *Ibid.*, p.28.
5. *Zur Kritik der Gegenwart*, Innsbruck 1922, p.34.

역시 '단순한 추상'이다.[6] 우리는 사회주의 운동에 대한 키에르케고르의 태도를 고려해 볼 때 이러한 개인의 독자성에 대해 철학의 초점을 맞추는 것이 순수한 철학적 문제와 얼마나 동떨어져 있는가, 그리고 그것이 얼마나 개인의 사회적·정치적 고립을 수반하는가를 잘 알 수 있다. 그는 말하기를, '사회주의와 공동체(Gemeinschaft)의 이념이 이 시대를 구제할 수 없다'는 것은 의심할 여지가 없다고 한다.[7] 사회주의는 곧 '모든 본래적이고 구체적인 차이(differentiations)와 차별(distinctions)을 제거하기'[8] 위해 모든 사람을 평등화함으로써 인간을 타락시키는 수많은 시도들 가운데 하나인 것이다. 그것은 보다 높은 가치를 소유하고 이용하는 소수에 대해 다수가 가지고 있는 분노의 작용이다. 즉 사회주의는 비범한 개인들에 대항하는 일반적인 반항의 일부인 것이다.

보편자에 대한 반합리주의의 공격은 뒤이은 유럽 사상의 발전에 있어서 점차로 중요하게 된다. 보편적 이성에 대한 공격은 이러한 보편의 적극적이고 사회적인 의미에 대한 공격으로 쉽게 나아갔다. 이성의 개념이 인간의 본질적 평등과 법의 지배 그리고 국가와 사회에 있어서 합리성의 기준과 같은 진보적 개념들과 연결되어 있다는 것을, 따라서 서구의 합리주의는 자유주의 사회의 기본적인 제도들과 명백히 연결되어 있다는 것을 우리는 이미 지적해 왔다. 이데올로기적 영역에 있어서, 이러한 자유주의에 대한 투쟁은 합리주의에 대한 공격으로 시작되었다. '실존주의'라고 불리우는 입장은 이러한 공격에 지대한 역할을 담당하였다. 우선 그것은 보편자의

6. *Ibid.*, p.42.
7. *Ibid.*, p.61.
8. *Ibid.*, p.64.

존엄과 현실성을 부정하였다. 이러한 것은 국가와 사회에 있어서의 어떤 보편타당한 합리적 규범들도 거부하도록 만들었다. 후에 그것은 개인과 국가와 민족을 인류 전체로 결합시키는 유대란 존재할 수 없으며, 각 개인의 특수한 실존적 조건을 이성의 일반적 판단에 종속시킬 수는 없다고 주장되었다. 법률은 이성이 자리하고 있는 인간의 어떤 보편적 특성에 토대를 두는 것이 아니라, 오히려 자기들의 실존적 요구에 따라 규제하면서 사는 각 민족의 요구를 표현하는 것으로 주장되었다. 이러한 이성의 비하는 어떤 특수자(종족이나 민족과 같은)를 최고 가치의 지위로 끌어올릴 수 있도록 만들었던 것이다.

3 포이어바흐

포이어바흐는 키르케고르가 인식하지 못했던 사실, 즉 현대에 있어서 종교의 인간적인 내용은 오로지 종교적, 피안적(other worldly) 형식을 포기함으로써만 보존될 수 있다고 하는 사실에서 출발하고 있다. 종교의 실현의 종교의 부정을 요구한다. 신의 교리(신학)는 인간의 교리(인간학)로 바꾸어져야만 한다. 영원한 행복은 천상의 왕국을 지상의 공화국으로 변형시킴과 더불어 시작될 것이다.

포이어바흐와 헤겔은 인류가 성숙기에 도달했다고 하는 사실에서 일치하고 있다. 지상은 인간의 집단적이고 의식적인 실천을 통해서 이성과 자유의 영역으로 변형될 채비가 되어있다. 따라서 그는 '미래의 철학'을 스케치하고 있는 바, 그것을 헤겔 철학의 논리적이고 역사적인 완성으로 간주한다. "새로운 철학은 헤겔 철학의 실현이며, 더 나아가 이전의 모든 철학의 실현인 것이다."[9] 종교의 부정은 헤겔의 신학을 논리학으로 변형시켰을 때 시작되었는데, 그것은 포이어바흐가 논리학을 인간학으로 변형시킴으로써 마무리를 지었다.[10] 포이어바흐에 있어서 인간학은 인간의 구체적인 해방을 목표로 하며, 따라서 실제로 자유로운 인간적 실존의 조건과 성질을 개괄하는 철학이다. 그와 같은 철학은 관념적일 수가 없다. 왜냐하면 사실상 해방에 의해 자유로운 인간적 실존을 수행하기 위한 수단은 가까운 곳에 있기 때문이다. 헤겔의 크나큰 오류는 그 문제에 대한 유물론적 해결책이 가까이 있었을 때 관념론을 택한 것이었다. 따라서 새로운 철학은 바로 헤겔 철학의 부정으로서의 헤겔 철학의 실현이다.

그가 세계의 기존 상태를 이성의 기준에 적합한 것으로 받아들였을 때, 헤겔은 자신의 원리를 부정하였으며 그의 시대에 주어진 외적인 내용으로 철학을 끌어들였던 것이다. 그의 비판적 구별들은 결국 단지 주어진 것 속에서의 구별에 불과하였으며, 그의 철학은 "비판적인 의미를 지니고 있지만, 발생학적·비판적인 의미를 지니고 있지는 않았다."[11] 후자의 철학 유형은 단지 그 대상을 논증하고 이해하려고 할 뿐만 아니라 그 기원을 탐구하여 그것이 존재할 가치가 있는지에 대한 그것의 존재 권리도 문제 삼는다. 인간의 현 상태는 기나긴 역사적 과정의 결과이며, 그 과정 속에서 모든 초월

---

9. *Grundsätze der Philosophie der Zukunft, in Sämmtliche Werke*, Leipzig 1846, Vol. II, §20; §31도 볼 것.
10. *Vorläufige Thesen zur Reform der Philosophie, op.cit.*, Vol. II, p.247.
11. *Kritik der Hegelschen Philosophie in op.cit.*, pp.221~2.

적 가치는 '세속화되고' 인간의 경험적 생활의 목표가 되었다. 천상이나 순수사유 속에서 추구해 왔던 행복은 이제 지상에서 충족될 수 있다. 오로지 '발생학적' 분석만이 철학으로 하여금 인간의 현실적인 행방을 도울 수 있는 이념을 제공할 수 있도록 할 수 있을 것이다. 포이어바흐는 주장하기를, 헤겔은 그러한 분석에 착수하지 않았다고 한다. 헤겔의 역사 해석은 그의 시대에 다다른 발전단계가 이전의 모든 단계의 내재적 목적이었다는 것을 줄곧 상정하고 있었다.

더욱이 발생학적 분석은 역사철학적 문제일 뿐만 아니라 논리학이나 심리학의 문제이기도 했다. 이 영역에 있어서 헤겔의 실패는 더욱 큰 것이었는 바, 그것은 헤겔의 체계에 있어서 사유가 어떠한 발생학적 분석도 받아들이지 않기 때문이다. 존재는 처음부터 사유로 인식되었다. 그것은 처음에는 단순히 소여된, 그리고 사유와는 다른 어떤 외부세계의 '사실'로서가 아니라 개념(notion)으로서 체계 속으로 들어간다. 그리고 체계가 완성되면서 존재는 사유로부터 파생하는 형식이 된다. 혹은 포이어바흐가 말한 바와 같이 '사유의 술어'(the predicate of thought)가 된다. 결국 자연은 사유의 구조와 운동으로부터 도출된다. 이것은 참된 사태의 완전한 전도이다.

포이어바흐의 사유에 대한 발생학적 분석은 그와 반대로 자연이 우선적인 실재이며 사유는 이차적인 실재라는 명백한 사실에서부터 출발한다. "존재와 사유의 진정한 관계는 이러하다. 즉, 존재는 주어이고 사유는 술어이다. 사유는 존재에서 발생하지만, 존재는 사유에서 발생하지 않는다."[12)]

---

12. *Vorläufige Thesen zur Reform der Philosophie*, p.263.

이와 같이 철학은 존재에서 시작되어야만 한다. 그것은 헤겔의 추상적인 존재 자체(being-as-such)에서 시작되는 것이 아니라 구체적인 존재, 즉 자연에서 시작해야만 한다. "존재로서의 존재(Being qua Being)의 본질은 자연의 본질이다."[13] 그러나 새로운 철학은 전통적인 의미에 있어서 자연철학이 되어서는 안 될 것이다. 자연은 인간적 실존을 조건지울 경우에 한에서만 관련되는 것이며, 인간이야말로 철학의 고유한 내용과 관심사가 되어야만 할 것이다. 인간의 해방은 자연의 해방을 요구하고, 인간의 자연적 실존의 해방을 요구한다. "모든 과학은 자연을 토대로 해야만 한다. 이들의 자연적 토대가 확립되지 않는 한, 이론은 단순한 가정에 지나지 않는다. 이것은 특히 자유의 이론에 대해 적용된다. 새로운 철학은 이제까지 단순히 반자연적, 초자연적 가설에 불과했던 자유를 **자연화**시킬 수 있을 것이다."[14]

포이어바흐는 자연과 사회에 있어서의 인간의 실제적 상태를 자신의 논의의 출발점으로 삼음으로써 관념론적 해결들이란 환상에 불과하다는 것을 인식할 수 있었던 유물론적 철학자들의 위대한 전통위에 서 있다. 인간의 자연적 욕구들이 그 어떤 만족스러운 배출구도 허용 받지 못하고 있다는 가혹한 사실은 사회적 현실에 관한 한 자유와 이성이 신화에 불과하다는 것을 보여 주고 있다. 헤겔은 노예화된 인간상의 토대 위에 이성의 왕국을 건설하는, 개인에 대해 용서받지 못할 죄를 범하였다. 포이어바흐는 모든 역사적 진보에도 불구하고 인간은 아직도 가난하고, 철학이 조우하는 현실

13. *Ibid.*
14. *Ibid.*, p.267.

에 팽배해 있는 사실은 '고난'이라고 외치고 있다. 바로 이러한 점이 (인식이 아니라) 대상적 세계에 대한 인간의 관계에 있어서 우선적이다. "고난은 사유에 선행한다."[15] 그러나 그 고난이 제거되지 않는 한 이성의 실현은 저 멀리에 있는 것이다.

우리들은 마르크스가 프롤레타리아의 존재 속에서 간파한 '보편적 고통'이 그에게는 이성의 실현을 부정하는 것이라는 점을 논술했었다. '고통의 원리'는 사회의 한 역사적 형태에 뿌리박고 있으며, 그것을 제거하기 위해서는 사회적 행위가 필요하다고 마르크스는 주장하였다. 이에 반하여 포이어바흐는 인간 해방을 위한 기초 및 매개로서 자연을 도입하고 있다. 철학은 자연에 의해 부정되고 실현된다. 인간의 고난은 살아 있는 주체의 그 객관적 환경에 대한 자연적 관계이다. 왜냐하면 주체는 객체에 의해 부정되고 압도되기 때문이다. 자연은 외부로부터 자아를 형성하고 규정하며, 그것을 본질적으로 수동적으로 만든다. 해방의 과정은 이 수동성을 제거할 수 없지만, 그것을 결핍과 고통의 원천에서 풍요와 기쁨의 원천으로 변형시킬 수 있다.

포이어바흐의 자아 개념은 데카르트 이래 근대 철학의 동기가 되었던 전통적인 자아의 개념을 전도시키고 있다. 포이어바흐에 따르면, 자아는 근본적으로 수동적이지 자발적이 아니며, 규정을 받는 것이지 자기 규정적이 아니고, 지각의 수동적인 주체이지 사유의 능동적인 주체가 아니다. "진정으로 객관적인 사상, 진정으로 객관적인 철학은 오로지 사유의 '부정'으로부터 대상에 의해 규정된 가운데, 즉 모든 쾌락과 결핍의 원천인 감성(passion)에서 생겨

15. *Ibid.,* p.253.

난다."[16] 따라서 포이어바흐의 자연주의는 지각, 감성(passion), 감각(Empfindung)이 철학의 고유한 사고법이라고 주장한다. "진정한 의미에 있어서 대상은 오로지 감성(sense)에 의해서만 주어진다."[17] "감성과 지각 그리고 감각의 대상을 제외하고는 의심할 여지없이 직접적으로 확실한 것은 아무것도 없다."[18]

이것이 바로 마르크스가 포이어바흐를 비판하기 시작하는 점이다. 마르크스는 이 점에서 포이어바흐를 부정하고 헤겔 편을 들고 있다. 헤겔은 감성적 확신이 진리의 궁극적인 기준이라는 것을 다음 두 가지 이유로 부정하였다. 첫째, 진리는 특수자를 전달하는 경험에서는 얻어질 수 없는 보편자이며, 둘째, 진리는 인간의 집단적인 실천에 의해 추진되는 역사적 과정에서 실현된다는 이유가 바로 그것이다. 여기서 후자가 근본적이다. 왜냐하면 감성적 확신과 자연은 같이 그 운동 속으로 들어가 그 과정 속에서 자신들의 내용을 변화시키기 때문이다.[19]

헤겔의 관점은 노동이 감성적 확신과 자연을 역사적 과정 속으로 끌어들인다는 것이었다. 그러나 포이어바흐는 인간이 실존을 감성이라는 관점에서 생각했기 때문에 이와 같은 노동의 실질적 기능을 전혀 무시해 버렸다. "포이어바흐는 추상적 사유에 만족하지

16. *Ibid.,* p.258.
17. *Grundsätze der Philosophie der Zukunft,* § 32.
18. *Ibid.,* § 37.
19. 포이어바흐는 『헤겔 철학비판』(*Kritik der Hegelschen Philosophie ; op. cit.,* pp.211~15)에서 헤겔에 의한 감성적 확신의 비판을 논의하고 있다. 포이어바흐는 감성적 확신의 입장을 이것과 심리학적, 역사적으로 연결되어 있는 보다 포괄적인 이해 양식으로부터 고립시키고 있다. 상식의 권위는 이것으로부터 자유가 있는 경우에만 밝혀질 수 있는 진리에 대항하는 것으로서 지지를 받고 있다.

않고, 직관(Anschauung)에 호소한다. 그러나 그는 우리들의 감성적 본성을 실천적, 감성적 활동으로서 이해하지 않고 있다.”20)

노동은 인간 실존의 자연적 상태를 사회적인 것으로 변형시킨다. 따라서 포이어바흐는 자유의 철학에서 노동의 과정을 제거함으로써 자연이 자유의 매개가 될 수도 있는 결정적 요인을 제거해 버렸다. 인간의 자유로운 발전은 **자연적** 발전이라고 하는 그의 해석은 해방을 위한 역사적 조건을 무시하고, 자유를 기존 질서의 틀 속에 있는 사건으로 만들었다. 그의 '감성적 유물론'(perceptual materialism)은 오로지 **시민사회에서의 고립된 개인**을 인정할 뿐이다.21)

마르크스는 그의 이론을 노동의 과정에 집중시켰으며, 그렇게 함으로써 내용(현실)의 구조가 이론의 구조를 규정한다는 헤겔 변증법의 원리를 고수하였고 그것을 완성하였다. 마르크스는 시민사회의 기초를 시민사회의 이론의 기초로 삼았다. 이러한 시민사회는 보편적 노동의 원리에 따라 움직이고 있으며, 노동과정은 인간존재의 전체에 결정적인 것이기 때문이다. 즉 노동은 모든 것의 가치를 규정한다. 왜냐하면 사회는 노동 생산물의 끊임없는 일반적 교환에 의해 영속되어지기 때문에, 인간관계의 전체는 경제의 내재적 법칙에 의해 지배를 받고 있다. 모든 인간은 자유이지만, 그러나 노동과정의 메커니즘이 그들 모두의 자유를 지배하고 있다. 따라서 진정한 의미에서 이성과 자유를 실현하기 위한 조건들을 발견하기

---

20. Marx, 'Theses on Feuerbach' V ; *The German Ideology,* ed. R. Pascal, International Publishers, New York 1939, p.198, 그리고 Sidney Hook, *From Hegel To Marx,* New York, 1936, p.293을 보라.
21. Marx, 'Theses on Feuerbach', IX ; *The German Ideology, op.cit.*, p.199. Sidney Hook, *op.cit.*, p.299를 보라,

위해서 절대적으로 필요한 것이 바로 노동과정에 대한 연구이다. 이와 같이 노동 과정의 비판적 분석이 철학이 최후의 테마가 되는 것이다.

4. 마르크스 : 소외된 노동

1844년에서 1846년 사이의 마르크스의 저작들은 근대사회에 있어서 노동의 형태가 전반적인 인간의 소외를 이루는 것으로 간주하고 있다. 이러한 범주를 사용함에 따라 마르크스의 경제적 분석은 헤겔 철학의 기본적인 범주와 연결되고 있다. 마르크스가 주장한 바에 의하면, 사회적 분업은 개인의 재능이나 전체의 이익을 고려해서 수행되는 것이 아니라, 오히려 전적으로 자본주의적 상품생산 법칙에 따라서 일어나는 것이다. 이 법칙 하에서는 노동의 산물, 즉 상품이 인간 활동의 성격과 목적을 결정하는 것처럼 여겨진다. 다시 말하면, 생활에 도움이 되는 물질은 생활의 내용과 목표를 지배하게 되고, 인간의 의식은 완전히 물질적인 생산관계의 희생이 되어 버린다.

이와 같이 마르크스 이론의 출발점인 유물론적 명제는 첫째로 '역사적 사실'을 논술함으로써, 모든 인간관계가 통제되지 않은 경제에 의해서 지배받고 있는 현존 사회질서의 유물론적 성격을 드러내는 것이다. 동시에 마르크스의 명제는 비판적 명제이며, 의식과 사회적 존재 사이의 현존 관계가 그릇된 것이고, 따라서 그것이 극복되어야만 진실한 관계가 나타날 수 있다는 것을 암시하고 있다. 이와 같이 유물론적 명제의 진리는 그것의 부정에 의해 성취되어진다.

마르크스는 그의 유물론적 출발점이 그가 분석하는 사회의 유물론적 성질에 의해서 그에게 강요된 것이라는 점을 거듭 강조하고 있다. 그는 자신이 '사실', 즉 고전 정치경제학에 의해서까지도 인정되고 있는 '경제적 사실'로부터 시작한다고 논술한다.[22] 근대사회가 진행됨에 따라, "노동자는 그가 생산하는 부가 더욱 증가할수록 그의 생산이 힘과 범위를 더욱 증가할수록 더욱 더 빈곤해진다. 노동자는 그가 생산하는 상품이 더욱 확대될수록 더욱 값싼 상품으로 된다. 대상(물질)세계의 착취(Verwertung)가 진행됨에 따라 인간세계의 가치하락이 이루어진다."[23] 고전 정치경제학(마르크스는 A. 스미드와 J.B 세이를 인용하고 있다.)은 거대한 사회적 부까지도 노동자에게는 단지 '변함없는 빈곤'을 의미할 뿐이라는 것은 인정하고 있다.[24] 이들 경제학자들은 빈곤이라는 것이 전혀 불리한 외적 환경이 결과가 아니라, 현존 노동양식 그 자체의 결과라는 것을 보여 주었다. '진보적인 사회적 상황에 있어서, 노동자의 몰락과 궁핍은 그 자신의 노동의 산물이며, 그 자신이 생산한 부의 산물이다. 이처럼 빈궁은 현존 생산양식의 '본성에서 생기며' 근대사회의 본질 그 자체에 뿌리박고 있는 것이다.[25]

이러한 노동양식은 인간의 발전에 관해서 어떠한 의의를 가지고

22.'Ökonomisch-philosophische Maunskripte'(1844) in *Marx-Engels Gesamtausgabe,* edited by the Marx-Engels Institute, Vol. III, Berlin 1932, pp.80~81, 89~90.
23. *Ibid.*, p.82.
24. *Ibid.*, p.43.
25. *Ibid.*, p.45.

있는가? 이러한 물음으로써 마르크스 이론은 **정치경제학의 지평**을 넘어선다.[26] 경제적 관계, 법률, 제도 전체는 단순히 고립된 객관적 사실들의 집합으로서가 아니라 인간이 그들의 생활을 영위해 갈 터전인 역사적 형태를 구성하는 것으로 취급되어져야 할 것이다. 특수과학의 한계를 벗어날 경우, 경제적 범주들은 그것들이 객관적인 경제적 사실들(상품, 가치, 지대의 경우처럼)을 의미하는 경우조차도 인간 실존의 규정요인(Daseinsformen, Existenzbestimmungen)이라는 것을 알게 된다.[27] 노동은 단순한 경제적 활동(Erw-erbstätigkeit)이 아니라, 인간의 실존적 활동이며 인간의 **자유롭고 의식적인 활동**이다.—인간의 생활을 유지하기 위한 수단(Leben-sm ittel)이 아니라 인간의 '보편적 본성'을 발전시키기 위한 수단인 것이다.[28] 새로운 범주들은 경제적 현실이 인간, 즉 그의 재능, 능력, 욕구를 무엇으로 만드는가를 알아보기 위해서 그것(경제적 현실)을 평가할 것이다. 마르크스는 인간의 '보편적 본질'에 관해 말할 때 이러한 인간의 성질들을 개괄한다. 즉, 그의 경제에 대한 고찰은 특히 경제가 인간의 유전 본질(Gattungswesen)을 실현하는지의 여부의 문제에 염두를 두고 이루어진다.

이러한 용어들은 포이어바흐와 헤겔로 거슬러 올라간다. 인간의 참다운 본성은 그의 보편성에 있다. 인간의 지적, 육체적 능력들은 인간이 스스로의 인간적 자질을 풍부하게 발전시켜 모든 인간이 인간으로서 존재할 때만 수행될 수 있는 것이다. 모든 인간이 자유

26. *Ibid.*, p.45.
27. *A Contribution to the Critique of Political Economy,* trans. N. I. Stone, Charles H. Kerr and Co., Chicago 1904, p.302.
28. '*Ökonomisch-philosophische Manuskripte,*' pp.87~8.

롭고 '보편적 존재'로 존재할 때만 인간은 자유로운 것이다. 이와 같은 조건이 달성될 때, 생활은 인간이라는 유(類, Genus)의 가능성들에 의해 형성되어질 것이며, 이 유적 인간은 그것을 구성하고 있는 모든 개인의 가능성을 포괄하고 있다. 이렇듯 보편성을 강조함으로써, 자연도 역시 인류의 자기발전 속에 이끌어지는 것이다. 인간은 **자연이 인간의 작품이자 현실일 때** 자유이며, 그럴 때 인간은 **인간 스스로가 만든 세계에 있어서 자기 스스로를 인정하게** 된다.[29]

이러한 모든 것은 분명히 헤겔의 이성의 개념과 유사한 것이다. 마르크스는 존재와 사유의 통일에 의한 인간이 자기실현이라는 것을 묘사하기까지 한다.[30] 그러나 전반적인 문제는 더 이상 철학적인 것이 아니다. 왜냐하면 인간의 자기실현은 이제 현존 노동양식의 폐지를 요구하며, 철학은 이것의 결과를 서술할 수 없기 때문이다. 비판은 철학적 술어로 시작한다. 왜냐하면 노동의 노예화의 노동의 해방은 전통적인 정치경제학의 테두리를 넘어서고, 인간 실존의 토대 그 자체(이것은 철학의 고유한 영역이다.)에 영향을 미치는 그러한 조건이기 때문이다. 그러나 마르크스는 자신의 이론을 완성시키자마자 철학적 술어에서 떠나간다. 지금까지 철학적 개념에 의해서 표현되었던 경제적 범주들의 비판적, 선험적 성격 이후에 그의 저서 『자본론』에서는 경제적 범주들 그 자체에 의해 설명된다.

마르크스는, 첫째 노동자와 그의 노동의 산물과의 관계들, 둘째 노동자와 그 자신의 활동과의 관계를 예로 들면서 노동의 소외를 설명하고 있다. 자본주의 사회에 있어서 노동자는 상품을 생산한

29. *Ibid.*, p.89.
30. *Ibid.*, p.117.

다. 대규모의 상품생산은 자본, 즉 오로지 상품생산을 촉진시키기 위해 사용되는 부의 거대한 집적을 요구한다. 상품은 유리한 판매를 목적하는 독립된 사적 기업가들에 의해 생산된다. 노동자는 자본가를 위해서 노동하고, 임금계약에 따라 그의 노동의 산물을 자본가에게 넘겨주는 것이다. 자본은 노동의 산물을 처리하는 힘을 가지고 있다. 노동자가 많이 생산할수록 자본의 힘은 더욱 커지며, 그 생산물을 점유하기 위한 노동자 자신의 수단은 더욱 작아진다. 이처럼 노동은 그 자신이 창조해 낸 힘의 희생물이 되는 것이다.

마르크스는 이러한 과정을 다음과 같이 요약한다. "노동이 생산하는 대상과 그것의 생산물은 낯선 것으로서, 즉 그것의 생산자와 독립된 힘으로서 나타난다. 노동의 실현은 노동의 대상화이다. 현존의 경제적 조건하에서 이러한 노동의 실현은 그 반대로, 즉 노동자의 부정(Entwirklichung)으로서 나타난다. 노동의 대상화는 대상의 상실과 대상에 의한 예속으로 나타나고, 소외와 수탈로서의 전유로 나타난다."[31] 일단 자본주의 상품생산 법칙에 따르게 되면서, 노동자는 불가피하게 가난해진다. 왜냐하면 "노동자가 힘들여 일을 하면 할수록 그가 생산해낸 낯선 대상세계는 그에 대립하게 되고 더욱 강한 것으로 되며, 그 자신은 더욱 가난하게 되기 때문이다."[32] 마르크스는 이와 같은 메커니즘이 임금의 운동 속에서 작용하고 있다는 것을 보여 주고 있다. 상품생산의 법칙은 어떤 외부의 도움 없이도 임금을 변함없는 궁핍의 수준으로 유지한다.[33]

---

31. *Ibid.*, p.117.
32. *Ibid.*
33. *Ibid.*, p.39~44.

〔결국〕 노동의 실현은 부정으로서 나타나기 때문에 노동자는 굶어죽을 지경에 이를 정도로 부정되어진다. 대상화는 대상의 상실로서 나타나기 때문에 노동자는 생활 및 노동에 가장 필요한 대상을 빼앗기게 된다. 더욱이 노동 그 자체는 노동자 스스로가 수많은 방해를 무릅쓰고 오로지 지대한 노력을 기울임으로써만 지배할 수 있는 하나의 대상이 되는 것이다. 대상의 점유는 소외로 나타나기 때문에 노동자가 대상을 보다 많이 생산할수록 보다 적게 소유하며, 그는 그의 생산물과 자본에 더욱 예속된다.[34]

노동자는 그의 생산물로부터 소외되는 동시에 그 자신으로부터도 소외된다. 그의 노동 그 자체는 이미 자신의 것이 아니게 되며, 노동이 타인의 것이 되어 버린다는 사실은 인간의 본질 그 자체에 관계되는 하나의 수탈을 의미하고 있다. 진정한 형태의 노동이란 인간의 진정한 자기실현을 위한 매개이자 인간의 가능성의 충분한 발전을 위한 매개인 것이다. 따라서 자연의 힘을 의식적으로 이용하는 것은 인간의 만족과 향락을 위해 행해져야만 한다. 그러나 현재 행해지고 있는 형태의 노동은 모든 인간적 능력을 불구로 만들고 만족을 누릴 수 없도록 하고 있다. 노동자는 "자기의 본질을 긍정하는 것이 아니라 부정하는 것이다." "노동자는 그의 자유로운 육체적, 정신적 에너지를 발전시키지 않고, 그의 육체를 괴롭히며 그의 정신을 파멸시킨다. 그러므로 노동자는 우선 노동하지 않을 때의 자기가 자기 자신임을 느끼고, 노동하고 있을 때의 자기는 자기 자신이 아니라고 느낀다. 그는 노동하지 않고 있을 때가 본래의 자기이고, 노동하고 있을 때는 본래의 자기가 아니다. 따라서 그의

34. *Ibid.*, p.83.

노동은 자발적으로 행해지는 것이 아니라 강제적으로 행해지는 것이다. 그것은 강제노동인 것이다. 그러므로 그의 노동은 욕구의 충족이 아니며, 노동의 외부에 있는 욕구의 충족을 위한 하나의 '수단'일 따름이다.[35)]

그 결과, "인간(노동자)은 먹고 마시고 출산하는 것과 같은 동물적 기능에 있어서만 자기가 자유로이 행동하고 있다고 느끼며…… 반면에 인간적 기능에 있어서는 자기가 단지 하나의 동물에 지나지 않는 것으로 느낀다. 동물적인 것이 인간적으로 되고 인간적인 것이 동물적인 것으로 되는 것이다."[36)] 이것은 노동자(수탈당한 생산자)에 대해서 그리고 그의 노동을 구매하는 자에 대해서도 똑같이 해당되는 것이다. 소외의 과정은 모든 사회계층에 영향을 미치며, 인간의 '자연적' 기능마저도 왜곡시킨다. 포이어바흐에 의하면 자유와 행복의 주요 원천인 감성은 '소유의 감각'으로 환원된다.[37)] 감성은 그것의 대상을 단지 점유할 수 있는 것과 없는 것으로 본다. 쾌락과 향락마저도 인간이 자신의 '보편적 성질'을 자유롭게 발전시키는 조건으로부터 이기적인 소유와 획득을 위한 하나의 양식으로 변해버리고 만다.[38)]

이와 같이 자본주의 하의 노동에 대한 마르크스의 분석은 매우 심오한 것이며, 경제관계의 구조를 넘어서 현실적인 인간의 내용으로 나아간다. 자본과 노동, 자본과 상품, 노동과 상품, 그리고 상품 상호간의 관계는 인간적인 관계, 즉 인간의 사회적 생존에 있어서

35. *Ibid.*, p.85~6.
36. *Ibid.*, p.86.
37. *Ibid.*, p.118.
38. *Ibid.*, p.119.

의 관계로서 이해되어지고 있다. 사유재산의 제도조차도 '소외된 노동양식의 산물이나 결과 그리고 필연적 귀결'로서 나타나고, 사회적 생산양식의 메커니즘에서 파생한다.39) 노동의 소외는 모든 계급사회의 형태에 특징적인 노동의 분업으로 이끌어간다. 즉 "각 개인은 특수하고, 전문적인 활동영역을 가지고 있으며, 그것은 각 개인에게 강제되어진 것이고, 아무도 거기에서 빠져나올 수 없는 것이다."40) 이와 같은 분업은 부르주아 사회에 있어서 개인의 추상적 자유가 선언되었을 때라도 결코 극복되는 것이 아니다. 노동이 그 대상으로부터 분리된다는 것은 결국 '인간이 인간으로부터 소외된다는 것'이다. 즉 개인은 서로 고립되어 대립하고 있는 것이다. 그들은 인격보다는 그들이 교환하는 상품에 의해서 맺어지게 된다. 인간의 자기소외는 동시에 자기의 동지로부터 소원하게 되는 것이다.41)

마르크스의 초기 저작들은 사물화(Verdinglichung)의 과정을 최초로 명백히 서술한 것인데, 자본주의 사회는 사물화의 과정을 통해서 인간과 인간과의 모든 인격적 관계는 사물과 사물과의 물질적 관계의 형태를 취하게 된다고 한다. 마르크스는 『자본론』에서 이 과정을 '상품의 물신성'으로서 설명하고 있다. 자본주의 체제는 사람들이 교환하는 상품을 통해 인간을 서로 관계지워준다. 개인의 사회적 지위, 생활수준, 욕구충족, 자유, 힘들은 모두 그들의 상품가치에 의해 규정되는 것이다. 개인의 능력과 욕구는 그에 대한 평가와 관계가 없다. 인간의 가장 인간적인 속성마저도 상품의 일반

39. *Ibid.*, p.90~91, 또한 *The German Ideology, op.cit.*, p.44도 참고하라.
40. *The German Ideology*, p.22.
41. '*ökonomisch-philosophische Manuskripte*', p.89.

적 대용품인 화폐의 함수가 된다. 개인은 상품의 소유자로서만 사회적 과정에 관계하며, 그들의 상호관계는 그들의 상품관계인 것이다.[42] 자본주의적 상품생산은 개인의 사회적 관계를 "사물 그 자체(상품)……의 속성으로 진화하며, 보다 분명히 말하자면, 생산관계 그 자체를 하나의 사물(화폐)로 전화하는" 기만적인 결과를 지니고 있다.[43] 이 기만적인 결과는 고립된 개인이 서로 독립해서 일하고, 그들 자신의 욕구를 시장의 욕구를 통해서만 충족시키는 상품생산의 특수한 노동양식에서 생긴다.

상품의 물신성(Fetishism)은…… 상품을 생산하는 노동의 특수한 사회적 성격에 기이한다. 일반적으로 사용대상이 상품으로 되는 것은 그들이 서로 독립적으로 행하는 사적(私的) 개인들의, 혹은 개별적인 집단의 노동의 산물이기 때문이다. 이러한 모든 사적 개인들의 노동의 총제는 사회적 총노동(gesellschaftliche Gesamtarbeit)을 형성한다. 생산자들은 그들의 생산물들을 교환함으로써 비로소 서로 접촉하기 때문에 각 생산자의 노동의 특수한 사회적 성격도 이 교환 행위에서 비로소 나타나는 것이다. 달리 말하자면, 개인의 노동은 직접적으로는 생산물 사이에, 그리고 간접적으로는 생산물을 통해 생산자들 사이에 확립되는 관계인 교환행위에 의해서만 비로소 사회적 노동의 일부가 되는 것이다. 그러므로 생산자들에게 대해서는 한 개인의 노동을 다른 사람들의 노동과 연결시키는 여러 관계는 노동하는 개인들 사이의 직접적인 사회적 관계로서가 아니라, 실제로 그러하듯이, 오히려 사람들 사이의 물질적

42. *A Contribution to the Critique of Political Economy*, p.41.
43. *Capital*, Vol. III, trans. E. Untermann, Charles H. Kerr and Co., Chicago 1909, p.962; cf. p.966.

관계(Sachliche Verhältnisse von Personen)로서, 그리고 사물들 사이의 사회적 관계로서 나타나는 것이다.[44]

이와 같은 사물화는 무엇을 수행하는가? 사물화는 인간들 사이의 현실적인 사회적 관계들을 물질적 관계들의 총제로서 제시하고, 그럼으로써 이 사회적 관계의 기원과 그 영속성의 메커니즘 그리고 이 관계의 변혁 가능성을 은폐시킨다. 특히 사물화는 사회적 관계의 인간적인 핵심과 내용을 은폐시킨다. 만일 사물화 과정이 가리키는 바처럼 임금이 노동의 가치를 표현한다면, 착취는 기껏해야 주관적이고 개인적인 판단에 지나지 않는다. 만일 자본이 상품생산에 있어서 사용되어지는 부의 총체일 뿐이라면, 자본은 생산적 숙련과 근면의 누적된 결과로 나타날 것이다. 만일 이윤의 창출이 유용자본의 독특한 성질이라면, 그러한 이윤은 기업가의 일에 대한 보수를 나타내게 될 것이다. 이와 같은 토대 위에서의 자본과 노동 사이의 관계는 부정도 압박도 포함하고 있지 않을 것이다. 오히려 그것은 순전히 객관적이고 물질적인 관계일 것이며, 경제이론은 다른 과학처럼 하나의 특수 과학일 것이다. 수요공급의 법칙, 가치와 가격의 결정, 경기의 순환 등은 인간의 생존에 대한 그것들의 영향에 구애받지 않고, 객관적인 법칙과 사실로서 연구되어질 수 있게 될 것이다. 사회의 경제적 과정은 자연적 과정으로 될 것이며, 모든 욕구와 욕망을 지니고 있는 인간은 그 과정 속에서 의식적인 주체의 역할을 담당하기보다는 오히려 객관적이고 수학적인 할당량(quantum)의 역할을 담당하게 될 것이다.

---

44. *Capital,* trans. S. Moore and E. Aveling, Vol. I, Chicago 1906, pp.83~4.

마르크스의 이론은 그러한 일종의 경제과학임을 거부하고, 대신에 경제관계가 인간들 사이의 생존관계라는 해석을 취하고 있다. 마르크스의 이론이 이처럼 해석하는 것은 어떤 인간적인 감정에 의한 것이 아니라 경제 그 자체의 현실적 내용에 의한 것이다. 경제적 관계들은 단지 상품생산의 성격 때문에 객관적인 것처럼 생각되어진다. 이와 같이 생산양식의 배후를 파고들어 그 기원을 분석해보면, 그 자연적인 '객관성'이란 단순한 껍질이고, 실제로는 인간이 스스로에게 부여한 특수한 역사적 생존형태라는 것을 알게 된다. 더욱이 이 내용이 일단 전면에 부각되면, 경제이론은 비판적인 이론으로 바뀌어질 것이다. "사유재산에 관해서 이야기할 때 사람들은 그가 인간의 외부에 있는 것을 다루고 있다고 생각한다. 노동에 관해서 이야기할 때 그것은 직접 인간 스스로의 문제의 해결을 내포하고 있다."[45] 경제적인 조건들은 그것의 신비적 성격이 드러나자마자 인간성의 완전한 부정으로 나타나게 된다.[46] 노동양식은 모든 인간적인 능력을 왜곡시키고, 부의 축적은 빈곤을 증대키시며, 기술적 진보는 '죽은 사물에 의한 인간 세계의 지배'로 이

45. '*Ökonomisch-philosophische Manuskripte*,' p.93.

46. 사회생활의 어떤 특수한 형태가 '부정적'이라는 사실은 그것이 진보적 특성을 가짐을 방해하지 않는다. 자본주의적 노동양식은 모든 종류의 물질적 자원의 합리적 이용을 가능케 하고, 노동생산성을 끊임없이 증대시켜 미지의 인간능력을 많이 해방시켰다는 의미에서, 분명히 진보적 성격을 지니고 있다고 마르크스는 흔히 강조하였다. 그러나 계급사회에 있어서 진보는 자유와 행복이 증진된다는 것을 뜻하지 않는다. 소외된 노동의 형태가 지양되지 않고서는, 모든 진보는 계속 보다 합리적인 생산방식이나 인간과 자연의 보다 합리적인 지배를 의미하는 다소간 기술적인 것일 것이다. 이처럼 훌륭한 성질을 가지고 있음에도 불구하고, 진보는 기술적인 진보의 힘을 악용하거나 제한하는 사회질서의 부정성을 증대시킬 뿐이다. 여기서 또 다시 헤겔 철학은 타당하였다. 즉 이성의 진보는 결코 행복의 진보가 아닌 것이다.

끈다.[47] 객관적 사실들이 생생하게 살아서 사회의 고발에 참여한다. 즉 경제적 현실들이 그들 자신의 본래적 부정성을 발휘하는 것이다.

우리는 여기서 마르크스의 변증법의 기원과 마주치게 된다. 헤겔의 경우처럼 마르크스에게도 변증법은 현실에 본래적인 부정이란 '운동과 창조의 원리'라는 사실에 주목하고 있다. 변증법은 '부정성의 변증법'(dialectics of negativity)인 것이다.[48] 모든 사실은 단순한 사실 이상의 것으로, 그것은 진정한 가능성들의 부정이자 제한(restriction)이다. 임금노동은 하나의 사실이지만, 동시에 그것은 인간의 욕구를 충족시켜 주어야 할 자유로운 노동에 대한 구속이다. 사유재산은 하나의 사실이지만 동시에 그것은 인간이 자연을 집단적으로 점유한다는 것의 부정인 것이다.

인간의 사회적 실천은 부정성과 더불어 그 극복도 구체화한다. 자본주의 사회의 부정성은 그것의 노동의 소외에 있다. 이 부정성의 부정은 소외된 노동의 지양(sublation)에서 발생할 것이다. 소외는 사유재산에 있어서 가장 보편적인 형태를 취했으며, 그것은 사유재산제의 폐지에 의해서 치유될 것이다. 가장 주목해야 될 것은 마르크스가 사유재산제의 폐지를 단지 소외된 노동의 지양을 위한 수단으로 생각했지 그 자체 목적으로는 보지 않았다는 것이다. 생산수단의 사회화는 다른 경제제도처럼 단지 하나의 경제적 사실에 지나지 않는 것이다. 그것이 새로운 사회질서의 단초(端初)가 될 수 있다는 주장은 인간이 사회화된 생산수단으로써 무엇을 하는가

47. *Ibid.*, p.77.
48. *Ibid.*, p.156.

에 달려 있다. 만일 사회화된 생산수단이 자유로운 개인의 발전과 만족을 위해 사용되지 않는다면, 그것은 단지 실체화된 보편성에 개인을 종속시키기 위한 새로운 형식을 만들어 낼 뿐이다. '사회'가 아니라 자유로운 개인이 사회화된 생산수단의 지배자로 될 때라야만, 사유재산의 폐지가 본질적으로 새로운 사회조직의 발단이 되는 것이다. 마르크스는 이와 같은 또 다른 사회의 '사물화'에 대해 명확히 경고하는 있다. "사회를 개인에 대립하는 추상체(abstraction)로 또 다시 고정시키는 것을 피하지 않으면 안 된다. 개인은 사회적 존재(das gesellschaftliche Wesen)이다. 그러므로 개인생활의 표현은…… '사회생활'의 표현이자 확증인 것이다.[49]

인류의 진정한 역사는 엄밀한 의미에서는 자유로운 개인의 역사일 것이다. 그러므로 전체의 이익은 각 개인의 실존 속으로 짜넣어지게 될 것이다. 이전의 모든 사회형태에 있어서, 전체의 이익은 각각의 사회 정치적 제도에 귀착되었던 바, 이 제도들은 개인의 권리에 대립하는 것으로서의 사회의 권리를 대표하고 있었다. 사유재산제의 폐지는 이러한 모든 것을 영원히 없애버릴 것이다. 왜냐하면 그것은 "인간이 가족, 종교, 국가 등으로부터 인간의 **인간적인**, 즉 **사회적인** 실존으로 되돌아간다는 것"을 나타낼 것이기 때문이다.[50]

이처럼 특수이익과 일반이익이 융합되었다고 하는 사실을 예증하는 것은 자유로운 개인이지 새로운 생산체제는 아니다. 개인은 목적이다. 이 **개인주의적인** 경향은 마르크스 이론의 근본적인 관심

49. *Ibid.*, p.117.
50. *Ibid.*, p.115.

사이다. 우리들은 전통적인 이론에서의 일반자의 역할을 이미 보여 주었는 바, 우리가 '진리'라고 불렀던 것을 예증하는 인간적인 완성은 사회가 현존의 형태를 보존하고 있는 한, 단지 추상적인 보편개념에 의해서 인식되어질 수밖에 없었다는 사실을 강조했었다. 손닿는 곳마다 개인의 이해관계 사이에 갈등이 생기기 때문에, 이 사회생활의 구체적 상황은 인간과 자연의 '일반적 본질'을 우롱하는 것 같다. 그리고 현존하는 사회적 현실은 그 본질에 모순되고, 따라서 '진리'에 모순되어 있었기 때문에, 진리는 정신 이외에 아무런 도피처도 없었으며 결국 정신에 있어서 추상적인 일반자로서 실체화되었던 것이다.

마르크스는 이와 같은 사태가 어떻게 발생하였는가를 설명하면서, 그 기원이 계급사회의 노동의 분업 속에, 특히 지적 생산력과 물질적 생산력 사이에서 발생한 분열 속에 있다는 것을 보여 주고 있다.

생산력, 사회의 상태, 의식이 서로 모순될 수 있고, 또 모순되어지지 않을 수 없는 것은 지적 활동과 물질적 활동(향락과 노동, 생산과 소비)이 상이한 개인들에게 귀속될 가능성, 아니 그 사실이 노동의 분업에서 엿보이기 때문이다…… 노동의 분업은…… 또한 지배계급에 있어서도 정신노동과 물질적 노동의 분화로서 나타난다. 그래서 이 계급 내부의 일부는 그 계급의 사상가로서 등장하고…… 반면에 다른 사람들은 이들 사상과 환상에 대해 더욱 수동적이고 수용적인 태도를 취한다. 왜냐하면 이들은 실제로 이 계급의 활동적인 성원이며, 스스로에 대해서 환상과 사상을 창출해낼 시간을 그리 갖지 못하기 때문에…… '고차적인 존재', '개념'과 같은 환상들을 단지 관념적이고 정신적인 표현이며, 분명히 고립된 개인의 구상이자 극히 경험적인 질곡과 제한의 형상에 불과하고, 그 속에서 생활의 생산양식 및 그것과 연관된 교통형태가 움직인다는 것은 자명한 사실이다.[51]

물질적으로 사회 전체의 재생산이 인간의 의식적인 힘에 인도되지 않는 맹목적 힘의 결과였던 것처럼, 정신적으로는 일반자가 독립적이고 창조적인 하나의 현실로 등장한 것이다. 사회를 지배하는 집단들은 그들의 이익이 사적(私的)이라는 사실을 그들에게 '일반자의 존엄'이라는 옷으로 덮어버림으로써 숨기지 않을 수 없었다. "자기 앞에서 지배하고 있던 계급 대신에 나타난 각기 새로운 계급은, 단지 자기의 목적을 달성하기 위해서, 자기의 이익을 모든 사회 구성원들의 공통이익으로 제시해야만 한다…… 새로운 계급은 자기의 사상에 보편성의 형태를 소여하면서, 그것만을 합리적이고 보편타당한 사상으로 내세울 것이다."[52] 이와 같이 지배계급이 자기의 사상에 대해서 보편성을 요구하는 것은 계급지배의 메커니즘의 일부이며, 따라서 계급 사회의 비판은 또한 그 철학적인 주장을 파괴하는 것이 되고 말 것이다.

사용되는 보편적 개념들은 우선 인간의 바람직한 존재방식을 실체화시키고 있는 것—이성, 자유, 정의, 미덕, 그리고 국가, 사회, 민주주의와 같은 개념들이다. 이 개념들은 모두 인간의 보편적 본질이 현존 사회상태 안에서 혹은 초역사적 영역 안에서 실현된다는 것을 예견하고 있다. 마르크스는 또한 그러한 개념이 사회의 진

---

51. *The German Ideology,* pp.21, 39~40, 21.
52. *Ibid.*, p.40~41.

보와 더불어 보다 더 보편적으로 된다는 것을 지적하고 있다. 중세를 특징지워 주었고 귀족정치의 지배이념이었던 명예와 충성 등의 이념들은 부르주아지의 자유, 평등, 그리고 정의라는 이념들과 비교해 볼 때 호소력에 제한이 있어서 소수의 사람들에게만 감흥을 주었지만, 부르주아지의 이념들은 그 계급의 광범위한 기반을 반영하게 되었다. 이와 같이 지배이념의 발전은 사회적, 경제적 통합의 과정과 발맞추어 나아가고 그것을 반영하고 있다. "가장 일반적인 추상은 보통 가장 풍부한 구체적 발전이 있는 곳에서 생긴다. 그곳에서는 하나의 특징이 수많은 사람들에게 공동으로 소유되어, 모든 사람에게 공통적인 것처럼 여겨진다. 그때에 그 특징은 더 이상 하나의 특정한 형태 속에서는 생각되어질 수 없는 것으로 된다."[53] 사회가 진보할수록, "추상적 사상, 즉 보다 많은 보편성의 형태를 취해가는 사상이 지배하게끔 된다."[54]

그러나 계급이 폐지되고, 전체의 이익이 각 개인의 실존 속에서 이루어지자마자 이와 같은 과정은 그 반대로 전화(轉化)한다. 왜냐하면 그때에는 "특수이익을 일반적인 것으로 내세우거나 혹은 '일반이익'을 지배적인 것으로 내세울 필요가 이미 사라졌기 때문이다."[55] 개인은 역사의 현실적 주체가 되고, 따라서 그는 스스로가 보편적이며, 인간이 '보편적 본질'을 발현하는 것이다.

이와 같이 사유재산의 적극적 폐지로 인해서 공산주의는 그 본성이 개인주의의 새로운 형태이며, 단지 새롭고 상이한 경제체제일 뿐만 아니라 상이한 생활체계이기도 하다. 공산주의는 "인간에 의

53. *A Contribution to the Critique of Political Economy*, pp.298 ~ 9.
54. *The German Ideology*, p.40.
55. *Ibid.*, p.41.

한, 인간을 위한, 인간적 본질의 참다운 점유(Anignung)이며, 따라서 그것은 사회적 존재로서, 즉 인간적 존재로서의 스스로에……완전히 의식적으로 복귀하는 것이다." 그것은 "인간과 자연, 인간과 인간 사이의 갈등에 대한 해결책이며, 실존과 본질, 문화와 자기규정성, 자유와 필연, 개인과 유(類, genus) 사이의 해결책인 것이다."[56] 헤겔 철학이나 모든 전통적 철학에 내재하고 있던 모순들은 이 새로운 사회형태 속에서 해결될 것이다. 왜냐하면 이 모순들은 계급사회의 대립에 뿌리박은 역사적인 모순들이기 때문이다. 철학적 개념들은 주체적이고 역사적인 상태를 표현하며, 그것들은 비판적인 이론에 의해 엄밀히 탐구되고 의식적, 사회적 실천에 의해 포착되자마자 그것들의 철학적 형식을 내던지게 된다.

헤겔 철학은 이성의 보편성을 둘러싸고 있다. 즉 그것은 하나의 합리적인 체계이며, 그것의 모든 부분(주관적 영역뿐만 아니라 객관적 영역도)이 하나의 포괄적인 전체 속으로 통합된 것이다. 마르크스는 자본주의 사회가 비로소 그러한 보편성을 실천으로 옮겼다는 사실을 보여 준다. 자본주의는 균등한 사회체계의 전체를 위해 생산력을 발전시켰다. 일반적인 상업, 일반적인 경쟁 그리고 일반적인 노동의 상호의존은 널리 퍼져 인간을 **세계사적인, 경험적으로 보편적인 개인**으로 변형시켰다.[57]

그러나 주지한 바와 같이 이 보편성은 부정적인 것이다. 왜냐하면 생산력은, 인간이 그것으로 생산한 사물들처럼, 그것을 무통제적인 낯선 힘의 산물로 여겨지게 만드는 방식으로 사용되기 때문

56. '*ökonomisch-philosophische Manuskripte*,' p.114.
57. *The German Ideology*, p.25.

이다. “각기 개인은 그 활동이 세계사적인 활동으로 확대됨에 따라, 그들에게는 낯선 힘 밑에 더욱 더 예속되어지고……이 힘은 더욱 더 거대해져 마침내는 세계시장(world market)으로 된다는 것은 하나의 경험적인 사실”이다.[58] 국제적 상품생산 하에서 공급의 분배는 하나의 맹목적이고 무정부적인 일반과정이며, 그 속에서 개인이 교환의 필요를 충족시킬 수 있을 경우에만 개인의 수요가 충족되는 것이다. 마르크스는 이와 같은 수요와 공급과의 무정부적 관계를 사회적 통합의 **자연적** 형태라고 부르는데, 그것은 이 수요와 공급과의 관계가 당연히 모든 인간의 공동통제 하에서 작동되어야 함에도 불구하고 자연법의 위력을 가지고 있는 것처럼 보인다는 뜻이다.

5. 마르크스 : 노동의 지양

자유와 이성의 실현은 이와 같은 사태의 전도(reversal)를 필요로 한다. “보편적인 의존, 즉 개인들간의 세계사적인 협동의 이러한 자연적인 형태는 이 공산주의 혁명에 의해서 이러한 힘들에 대한 통제와 의식적인 지배로 변형되어질 것이다. 이러한 힘들은 인간 서로서로의 행위에서 생겨난 것임에도 불구하고, 이제까지 인간에 대해서는 완전히 낯선 힘으로서 인간을 억압하고 지배해 왔던 것이다.”[59]

58. *Ibid.*, p.27.
59. *Ibid.*, p.27~8.

더욱이 **이제까지** 널리 행해졌던 사태는 하나의 보편적인 부정성이며 생활의 모든 영역에 걸쳐 모든 곳까지 영향을 미치고 있는 것이기 때문에, 그것을 변형시키려면 **보편적인** 혁명이 필요하다. 말하자면, 첫째 현존 상태의 '전체'를 역전시키고, 둘째 이것을 새로운 **보편적** 질서로 대치시키는 하나의 혁명이 필요한 것이다. 이 변혁이 현존 사회의 특수한 조건을 포착하는 것이 아니라, 현존 사회에 행해지고 있는 바로 그 '생활 생산'을, 즉 그 사회가 토대로 삼고 있는 '전체 활동'을 포착하기 위해서는 전반적인 혁명의 물질적 요소가 제공되어져야만 한다.[60] 이러한 혁명의 전체적 성격은 자본주의적 생산관계의 전체적 성격 때문에 불가피한 것이다. "근대의 보편적인 보통(intercourse)은 만인에 의해 통제될 때만…… 개인에 의해 통제될 수 있다."[61]

자본주의 사회의 체제를 마무리하는 혁명적 변혁은 이 체제 속에서 발전해 온 모든 잠재력을 해방시켜 보편적인 만족을 준다. 그러므로 마르크스는 공산주의 혁명을 점유(Aneignung)의 한 행위라 부르며, 그것은 사유재산제의 폐지와 더불어 지금까지 인간들로부터 소원한 것으로 남아 있던 모든 것들에 대해 인간들이 진정한 소유권을 얻게 된다는 것을 의미한다.

점유는 점유되어질 대상에 의해, 즉 "하나의 전체로까지 발전하여, 보편적인 교통의 내부에서만 존재하는 생산력에 의해 결정되어진다. 그러므로 이 점만 보더라도 이 점유는 보편적인 성격을 지녀야만 한다……."[62] 현상태의 사회 안에 존재하는 보편성은 새로운

60. *Ibid.*, p.29.
61. *Ibid.*, p.67.
62. *Ibid.*, p.66.

사회질서로 전환되어질 것이며, 거기에서는 이 보편성이 상이한 성격을 지니게 될 것이다. 일반자는 더 이상 맹목적인 자연력으로서 활동하지 않을 것이다. 왜냐하면 인간들은 일단 유용한 생산력들을 '결속된 개인의 힘'에 종속시키는 데 성공을 거두었기 때문이다. 그때에야 비로소 인간은 역사에 있어서 의식적으로 '모든 자연적 전제들을 인간의 창조물로서' 취급할 것이다.[63] 인간과 자연과의 투쟁은 '자유롭게 결속된 개인'의 의해 형성된 '하나의 보편적인 계획'을 추구할 것이다.[64]

또한 점유는 점유하는 사람에 의해서도 결정되어진다. 노동의 소외는 대립된 '계급'으로 분열된 사회를 조장한다. 개인의 능력과 욕구를 고려하지 않고 분업을 행하여 개개인에게 각기의 역할을 할당하는 사회조직은 개인의 활동을 외적인 경제력에 구속하는 경향이 있다. 사회적 생산 양식(전체의 생활이 유지되는 방식)은 개인의 주관적인 능력이나 욕구에는 아랑곳하지 않고, 개인의 생활을 제한하고 경제에 의해 정해진 관계에 개인의 모든 존재를 맞추어 놓는다. 자유경쟁 하에서의 상품생산은 이와 같은 상태를 더욱 심화시킨다. 욕구충족을 위해 개인에게 할당된 상품은 그의 노동에 상응하는 것으로 여겨진다. 적어도 이 점에서는 평등이 보장되어 있는 것처럼 보인다. 그러나 개인은 자기의 노동을 선택할 수 없다. 개인의 노동은 사회적 생산과정에 있어서 그의 지위에 의해 정해진 것이고, 또 그 지위는 현존의 권력과 부의 분배에 의해 개인에게 강요된 것이었다.

63. *Ibid.*, p.70.
64. *Ibid.*, p.72.

계급이 존재한다는 사실은 자유와 모순되고, 혹은 오히려 자유를 추상적인 관념으로 변형시킨다. 계급은 보편적인 무정부상태 안에서 개인의 자유의 현실적 영역을, 즉 개인에 대해 아직도 개방되어 있는 자유로운 활동의 무대를 제한한다. 각 개인은 그가 속한 계급이 자유로운 한계 내에서만 자유롭고, 그의 개성의 발전은 그의 계급의 한계 내에 한정되어 있다. 결국 개인은 '계급적 개인'으로서 자신을 나타내는 것이다.

현실적인 사회적, 경제적 단위는 계급이지 개인이 아니다. 그것은 '개인에 대해서 하나의 독립된 존재가 되고, 그리하여 개인은 그들 생활의 조건들을 이미 결정된 것으로 발견하며, 여기서부터 그들의 생활상의 지위와 인격적 발전은 계급에 의해 정해진 것으로 받아들이며 또 계급 밑에 포함되어 버린다.'[65] 현존 사회 형태는 개인을 부정함으로써만 보편적인 질서를 이룩한다. '인격적 개인'이 '계급적 개인'이 되고,[66] 개인을 구성하는 여러 속성들은 그가 그 계급의 다른 모든 성원들과 나누어 가지는 보편적인 속성들로 된다. 그의 생존은 그의 것이 아니라 그의 계급의 생존인 것이다. 우리들은 개인은 일반자이며, 개인은 사적 개인으로서가 아니라 그의 국가의 시민으로서 역사적으로 행동한다고 하는 헤겔의 논술을 상기한다. 마르크스는 이와 같은 개인의 부정을 국가에 의해서가 아니라 노동의 질서에 의해 초래된 계급사회의 역사적 산물로서 이해하고 있다.

계급의 밑에 개인이 포함되는 것은 개인이 '노동의 분업'에 종속

---

65. *Ibid.*, p.49.
66. *Ibid.*, p.77.

되는 것과 똑같은 현상이다.[67] 마르크스가 여기서 노동의 분업이라고 하는 것은 다양한 경제활동이 전문화되고 한정적인 영역으로 분리되어 가는 과정을 뜻한다. 즉 먼저 공업과 상업이 농업에서 분리되고, 그 다음에 공업이 상업에서 분리되고, 끝으로 상업이 여러 갈래로 세분된다.[68] 이러한 전면적인 분화는 자본주의적 형태에 있어서 상품생산의 요구 하에서 발생하였으며, 기술의 진보에 의해 가속되었다. 그것은 맹목적이고 **자연적인** 과정이다. 사회를 영속시키기 위한 노동의 총체는 일정한 방식으로 조직된 선험적으로(a priori) 주어진 노동체로 나타난다. 현존의 특수한 노동의 분업은 개인을 고역으로 끌고 들어가는 불가피한 필연성인 것처럼 생각된다. 직업은 어떤 객관적 실체로 되어서, 일정한 생활양식과 일련의 관심사 그리고 종사하고 있는 직업의 상위에 의해 사람들을 구별하는 일련의 가능성을 사람들에게 부여한다. 노동의 조건은 개인을 각종의 집단이나 계급 속으로 밀어넣으며, 그것은 결국 자본과 임금노동이라는 기본적 분화로 수렴되는 계급적 조건인 것이다.

그러나 이 두 개의 기본적 계급은 같은 의미에서의 계급이 아니다. 계급으로서의 프롤레타리아는 그것이 모든 계급의 부정을 의미한다는 사실에 의해서 구별된다. 다른 모든 계급의 이해(利害)는 본질적으로 일방적이지만, 프롤레타리아의 이해는 본질적으로 보편적이다. 그는 지켜야 할 재산이나 이윤도 가지고 있지 않다. 현행의 노동양식의 지양이라고 하는 그의 유일한 관심사는 사회 전체의 관심사인 것이다. 그보다 낮은 계급은 없기 때문에 공산주의 혁

67. *Ibid.*, p.49.
68. *Ibid.*, p.8 과 48.

명은 이전의 모든 혁명과는 대조적으로 어떤 사회집단도 예속상태로 남겨둘 수 없다고 하는 사실이 이것을 나타내 주고 있다.

프롤레타리아의 보편성은 또한 부정적 보편성이며, 노동의 소외는 전체적인 자기파멸에 이를 정도로 심화되었다는 것을 가리키는 것이다. 그의 노동은 어떠한 자기완성도 방해하며, 그의 노동은 그의 전존재(entire existence)를 부정한다. 그러나 이 극도의 부정성은 긍정적인 전환을 이룩한다. 그가 현존 체계의 모든 권리를 박탈당하고 있다는 바로 그 사실이야말로 그로 하여금 이 체계를 뛰어넘도록 하는 것이다. 그는 '낡은 세계 전체에서 현실적으로 벗어나고 있는 동시에 그것에 대립하고 있는 계급'의 일원이다.[69] 그의 '보편적 성격'은 공산주의 혁명의 보편적 성격에 대한 궁극적인 기반이다.

프롤레타리아는 어떤 특수한 인간적 잠재력의 부정일 뿐만 아니라, 인간 그 자체의 부정이기도 하다. 인간을 구별하는 모든 특수한 징표는 그 정당성을 상실한다. 재산, 문화, 종교, 국민성 등 인간과 인간을 구별하는 모든 것들은 프롤레타리아들 사이에서는 구별의 징표가 될 수 없다. 각 개인은 노동력의 보유자로서만 사회 속에서 살며, 따라서 각 개인은 그 계급의 다른 모든 사람들과 동등한 것이다. 그의 생존에 대한 관심은 어떤 주어진 집단, 계급 혹은 국민의 관심이 아니라 참으로 보편적이고 '세계사적인' 것이다. "프롤레타리아는 이처럼 단지 세계사적으로만 존재할 수 있다 ……"[70] 그러므로 공산주의 혁명은, 즉 그 운동은 필연적으로 하

69. *Ibid.*, p.57. 그리고 p.67도 참조.
70. *Ibid.*, p.26.

나의 세계혁명이다.[71]

혁명에 의해 전복되는 현존의 사회적 관계는 모두 그것을 영속시키는 노동과정의 부정적인 질서에서 유래하기 때문에 어느 곳에서나 부정적이다. 노동과정 그 자체가 프롤레타리아의 생활이다. 따라서 노동의 부정적 질서의 지양, 다시 말해서 마르크스가 말하는 소외된 노동의 지양은 동시에 프롤레타리아의 지양이다.

프롤레타리아의 지양은 또한 노동 그 자체의 지양이 된다. 마르크스는 혁명의 완수에 관해 말할 때, 그것을 뚜렷하게 정식화하고 있다. 계급은 '사유재산제와 노동 그 자체의 폐지에 의해서' 지양되어야 할 것이다.[72] 다른 곳에서 마르크스는 같은 것을 말하고 있다. 즉 "공산주의 혁명은 이전의 활동 '양식'을 거부하고 '노동'을 제거하는 것이다"[73]라고 말하고 있다. 그리고 "문제는 노동의 해방이 아니고 노동의 지양이다"[74]고 말하고 있다. 문제는 노동이 벌써 자유롭게 되어져 있기 때문에 노동의 해방이 아닌 것이다. 자유로운 노동은 자본주의 사회의 업적이다. 공산주의는 부르주아의 '병폐'와 프롤레타리아의 빈곤을 단지 그것들의 원인, 즉 '노동'을 제거함으로써만 치유할 수 있는 것이다[75]라고 말한다.

마르크스의 가장 초기 저작에 있어서 이 놀랄 말한 정식화는 모두 헤겔의 용어인 지양(Aufhebung)을 내포하고 있다. 따라서 지양은 또한 어떤 내용이 그의 참다운 형태를 복귀한다는 의미도 가지고 있다. 그러나 마르크스는 장차의 노동양식을 현존의 그것과는

71. *Ibid.*, p.25.
72. *Ibid.*, p.49.
73. *Ibid.*, p.69.
74. *Sankt Max, in the Marx-Engels Gesamtausgabe, op. cit.*, Vol. V, p.185.
75. *Ibid.*, p.198.

너무나 다른 것으로 보았기 때문에, 그는 자본주의 사회의 물질적 과정과 공산주의 사회의 물질적 과정을 나타내는 데 똑같이 '노동'이라는 말을 사용하기에 주저했던 것이다. 마르크스는 마지막 분석에 있어서 자본주의가 실제로는 노동을 통해서 이해하고 있는 것을 의미하기 위해서, 즉 상품생산에 있어서의 잉여가치를 창출하는 활동, 혹은 **자본을 생산하는** 그 활동을 의미하기 위해서 노동이라는 용어를 사용하고 있다.[76] 그 이외의 활동은 '생산적 노동'이 아니고, 따라서 본래의 의미에 있어서의 노동이 아니다. 이와 같이 노동은 자유롭고 보편적인 발전이 노동하는 개인에 거부되어지고 있는 것을 의미하여, 이와 같은 사태에 있어서 개인의 해방은 곧 노동의 부정이라는 것이 분명해진다.

마르크스에 있어서 '자유로운 개인의 연합'이란 물질적인 생산과정이 벌써 인간의 생활의 모든 패턴을 더 이상 규정하지 못하는 사회이다. 합리적인 사회에 대한 그의 이념은 노동의 보편성이 아니라 사회조직의 원리를 구성하는 모든 개인의 잠재력에 대한 보편적 충족과 같은 하나의 질서를 의미한다. 그는 각 개인에게 그의 노동에 따른 것이 아니라 그의 욕구에 따라서 주는 사회를 의도하고 있다. 인류는 생활의 물질적 보전이, 서로 결합한 사람들의 능력과 행복을 촉진하는 힘으로 될 때 비로소 자유롭게 되는 것이다.

마르크스가 전개한 이론이 관념론적 철학의 근본개념을 완전히 부정하는 것이었다고 하는 것을 우리는 이제 알 수 있다. 이성의 관념이 행복의 관념에 의해서 대체된 것이다. 역사적으로 볼 때 이성의 관념은 지적 생산력이 물질적 생산력에서 분리되어 있는 사

76. *Theorien über den Mehrwert*, ed Karl Kautsky, Stuttgart 1905, Vol. I, pp.258, 260ff.

회 속에 짜 넣어진 것이었다. 이와 같은 사회적, 경제적 부정의 체제 속에서 이성의 생활은 상류사회의 위엄 있는 생활이었다. 그것은 개인의 비천한 충동이나 경향과는 상관없는 어떤 보다 더 높은 보편자를 위해서 개인이 희생되어야 한다는 것을 명령하였다.

반면에 행복의 관념은 사회의 계급구조를 제거하고자 하는 사회질서의 요구 속에서 스스로 확고하게 뿌리박고 있다. 헤겔은 이성의 진보가 개인의 행복의 충족과 연관을 맺어야 한다는 사고방식을 강력히 부정하였다. 앞에서 서술한 바와 같이 헤겔 철학의 가장 진보적인 개념마저도 현존 사회조직의 부정적인 성격을 보존하고 있었으며 결국 그것을 묵과하고 있었다. 만일 현실이 개인의 파멸을 떠들어댄다고 할지라도 이성은 승리를 거둘 수 있다. 만족을 얻고 싶은 자유로운 개인의 요구는 전통적인 문화에 전적으로 대항하는 것이었다. 따라서 마르크스의 이론은 헤겔 체계의 진보적인 관념들마저도 배척하였던 것이다. 유물론은 행복의 범주를 적극적으로 밝혔다. 사적 유물론은 처음에는 부르주아 사회에 팽배해 있는 물질주의의 고발로서 나타나며, 이러한 견지에서 볼 때 이 유물론적 원리는 인간을 물질적 생산의 맹목적인 기구의 노예로 만드는 사회에 대한 비판적 폭로(exposé) 수단이었다. 이에 반해서 개인의 행복의 자유롭고 보편적인 실현이라는 관념은 긍정적인 유물론, 즉 인간의 물질적인 욕망충족의 긍정을 의미하였던 것이다.

우리는 마르크스의 초기 저작에 대해 어느 정도 상세히 서술해 왔는데, 초기 저작에서는 마르크스의 사회비판이 그 이후의 발전에 있어서 희박해졌던 경향들을 강조하고 있기 때문이다. 즉 공산주의적인 개인주의의 요소, 생산수단의 사회화 또는 생산력의 증대에 관련된 모든 물신주의의 부인 그리고 이 모든 요소들을 개인의 자유로운 실현의 관념에 종속시키는 것이 바로 그러한 경향들이다. 그러나 마르크스의 초기 저작들은 그의 성숙된 이론에의 준비단계에 불과한 것이며, 그와 같은 단계가 너무나 지나치게 강조되어서는 안 되는 것이다.

6. 마르크스 : 노동과정의 분석

마르크스는 노동의 과정이 인간존재의 전체를 규정하고 그리하여 사회에 그 기본적 패턴을 부여한다는 가정에 의거해서 그의 이론을 세우고 있다. 이제 그에게는 이 과정에 대한 정확한 분석을 하는 것만이 남아 있는 것이다. 초기 저작들은 노동을 자연에 대한 인간의 투쟁의 보편적 형태라고 하였다. "노동은 우선 인간과 자연 사이의 하나의 과정, 인간이 자신과 자연 사이의 물질적 반응을 자신의 행위에 의해서 매개하고 규제하고 통제하는 하나의 과정이다."[77] 이와 같은 견지에서, 노동은 모든 형태의 사회에 대해 기본적인 것이다.

자본주의적인 노동의 질서는 마르크스의 초기 논문에서는 '소외'로 나타났으며, 따라서 부자연스럽고 타락한 노동의 형태로서 나타났다. 거기에는 그와 같은 타락이 어떻게 가능하게 되는가 하는 문제가 발생하게 된다. 더구나 이 문제는 사실의 문제(quaestio facti)보다도 중요한데, 왜냐하면 소외된 노동은 노동의 지양에 비추어

77. *Capital, op.cit.*, Vol. I, p.197.

볼 때에만 하나의 사실로 나타나는 것이기 때문이다. 현존의 노동 양식에 대한 분석은 동시에 노동의 지양(止揚)의 전제들에 대한 분석이다.

달리 말하자면, 마르크스는 현존 노동조건들을 참으로 자유로운 사회에 있어서 그것들의 부정을 목적으로 해서 고찰하고 있는 것이다. 그의 범주들은 부정적인 동시에 긍정적이다. 즉 그것들의 범주는 부정적인 사태를 그 긍정적인 해결에 비추어서 표시하고, 현존 사회의 실제 상황이 새로운 사회형태로 이행하기 위한 서막이라는 것을 밝혀 주는 것이다. 마르크스의 개념들은 모두 다음과 같은 두 차원으로 확장되어 있는데, 그 첫 번째는 주어진 사회적 관계들의 복합이며, 두 번째는 사회적 현실에 고유한 요소들의 복합이다. 이 같은 이중의 내용이 노동의 과정에 대한 마르크스의 분석 전체를 규정하고 있다. 우리는 지금부터 그가 도출해낸 결론을 다루어보기로 하자.[78]

현존 사회조직에 있어서 노동은 상품을 생산하는 것이다. 상품은 시장에서 교환되는 사용가치(use value)이다. 노동의 생산물은 모두 상품으로서 모든 다른 노동의 생산물과 교환될 수 있다. 노동의 생산물은 모두 다른 상품과 그것을 동등한 것으로 하는 교환가치(exchange value)를 가지고 있다. 모든 상품을 다른 모든 상품과 동등한 것으로 하는 이 보편적 동질성은 상품의 사용가치에는 귀속될 수가 없다. 왜냐하면 사용가치로 볼 때 모든 상품은 서로 상이할 경우에만 교환되기 때문이다. 반면에 상품의 교환가치는 '순

78. 마르크스 경제이론의 기본경향들은 Henryk Grossmann, *Das lations Akkumu und Zusammenbruchsgesetz des kapitalistischen Systems*, Leipzig 1929에서 아주 잘 설명되어 있다.

전히 양적인 관계'이다. "교환가치로 볼 때, 모든 사용가치는 단지 정당하게 균형을 취할 경우에만 다른 사용 가치와 가치가 같은 것이다. 거꾸로 런던의 구두약 제조업자들은 수많은 상자의 구두약의 교환가치를 몇 개의 궁전으로 표현해왔다. 그러므로 상품과 상품은 그 자연적인 존재양식과는 전혀 관계없이, 또 사용가치로서 그것들이 만족시키는 특수한 종류의 욕망에도 관계없이 일정한 양에 있어서는 상호 동등하고, 교환에 의해서 서로 대치되어 등가물로서 통용되며, 그것들의 다채로운 외관에도 불구하고 상품은" 모두 같은 종류의 것이다.79) 이러한 동질성의 원인은 노동의 본성 속에서 구해야만 한다.

모든 상품은 인간의 노동의 산물이다. 상품은 구체화된(vergegenständlichte) 노동'이다. 사회적 노동의 구체화로서 모든 상품은 같은 실체의 결정체이다.80) 우선 이 사회적 노동은 노동에 의해 산출되는 사용가치와 같이 다양하게 나타난다. 밀의 생산에 있어서 행해지는 노동은 구두 또는 대포의 생산에 사용되는 노동과는 전적으로 다른 것이다. "실제로 사용가치의 차이로서 나타나는 것은 생산의 과정에 있어서는 그들 사용가치를 산출해내는 활동의 차이이다."81) 따라서 만일 모든 상품에 공통적인 속성이 노동이라면, 그것은 모든 질적인 차이를 제거당한 노동이어야만 한다. 그와 같이 질적 차이를 제거해버리면 남는 것은 하나의 재화를 생산하는데 소비된 '노동력'의 양으로서의 노동이다. 이 양은 노동의 형식과 내용 그리고 개성과는 무관한 것이다. 따라서 그것은 모든 종류의

79. *A Contribution to the Critique of Political Economy*, p.21.
80. *Ibid.*, p.22.
81. *Ibid.*, p.22.

개인적 노동에 똑같이 적용될 수 있는, 순수히 양적인 척도에서 측정할 수 있는 것이다. 그러한 척도의 기준은 '시간'에 의해 주어진다. "운동의 양적인 존재가 시간인 것처럼, 노동의 양적인 존재는 노동시간이다." 만일 노동의 모든 특수성이 사상(捨象)되어진다면, 어떤 노동행위는 그것의 지속성에 의해서만 다른 노동행위와 구별되어질 뿐이다. 이와 같은 추상적, 보편적 형식에 있어서 노동은 모든 상품에 공통적인 성질을 나타내는 것이며, 이것이 상품의 교환가치를 구성하는 것이다. "교환가치를 창출하는 노동은…… 추상적 보편적 노동이다."[82]

그러나 노동을 시간에 의해서 측정하는 것도 아직은 개인적인 요소가 남아 있다. 하나의 그리고 같은 종류의 상품생산에 있어서 상이한 노동자들에 의해 소비된 노동시간의 양은 그들의 육체적 정신적 조건과 기술적 능력에 따라 다양하다. 이러한 개인적 차이는 다음의 환원 단계에서 제거된다. 노동시간은 생산에 있어서 보편적으로 사용되고 있는 평균 기술수준에 의해 산정되며, 따라서 교환가치를 규정하는 시간은 '사회적으로 필요한 노동시간'이다. "어떤 상품 안에 포함되어 있는 노동시간은 그것의 생산에 필요한 노동시간이다. 즉 그것은 동일한 일반적 생산조건 하에서 같은 상품을 새로이 하나 생산하는 데 요구되는 노동시간인 것이다."[83]

이와 같이 마르크스는 노동 현상이 전혀 상이한 두 종류의 노동을 내포한다는 사실에 다다르게 된다. 즉 (1)구체적이고 특수한 사용가치에 대응하는 구체적이고 특수한 노동(목수일, 제화, 농경 등) (2)상품 각각의 교환가치로 나타나는 추상적이고 보편적인 노동이

82. *Ibid.*, p.23.
83. *Ibid.*, p.26.

바로 그것이다.[84] 상품생산에 있어서 모든 단일한 노동행위는 추상적 노동과 구체적 노동을 모두 내포하고 있다. 그것은 사회적 노동의 생산물이 교환가치와 사용가치를 모두 나타내고 있는 것과 마찬가지이다. 그러나 상품가치를 결정할 때 생산의 사회적 과정은 구체적 노동의 다양성을 제거해 버리고, 상품에 포함되어 있는 필수적 추상적 노동의 비율을 측정의 기준으로서 위촉한다.

상품가치는 그 상품의 재생산을 위해 사회적으로 필요한 추상적 노동의 양에 의해 규정된다고 하는 마르크스의 결론은 그의 노동가치설(labor theory of value)의 근본적인 명제이다. 그것은 정리(定理)로서가 아니라 역사적 과정의 기술(記述)로서 제시된 것이다. 이와 같이 구체적 노동을 추상적 노동으로 환원시킨다는 것은 "하나의 추상으로 나타나지만, 그것은 사회적인 생산과정에 있어서 매일 행해지고 있는 추상적인 것이다."[85] 노동가치설은 역사적 과정의 이론적인 개념이기 때문에 순수한 이론의 양식으로서는 전개될 수 없는 것이다.

마르크스가 노동의 이중성격의 발견을 경제이론에 대한 최초의 공헌이라고 간주하고 또 정치경제학에 대한 명확한 이해를 위하여 중요한 것으로 간주하였다는 것은 잘 알려진 사실이다.[86]

그가 구체적 노동과 추상적 노동을 구별한 것은 고전 정치경제학의 개념적인 장치가 필연적으로 무시하지 않을 수 없었던 것에 대한 통찰을 그에게 부여한다. 고전경제학자들은 '노동'을 사회적인 부의 유일한 원천으로 간주하였는데, 상품생산적인 사회에서 가치

84. *Ibid.*, p.33.
85. *Ibid.*, p.24.
86. *Capital*, Vol. I, p.48.

를 창출하는 것은 추상적이고 보편적인 노동이며, 구체적이고 특수한 노동은 이미 존재하는 가치를 보존하고 이행시킬 뿐이라는 사실을 간파하고 있다. 예를 들면, 면포의 생산과 방적에 있어서 개인 노동자의 구체적 활동은 생산수단의 가치를 생산물로 이행시킬 뿐이다. 그의 구체적 활동은 생산물의 가치를 증가시키지는 않는다. 그러나 생산물은 생산 수단의 가치 이외에 하나의 새로운 가치와 더불어 시장에 나타난다. 이 새로운 가치는 일정량의 추상적 노동력, 즉 구체적 형태와 무관한 노동력이 생산과정에서 노동의 대상에 가해졌다고 하는 사실의 결과로서 생기는 것이다. 노동자가 동시에 이중의 노동을 행한다는 것은 불가능하기 때문에 이중의 결과(가치의 보존과 새로운 가치의 창출)는 그의 노동의 이중성격에 의해 설명될 수 있을 뿐이다. "노동의 단순한 양적인 부가에 의해 새로운 가치가 부가되고, 또 이 부가된 노동의 질에 의해 상산수단의 본래가치는 생산물 안에 보존된다."[87]

노동력이 하나의 추상적이고 양적인 단위로 되는 과정은 '인간존재의 자연적 조건'인 노동의 형태, 즉 자연의 응용을 목적으로 한 생산 활동으로서의 노동과는 구별되어야 할 '노동의 사회적인 형태'를 특히 특징지워준다.[88] 이와 같이 특히 사회적인 노동의 형태는 자본주의에 있어서 보편적으로 행해지고 있는 노동의 형태인 것이다.

자본주의 하에서 노동은 상품을 생산한다. 즉 노동의 생산물은 교환가치로 나타난다. 그러나 직접적으로 개인의 욕구충족을 지향

87. *Ibid.*, p.223.
88. *A Contrivution to the Critique of Political Economy*, p.33.

하고 있지 않는 이와 같은 보편적인 상품생산 체계가 어떻게 개인의 욕구를 충족시키게 되는가? 독립된 생산자들은 가치들이 현실적 '사용가치'를 생산하고 있다는 것을 어떻게 아는가? 사용가치는 인간의 욕구충족을 위한 수단이다. 모든 사회형태는 그 구성원들의 생활을 유지하기 위해서 어느 정도 그들의 욕구를 충족시켜야만 하기 때문에 '사물의 사용가치'는 상품생산을 위한 '필요조건'이다. 상품체계 하에서 개인의 욕구는 시장에서 발현되는 '사회적 욕구'의 일부분이다. 사용가치의 분배는 노동의 사회적 분배에 따라서 행해진다. 수요의 충족은 사용가치가 시장에서 소용될 수 있다는 것을 전제로 삼고 있으며, 반면에 사용가치는 사회가 노동시간의 일부를 그 사용가치의 생산에 자진해서 배당하려고 할 때만 시장에 나타날 것이다. 일정량의 생산재와 소비재는 사회를 재생산하고 또 사회를 현 수준으로 유지하기 위해 요구되는 것이다. "사회적 욕구, 즉 사회적 규모에 있어서의 사용가치는 여기서 생산의 각기 특수부문에 공급되어질 사회적 노동의 양을 결정하는 요인으로서 나타난다."89) 예를 들면 기계, 건축물, 도로, 직물, 밀, 대포, 향료 등의 생산에 일정량의 노동시간이 소비되는 것이다. 마르크스는 '사회'가 그것들에게 필요한 유효노동시간을 할당하는 것이라고 말한다. 그러나 사회는 의식적인 주체가 아니다. 자본주의 사회는 아무런 완전한 연합이나 계획도 제공하지 않는다. 그러면 자본주의 사회는 어떻게 해서 생산의 각 부문에 대해 사회적 욕구에 상응해서 노동시간을 분배하는 것일까?

개인은 '자유롭다'. 생계유지 방법을 개인에게 가르칠 어떠한 권

89. *Capital*, Vol. Ⅲ, p.745.

위도 존재하지 않는다. 각 개인은 자기가 원하는 대로 일을 택할 수 있다. 어떤 사람은 구두를, 어떤 사람은 책을, 제3의 사람은 총을, 제4의 사람은 금단추를 생산하기를 결정할 수 있다. 그러나 각자가 생산한 재화는 상품이다. 즉 그것은 자기 자신을 위한 사용가치가 아니고 다른 사람들을 위한 사용가치이다. 각자는 자기의 생산물을 자신의 욕구를 충족시켜 주는 다른 사용가치와 교환해야만 한다. 달리 말하자면, 자기 자신의 욕구충족은 자신의 생산물이 사회적 욕구를 충족시킨다는 것을 전제로 하고 있다. 그러나 그는 이것을 앞질러 알 수는 없다. 그는 자신의 노동의 생산물을 시장에 가지고 나가서야 비로소 자신이 사회적인 노동시간을 소비했는지의 여부를 알 수 있는 것이다. 그의 재화의 교환가치는 그 재화가 사회적 욕구를 충족시켰는지의 여부를 그에게 보여줄 것이다. 만일 그가 그 재화를 자기의 생산비로서, 혹은 그 이상으로서 팔 수 있다면, 사회는 그러한 것들의 생산에 대하여 일정량의 노동시간을 기꺼이 할당하고자 할 것이다. 만일 재화가 그것으로서 팔리지 않는다면 그는 사회적으로 필요한 노동시간을 낭비하거나 혹은 소비하지 않을 것이다. 그의 상품의 교환가치는 그의 사회적인 운명을 결정한다. "사회적 노동의 상호관계가 개인적 노동 생산물의 '사적 교환'으로 나타나는 사회에 있어서, 노동의 비례적 배분이 행해지는 형식은 정확히 이들 생산물의 교환가치이며"90) 이와 같이 해서 사회적 욕구의 비례적 수행을 규정하는 것이다.

마르크스는 상품생산 사회가 각종의 생산부문 사이에 임의로 노

90. Marx, *Letters to Dr. Kugelmann,* International Publishers, New York 1934, July 11, 1868(pp.73~4).

동시간을 배분하는 이 메커니즘을 가치의 법칙(law of value)이라고 부르고 있다. 근대 사회의 발전 속에서 독립되어진 여러 가지 생산부문은 시장에 의해 통합되고, 시장에서는 생산된 여러 상품의 교환가치가 그들 상품이 만족시키는 사회적 욕구의 정도를 나타내 주고 있는 것이다.

이와 같이 사회에 의한 사용가치의 공급은 가치의 법칙에 의해 지배되고 있으며, 그 가치의 법칙이 개인의 자유를 박탈하고 있는 것이다. 개인의 욕구의 충족은 시장에 의존하고 있다. 왜냐하면 개인은 이 충족의 수단을 교환가치의 형태로서 구입하기 때문이다. 그리고 그는 자기가 원하는 재화의 교환가치가 개인으로서는 아무런 힘도 없는, 이미 주어진 양이라는 것을 발견한다.

더구나 시장에 나타나는 사회적 욕구는 실제의 욕구와 다른 것이며, 단지 지불능력이 있는 사회적 욕구에 불과한 것이다. 다양한 수요는 사람들의 구매력에 의해서, 따라서 상이한 사회계급의 상호관계와 그것들의 상대적인 경제적 지위에 의해서 제약당하고 있다.[91] 개인의 욕망과 필요는, 그가 자기의 참다운 욕구를 표현할 수 없는 것처럼, 그가 속한 계급의 지위에 의해 형성되고, 대부분의 사람들에 있어서는 이것에 의해 제한을 받고 있다. 마르크스는 이와 같은 사태를 요약하여 서술하고 있는 바, "시장에 있어서 상품에 대한 욕구, 즉 수요는 현실의 사회적 욕구와는 양적으로 다르다"고 말한 것이 바로 그것이다.[92]

시장이 현실의 사회적 욕구를 표현하고 있다 할지라도, 가치의

91. *Capital,* Vol. Ⅲ, p.214.
92. *Ibid.,* p.223.

법칙은 개인의 의식적 통제 외부에 있는 하나의 맹목적이 메커니즘으로서 계속 활동할 것이다. 그것은 자연법칙(Naturgesetz)과 같은 위력을 계속 발휘할 것이며,[93] 그 필연성은 사회에 대한 우연성의 지배를 저지시키기는커녕 오히려 그것을 보증해 줄 것이다. 그들이 교환하는 상품 속에 내포되어 있는 필요노동시간을 통해서 독립된 개인을 서로 관계지워 주는 이 체계는 가장 합리적인 것처럼 보일지 모른다. 그러나 사실상 이 체계는 낭비와 불균형을 조직할 뿐이다.

사회는 자유롭게 처리할 수 있는 노동시간의 일부를 사회가 요구하는 재화의 생산에 충당시킴으로써 이 재화를 구매한다. 바꿔 말하자면 사회는 그것이 자유롭게 처리할 수 있는 노동시간의 일정량을 소비함으로써 그 재화를 구매하는 것이다. 분업의 결과 사회의 일부는 요구된 재화의 생산에서 그 노동을 채용하는 일을 떠맡게 되는데, 사회의 이 부분에는 그 노동과 등가인 다른 사회적 노동이 주어져야 하며, 그것이 필요로 하는 재화 속에 포함되어야 한다. 그러나 어떤 재화에 대한 사회의 수요량과 총(總)생산 중에서 이 재화의 생산에 의해 차지되는 양, 즉 이 재화에 소비되어지는 사회적 노동의 양 사이에는 필연적인 관계가 아니라 우연적인 관계만 있을 뿐이다. ……사실 모든 개별적 재화 또는 이런 상품 종류의 각 일정량은 그것의 생산에 필요한 사회적 노동만을 포함하지 않을지도 모르며, 이러한 관점에서 볼 때, 이 상품 종류 전체의 시장가치는 필요노동만을 나타내는 것이다. 그러나 이 상품이 그 상품에 대한 사회의 그 당시 수요를 웃돌아 생산되었다면, 이 과잉분만큼 사회적 노동이 허비된 것이고, 그 경우에 이 상품의 양은 시장

93. *Letters to Kugelmann*, July 11, 1868.

에서는 현실적으로 그 속에 포함되어 있는 것보다 훨씬 적은 양의 노동을 나타내는 것이다"94)

개인의 관점에서 볼 때, 가치의 법칙은 단지 뒤에 이르러(expost) 비로소 나타나는 것이며, 따라서 노동의 낭비는 불가피한 것이다. 시장은 개인의 자유에 대해서 수정과 처벌을 내린다. 바꿔 말하면, 인간은 이 사회질서 속에서 경제적 경쟁에 의해 생계를 꾸려나가지만, 사회적으로 필요한 노동시간으로부터 일탈(deviation)은 모두 이 경제적 투쟁에서의 패배를 의미한다.

마르크스의 분석의 주도적 문제는 자본주의 사회가 그 성원에 필요한 사용가치를 어떻게 공급하는가에 관한 문제였다. 그리고 그 해답은 맹목적 필연성, 우연, 무정부 상태, 절망의 과정을 노정시켰다. 사용가치라는 범주의 도입은 하나의 망각되었던 요인의 도입, 즉 교환가치의 현상만을 고려하였던 고전경제학에 의해서 망각되었던 요인의 도입이었다. 마르크스의 이론에 있어서 이 요인은 상품세계의 신비스러운 물화라고 하는 현상을 단절시키는 도구가 된다. 왜냐하면 사용가치의 범주를 경제 분석의 중심으로 복귀시키는 것은 경제적 과정이 개인의 실질적 욕구의 충족여부와 충족시키는 방법에 대해 경제적 과정을 날카롭게 음미한다는 것을 의미하기 때문이다. 이 음미는 자본주의의 교환관계의 배후에서 현실의 인간관계가 왜곡되어 '부정적 전체'가 되고, 더구나 통제되지 않는 경제법칙에 의해서 지배되고 있는 실정을 보여 준다.95) 마르크스의 분

94. *Capital*, Vol. Ⅲ, pp.220~21.
95. 사용가치는 경제이론의 범주 외부에 있다고 마르크스가 주장할 때, 그는 우선 고전경제학에 있어서 현실의 사태를 서술하고 있는 것이다. 마르크스 자

석은 가치법칙이 현존 사회체제에 있어서 일반적인 '이성의 형식'이라는 것을 그에게 보여 주었다. 가치법칙은 공공의 이익(사회의 존속)이 개인의 자유를 통해서 스스로를 주장하는 형식이었다. 가치법칙은 시장에서 스스로를 나타내지만, 그 기원은 생산과정(그 근거에 존재하는 사회적으로 필요한 노동시간이란 생산시간이었다.)에 있다는 것을 알게 되었다. 이러한 까닭에 이 생산과정에 대한 분석만이 오로지 이 사회가 도대체 합리적인 전체 속에서의 개인의 자유라고 하는 약속을 수행할 수 있는가의 물음에 대해 긍정 혹은 부정의 답을 제시할 수 있었던 것이다.

자본주의적 생산에 관한 마르크스의 분석은 자본주의 사회가 실제로 개인을 해방시켰다는 것, 인간이 자유롭고 더욱이 평등하게 생산과정으로 들어간다는 것, 또 그 생산과정이 그 자체의 내적 원리에 의해 움직이고 있다는 것을 가정하고 있다. 그는 시민사회에 가장 편리한 조건을 가정하고 복잡한 장애물은 모두 무시하고 있다. 『자본론』의 제1권의 기초가 되어 있는 추상(예를 들면, 모든 상품은 그 가치에 따라 교환된다는 것, 외국무역은 제외된다는 것 등)은 현실이 '그 개념에 순응하는' 것처럼 현실을 상정하고 있다.[96] 이러한 방법론적 절차는 변증법적인 개념과 궤를 같이하고 있다. 존재와 본질 사이의 불일치는 현실의 핵심 그 자체에 속하는 것이다. 만일 분석이 현실의 현상 형태에 한정된다면, 그 분석은 이들 현상 형태나 그것들의 불완전성이 유래하는 본질적 구조를 포착할 수

신의 분석은 자본주의에 있어서 사용가치는 단지 '교환가치의 물질적 담지자'로서만 나타난다고 하는 사실을 수용, 설명함으로써 시작한다. (*op, cit.*, Vol. I, p.43). 그때에 마르크스의 비판은 사용가치의 자본주의적 취급을 거부하고, 이 관계가 완전히 폐지되어 있는 경제를 그 목표로 삼고 있다.

96. 예를 들면 *Capital*, Vol. III, pp.169, 206, 223을 참조하라.

없는 것이다. 자본주의의 본질을 해명하기 위해서는 자본주의의 우연적이고 불완전한 형태에 기인하는 현상들을 잠시 추상화하는 것이 필요하다.

마르크스의 분석은 처음부터 자본주의적 생산을 하나의 역사적 전체로서 다룬다. 자본주의적 생산양식은 특히 농민을 그들의 토지에서 대규모로 추방한다든지, 신흥의 직물공업에 양모를 공급하기 위해서 경작지를 목초지로 바꾼다든지, 새로운 식민지의 약탈에 의해서 거대한 부를 축적한다든지, 길드 조직이 상공업자들의 힘에 맞부딪혀 붕괴된다든지 하는 '원시적 축적'의 조건 하에서 발생한 상품생산의 역사적 형태인 것이다. 그 과정에 있어서 근대적 노동자가 나타나는데 그들은 봉건영주나 길드의 직인(master)으로부터 완전히 해방되었으나, 자기의 노동력은 스스로의 목적을 위해 이용하는 수단과 도구로부터 또한 단절되고 말았던 것이다.[97] 근대적 노동자는 그러한 수단과 도구를 가지고 있는 사람에게, 즉 토지 혹은 노동의 재료 그리고 본래의 생산수단을 사유하고 있는 사람에게 그의 노동력을 자유롭게 팔 수 있었다. 노동력과 그 물질적 실현을 위한 수단은 별개의 소유자에 의해 소유된 상품이 되었다. 이 과정은 15세기에서 16세기에 걸쳐 발생하였으며, 상품생산의 전반적 확대와 더불어 새로운 사회계층을 형성하였다. 이른바 양대 계급이 서로 대면하게 되었다. 바꿔 말하자면, 원시적 축적(=본원적 축적)의 은혜를 입은 자들과 지금까지의 생계수단을 박탈당하여 가난하게 된 대중이 서로 대면하기에 이른 것이다.

근대적 노동자들은 실제로 해방되었다. 그리고 봉건적 질서의 자

97. *Ibid.*, Vol. I , pp.632~3.

연적이고 인격적인 종속관계는 이미 폐지되어 있었다. “상품의 교환 그 자체는 상품교환 자체의 본성에서 결과하는 것 이외에 아무런 종속관계도 포함하여 있지 않다.”[98] 각자는 그가 소유하는 상품을 자유롭게 교환할 수 있었다. 상류집단은 생산수단을 점유하고(appropriate) 이용하기 위해서 그들의 부를 사용했을 때 이러한 자유를 행사하였지만, 반면에 대중은 그들에게 남겨진 유일한 재화, 즉 노동력을 팔 수 있는 자유를 누리고 있을 뿐이었다.

이로써 자본주의의 우선 조건이 구비되었다. 즉 자유로운 임금노동과 상품 생산의 수단으로서 사유재산이 구비된 것이다. 이로부터 자본주의적 생산은 전적으로 자신의 힘으로써 자신의 길을 갈 수 있게 되었다. 상품소유자는 그들의 상품이 등가물로써 교환되어 완전한 정의가 행해지게 될 것이라는 것을 알고 있기 때문에 어떠한 외적 강제도 받지 않고 기꺼이 시장에 들어가고 따라서 상품은 그 소유자의 자유의지에 의해 교환된다. 또한 모든 상품의 교환가치는 그것의 생산에 소요되는 필요노동시간에 의해 결정되기 때문에, 이 노동시간의 척도는 외견상 가장 고평한 사회적 기준으로 보인다. 더구나 생산은 자유로운 계약에서 출발한다. 한쪽의 사람은 다른 쪽의 사람에게 노동력을 파는데, 이러한 노동력의 생산에 소요되는 노동시간은 노동자의 생존을 재생산하는 데 충분한 만큼의 상품을 만드는 데 소요되는 노동시간이다. 노동력을 구입하는 사람은 이 상품의 값을 지불한다. 노동계약의 완전한 정의(正義 ; justice)에 간섭하는 것은 아무것도 없으며, 양쪽이 모두 자유로운 상품소유자로 간주된다. 그들은 ‘동등한 권리의 기반 위에서 서로 거래하는

98. *Ibid.*, Vol. I , p.186.

것이며, 그들의 다른 점은 한쪽은 구매자요 다른 한쪽은 판매자라는 점뿐이다. 그러므로 양쪽은 공히 법적으로는 평등하다.' 자본주의적 생산의 기초인 노동계약은 외견상 자유, 평등, 정의의 실현인 것이다.

그러나 노동력은 특수한 종류의 상품이다. 그것은 "단지 가치는 원천일 뿐만 아니라, 그 자신이 가지고 있는 가치보다 더 많은 가치의 원천이다."라고 하는 것을 그 사용가치로 파는 유일한 상품이다.[99] 이러한 '잉여가치'는 노동의 구체적 형태의 배후에 숨어 있는 추상적이고 보편적인 노동에 의해 창출되어지는 것인데, 그것은 하나의 독립된 상품으로 나타나지 않기 때문에 아무런 등가물도 없이 노동력의 구매자의 손에 들어가는 것이다. 자본가에게 팔린 노동력의 가치는 노동자가 실제로 노동의 시간의 일부로 대체되는데, 나머지 시간은 지불되지 않는다. 잉여가치가 생기는 방식에 관한 마르크스의 논술은 다음과 같이 요약될 것이다. 즉, 노동력이라고 하는 상품의 생산은 하루 노동일의 일부를 요구하는데, 노동자는 실제로 온종일 일하는 것이다. 자본가에 의해서 지불되는 가치는 실제로 사용되어진 노동력의 가치의 일부이며, 실제의 가치의 다른 부분은 지불되지 않고 자본가에 의해서 점유된다. 그러나 이 논증은 노동에 관한 마르크스의 견해 전체에서 분리시킨다면 우연적인 요소를 남기게 된다. 사실상 잉여가치의 생산에 관한 그의 설명은 노동의 이중성격에 관한 그의 분석과 본질적으로 연결되어 있기 때문에, 이러한 현상에 비추어 해석되어야만 한다.

자본가는 노동력이라는 상품의 교환가치를 지불하고 그 사용가

---

99. *Ibid.*, p.216.

치, 즉 노동을 구매한다. "노동력의 가치와 노동과정에서 노동력이 창출하는 가치는 두 개의 완전히 상이한 크기이다."100) 자본가는 자기가 구매한 노동력을 생산기구에 활동시킨다. 노동과정은 객관적 요소와 주관적 요소를 모두 포함한다. 바꿔 말하면, 한편에서는 생산수단을, 다른 한편에서는 노동력을 포함하고 있다. 노동의 이중성격의 분석은 객체적 요소가 새로운 가치를 창출하지 않는다는 것, 즉 생산수단의 가치는 단지 생산물 속에서만 재현될 뿐이라는 것을 보여 주었다. "노동과정의 주체적 요소, 즉 활동하고 있는 노동력의 경우에는 사정이 다르다. 노동자는 특수한 대상을 지닌 특수화된 종류의 것으로서 그의 노동에 의해서(노동의 합목적적인 형태에 의해서 : durch die zweckmässige Form der Arbeit) 생산수단의 가치를 보존하고 그것을 생산물로 옮기며, 동시에 그는 단순한 노동의 활동에 의해서 매순간마다 부가적인 혹은 새로운 가치를 창출하는 것이다."101) 새로운 가치를 부가함으로써 가치를 보존하는 성질은 소위 노동력에 부여된 천부적 재능으로서, "그것은 노동자에게 아무것도 희생시키지 않지만, 자본가에게는 거대한 이익을 얻도록 한다."102) 노동의 구체적 형태의 배후에 숨어서 추상적이고 보편적인 노동이 취하는 이와 같은 특성은 새로운 가치의 유일한 원천이지만, 그 자신으로서는 본래의 가치를 지니고 있지는 않다. 노동계약은 이처럼 필연적으로 착취를 내포하고 있는 것이다.

그리하여 노동의 이중성격은 잉여가치를 가능케 하는 조건인 것이다. 노동이 이러한 이중의 형태를 가진다는 사실에 의해서 노동

100. *Ibid.*, pp.215~16.
101. *Ibid.*, p.231.
102. *Ibid.*, p.230.

력의 사적 점유는 불가피하게 착취로 나아간다. 노동력이 하나의 상품으로 될 때는 항상 노동의 본성 그 자체로부터 그러한 결과가 생기는 것이다.

그러나 노동력이 하나의 상품으로 되기 위해서는 자유로운 노동이 존재해야만 한다. 바꿔 말하면, 개인은 자유롭게 그의 노동력을 구매할 수 있는 사람에게 그의 노동력을 파는 자유를 가져야만 한다. 노동계약은 시민사회에 있어서 이와 같은 자유, 평등, 정의를 요약한 것이다. 따라서 자유, 평등, 정의의 이러한 역사적 형태는 바로 착취의 조건인 것이다. 마르크스는 그 전체를 인상적인 구절로 요약하고 있다.

노동력의 구매와 판매가 행해지고 있는 영역은 사실상 천부 인권의 바로 그 낙원이다. 거기에는 오로지 자유, 평등, 소유 그리고 벤담(bentham)만이 지배하고 있다. 자유, 그것은 한 상품, 말하자면 노동력의 구매자와 판매자 모두가 오로지 그들 자신의 자유의지에 의해 규정받고 있기 때문이다. 그들은 자유로운 행위자로서 계약하며, 그들의 계약은 그들의 공통적인 의지에 법적 표현을 부여하는 형식이다. 평등, 그것은 각자가 상품의 단순한 소유자로서 서로 관계하며, 등가물끼리 교환하는 것이기 때문이다. 소유, 그것은 각자가 그 자신의 것만을 자유롭게 처분하는 것이기 때문이다. 그리고 벤담, 그것은 각자가 자신의 것만을 유의하고 있는 것이기 때문이다. 그들을 모두 결합시키고 서로 관계지우는 유일한 힘은 각자의 사적 이익, 이득, 이기인 것이다. 각자는 모두 자기 것에만 유의하고 남의 것에는 상관하지 않는다. 그래야만 그들이 모두 사물의 예정조화에 따라서 혹은 전지전능의 섭리의 보호 아래서 그들 서로의 이익과 공공복지 그리고 만인의 이익을 위해 일할 수

있기 때문이다.[103)]

마르크스는 자유와 착취 사이의 본질적인 관계를 노동계약에서 도출하고 있는데, 그 노동계약은 시민사회에 있어서 모든 관계의 근본적인 패턴이다. 노동은 인간이 자연과 역사와 투쟁하면서 그들의 능력과 욕구를 발전시키는 방법이며, 노동에 부각된 사회적 구조는 인류가 자신에게 부여한 역사적 생활 형태이다. 마르크스는 자유로운 노동계약에 내포되어 있는 의미를 깨달으면서, 노동이 그 자신의 착취를 산출하면서 그것을 영속화시킨다는 것을 알게 되었다. 달리 말하자면 자본주의 사회가 경과하는 동안에 자유는 그 자신의 대립물을 산출하면서 그것을 영속화시키는 것이다. 이와 같이 마르크스의 분석은 자본주의 사회에서 기원하여 자본주의의 발전에 발맞추어(pari possu) 발전하는 개인적 자유에 대한 내재적 비판인 것이다. 자본주의의 경제력을 그 나름대로 방치하면 예속, 빈곤 그리고 계급투쟁의 격화를 창출하게 된다. 따라서 이와 같은 형태의 자유의 진리는 자유의 부정인 것이다.

살아 있는 노동, 즉 노동력은 생산수단의 가치 이상으로 노동 생산물의 가치를 증가시키는 유일한 요소이다. 이러한 가치의 증가는 노동의 생산물을 자본의 요소로 변형시킨다. 따라서 노동은 단지 그 자체의 착취를 산출할 뿐만 아니라 이 착취를 위한 수단, 즉 자본도 산출하는 것이다.[104)]

다른 한편으로 자본은 잉여가치가 또 한번 새로이 자본으로 바뀔 것을 요구한다. 만일 자본가가 잉여가치를 생산과정에 재투자하

103. *Ibid.*, p.195.
104. *Ibid.*, p.633.

지 않고 소비해 버린다고 한다면, 생산과정은 자본가에게 어떠한 이윤도 산출해주지 않으며, 상품생산의 동기(incentive)도 사라지고 말 것이다. "축적은 자본을 점진적으로 증가시키면서 스스로 재생산에 귀착한다."[105] 그리고 이것은 도한 상품생산을 위한 노동력을 더욱 많이 이용함으로써만 가능하게 되는 것이다. 점차적으로 증대해가는 자본주의적 생산은 똑같은 규모로 발전해가는 착취와 동일한 것이다. 자본의 축적은 대중의 점증하는 빈곤, 즉 '무산자의 증가'를 의미한다.[106]

이러한 부정적인 면이 있음에도 불구하고, 자본주의는 생산력을 급속히 증대시킨다. 자본의 본래적 요구조건은 노동생산성의 증대(합리화와 강화)를 통해서 잉여가치의 증대를 요구한다. 그러나 기술적 진보는 생산수단의 양(객관적 요인)에 비례해서 생산과정에 사용되는 살아 있는 노동의 양(주관적인 요인)을 감소시킨다. 객관적 요소가 증가하는 만큼 주관적 요소가 감소되는 것이다. 자본의 기술적 구성에 있어서 이러한 변화는 자본의 '가치구성'의 변화에 반영된다. 즉 생산수단의 가치가 증가하는 만큼 노동력의 가치는 감소한다. 그 순수한 결과는 자본의 유기적 구성의 증가이다. 생산이 증가함에 따라 개별 자본가들이 가지는 자본의 양은 증가된다. 그들은 서로 경쟁하는 동안에 약자는 강자에 의해 수탈되어 자본은 더욱 더 소수의 자본가에게 집중되어진다. 자유주의의 특징이었던 자유로운 개인적 경쟁은 거대한 기업들 사이의 독점적 경쟁으로 변형된다. 다른 한편으로 잉여가치의 유일한 원천인 노동력의 이용

105. *Ibid.*, p.636.
106. *Ibid.*, p.673.

은 사용되는 생활수단에 비례해서 감소하기 때문에 자본의 유기적 구성의 증가는 자본가의 '이윤율'의 저하를 초래하게 된다.

이윤율 저하의 위험은 경쟁을 격화시키며, 계급투쟁을 격화시킨다. 즉, 경제적인 착취방법이 점차로 그 한계에 도달하여 정치적인 착취 방법이 이것을 보충하는 것이다. 자본은 이용되어지길 요구한다. 따라서 생산을 위한 생산을 하지 않으면 안 되는 불가피한 사정에 의해서 이상적인 조건하에서도 생산재의 생산과 소비재의 생산이라는 두 개의 생산영역 사이에 불가피한 불균형이 발생하여, 그 결과 끊임없는 과잉생산을 초래한다.[107] 자본의 유리한 투자는 더욱 어렵게 된다. 따라서 새로운 시장을 획득하려는 투쟁은 끊임없이 국제전쟁의 씨앗을 배태하게 되는 것이다.

우리는 이제껏 자본주의의 법칙에 관한 마르크스의 분석의 결정적 결론의 몇 가지를 요약하였다. 거기에 그려진 모습은 본래 그 자신에 내재적인 모순들의 전개를 통해서 전진하는 사회질서이다. 아직도 이 사회질서는 진전되고 있으며, 더구나 그러한 모순이야말로 노동의 생산성의 현저한 증가, 천연자원의 포괄적 이용과 지배, 이제까지 알지 못했던 인간의 능력과 욕구의 해방을 야기시키는 수단이다. 자본주의 사회는 다양한 모순들의 통합체이다. 그것은 착취에 의해서 자유를, 빈곤에 의해서 부를, 소비의 제한을 통해서 생산의 증진을 꾀하는 것이다. 자본주의의 구조 그 자체는 바로 변증법적인 것이다. 즉 경제과정의 모든 형태나 구조는 그 부정을 산출하며, 공황은 그 모순이 표현되는 극단의 형식이다.

사회적 모순을 지배하고 있는 가치의 법칙은 자연적 필연성의

107. Cf. Henryk Grossmann, *op.cit.*, pp.179ff.

힘을 지니고 있다. "가치의 법칙은 여기에서는 내재적 법칙으로서만, 또 개별적 당사자의 입장에서 볼 때는 맹목적인 법칙으로서만 그 영향력을 발휘하고, 생산의 우연적 동요 속에서 생산의 사회적 균형을 유지한다."[108] 그 결과는 마찬가지로 맹목적이다. 자본주의적 메커니즘에 고유한 이윤율 저하는 이 체제의 기초 그 자체를 위태롭게 하고, 자본주의적 생산의 전진을 방해하는 장애물을 구축한다. 소수의 풍부한 부와 힘과, 대중의 영속적인 빈곤과의 대비는 더욱 심화된다. 생산력의 극단적 발전과 더불어 억압과 비극이 극도에 달하게 된다. 전반적인 행복의 현실적인 가능성은 인간 자신에 의해 세워진 사회관계에 의해서 부정된다. 이러한 사회의 부정과 변혁만이 자유를 위한 유일한 전망이 되는 것이다.

7. 마르크스의 변증법

이제부터는 헤겔의 변증법으로부터 마르크스의 변증법을 구별짓는 여러 특성을 총괄해 보도록 하자. 우리들은 지금까지 현실에 대한 마르크스의 변증법적인 사고방식이 원래는 헤겔의 그것과 똑같은 논거(論據), 즉 현실의 부정적 성격에 의해 동기지워졌다는 점을 강조해왔다. 사회적 세계에서 이러한 부정성은 계급사회의 모순을 추진시키며 따라서 사회적 과정의 원동력이었다. 모든 각각의 사실 및 상황은 이러한 과정으로 집약되며 따라서 그 각각이 갖는 의의는 그것이 속해 있는 이러한 전체성 속에서 볼 때 비로소 파

108. *Capital*, Vol. III, p.1026.

악 가능하게 된다. 헤겔에 있어서와 마찬가지로 마르크스에 있어서도 '진리'는 전체에만 즉 '부정적 전체'에만 있는 것이다.

그러나 사회적 세계는 '추상화'의 과정 속에서만 부정적 전체가 되며 그 주체, 즉 자본주의 사회의 구조는 변증법적 방법에 추상화를 강요한다. 심지어 추상화는 자본주의 자체의 작업이고 마르크스의 방법은 단지 이러한 과정을 따라갈 뿐이라고도 말할 수 있을 것이다. 마르크스의 분석은 자본주의 경제가 구체적 노동이 추상적 노동에로 끊임없이 환원됨에 의해 구축되고 영속화된다는 사실을 보여 주었다. 이러한 경제는 점점 더 인간의 구체적인 활동과 필요로부터 후퇴하여 여러 가지 추상적인 관계들, 즉 개인의 노동은 그것이 사회적으로 필요한 노동시간으로 나타나는 경우에만 문제가 되고 또한 인간들 사이의 관계가 물(物), 즉 상품들의 관계로서 나타나는 추상적인 관계를 통해서만 개별적인 활동 및 필요의 통합을 얻는다. 상품 세계는 '거짓된' 그리고 '신비화된' 세계이며 이에 대한 비판적 분석은 무엇보다도 먼저 이러한 세계를 구성하는 추상화를 추적해야 하며, 따라서 그것들의 현실적인 내용에 도달하기 위해서는 이러한 추상적 관계로부터 출발해야 한다. 두 번째 단계는 따라서 추상화로부터의 추상화, 또는 거짓된 구체성의 폐기이며 그럼으로써 참된 구체성은 재구축될 것이다. 따라서 마르크스의 이론은 먼저[그것의 붕괴에로 이끄는 자본주의 세계의 구조적 제경향]에로 되돌아간다.

우리들은, 헤겔에 있어서와 마찬가지로 마르크스에 있어서도, 진리는 바로 부정적 전체에 있다는 것을 말했었다. 그러나 마르크스의 이론이 움직여 나가는 전체는 헤겔 철학의 그것과는 다른 것이며 이러한 차이는 헤겔의 변증법과 마르크스의 변증법 사이에 있는 결정적인 차이점을 지적해 준다. 헤겔에 있어서 전체는 이성의 전체, 즉 궁극적으로는 역사의 합리적인 체계와 동일한, 폐쇄된 존재론적 체계였다. 따라서 헤겔의 변증법적 과정은 보편적인 존재론적 과정이며 그 안에서 역사는 존재의 형이상학적 과정의 형태를 띤다. 다른 한편, 마르크스는 이러한 존재론적 토대로부터 변증법을 분리시킨다. 그의 저작에 있어서, 현실의 부정성은 형이상학적 형태로 실체화될 수 없는 '역사적인' 조건이 된다. 바꾸어 말하면, 그것은 각각의 특수한 사회의 역사적 형태와 관련된, 사회적 조건이 된다. 마르크스의 변증법이 접근했던 전체는 계급사회라는 전체이며, 그것이 모순의 기초가 되고 그것의 모든 내용을 구체화시키는 부정성은 계급관계의 부정성이다. 여기에서 다시 변증법적 전체를 자연을 포괄하며, 그러나 자연은 후자가 사회적 재생산의 역사적 과정에 삼투하고 조건지울 때에 한해서만 그러하다. 계급사회가 진행됨에 따라 이러한 재생산은 여러 가지 각각의 발전단계에서마다 다양한 형태를 띠고 이것들이 바로 모든 변증법적 개념들의 골격을 이룬다.

변증법적 방법은 따라서 바로 그 본성상 역사적인 방법이 되었다. 변증법적 원리는 어떠한 주제에 대해서도 모두 똑같이 적용 가능한 일반적인 원리가 아니다. 분명 그 어떠한 사실도 모두, 예를 들면 레닌의 유명한 논의에서처럼,[109] 한 잔의 물도 변증법적 분석의 대상이 될 수 있다. 그러나 그러한 모든 분석들은 사회·역사

109. *Selected Works*, New York 1934, International Publishers, Vol, IX, p.62ff.

적 과정의 구조에로 이끌어질 것이고 따라서 그것이 분석되는 사실들의 결정적으로 중요한 구성요소임을 보여 주게 될 것이다. 변증법은 사실들을 결코 그것들로로부터는 고립될 수 없는 일정한 역사적 전체의 한 계기로서 취급한다. 한 잔의 물의 예를 들면서, 레닌은 "인간적 실천의 전부는 대상의 '정의'안에 들어가지 않으면 안 된다"라고 말하고 있다. 한 잔의 물의 독립적 대상성은 이렇게 해서 소멸된다. 모든 각각의 사실들은 그 각각의 사실들이 사회적 과정의 여러 갈등관계에 의해 영향을 받을 때에 한해서만 변증법적 분석의 대상이 될 수 있다.

마르크스의 변증법이 가진 역사적 성격은 현존하는 부정성뿐만 아니라 그것의 부정까지도 다 포괄하고 있다. 주어진 상태는 부정적이고 그것은 그 자신 안에 내재해 있는 제가능성을 해방시킴으로써만 비로소 긍정적이 될 수 있다. 이 후자, 즉 부정의 부정은 사물의 새로운 질서의 확립을 동반한다. 부정성과 그것의 부정은 인간의 역사적 행위에 의해서 양쪽에 걸쳐 있는 똑같은 역사적 과정의 두 개의 다른 국면이다. '새로운' 상태는 그 옛것의 진리이며 그러나 진리는 그 이전 상태로부터 점진적으로 그리고 자동적으로 생기는 것이 아니라, 현존하는 부정적 상태 전체를 말소하려고 하는 인간의 자율적인 행위에 의해서만 자유로워질 수 있다. 간단히 말하면, 진리는 역사적 현실로부터 동떨어진 영역도, 영원히 타당한 이념들의 영역도 아니다. 확실히 진리는 주어진 역사적 현실을 초월한다. 그러나 그것은 한 역사적 단계로부터 다른 단계에로 이행하는 한에서만 그러하다. 부정적인 상태와 마찬가지로 그것의 부정은 똑같은 전체 내의 구체적인 사건이다.

마르크스의 변증법은 역시 다른 의미에서 역사적인 방법이다. 즉 그것은 역사적 과정의 특수한 단계를 다룬다. 마르크스는 변증법적 운동을 모든 존재의, 즉 존재 그 자체의 운동으로 일반화시켜 그럼으로써 "역사의 운동은 단지 추상적이고 논리적, 사변적 표현"[110]이라고 말하고 있다며 헤겔의 변증법을 비판한다. 더 나아가 헤겔이 그렇듯 추상적으로 표현했고 그의 생각에 일반적이라고 여겼던 운동은 실제로는 인간 역사의, 말하자면 '인간의 성숙의 역사'(Entstehungsgeschichte)의 가운데 한 특수한 단계만을 특징화하고 있다.[111] 이러한 성숙의 역사와 인류의 '실제 역사'에 대한 마르크스의 구분은 변증법의 한계 설정에 해당된다. 인류의 성숙의 역사—마르크스는 이를 전사(前史)라고 불렀다—는 계급사회의 역사이다. 인간의 실제 역사는 이러한 사회가 붕괴되었을 때부터 시작될 것이다. 헤겔의 변증법은 (참된 역사가 시작되기 전의—역자 주.) 전사의 발전의 추상적·논리적 형태를 주는 데 반해 마르크스의 변증법은 참으로 현실적이고 구체적인 운동을 준다. 따라서 마르크스의 변증법은 여전히 전사적(前史的) 단계와 결부되어 있다.

마르크스의 변증법의 출발점인 부정성은 계급사회에 있어서 인간 실존을 특징짓는 것이다. 왜냐하면 이러한 부정성을 강화하고 마침내는 그것을 붕괴시키는 적대적 갈등은 계급사회의 갈등들이기 때문이다. 계급사회로 대표되는 전사(前史)로부터 계급 없는 사회의 역사에로의 이행과 함께, 역사적 운동의 전체 구조가 변화할 것이라는 게 마르크스 변증법의 핵심적 본질이다. 인류가 일단 그

110. 'Ökonomisch-philosophische Manuskripte', *op.cit.*, pp.152~3.
111. *Ibid.*, p.153.

의 발전의 의식적인 주체가 되었을 때, 그의 역사는 이제 더 이상 전사적(前史的) 단계에 적용되는 형식들에 의해서 개괄될 수 없다.

마르크스의 변증법적 방법은 여전히 사회적 과정을 지배하는 맹목적인 경제적 힘들을 반영하고 있다. 사회적 현실을 그의 내적인 제모순과 그것의 소멸이라는 관점에서 보는 변증법적 분석은 이러한 현실이 '자연적'(물리적) 법칙들의 필연성에 의해 움직이는 객관적인 메커니즘에 의해서 지배받는다는 것을 보여 준다. 바로 그렇기 때문에 모순은 사회를 움직이는 궁극적인 힘이 될 수 있는 것이다. 이 운동은 그것이 자유롭게 연합되어 있는 개인들의 자기 의식적 활동에 의해서 조종되지 않는 만큼 그 자체 변증법적이다. 변증법적 법칙들은 사회의 '자연적' 법칙들에 대한 발전된 지(知)이다. 분명, '필연성의 영역'과의 투쟁은 인류가 그의 '실제 역사'의 단계에로 이행할 때까지 지속될 것이며 그때까지 부정성과 모순은 사라지지 않을 것이다. 그럼에도 불구하고 사회가 이러한 투쟁의 자유로운 주체가 되었을 때, 투쟁은 완전히 다른 형태로 수행될 것이다. 바로 이러한 이유로 해서, 전사(前史)의 변증법적 구조를 인류의 미래 역사에도 적용하는 것은 허용될 수 없는 것이다.

마르크스의 변증법과 계급사회의 역사를 결정적으로 연결하는 것은 필연성의 개념이다. 변증법적 제법칙은 필연적인 법칙들이다. 계급사회의 다양한 제형태들은 그것의 내적인 갖가지 모순으로 인하여 필연적으로 붕괴될 것이다. 자본주의의 법칙들은 '피할 수 없는 결과들을 향하여 냉혹한 필연성'으로 움직인다고 마르크스는 말한다. 그러나 이러한 필연성은 자본주의 사회의 적극적인 변화에는 적용되지 않는다. 사실 마르크스는 자본의 집적과 집중을 낳았던 똑같은 메커니즘은 또한 '노동의 사회화'를 산출한다고 가정했다. '자본주의적 생산은 자연 법칙의 불가피성과 함께 그 자신의 부정', 말하자면 토지 및 생산수단이 공동소유 및 협동에 기초한 소유를 낳는다.[112] 그럼에도 불구하고, 자본주의의 발전을 지배하는 불가피한 필연성으로부터 사회주의에로의 이행의 문제에 대하여 그와 비슷한 필연성을 주장한다는 것은 마르크스 이론이 가진 전체적인 의의를 왜곡하는 것이 될 것이다. 자본주의가 부정되었을 때, 사회적 과정은 이제 더 이상 맹목적인 자연 법칙의 지배 아래 놓이지 않는다. 이것이 바로 새로운 것의 본성과 낡은 것의 본성을 구분짓는 것이다. 자본주의의 피할 수 없는 사멸로부터 사회주의에로 나아가는 이행은 필연적이다. 그러나 이것은 개인의 완전한 발전이 필연적이라는 의미에서만 그러하다. 다시 개인들간의 새로운 사회적 연합은 필연적이다. 그러나 이것도 모든 개인들의 전반적인 만족을 위해 유용한 생산력이 사용되는 게 필연적이라는 의미에서만 그러하다. 연합된 개인들이 그들의 삶의 조직을 결정할 그러한 질서 체계를 필연화하는 것은 자유와 행복의 실현이다. 우리들은 이미 미래 사회의 제규정들은 그것의 실현을 향하여 나아가는 현행의 여러 힘들 안에 반영되어 있다는 점을 강조했었다. 자유롭고 자기의식적인 사회에서 그 절정에 달할 경향들 속에는 맹목적인 필연성이란 있을 수 없다. 자본주의의 부정은 자본주의 그 자체 안에서 시작된다. 그러나 혁명에 선행하는 단계에서마저도 혁명 후의 단계에 생명을 불어넣는 합리적인 자발성이 활발하게 움직이고 있다. 혁명이란 사실 객관적인 제조건의 전제에 의존하며 그것은 일

112. *Capital*, op.cit., Vol. I, p.837.

정한 수준의 물질적 · 지적 문화를, 국제적인 규모의 자기 의식적이고 조직된 노동계급을, 또 격렬한 계급투쟁을 요구한다. 그러나 이러한 것들은 의욕적으로 사회주의적 목적을 가지고 있는 의식적인 행위에 의해 포착되고 방향지워질 때만이 혁명적인 조건들이 된다. 어떤 경미한 자연적 필연성도 또는 자동적인 불가피성도 자본주의로부터 사회주의에로의 이행을 보장하지는 못한다.

자본주의 자체는 합리적인 실천의 폭과 세력을 상당한 정도로 확장시켰다. 자본주의를 움직이게 하는 '자연적 법칙들'은 또 다른 종류의 제경향들에 의해 반작용을 받아 중화되어 왔으며, 이러한 경향들은 필연적인 과정들의 영향을 지연시키고 그럼으로써 자본주의적 질서의 생명을 연장시켜 왔다.[113] 자본주의는 어떤 지역에서는 대규모의 정치적 · 행정적 통제를 받아 왔다. 예를 들면, 계획성은 사회주의 사회만의 독자적인 특징만은 아니다.[114] 마르크스가 폭로했던 사회법칙의 자연적 필연성은 이들 법칙이 질서와 우연, 의식적 행위와 맹목적인 메커니즘 사이의 상호작용에 의지해 있기 때문에 자본주의 하에서의 그러한 계획의 가능성도 내포하고 있다. 물론, 자본주의 하에서의 합리적인 계획의 가능성이 마르크스가 이러한 체제 내에서 발견했던 기본 제법칙들(이러한 체제는 이들 제법칙에 의해서 필연적으로 붕괴할 운명에 처해 있다.)의 효력을 감소시키는 것은 아니다. 그러나 그 과정은 오랜 기간의 야만성을 포함하게 될 것이다. 야만성은 오직 자유로운 행위에 의해서만 방지될 수 있다. 혁명은 여러 가지 힘들의 성숙을 요구한다. 그러나 그

113. *Ibid.*, Vol. Ⅲ, pp.272~81.
114. *Critique of the Gotha Program*, 1891, New York 1938.

것들 중에서 가장 중요한 것은 주체적인 힘, 말하자면 혁명적인 계급 그 자체이다.115) 자유와 이성이 실현은 그것을 성취하는 사람들의 자유로운 합리성을 요구한다.

따라서 마르크스의 이론은 운명론적 결정론과는 양립할 수 없다. 사실 사적 유물론은 의식은 사회적 존재에 의해서 규정된다는 결정론적 원리를 포함하고 있다. 그러나 우리들은 지금까지 이러한 원리에 의해서 표명된 필연적인 의존성은 '전사적'(前史的) 삶, 말하자면 계급사회의 삶에만 적용된다는 것을 보여 주기 위해 노력해 왔다. 인간의 여러 가능성들을 제한하고 왜곡하는 생산과계들은 필연적으로 인간의 의식을 규정한다. 왜냐하면 이러한 사회는 결코 자유롭고 의식적인 주체가 아니기 때문이다. 인간이 이러한 관계를 지배하고 그것들이 전체의 필요와 욕구들을 만족시킬 수 없는 한, 그것들은 객관적이고 독립적인 실체의 형식을 띨 것이다. 이러한 관계들에 의해 사로잡혀 지배받는 의식은 필연적으로 이데올로기적이 된다.

물론 인간의 의식은, 그들이 사회적 관계를 통제하여 이들이 모든 인류의 자유로운 발전을 위해 최대로 이바지할 수 있게 된 때조차도 그들의 사회적 제관계를 재생산하는 물질적인 과정에 의해 변함없이 규정될 것이다. 그러나 이러한 물질적 과정이 합리적이 되고 인간의 의식적인 작업이 되었을 때, 의식의 사회적 존재에의 맹목적인 의존성은 존재하기를 멈출 것이다. 이성은 그것이 합리적인 사회적 제조건에 의해 규정될 때 그 스스로에 의해 규정될 것이다. 사회주의적 자유는 의식과 사회적 존재 사이의 관계 양면을

115. *The Poverty of Philosophy*, trans. H. Quelch, Chicago 1910, p.190.

모두 포괄한다. 사적 유물론의 원리는 그 스스로의 부정에 이른다.

마르크스의 자본주의 분석에서 가장 근본적인 것으로 제시되었던 노동과정은 자본주의 사회에서 다양한 국면들의 이론과 실천이 행해지는 지반이다. 따라서 노동과정에 대한 이해는 동시에 이론과 실천의 분리를 낳은 원천에 대한, 그리고 그들 사이의 상호 결합을 재구축하는 요소에 대한 이해가 된다. 마르크스 이론은 그 자체의 본질상 사회에 대한 통합된 그리고 그것을 통합시키는 이론이다. 자본주의의 경제적 과정은 모든 이론, 모든 실천을 지배하는 전체주의적 영향력을 행사하며, 따라서 자본주의의 위장을 분쇄하고 그것의 '물화'를 파헤치는 경제 분석은 이 사회의 모든 이론과 실천에 공통적인 지반까지 내려오게 된다.

마르크스의 경제학은 독립된 철학, 심리학 또는 사회학이 자리할 어떠한 여지도 남겨놓지 않는다. 따라서 "도덕, 종교, 형이상학, 기타 모든 이데올로기 및 그에 대응하는 의식의 형태들은 이제 더 이상 독립성이라는 외양(外樣)을 띠지 않는다……. 현실이 묘사될 때 독립적인 활동의 한 부분으로서의 철학은 그 실존의 매체를 상실한다. 기껏해야 그것의 위치는 가장 일반적인 제결과들, 즉 인간의 역사적 발전에 대한 고찰에서 생기는 여러 추상화물의 집적에 지나지 않는다."116)

이론과 실천의 분리와 함께 철학은 참된 이론의 성역이 되었다. 철학이 추상적 사유를 매개로 인간의 요구, 두려움, 욕망이라는 인간의 문제 해결을 수호하는 역할을 하는 데 비해, 학문은 '자본에 봉사하도록'117) 강요당하든지 아니면 인류의 실제적인 투쟁에 대

116. *The German Ideology*, pp.14~15.

한 어떠한 관심으로부터도 거리가 먼 한가한 시간 보내기의 위치로 전락해 버렸다. '순수이성', 즉 경험적인 우연성으로부터 순수화된 이성은 진리의 고유한 영역이 되었다.

『순수이성비판』(*Critique of Pure Reason*)의 결론에 이르자 칸트는 인간 이성이 가장 지속적이고 활기 있게 관여하는 세 가지 문제를 제기한다. 즉 나는 어떻게 알 수 있는가, 나는 무엇을 해야 하는가, 나는 무엇을 바랄 수 있는가라는 이러한 질문들과 이를 해결하려는 시도는 사실 바로 철학의 핵심, 현실의 궁핍한 상황 속에서 인간의 본질적인 제가능성에 대한 관심을 함축하고 있다. 헤겔은 이러한 철학적 관심을 그 시대의 역사적 상황 속에 위치지웠으며, 그럼으로써 칸트의 질문들은 실제적인 역사적 과정에로 귀착된다는 것이 명백해졌다. 인간의 지식, 행위, 및 희망은 합리적인 사회를 수립하는 방향으로 돌려지게 되었다. 마르크스는 이러한 목표를 가로막는 구체적인 힘들과 제경향, 그리고 그러한 목표를 촉진하는 힘 및 제경향들의 논증에 착수했다. 그의 이론과 구체적인 실천의 일정한 역사적 형태와의 실질적인 결합은 철학뿐만 아니라 또한 사회학을 부정했다. 마르크스가 분석했던 사회적 사실들(예를 들면 노동의 소외, 상품사회의 물신숭배, 잉여가치, 착취)은 이혼, 범죄, 인구이동, 경기순환과 같은 사회학적 사실과 같은 종류의 것이 아니다. 마르크스의 범주들이 나타내는 근본 관계들은 사회학 또는 사회의 객관적 현상(phenomenon)을 기술하고 조직하는 데 열중하는 어떠한 과학도 미칠 수 없는 데 있다. 이들 근본적인 제관계는 그것들을 그것의 부정이라는 견지에서 채택하는 이론에 대해서만

117. *Capital*, Vol. I, p.397.

하나의 사실로서 나타날 것이다. 마르크스에 따르면, 올바른 이론이란 세계의 변혁을 지향하는 실천의 자각이다.

그러나 마르크스의 진리의 개념은 상대주의와는 거리가 멀다. 진리를 실현시킬 수 있는 진리 그리고 실천은 오직 하나밖에 없다. 이론은 삶의 합리적인 질서의 성취를 위한 경향들, 그것을 창출하는 제조건들, 그리고 무엇보다도 먼저 채택되어야 할 제일보를 밝혀 주었다. 새로운 사회적 실천이 지향하는 궁극적인 목표는 다음과 같이 정식화되었다. 즉 노동의 폐지, 모든 개인의 자유로운 발전을 위해 사회화된 생산수단을 사용하는 것이 그것이다. 그 나머지는 인간 자신의 해방된 행위가 해야 할 일이다. 이론을 변화하는 상황들을 분석하고 그에 따라 그의 개념들을 정식화하면서, 각각의 매 순간마다 실천과 함께 한다. 진리를 실현시키는 구체적인 상황들은 각양각색일 것이다. 그러나 진리는 언제나 동일한 것이며 이론이 그것의 궁극적인 수호자로 남아 있다. 혁명적인 실천이 그의 참된 길로부터 벗어났을 때조차도, 이론은 진리를 보존할 것이다. 실천은 진리를 따르나 그 역은 성립하지 않는다.

이와 같은 진리의 절대주의는 마르크스 이론의 철학적 유산을 완성하는 것이고 곧바로 변증법적 이론을 그에 뒤이어 나타난 실증주의와 상대주의로부터 결정적으로 분리시킨다.

제2장

실증주의 기초와 사회학의 융성

1. 긍정적 철학과 부정적 철학

헤겔(Hegel) 사후 10년 만에 유럽 사상은 '실증주의'의 시대로 들어섰다. 이 실증주의(positivism)는 '긍정의 철학'(positive philosophy)의 체계임을 자처하였으며 훗날의 실증주의가 취한 형태와는 전혀 다른 형태를 갖고 있었다. 꽁뜨(Comte)의 『실증철학 강의』(*Cours de philosophie positive*)가 1830년에서 1842년 사이에 출판되었고, 슈탈(Stahl)의 실증적 국가철학이 1830년~1837년 사이에 출판되었으며, 셸링(Schelling)은 1841년에, 1827년 이래 계속 구상해 왔던 '실증철학'(positive philosophy) 강의를 베를린 대학에서 시작하였다.

실증주의에 대한 꽁뜨의 공헌은 의심할 여지가 없지만(꽁뜨는 실증철학의 기초로부터 실증주의적 방법을 이끌어냈다.) 셸링의 실증철학과 슈탈이 실증철학을 실증주의의 움직임과 결부시키는 것은 불합리한 것처럼 보일지도 모른다. 셸링은 가장 초월적인 형식의 형이상학의 대표적 철학자가 아니었던가, 그리고 슈탈은 종교적인 국가론을 주장하지 않았던가. 사실 슈탈이 법철학에 있어서 실증주의의 대표자로 인정되고 있기는 하지만, 셸링이 주장하는 신화의 철학과 계시의 철학이(슈탈의 학설에 몇 가지 기본적 개념을 제공해 주기는 했으나) 실증주의와 무슨 관련이 있는가?

그러나 셸링은 『계시의 철학』(*Philosophie der Offenbarung*)에서, 전통적 형이상학은 사물의 개념과 순수한 본질에만 몰두해서 사물의 실제적(actual) 존재를 파악할 수 없었으며, 따라서 현실적(real) 지식을 제공할 수 없었다는 견해를 제시하고 있다. 전통적 형이상학과는 대조적으로, 셸링의 철학은 참으로 현실적으로 존재하는 것(the truly actual and existent)을 추구하며, 그렇기 때문에 '긍정적'(positive)임을 주장한다. 그는 합리주의적 형이상학이 순수하게 '부정적'(negative) 철학이 아니었던가, 그리고 칸트(Kant)가 이 형이상학을 파괴했으므로, 이제는 '긍정적 철학이 전통적 형이상학과는 무관하게, 독자적인 학(學)을 형성해야 되지 않겠는가' 하는 문제를 제기한다.[1] 더욱이 그는 1827년에 행한 현대철학사 강의의 결론에서 영국과 프랑스 철학자들의 경험 중시를 정당화하려고 했으며, 경험주의에 반대하는 독일 철학자들에 맞서 이를 옹호했다. 그는 '만일 경험주의와 극단적 합리주의의 강압적 선험주의〔思惟必然性(Denknotwendigkeiten)〕중 하나를 선택해야만 한다면, 자유로운 정신은 주저하지 않고 경험주의를 선택할 것이다'라고 단언하기까지 했다.[2] 그는 독일 철학이 수행할 막중한 임무는 궁극적으로 철학을 진정한 '경험의 학'으로 변형시킬 '실증적 체계'를

1. Schelling, *Sämmtliche Werke*, sect. 2, Vol. III, Stuttgart 1858, p.83.
2. *Ibid.*, sect. 1, Vol. X, Stuttgart 1861, p.198.

세움으로써 선험적 형이상학을 극복하는 것이 되리라고 결론지었다.

셸링의 실증철학은 그 근본적인 면에 있어서 확실히 꽁뜨의 것과는 판이하다. 꽁뜨에 있어서는 '실증적인 것'이 관찰되는 사실인데 반해, 셸링은 '경험'이 외적 및 내적 감각의 사실들에 제한되지 않는다는 점을 강조한다. 꽁뜨가 자연과학에 입각해서 현실을 지배하는 필연적 법칙에 경도되어 있는 반면, 셸링은 '자유의 철학'을 설명하려고 시도하면서 자유로운 창조적 활동이 경험의 궁극적 사실이라고 주장한다. 그러나 이러한 본질적인 차이에도 불구하고, 두 철학에는 선험주의(apriorism)의 세력에 맞서 경험의 권위를 회복하려는 공통적 경향이 있다.[3)]

이 공통의 경향은 새로운 실증철학이 무엇에 반대했는가를 살펴봄으로써 가장 잘 이해될 것이다. 실증철학은 프랑스와 독일 합리론의 비판적이고 파괴적인 경향에 맞선 의식적인 반동(反動)이었으며, 독일에서 특히 심했다. 헤겔의 체계는 그 비판적 경향 때문에 '부정의 철학'(negative philosophy)이라고 불리워졌다. 동시대인들은 헤겔이 자신의 철학에서 주장한 원리들이 그를 '지금까지 객관적 진리라고 여겨졌던 모든 것에 대한 비판'으로 몰고 갔다는 것을 인정했다.[4)] 그의 철학은 '부정했다.' 즉, 어떤 비합리적이고 비이성적인 현실(reality)도 거부했다.

3. 독일의 지도적인 보수적 정치철학자였던 콘스탄틴 프란츠(Constantin Frantz)는 이미 1880년에 '프랑스의 실증주의 학파'와 셸링의 실증철학이 '어떤 의미에서 같은 목표를 향하고 있다'는 것을 인식했다. (*Schelling's positive Philosophie*, Cöthen 1880, Part III, p.227).
4. Moses Hess, 'Gegenwärtigs Krisis der deutschen Philosophie,' 1841, in *Sozialistische Aufsätze*, Berlin 1921, pp.9, 11.

실증철학은 자율적 이성의 기준에 따라 현실을 파악하려는 헤겔의 시도에서 현존 질서에의 도전을 감지했다. 부정의 철학은 사물의 가능성을 추구하지만, 사물의 현실성을 파악할 수 없다고 주장되었다. 부정의 철학은 사물의 '논리적 형식'에서 그칠 뿐 그 현실적 내용에는 결코 도달하지 못하며, 또한 그 현실적 내용이 논리적 형식으로부터 연역될 수도 없는 것이다. 따라서 헤겔 비판에 의하면, 부정의 철학은 있는 그대로의 사물을 설명할 수도 없고 정당화할 수도 없다. 이런 이유로 해서 부정의 철학이 있는 그대로의 사물을 '부정하는' 것은 그 개념적 성질에 기인한다는, 가장 근본적인 반론이 생겼던 것이다. 소여된 사태(the given state of affairs)를 구성하고 있는 사실들은 이성의 빛에 비추어 볼 때 부정적이고 제한적이며 일시적이 된다. 다시 말하면, 사실들은 그것을 포괄하는 보다 상위의 개념적 파악 과정 내에서 소멸해 가는 형태가 되어 버리는 것이다. 헤겔 변증법은 주어진 것에 대한 모든 파괴적 부정들의 전형으로 여겨졌다. 왜냐하면 변증법에서는 주어진 모든 형태는 대립적인 형태로 넘어가며, 그렇게 함으로써만이 그 참된 내용을 획득하기 때문이다. 비판자들은 말했다. 이러한 종류의 철학은 소여된 것(the given)에 현실성(the real)의 위엄을 부여하기를 거부한다. 그것은 '혁명의 원리'를 포함하고 있다(슈탈). 현실적인 것은 이성적이라는 헤겔의 말은 이성적인 것만이 현실적이라는 의미로 해석되었던 것이다.

실증철학은 두 진영에서 비판적 합리주의에 대한 반격을 가했다. 꽁뜨는 부정의 철학의 프랑스적 형태인 데카르트와 계몽주의의 유산에 맞서 싸웠으며, 독일에서의 투쟁은 헤겔의 체계에 대해 행해졌다. 셸링은 프리드리히 빌헬름 4세로부터 헤겔주의라는 '용(龍)의 알을 파괴하라는' 긴급 요청을 받았으며, 또 다른 반(反)헤겔주의자인 슈탈은 1840년에 프로이센 왕국의 철학적 대변인이 되었다. 독일의 정치 지도자들은 헤겔 철학이 국가가 지금까지 취해 온 구체적 형태를 정당화하기는커녕 오히려 국가를 파괴할 수단을 내포하고 있다는 사실을 분명히 인식했다. 이런 상황 하에서 실증철학은 적절한 이데올로기적 구세주로 등장했던 것이다.

헤겔 이후의 사상의 역사는 위에서 요약한 것과 같은 실증철학의 양진영으로부터의 공격을 특징으로 하고 있다.[5] 실증철학은 부정의 철학을 완전히 극복했다고, 즉 현실을 선험적 이성에 종속시키는 어떠한 입장도 폐기해 버리는 것으로 생각되었다. 더욱이 실증철학은 사람들로 하여금 인간 세계의 현상들을 보편타당한 법칙에 의해 지배되는 중립적 대상으로 관찰, 연구하도록 가르쳤다. 이러한 경향은 사회철학과 정치철학에서 특히 중요하게 되었다. 헤겔은 사회와 국가를 인간의 역사적 산물로 보고 자유라는 견지에서 해석하였다. 이에 반해 실증철학은 자연을 모범으로 하여 객관적 필연성이라는 견지에서 사회적 현실을 연구했다. 사실의 독립성은 유지되어야만 했고 추론은 주어진 것을 인정하는 쪽으로 이끌려지지 않을 수 없었다. 이러한 방식으로, 실증철학은 주어진 것의 철학적 '부정'에 내포된 비판적 과정을 저지하고, 사실에 실증적인 것의 위엄을 복귀시키려 했다.

이 점에서 실증철학과 실증주의(현대적 의미에 있어서의) 사이의

5. 셸링의 실증철학은 사회사상의 발전과는 아무런 관련이 없고, 다만 슈탈이 그것을 이용함으로써 정치철학에 영향을 준 것이기 때문에, 이하의 논의에서는 셸링의 실증철학을 무시하기로 한다.

관련성이 명확해진다. 형이상학적 선험주의에 대한 공동 투쟁은 별도로, 그들의 공동 특징은 사고의 초점을 사실에 맞추고, 경험을 인식의 궁극적인 기반으로 고양시켰다는 점이다.

실증주의적 방법이 특히 자연과학의 영역에서 많은 신학적, 형이상학적 환상을 파괴하고 자유사상의 발전을 촉진시킨 것을 틀림없는 사실이다. 선험철학에 대한 실증주의적 공격은 19세기 전반에 걸쳐 이루어진 자연과학의 커다란 진전에 힘입은 바 컸다. 새로운 과학적 분위기의 영향 하에 실증주의는, 꽁뜨가 말한 바와 같이, 인간 지식의 철학적 완성임을 자처할 수 있었다. 이 완성은 과학적 방법의 보편적 적용을 통해, 그리고 결국 관찰에 의해서는 증명 될 수 없는 객관적 대상들을 모두 배제함으로써 실현되어져야 할 것이다.

그러나 경험적 사실은 이성의 법정에서 정당화되어야만 한다는 원리에 대한 실증주의의 반대는 '주어진 것 그 자체'에 대한 개념적 '비판'에 의해 이 '자료들'[所與]을 해석하는 것을 방해했다. 그와 같은 비판주의가 들어설 자리는 과학 안에는 더 이상 존재하지 않았던 것이다. 결국 실증철학은 사유를 존재하는 모든 것에 쉽사리 종속시켰으며 강력하게 경험에 집착했다. 꽁뜨는 그의 철학을 '실증적'(positive)이라고 불렀는데, 이 말은 소여의 사태에 대해 긍정적(positive) 태도를 취하도록 교육한다는 의미를 함축하고 있다고 분명히 밝히고 있다. 실증철학은 현존 질서를 부정하지 않을 수 없음을 주장하는 사람들에 맞서 그것을 긍정하려 했다. 우리는 곧 꽁뜨와 슈탈이 자신들의 저작이 이러한 의도를 함축하고 있음을 매우 강조했다는 것을 알게 될 것이다. 이런 식으로 표현된 정치적 목적들은 실증철학을 프랑스 반혁명(反革命)의 이론과 연결시키고 있다. 꽁뜨는 드 메스트르(De Maistre)의 영향을 받았고, 슈탈은 버크(Burke)의 영향을 받았던 것이다.

현대의 사회이론은 19세기의 실증주의로부터 결정적인 자극을 받았다. 사회학은 이 실증주의로부터 발생했으며 그 영향으로 하나의 독립된 경험과학으로 발전했다. 그러나 우리는 이런 분석을 진행하기에 앞서, 초기에는 실증주의의 입장과 연관이 있었으나, 원래 실증주의자와는 다른 뿌리에서 나왔고, 그렇기 때문에 곧 다른 방향으로 나아간 초기 프랑스 사회주의자들이 사회이론의 추세를 간략히 살펴보지 않을 수 없다.

프랑스 초기 사회주의자들은 프랑스 대혁명 이후의 역사를 결정지은 계급투쟁에서 그들 이론의 결정적 동기를 발견했다. 산업이 크게 발달하자 사회주의적 움직임의 전조가 감지되었고 프롤레타리아트는 단결하기 시작했다. 프랑스 사회주의자들에게는 그 당시 지배적이었던 사회적, 경제적 조건들이 역사 과정의 기초를 이루는 것으로 여겨졌다. 생시몽(Saint-Simon)과 푸리에(Fourier)는 그들의 이론적 수단들을 이 조건들의 전체성에 집중하여, 근대적인 의미의 사회를 그들 이론의 대상으로 삼았다. 시스몽디(Sismondi)는 자본주의내의 경제적 적대관계가 근대사회의 구조적 법칙이라고 결론지었으며, 프루동(Proudhon)은 사회를 모순의 체계로 간주했다. 영국의 여러 저술가들은 1821년에 자본주의 분석을 시작하여, 마침내 계급투쟁을 사회발전의 원동력으로 간주하기에 이르렀다.[6)]

모든 이러한 주장들은 기존 사회질서를 안정시키거나 정당화시

---

6. Marx, *Theorien über den Mehrwert*, Stuttgart 1921, Vol. III, pp.281ff.

키기 위한 도구가 아니라 변혁을 위한 도구로 작동하는 기본 개념들을 사용하여, 그 당시의 일반적 사회 형태들에 비판을 가했다.

그러나 실증주의 사조와 비판적 사조 사이에는 계급투쟁의 원리를 객관적인 과학적 사회학의 이념과 결합시키려는 체계적 시도의 형태를 띤 하나의 연결점이 있었다. 1850년에 출판된 폰 슈타인(von Stein)의 저작 『1789년에서 현재까지의 프랑스에 있어서의 사회운동의 역사』(*Geschichte der sozialen Bewegung in Frankreich von 1789 bis auf unsere Tage*)가 그것이다. 그는 사회적 적대관계를 변증법에 의해 파악했다.—계급투쟁은 사회가 한 역사적 형태에서 다른 역사적 형태로 진행하기 위한 부정적 원리였다. 폰 슈타인은 자신을 정통 헤겔주의자로 생각했다. 그는 헤겔이 국가와 사회를 분리시킨 사실에 의거하여, 역사적 진보의 실질적 내용은 사회구조의 변화들로 이루어지며, 또 적대적인 계급들이 목표로 하는 것은 국가권력을 소유하는 것이라고 생각했다. 그러나 그는 이러한 경향을 일반적인 사회학적 법칙들로서 해석했기 때문에, 계급갈등이 어떤 '자연적'(natural) 메커니즘에 의해서 사회 질서를 유도하며, 보다 높은 수준으로 진보하게 된다고 생각했다. 이처럼 변증법의 위력은 중화(中和)되었고, 사회적 적대관계는 사회학적 체계의 일부분으로서 사회적 조화를 이룩하기 위한 수단이 되어버렸다. 결국 폰 슈타인의 학설은 실증철학의 사회이론과 그다지 동떨어진 것이 아니다.

우리는 헤겔 이후의 사회사상의 발달을 논의함에 있어, 먼저 생시몽의 저작과 프랑스에서 전개된 비판적 사회이론의 주된 경향들을 간략하게 살펴본 다음, 실증주의적 사회학파의 가장 영향력 있는 두 저작인 꽁뜨의 『사회학』(*Sociology*)과 슈탈의 『법철학』(*Philosophy of Right*)을 분석하고, 마지막으로 헤겔의 변증법적 개념들을 실증철학의 체계와 화해시킨 폰 슈타인의 연구를 검토할 것이다.

2. 생 시몽(Saint-Simon)

생 시몽도 헤겔과 마찬가지로 프랑스 대혁명에 의해 발생한 사회질서는 인류가 성년 단계에 이르렀음을 입증했다는 주장에서 출발한다.[1] 그러나 그는 헤겔과는 달리, 이 단계를 우선 경제적인 관점에서 서술한다. 산업 과정은 새로운 사회질서를 완성시키는 유일한 요소라는 것이다. 더욱이 그는 헤겔과 같이 이 새로운 질서가 이념과 현실의 화해를 내포하고 있다고 확신했다. 인간의 잠재된 가능성은 이제 더 이상 실재와 유리된 이론만의 관심사가 아니다. 이론의 내용은 서로 직접적 연관을 맺고 있는 개인들이 행하는 합리적 활동의 지평으로 옮겨졌다. '이제 정치학, 도덕, 철학은 한가한 사변으로 그치는 것이 아니라, 마침내 사회적 행복을 창조하는 진정한 과업을 맡기에 이르렀다. 다시 말해, 정치학, 도덕, 철학은 자유가 더 이상 추상물이 아니며, 사회가 허구가 아니라는 것을 깨달은 단계에 다다랐다.'[2] 이것을 실현하는 과정이 곧 경제적 과정이다. 새 시대는 산업주의의 시대이며, 산업주의 시대는 모든 인간 잠재력이 완전히 실현될 수 있다는 보증을 해 준다. '사회는 전체

---

1. *Öuvres de Saint-simon*, ed, Enfantin, Paris 1868ff., Vol. Ⅱ, p.118.
2. *Ibid.*, p.13.

적으로 산업에 기초를 두고 있다. 산업은 사회 존립의 유일한 보증인이며 모든 부(富)와 번영의 유일한 원천이다. 따라서 산업에 가장 좋은 사태는 사회에도 가장 좋은 것이다. 이것이 우리가 쏟는 모든 노력의 목적지일 뿐만 아니라 출발점인 것이다.'[3]경제적 조건의 진보는 불가피하게 철학을 사회이론으로 변형시키며, 사회이론은 정치경제학이나 '생산의 학'(學) 이외의 다른 무엇도 아니다.[4]

생 시몽은 처음에는 급진적인 자유주의 원리를 선언하는 것만으로 만족했다. 개인들은 이미 일할 수 있도록 중세 신분질서로부터 해방되어 있었던 반면, 사회는 아직 각 개인의 독립적 노력을 조화로운 전체 속에 융합시키는 자연적인 완전체에 머물러 있었다. 정부는 산업 자본주의 구조의 배후에 잠복하고 있는 무정부 상태 및 혁명의 위험에 대처하기 위한 필요악이었다. 생 시몽은 산업사회에 대해 극히 낙관적인 견해로부터 출발했다.—모든 생산력의 급속한 진보는 사회체제 내에 증대하는 적대관계와 혁명적 변동들을 곧 불식시키리라고 생각했다. 새로운 산업질서는 무엇보다도 행복하고 풍요로운 생활을 영위하려는 인간의 노력을 긍정하고 실현시키는 긍정적(positive) 질서였다. 주어진 것[所與]을 넘어서는 일은 불필요했다. 철학과 사회이론은 다만 사실을 이해하고 조직하기 위해서만 필요했다. 진리는 사실에서, 아니 사실에서만 발견될 수 있었다. 이런 점으로 인해 생 시몽은 근대 실증주의의 창시자가 되었다.[5]

생 시몽은 사회이론이 '관찰에 기초를 두는 다른 과학자들에서

3. *Ibid.*
4. *Ibid.*, p.188.
5. *Mémoire sur la science de l'homme*, written in 1813 ; *op.cit.*, Vol. XI ; See weill, *Saint-Simon et son ceuvre*, Paris 1894, pp.55ff.

사용되는 것과 똑같은 방법, 즉 모든 사실들을 추론에 기인하는 것으로 주장하는 사변적인 학(學)에 의해서 채택되고 있는 방법을 따르는 대신에, 이제 추론은 관찰되고 논의된 사실에 입각해야만 할 것'을 주장했다.[6] 천문학, 물리학, 화학은 이미 이러한 '실증적 기초' 위에 확립되었으며 이제는 철학이 이 특수과학들의 대열 속에 끼어들어 완전히 실증적인 학으로 되어야 할 때가 왔다.

생 시몽은 이 실증주의가 자기 철학의 근본원리임을 다음과 같이 선언하고 있다. "내 저작의 어디에서건, 나는 일련의 사실들을 확립하는 데 전력을 다할 것이다. 왜냐하면 나는 이것이 지식의 유일한, 신뢰할 수 있는 부분이라고 확신하고 있기 때문이다."[7] 신학과 형이상학, 게다가 모든 선험적 개념과 가치는 정밀한 과학의 실증주의적 방법에 의해 검증되어야만 했다. "일단 우리의 모든 지식이 일률적으로 관찰에 의거해서 확립되기만 하면, 정신적인 일을 지도하는 임무는 실증과학에로 위임(conferée à)될 것임이 틀림없을 것이다."[8]

사회이론의 다른 이름인 '인간의 과학'은 이와 같이 자연과학을 모범으로 하여 출발했기 때문에, '물리학의 다른 분야들(!)에서 사용되고 있는 방법으로 다루어지고 관찰에 입각해 세워짐으로 해서', 실증적 '성격'을 띠지 않을 수 없었다.[9] 사회는 자연과 같이 취급되어야 하는 것이었다. 이러한 태도는 헤겔의 철학 이론에서 극히 이탈한 것이며, 그에 대한 가장 극렬한 반대이기도 했다. 자

6. *Saint-Simon, op.cit.*, Vol. XI, pp.8f.
7. *Ibid.*, p.22.
8. *Ibid.*, Vol. IV, p.83.
9. *Ibid.*, p.187.

유의 문제는 개인의 합리적 의지의 영역으로부터, 사회적, 경제적 과정의 객관적 법칙 속으로 옮겨졌다. 마르크스는 사회가 계속 냉혹한 객관적 법칙에 의해 지배되는 한 사회는 비이성적인 것이며 따라서 악한 것이라고 생각했다. 그에게 있어서 진보는 곧 이 법칙들을 뒤엎는 것과 다름없었으며, 자유로운 발전 속에서 인간에 의해 완성되어야만 하는 하나의 행위였던 것이다. 그러나 실증주의 사회이론은 그와는 정반대의 경향을 따르고 있었다. 즉 사회법칙은 점차 자연의 객관적 법칙이라는 형태를 받아들였다. 전능한 진보의 법칙 앞에서는 '인간은 단순한 도구에 불과'할 뿐 그 법칙의 경로를 변경하거나 계획할 수 없다.10) 독립적인 자연법칙에로의 진보의 신격화는 꽁뜨의 실증철학에서 그 완성을 보았던 것이다.

생 시몽의 저작은 산업 자본주의의 경향과는 반대되는 요소들을 포함하고 있었다. 그에 따르는 산업체계의 진보는 계급가의 투쟁이, 먼저 자연에 대한 투쟁으로 변형되고 진화되고, 이 투쟁을 하는 가운데 모든 사회계급이 결합하게 되리라는 것을 전제로 하고 있었다.11)

그가 생각했던 정부 형태는 통치자들이 신민들에게 자의적으로 명령할 수 있는 형태가 아니라, 정부가 수행되어야 할 일에 대해 기술적 관리를 행하는 형태였었다.12) 생 시몽의 철학은 헤겔과는 정반대 방향으로 전개됐다고 할 수도 있을 것이다. 그의 철학은 이념과 현실과의 화해에서 출발하여 결국 그 둘을 화해할 수 없다는 견해로 끝나고 말았다.

---

10. *Ibid.,* p.119.
11. *Ibid.,* Vol. IV, pp.147, 162.
12. *Ibid.,* p.150.

1830년의 혁명이 가까워지면서 프랑스에서는 경제적 위기와 계급투쟁이 심도를 더해 갔다. '1826년에 이르러서는 국민과 군주가 서로 정반대의 방향으로 움직이고 있다는 것이 분명해졌다. 군주는 전제정치를 확립할 준비를 하고 있는 반면 국민은 혁명을 향해 밀려가고 있었다.'[13] 생 시몽의 제자인 바자르(Bazard)는 이 몇 년간에 스승의 학설에 관해 행한 강의에서, 생 시몽의 학설을 현존 사회질서에 대한 급진적 비판으로 전환시켰다.

바자르의 설명은 철학은 사회이론과 동일한 것이 되어야만 하고, 사회는 그 경제적 과정의 구조에 의해 조건지워져 있으며, 합리적인 사회적 실천만이 인간 욕구에 기초한 진정한 사회 형태를 궁극적으로 형성하리라는 기본적 가정을 고수한다. 바자르가 볼 때, 기존의 사회형태는 더 이상 진보와 조화에 알맞은 것이 아니다. 그는 산업 조직을 착취의 조직이라고 비난한다. 즉 문명사의 전 범위에 걸쳐 행해진 '인간에 의한 인간의 착취'의 최후의 예로서, 그러나 결코 최소의 것이라고는 할 수 없는 예로서 비난하고 있다. 산업 조직은 그 자체 내의 모든 관계들로 인해, 한편으로는 프롤레타리아트, 다른 한편으로는 생산의 도구와 기계의 소유자들 사이의 불가피한 투쟁에 의해 형성되고 있다.

오늘날 전 노동자 대중은 그들이 사용하는 도구의 소유자들에 의해 착취당하고 있다. 착취의 전 하중이 노동계급 즉 노동하는 대다수 사람들 위에 가해지고 있다. 이런 조건하에서 노동자는 노예와 농노의 직계

13. Frederick B. *Artz, Reaction and Revolution*, New York 1934, Harper and Brothers, p.230f.

자손이 되었다. 그는 인격으로서는 자유롭고, 더 이상 토지에 예속되어 있지 않지만, 이것이 그가 얻은 자유의 전부일 따름이다. 그는 정복권(征服權)에서 생겨난 법률에 의해 부의 독점, 즉 마음대로, 형편이 좋을 때 노동수단을 좌우할 권력을 부여받은 저 소수 계급에 의해 강요되는 조건하에서만이 이러한 법률적 자유의 상태에서 존속할 수 있을 뿐이다.[14]

이처럼 생 시몽의 실증주의는 바자르에 의해 정반대의 것으로 전화되었다. 생 시몽은 원래 자유주의를 찬미하는 결론을 내렸지만, 이제 그의 실증주의는 자유주의의 토대를 이루는 사회체계가 그 자체 내에 자기 파괴의 씨앗을 품고 있다는 사실을 인식하였던 것이다. 바자르는 그에 앞서 이미 시스몽디가 지적했듯이, 부의 축적과 빈곤의 확산 및 그에 수반하는 위기와 착취의 증대는 '자본가와 지주'가 노동의 사회적 분배를 결정하는 사람들인 경제조직에서 연유한다는 것을 보여주었다. 생산과정에 있어서 '각 개인은 자기 뜻대로 하도록 방임되어 있으며,' 따라서 다수의 노동을 결합하고 관리하려는 공동의 관심이나 집단적 노력 따위는 존재하지 않는다. '노동수단'이 우연의 법칙과 현실적인 힘에 종속되어 있는 '고립된 개인에 의해 사용될' 때 산업 위기는 불가피한 것이 된다.[15]

그러므로 바자르는 사회질서가 '무제한의 경쟁 원리의 결과로서' 일반적인 무질서 상태로 되어 버렸다고 말했다. 자본주의 사회가 처음에 사회 체제를 정당화하기 위해 사용한 것과 같은 진보적 이념들, 즉 삶을 합리적으로 설계함으로써 일반적 자유와 행복을 추

14. *Doctrine Saint-Simonienne. Exposition*. Paris 1854, p.123f.
15. *Ibid.*, p.137.

구한다는 이념은 '모든 교활한 형식으로 행해지는 인간에 의한 인간의 착취를 궁극적으로 제거하려는' 새로운 혁명에 의해서만 달성될 수 있다. '혁명은 불가피하며, 그것이 완성될 때까지는 문명의 빛과 시대의 영광에 대해 그렇게 자주 되풀이되는 모든 휘황찬란한 말들은 다만 특권을 부여받은 이기주의자들의 편의를 위한 단순한 말에 불과할 것이다.'[17] 그때가 되면 사유재산 제도를 유지시키던 기구들은 소멸될 것이다. 왜냐하면 착취가 사라지면, 착취를 영속화시키는 재산제도도 사라져야만 하기 때문이다.

『생 시몽파의 학설』(*Doctrine Saint-Simonienne*)은 왕정복고 시대에 산업주의의 진보가 가져온 사회적 변동을 반영하고 있다. 이 시기에는 기계들이 전(前)보다 더 큰 규모로 도입되었으며(특히 직물공업에 있어서), 공업은 집중되기 시작했다. 그러나 프랑스는 생 시몽이 초기 저작에서 찬양한 공업적, 상업적 성장을 경험했을 뿐만 아니라, 그 반대의 경험도 겪었다. 1816년에서 1817년에 걸쳐, 그리고 1825년에서 1827년에 걸쳐 몇 번의 심각한 위기가 전 사회체계를 뒤흔들었다. 노동자들은 자신들을 비참함 처지와 실직으로 몰아넣은 기계들을 떼지어 파괴했다. '대규모 공업의 발달이 노동자에게 좋지 못한 영향을 준 것은 의심할 여지가 없었다. 농촌의 가내 노동은 공장 경쟁으로 타격을 받았다. 기계의 도입은 여자와 어린이들을 값싼 임금으로 고용할 수 있게 했으며, 이는 또한 임금하락의 원인이 되었던 것이다. 도시로의 이주는 거주 시설의 부족을 야기시켰고, 이러한 상태는 전반적으로 식량부족을 가져와, 도시는 곱사병과 폐결핵의 온상이 되었다. 1832년에는 콜레라와 같

17. *Ibid.*, pp.125f.

은 전염병들이 특히 노동자들 사이에 많은 사망자를 냈다. 빈곤은 발작성 갈등과 매춘을 조장한다. 공업 중심지는 사망률이 평균을 훨씬 상회하며 특히 어린이들이 사망률이 높다.19)

정부가 개입해 노동자들에 대한 강압적인 조치들을 취했다. 이미 1789년의 르 샤프리에법(The Lex Le Chapelier)에 의해 노동자들의 조직은 금지되어 있었다. 이제는 스트라이크가 발생하면 군대가 투입됐다. 지도자들은 오랜 감옥형을 선고받았다. 노동자의 자유를 제한하는 조치들이 계속 늘어갔다.20) '정부는 노동자들을 지배하기 위해 모든 국가 권력을 행사하면서, 기업가들에게는 극히 관대했다.' 1829년에 그르누이유(Grenouille)의 선박 소유자들은 선원의 임금을 낮추기 위해 연합했다. 법무성과 해군성은 그 행위가 위법이라고 선언하였으나 '선원들이 반란을 일으킬 것'을 두려워하여 어떤 법적 조치도 취하지 않았다.21)

이와 같은 사건들은 경제적 과정, 혹은 그 안에 포함되어 있는 요소들이 사회관계 전체에 손을 뻗쳐 이미 장악하고 있음을 입증해 주었다. 스미드(Smith)와 리카아도(Ricardo)는 이미 이러한 경제과정을 하나의 특수과학으로 취급했는데 거기에서는 부, 빈곤, 노동, 가치, 재산 및 이들이 수반하는 모든 현상들이 경제법칙으로부터 도출되고 그에 의해 설명되어야 할, 엄격한 의미에서의 경제적 조건과 관계로 나타났다. 생 시몽은 경제법칙을 전 사회과정의 기초로 파악했다. 그런데 프랑스에 있어서 생 시몽의 사회주의 계

19. Henri Sée, *Französische Wirtschaftsgeschichte*, Jena 1936, Vol. II, p.244.
20. *Ibid.*, pp.250f.
21. *Ibid.*, pp.251f.

승자들이 경제적 토대 위에 사회이론을 세우고 있을 때, 그들은 정치경제학의 개념적 성격을 변화시키고 있었던 것이다. 정치경제학은 더 이상 '순수한' 전문적 학문이 아니며, 근대 사회구조의 적대 관계를 폭로하고 해결하는 방향으로 행동을 이끌기 위한 지적 도구가 되었다. 게다가 상품 세계는 이미 그 자체의 물화(物化, reification)라는 견지에서 이해되지 않게 되었다. 예를 들면, 시스몽디가 리카아도를 반박하여 '정치경제학은 계산의 학문이 아니라 도덕의 학문'이라고 주장했을 때, 그는 추론의 기준이 과학적인 것에서 도덕적인 것으로 복귀할 것을 옹호한 것이 아니라, 경제이론의 초점이 인간의 욕구와 욕망에 맞추어져야 한다는 것을 표현한 것이다.[22] 결국 시스몽디의 주장은 헤겔이 사회이론은 철학적으로 구성했을 때, 헤겔에 있어서 작용하고 있던 경향과 같은 유(類)에 속하는 것이다. 헤겔은 사회는 인간의 자기 발전에 있어서 역사적 단계이며, 인간관계의 총체로 해석되어야 하고, 이성과 자유의 실현을 촉진시키는 데 있어서의 사회의 역할에 착안하여 해석되지 않으면 안 된다는 점을 파악하고 있었다. 사회이론을 정치경제학의 '비판적' 이론으로 전환시킨 것은 바로 이와 같은 사회이론에 대한 철학적 해석이었다. 왜냐하면 이성과 자유의 견지에서 볼 때, 기존 사회 형태는 비이성적이고 노예적 질서를 낳는 경제적 모순들의 복합체로 나타났기 때문이다. 사회에 대한 철학적 해석은 비판적인 의미를 함축하고 있었기 때문에, 이러한 비판적 동기들을 약화시키기 위해 철학과 사회이론 사이의 분리가 주장되었으며, 이로 인해

22. *Nouveaux principes d'économie politiques,* 2nd ed. Paris 1827, Vol. I, p.313.

철학적 개념은 주어진 상황 너머의 초월적 세계를 통찰하는 것으로 여겨졌다. 프루동은 경제이론을 변호할 이유를 발견했으며, '정치경제학과 철학을 분리'시킬 경우 어떠한 행동원리도 필연적으로 좌절을 겪지 않을 수 없음을 깨달았다. 그는 '철학은 사회의 대수학(代數學)이며, 정치경제학은 그 응용이다'라고 말했다. 그에게 있어서 철학은 '이성의 이론'이었다.[23] 프루동은 이러한 처음의 입장을 견지하여 사회이론을 '이성과 사회적 실천과의 조화'라고 정의했으며[24] 사회이론의 주제를 서술하는 데 있어서 그 포괄적인 적용 영역을 매우 강조하였다. 사회이론은 '전(全) 사회생활' 즉 '사회이 연속적인 현상들의 전체적 조화'를 취급함으로써[25] 경제학이라는 특수과학의 영역을 초월하는 것이다.

그러나 사회이론이 철학적 성격을 강조한다고 해서 사회이론의 경제적 기초의 중요성이 감소되는 것은 아니다. 오히려 그와 같은 강조는 경제이론의 영역을 확대하여 특수과학의 한계를 넘어서게 할 것이다. '경제법칙은 역사법칙이다'라고 프루동은 말한다.[26]

새로운 정치경제학은 아담 스미드와 리카아도의 고전적인 객관적 경제학과는 아주 다르다. 새로운 정치경제학은 경제가 그 구조 전반에 걸쳐 모순적이고 비합리적이며, 따라서 그 자연적(natural) 상태로서 위기를 초래하고, 그 자연적 결과로서 혁명을 불러일으킨다는 것을 보여주었다는 점에서 고전 경제학파는 판이했다. 최초로

23. *Systéme des contradictions économiques*, ed. C. Bouglé and H. Moysset, Paris 1923, Vol, Ⅱ, pp.392f.
24. *Ibid.*, p.391.
25. *Ibid.*, Vol. I, p.73.
26. *De la création de l'orde dans l'humanité*, ed. C. Bouglé and A. Cuvillier, Paris, 1927, p.369.

자본주의에 대한 철저하게 내재적인 비판이었던 시스몽디의 저작은 이러한 차이점을 폭넓게 예시하고 있다. 이 거작은 참으로 비판적인 사회이론의 기준을 고수했다. '우리들은 노동자가 재산을 박탈당하고, 그들의 임금이 경제에 의해 고정되고, 그들의 노동이 고용주에게 더 이상 필요없게 되자마자 해고되는 현실적인 조직으로서의 사회를 다룰 것이다. 왜냐하면 이와 같은 사회조직이야말로 바로 우리가 반대하는 것이기 때문이다.'27)

시스몽디는 모든 형태의 사회조직은 인간의 욕구를 충족시키기 위해 존립한다고 선언했다. 기존의 경제 체제는 끊임없이 위기를 겪으면서, 그리고 부를 축적해 가는 가운데 빈곤이 심화되면서 인간 욕구를 충족시킨다. 시스몽디는 이러한 결과를 초래한 초기 산업자본주의의 구조를 파헤쳤다.28) 그는 위기가 되풀이되지 않을 수 없는 것은 자본이 생산과정에 미치는 영향의 결과라고 말했다. 착취의 증대 및 생산과 소비 사이의 지속적 불균형은 상품 교환 체제의 결과이다. 시스몽디는 교환가치와 사용가치 배후에 숨겨진 관계와 잉여가치의 충당을 위한 여러 형태들을 계속 서술해 갔다. 그는 자본의 집중, 과잉 생산, 위기 사이의 관계를 증명했다. '소수의 소유자들에게 부(富)가 집중됨으로서 인해 국내 시장은 계속 위축되어, 산업은 훨씬 더 극심한 변동을 겪을 위험이 있는 해외 시장 쪽으로 항상 판로를 개척하지 않을 수 없게 된다'29) 자유 경쟁은 모든 생산 능력을 충분히 발달시켜 인간 욕구를 최대로 만족시

---

27. *Nouveaux principes...*, Vol. Ⅱ, p.417.
28. Henryk Grossmann, *Sismonde de Sismondi et ses theorise économiques*, Bibliotheca universitatis liberae Poloniae, Warsaw 1924를 보라.
29. *Nouveaux principes...*, Vol. I, p.361.

키기는커녕, 오히려 대규모의 착취를 가져오고 부(富)의 원천을 되풀이해서 파괴한다. 확실히 자본주의는 사회에 거대한 진보를 가져왔지만, 그 진보는 '노동 인구의 끊임없는 증가와 늘 수요를 초과하는 노동 공급'이라는 결과를 가져왔을 뿐이다.[30] 이러한 적대관계의 원인은 상품 생산의 경제적 구조에 있다. 만일 이 체계가 띠고 있는 경향들이 완전히 발휘되도록 한다면, 그 결과는 '국가를 부(富)를 창조하기는커녕 전반적인 빈곤을 초래할 거대한 공장으로 변형시키는 것'이 될 것이다.[31]

생 시몽이 실증주의를 시작한 지 6년이 못 되어, 사회이론이 생 시몽이 자신의 새로운 철학을 정당화하기 위해 의거했던 사회질서에 대해 이처럼 급진적인 반박을 가했던 것이다. '산업체제'는 착취의 체제로 간주되었다. 조화로운 균형의 이론은 내재적인 위기의 이론으로 대체되었다. 진보의 이념에는 새로운 의미가 부여되었다. 경제적 진보가 반드시 인간의 진보를 의미하는 것이 아니었다.—자본주의 하에서 진보는 자유와 이성의 대가를 치르고서 이루어진다. 시스몽디는 진보의 철학을 거부했으며, 낙관적인 찬미를 변호하는 어떤 갑옷도 거부했다. 그는 국가가 억압받는 대중들을 위해 권위를 행사하여 보호해 줄 것을 요구했다. 자유롭고 전반적인 경쟁이라는 기본적인 도그마는 모든 문명사회에 거대한 진전을 가져왔다. 그것은 산업 생산력의 엄청난 발달을 가져왔지만, 동시에 국민의 대다수에게 무시무시한 빈곤을 가져다주었다. 우리는 경험을 통해, 자신들에게 아무런 이익도 주지 않을 부(富)의 증대를 위해 사람들

30. *Ibid.*, p.408.
31. *Ibid.*, p.78.

이 희생되지 않도록, [정부의] 권위를 행사하여 보호할 필요성을 배웠다.[32] 시스몽디의 저작이 출판된 지 채 몇 년이 못 되어, 사외이론은 진보의 도그마로 되돌아갔으나, 특기할 만한 것은 정치경제학을 사회이론의 기초로 삼을 것을 포기했다는 사실이다. 꽁뜨의 철학은 이 퇴조의 기미를 먼저 보였다. 우리는 이제 꽁뜨의 실증철학을 논하게 될 것이다.

3. 실증주의적 사회철학

오귀스뜨 꽁뜨(Auguste Comte)

꽁뜨는 사회이론을 부정의 철학과의 관련으로부터 분리하여 실증주의의 궤도 위에 놓았다. 동시에 정치경제학을 사회이론의 근간으로 삼기를 포기하고, 사회를 사회학이라는 독자적 과학의 대상으로 삼았다. 이 두 단계는 상호 관련되어 있다. 사회학은 철학적 비판이 취하고 있던 선험적 관점을 포기함으로써 하나의 과학이 되었다. 이제 사회는 다소 일반적인 법칙들에 의해 지배되는 여러 사실들의 비교적 명확한 복합체로 간주되었다. 즉, 과학적 탐구의 다른 분야들과 마찬가지로 취급되어야 할 영역으로 간주되었던 것이다. 이러한 영역을 설명하는 개념들은 그것을 구성하고 있는 사실들로부터 도출되어야 할 것이었으며, 반면에 철학적 개념이 함축하고 있는 현실과 유리된 초월적 의미들은 배제되어야만 했다. '실증적'이라는 말은 철학 이론에서 과학적 이론으로의 이러한 이행을

32. *Ibid.*, pp.52f.

나타내 주는 도전적인 말이었다. 확실히 꽁뜨는 그의 주저(主著)의 제목이 보여 주는 바와 같이 종합적인 철학을 세우려고 했지만, 실증주의의 문맥에서는 철학이 그 참된 내용을 잃어버릴 정도로, 이전에 의미했던 것과는 판이한 것을 뜻하고 있다는 것이 분명하다. 결국 '실증적 철학'(philosophie positive)이라는 말은 형용(形容)의 모순이다. 실증적 철학이라는 말은 냉혹한 경로를 걷고 있는 조화로운 진보의 체계 안에 운명지워진 대로 자리를 잡고 있는 모든 경험적 지식의 종합을 가리키고 있다. 그런데 철학적 논의에서는 사회 현실에 대한 어떠한 반대도 배제된다.

꽁뜨는 실증주의와 철학 이론과의 차이점을 다음과 같이 요약하고 있다. 실증적 사회학은 선험적 환상 대신 사실의 탐구에, 한가한 명상 대신 유용한 지식에, 회의와 우유부단 대신에 확실성에, 부정과 파괴 대신 조직에 관심을 두는 것이다.[1] 이러한 모든 경우에 있어서 새로운 사회학은 현존 사회질서의 사실들과 관련을 맺지 않을 수 없으며, 수정과 개량의 필요성을 부인하지는 않지만 현존 사회질서를 전복시키거나 부정하는 어떠한 움직임도 배제할 것이다. 그 결과 실증적 사회학의 관심은 현존 사회질서를 변호하고 정당화함에 있다.

이러한 명제가 모든 실증주의 운동에 적용되는 것은 아니다. 근대 철학의 초기에 특히 18세기에, 실증주의는 호전적이며 혁명적이었다. 따라서 사실(fact)에 대한 호소는 구체제(ancien régime)의 이데올로기적 지주였던 종교적, 형이상학적 개념들에 대한 직접적인 공격이었다. 역사에 대한 실증주의적 접근은 사회적, 정치적

---

1. *Discours sur l'esprit positif*, Paris 1844, pp.41~2.

생활 형태를 변혁할 인간 권리가 이성의 본성 및 진보와 일치한다는 실증적인 증거로서 전개되었다. 프랑스 계몽주의 철학자들은 당시의 절대주의 제체에 대항하기 위해, 검증의 기초로서 감각-지각의 원리를 사용했다. 그들은 감각이 진리를 찾기 위한 방법론적 원칙이고 감각의 만족은 인간 행동의 고유한 동기이기 때문에, 인간의 물질적 행복의 증대는 정부와 사회가 힘써야 할 본래 목적이라고 주장했다. 정부와 사회의 기존 형태는 분명히 이러한 목적에 배치되고 있었다. 결국 이것이야말로 계몽주의 시대의 실증주의자들이 호소한 '사실'(fact)이었던 것이다. 그들은 질서정연한 과학을 목표로 한 것이 아니라 사회적, 정치적 실천을 목표로 했으며, 기존 사회질서에 대해서 선험적 진리 기준, 즉 사실로서 존재하는 것이 아니라 목적으로서 존재하는 사회질서가 제시하는 기준에 의해 인간의 실천을 검증(test)한다는 진정한 의미에 있어서 여전히 합리주의자였던 것이다. 그들이 생각한 '진리'는 자유로운 개인이 자신의 능력을 발휘할 수 있고 욕구를 충족시킬 수 있는 사회였는데, 그러한 사회는 어떠한 현존 사실이나 사실들로부터 도출되지 않았으며, 오히려 역사적 상황을 파헤쳐 사회, 정치체제의 억압성을 폭로시킨 철학적 분석의 결과로 이루어졌던 것이다. 계몽주의는 이성이 세계를 지배할 수 있으며, 만일 사람들이 자유롭게 된 지식과 능력을 기초로 행동한다면, 그들은 시대에 뒤떨어진 생활 형태를 변화시킬 수 있다고 단언했다.

꽁뜨의 실증철학은 합리주의의 이 같은 '부정적'(否定的) 경향에 대처할 수 있는 사회이론의 일반적 구조를 세우고 있다. 그것은 중산층 사회의 이데올로기적 옹호이며, 더욱이 관권주의(authoritarianism)를 철학적으로 정당화할 요소를 갖고 있다. 자유주의의 쇠퇴와 더불어 시작된 후세의 관권주의 이데올로기를 특징지운 비합리주의와 실증철학 사이의 관계는 꽁뜨의 저작들을 보면 아주 분명하다. 꽁뜨는 사고를 직접적 경험에 구속시키고 경험의 영역을 부단히 넓혀감으로써 직접적 경험은 과학적 관찰의 영역에 제한되는 것을 그만두고, 여러 가지 형태의 초감각적 힘도 요구하게 된다. 사실 꽁뜨의 실증주의는 명칭, 상징, 기호의 세련된 숭배로 이루어진 종교적 체계임이 판명되고 있다. 그 자신은 '권력에 대한 실증적 이론'(positive theory of authority)을 상술하여, 맹목적 추종자들로 이루어진 한 종파(宗派)의 교조가 되었다. 이것이 바로 실증철학이 이성을 중상모략함으로써 얻은 최초의 성과였던 것이다.

진리란 어떤 외부의 원천으로부터 인간에게 주어지는 것이 아니고 사고와 현실, 이론과 실천 사이의 상호작용의 과정에서 발생한다는 생각은 관념론의 근본 확신이었다. 사고의 기능은 단지 사실을 모으고 파악하여 질서를 세우는 것만이 아니라, 그러한 활동을 가능하게 하는 성질, 즉 사실들에 앞서는(a priori) 성질의 원인이기도 하였다. 그러므로 관념론자는 인간 세계의 결정적 부분은 관찰에 의해 검증될 수 없는 요소들로 이루어져 있다고 주장했던 것이다. 실증주의는 이러한 주장을 거부하고, 서서히 사고의 자유로운 자발성을 압도적으로 수용적인 기능으로 대체했다. 이것은 인식론의 문제만이 아니었다. 우리는 이성의 관념론적 이념이 자유의 이념과 본질적으로 연관되어 있었으며, 사회를 지배하는 자연적 필연이라는 관념에 대립했었다는 것을 상기하게 된다. 이에 반해 실증철학은 사회 연구를 자연 연구와 동일한 것으로 만들려고 하여, 자연과학, 그 중에서도 특히 생물학으로 간주되었으며, 그 사회법칙이 타당성은 자연법칙의 타당성과 유사한 것이라고 생각되었다. 그리하여 사회적 실천, 특히 사회체계를 변혁하는 문제는 냉혹한 자연적 필연성에 의해 억제되었다. 사회는 자연적 필연성에 의해 움직이는 합리적 법칙들에 의해 지배되는 것이라고 생각되었으며, 이러한 입장은 사회가 자연법칙에 지배된다는 점에서(바로 비이성적이라는 점에서) 변증법적 사회이론의 견해와 직접적으로 모순된 것이었다.

꽁뜨는 '자연법칙의 불변성이라는 일반적 도그마'를 실증주의의 '진정한 정신'이라고 부른다.[2] 그는 사회이론을 신학과 형이상학으로부터 해방시켜 과학의 지위를 부여하기 위한 수단으로서 이 주장을 사회이론에 적용하려 한다. '신학적, 형이상학적 철학은 사회 연구방법의 경우를 제외하고는 오늘날 지배권을 갖고 있지 못하다. 그것들은 이 마지막 피난처에서도 추방될 것임에 틀림없다. 주로 이것은 사회운동이 어떤 종류의 의지에 지배되지 않고, 불변의 사회법칙에 필연적으로 따르고 있다는 기본적 해석을 통해 행해질 것이다.'[3] 이와 같이 실증주의가 형이상학을 거부하는 것은 사회조직을 인간의 합리적 의지와 합치되도록 변혁하고 재조직하려는 인간의 요구를 거부하는 것과 연관이 있다. 이것이 꽁뜨의 실증주의가 보나르(Bonald)와 드 메스트르가 주장한 독창적인 반혁명(反革命)의 철학과 공유(共有)하는 요소이다. 보나르는 '인간은 물체에

---

2. *Discours sur lésprit positif*, p.17.
3. *Cours de philosophie positive*, 4th ed., Vol. IV, Paris 1877, p.267.

무게를 주거나 물질에 연장(延長)을 주거나 할 수 없는 것처럼 종교적 혹은 정치적 사회에 조직을 부여할 수 없으며,' 인간의 개입은 단지 사회가 그 '자연적 조직'(natural constitution)을 달성하는 것을 방해할 분이라는 것을 논증(論證)하려 했다.[4] 드 메스트르는 '인간의 이성, 혹은 소위 철학이라고 하는 것은 국가나 개인의 행복에 전혀 도움이 되지 않으며'[5] '창조(creation)는 인간의 능력을 넘어서는 것이고'[6] 인간의 이성은 '어떠한 종교적, 또는 정치적 협력을 창조하는 데 있어서만이 아니라 유지하는 데 있어서도 전혀 쓸모가 없다'[7]는 것을 밝히려고 했다. 사회는 인간 의지가 따르지 않으면 안 되는 불변의 자연적 질서를 갖고 있다는 또 다른 하나의 주장을 유포시킴으로써 '혁명적 정신'을 저지하지 않으면 안 되었던 것이다.

꽁뜨는 또한 '모든 정치적 행동의 일반적 한계'를 확립하는 수단으로서, 이 주장을 공고히 할 책임을 사회학에 부과했다.[8] 사회에는 불변의 법칙이 존재한다는 원리에 동의함은, 사람들에게 규율을 준수하고 현존 질서에 따르도록 할 마음의 준비를 하게 될 것이고 현존 질서에 대한 '인종'(忍從, resignation)을 고무할 것이다.

'인종'은 꽁뜨의 저작에서 하나의 기조(基調)이며, 불변하는 사회법칙에 대한 동의에서 직접 도출된 것이다. '참된 인종, 즉 확고부동하게 그리고 보상을 바람이 없이 필연적인 악(惡)을 견디어 내는

4. Bonald, 'Théorie du pouvoir', in *Öuvres,* Paris 1854, Vol. I, p.101.
5. De Maistre, 'Etude sur la souveraineté', in *Öuvres, complétes*, Lyon 1884, Vol. I, p.367.
6. *Ibid.*, p.373.
7. *Ibid.*, p.375.
8. *Cours de philosophie positive*, Vol. IV, p.281.

기질은 다양한 자연 현상을 지배하는 불변의 법칙에 대한 겸허한 감정에서만이 생길 수 있다.'[9] 꽁뜨는 자신이 주장하는 '실증적' 정치학은 그 본성상 불치의 정치적 악에 관해서조차도 '현명한 인종'을 계발함으로써 '공공질서를 공고히 하는 데' 도움이 될 것이라고 선언하고 있다.[10]

인종이 어떤 사회 집단을 위해, 그리고 어떤 사회적 목적 때문에 제시되고 있는가 하는 것은 의심의 여지가 없다. 과거의 어떠한 철학도 기존 권위의 유지를 위해, 또한 모든 혁명적 시도로부터의 기득권 보호를 위해 이용해 달라는 권유를 이처럼 강력하고도 공공연히 내세운 적은 거의 없었다. 꽁뜨는 진정한 과학은 '모든 참된 질서의 필수불가결한 기초인 사상적 질서를 끊임없이 확립하고 강화하는 것' 이외의 어떤 다른 일반적 목적도 갖고 있지 않다고 선언함으로써 실증주의에 대한 선전을 시작한다.[11] 과학에 있어서의 질서와 사회에 있어서의 질서는 통합되어 분리할 수 없는 전체가 되며, 그 궁극적인 목적인 이 사회질서를 정당화하고 강화하는 것이다. 실증철학은 '순수하게 혁명적인 원리들의 무정부적 폭력'에 맞서 싸울 수 있는 유일의 무기이며, 실증철학만이 '현재 유행하고 있는 혁명적 원리를 흡수하여 동화'시킬 수 있다.[12]

더욱이 '질서의 입장'(la cause de l'ordre)을 취한다는 것은 훨씬 큰 이익을 가져올 것이다. 실증철학은 여론에 의해 상당히 과장된 채 여러 현존 권력들과 모든 그 대표자들에게 향해 있는 시선

9. *Ibid.*, pp.142f.
10. *Ibid.*, p.142.
11. *Ibid.*, p.138.
12. *Ibid.*, p.140.

을 '다른 곳으로 돌리는 데' 스스로 도움이 될 것이다.13) 결국 이러한 시선의 전환은 모든 사회적 이론과 실천에 있어서 '순전히 물질적인 면만을 고려하는 것이 우세'할 경우 초래되는 심각하고도 가공할 만한 위험을 거듭해서 강조하고 있다.14) 그의 사회학의 가장 내적인 관심은 헤겔의 관념론보다도 훨씬 더 심하게 반(反)유물론적이다. '오늘날 주된 사회적 곤란은 본질적으로 정치적인 것이 아니고 철학적이 것이며,' 이를 해결하기 위해서는 제도상의 변화보다는 오히려 '소신과 도덕'에 있어서의 변화가 필요하다. 그러므로 실증주의는 '정치적 선동을 일종의 철학적 개혁운동으로 전환시키는 데' 기여하도록 촉구하고 있으며, 이 철학적 개혁운동은 결국 급진적 제경향을 '건전한 역사관과 모순되는 것'이라고 하여 억압할 것이다.15) 이 새로운 철학적 운동은 머지않아 사람들에게 사회질서는 영원한 법칙의 지배하에 놓여 있으며, 이를 어기는 자는 누구나 벌을 면할 수 없다고 가르칠 것이다. 이 법칙에 따르면 모든 정부 형태는 '잠정적'이며, 이 말은 그 정부 형태들이 인류의 필연적 진보에 쉽사리 순응하리라는 것을 뜻한다. 이런 상황 하에서 혁명이란 무의미하다.

사회를 지배하는 '잠정적 권력'은 '실증적 정치학'의 영향으로 틀림없이 자신들의 안전이 실제로 증대했음을 알게 될 것이며, 그것은 '실증적 정치학만이 국민들에게 그들의 관념이 현재와 같은 상태에서는 어떤 정치적 변혁도 현실적으로 중요하지 않다는 생각을 불어넣을 수 있기' 때문이라고 꽁뜨는 주장한다.16)

---

13. *Ibid.*, p.141.
14. 이 책의 pp.134, 135를 보라.
15. *Discours sur l'esprit positif*, p.57.

군주들도 역시, 실증주의가 '모든 권력을 소유하고 있는 사람들(그들이 누구건 간에)의 손아귀에 집중'하도록 하는 경향이 있다는 것을 알게 될 것이다.[17] 꽁뜨는 훨씬 더 솔직해져서, 기존 소유제도에 반대하는 '기이하고 극히 위험한' 이론과 노력들을 비난한다. 이러한 이론 및 노력은 '불합리한 유토피아'를 건설한다.[18] 하층계급의 조건을 개선하는 것이 필요한 것은 사실이지만, 계급 장벽을 허물어 버리지 않고 그리고 '필수불가결한 경제적 질서를 혼란시키지' 않는 한에서 행해져야만 한다.[19] 실증주의는 이 점에서도 해결책을 제시하고 있다. 실증주의는 모든 무정부주의적 침입으로부터 통치계급을 보호하며 대중을 취급하는 적합한 방법을 보여 줄 것을 약속한다.[20] 꽁뜨는 그의 철학에서 '실증적'이라는 말이 뜻하는 바를 개괄하면서, 자신의 철학은 본성상 '파괴를 목적으로 하는 것이 아니라 조직을 목적으로' 하며 '절대적인 부정을 선언하는 일은 결코 없을 것'이라고 강조함으로써 스스로 질서의 입장을 권유하는 이유를 요약하고 있다.[21]

우리는 꽁뜨 사회학의 사회적, 정치적 역할에 상당한 지면을 할애했는데, 나중에 실증주의가 전개되는 과정에서 사회적 원리들과 방법론적 원리들 사이의 밀접한 관계가 소멸되어 버렸기 때문이다. 이제 우리는 실증철학의 원리들 중 어느 것이 실증철학을 현존 질서의 적절한 보호자이자 수호자로 만드는가 하는 문제를 제기한다.

---

16. *Cours de philosophie positive*, Vol. IV, p.141.
17. *Discours...*, p.78.
18. *Cours...*, p.151.
19. *Ibid.*
20. *Ibid.*, p.152.
21. *Discours...*, pp.42f.

앞에서 계몽주의 시대의 실증주의적 정신과 그 후의 실증주의적 견해를 대조했을 때,[22] 우리는 이미 후자가 형이상학을 부정하고 '상상력을 관찰에 종속시키고 있음'을 지적했으며[23] 이러한 태도는 기존의 것에 복종하는 경향을 의미한다는 것을 밝혔다. 모든 과학적 개념은 사실에 종속되어야만 하며, 단지 사실들 사이의 현실적(real) 관계를 명백히 밝히기만 하는 것이었다. 사실들과 그들 사이의 연관은 자연적 현상뿐만 아니라 사회적 현상도 지배하는 냉혹한 질서를 나타내 주는 것이었다. 실증주의적 과학이 발견했으며, 실증주의적 과학을 경험주의로부터 구별해 주는 법칙들은 새로운 질서를 구성할 필요성을 거부하기 위한 기초로서 기존 질서를 긍정했다는 의미에서 실증적(positive)이었다. 그 법칙들이 개혁과 변화를 배제했다는 뜻이 아니라(오히려 꽁뜨의 사회학에서는 진보의 관념이 부각되어 있다.) 진보의 법칙 자체가 기존 질서를 유지하는 기구의 일부였기 때문에, 기존 질서는 파괴되지 않고도 순탄하게 더 높은 단계로 진보한다는 것이었다.

꽁뜨는 이러한 결과에 도달하는 데 별 어려움을 겪지 않았다. 왜냐하면 그는 역사 발전단계들을 사회적 과정의 단계라기보다는 오히려 '철학적 운동'의 단계로 보았기 때문이다. 꽁뜨의 3단계 법칙은 이것을 아주 명백히 보여 준다. 그는 역사가 처음에 신학적 지배, 다음에 형이상학적 지배, 최후에 실증적 지배의 필연적인 경로를 밟는다고 말한다. 꽁뜨는 이 같은 관념을 갖고 있었기 때문에 구체제(ancien régime)가 이미 오래 전에 붕괴되고 중산계급이 벌

---

22. 이 책의 p.353을 보라.
23. *Cours de philosophie positive*. p.214.

써 사회적, 경제적 권력을 굳건히 하고 있었던 시대에, 구체제에 대항하는 용감무쌍한 전사로 나설 수 있었다. 꽁뜨는 구체제를 주로 과학에 있어서 아직도 잔존하고 있는 신학적, 형이상학적 관념의 흔적이라고 해석했던 것이다. 꽁뜨의 사회학에서 사변을 포기하고 관찰에 입각한다는 것은 질서 내의 어떠한 분열도 피하고 질서를 강조하는 것을 뜻하며, 자유로운 행동 대신에 자연법칙에 권위를 부여하고, 무질서 대신에 통일에 중점을 둔다는 의미이다. 꽁뜨의 실증주의의 기본인 질서의 관념은 방법론적인 면에서는 최근의 실증주의의 발전을 지배하고 있는 관념인 통일과학의 관념이 강조되었다. 꽁뜨는 자신의 철학을 '보편적으로 승인된 원리들'의 체계 위에 세우려 했는데, 이 원리들은 '공중'(public)이 그것들을 완전히 '자유로운 논의의 결과라고 확언하는 자발적 동의'에 의해서만 궁극적인 정당성을 획득할 수 있다.[24] 여기서 '공중'이란 신(新)실증주의에서와 같이, 필요한 지식을 갖춘, 훈련을 받은 과학자들의 토론장이라는 것을 알 수 있다. 사회적 문제는 그 복잡한 성격으로 인해, '소수의 지적 엘리트 집단'[25]에 의해 다루어지지 않으면 안 된다. 모든 사람에게 극히 중요한, 생사(生死)에 관계되는 문제들은 이런 식으로 사회적 투쟁의 장(場)에서 배제되어 전문과학적 연구의 한 분야에 국한되어 연구된다. 통일은 과학자들 사이의 동의의 문제이며, 이런 선상에서 과학자들의 노력은 조만간 '영원하고 명확한 지적 통일 상태'를 가져올 것이다. 모든 과학은 한 도가니에 집어넣어지고 용해되어 질서정연한 체계를 이룰 것이다. 모든 개념들은 '하나의 동일한 근본적 방법'에 의해 검증되어, 마침내 '동일

24. *Ibid.*, p.46.
25. *Ibid.*, p.92, pp.144ff를 참조하라.

한 법칙의 합리적 연계' 속에 질서 있게 정렬될 것이다.[26] 이와 같이 실증주의는 '우리의 모든 개념을 체계화'할 것이다.[27]

실증주의의 질서의 관념은 변증법적 법칙의 전체적인 조화와는 전적으로 상이한 법칙들의 전체적 조화를 뜻한다. 전자는 본질적으로 긍정적이며 안정된 질서를 구축하는 반면, 후자는 본질적으로 부정적(否定的)이며 안정성을 파괴한다. 전자는 사회를 자연적 조화의 영역으로 간주하나 후자는 적대관계의 체계로 본다. '자연법칙의 개념은 동시에 그에 상응하는 자발적 질서의 관념을 수반하며, 이 자발적 질서의 관념은 항상 어떤 조화의 개념과 연결되어 있다.'[28] 실증주의적 사회학은 기본적으로 '사회정학'(精學, social statics)이며, '사회 내의 여러 생존 조건들 사이에는 참되고 영원한 조화'가 있다는 실증주의 이론과 완전히 보조를 맞추고 있다.[29] 이 조화는 현존하며, 그렇기 때문에 해야 할 일은 '현존 질서를 적절하게 수정하기 위해 정관(靜觀)하는 것이지, 결코 질서를 창조하는 것이 아니다.'[30]

꽁뜨의 사회정학의 법칙을 자세히 검토해 보면, 이 법칙들이 놀랄 만큼 추상적이고 빈약하다는 것이 드러난다. 이 법칙들은 두 개의 명제로 집약된다. 첫째는, 인간은 행복을 위해 일하지 않으면 안 된다는 것이며, 둘째는, 모든 사회적 행동은 극도로 이기적인 이해관계에 따라 행해진다는 것을 보여 준다는 것이다. 실증주의적

26. *Ibid.*
27. *Systéme de politique positive*, Paris 1890, Vol. I, p.11 ; J. H. Bridges에 의해 *A General View of Positivism*으로 번역, F. Harrison판. London 1908, pp.11f.
28. *Cours de philosophie positive*, Vol. IV, p.248.
29. *Ibid.*, p.232.
30. *Ibid.*, p.252.

정치학의 주요과제는 수행되어야 할 여러 종류의 일과 사리사욕을 공동 선(善)에 교묘하게 이용하는 것 사이에 올바른 균형을 유지하는 것이다. 이에 관련해서 꽁뜨는 강력한 전위(前衛)의 필요성을 역설한다. '사람들은 물질적 질서에 못지않게 사상적 질서에서도 자신들의 자발적 노력을 집약하고 조정함으로써 자신들의 계속적 활동을 유지할 수 있는 어떤 절대적 권력이 무엇보다도 필수불가결함을 알고 있다.'[31] 실증주의가 인간 진보의 최종 단계에서 세계 내의 지배적 위치를 차지할 때, 실증주의는 지금까지 존재해 온 권위의 형태들을 변화시키기는 할지언정 결코 권위 그 자체를 폐지하지는 않는다. 꽁뜨는 '권위의 실증적 이론'[32]을 약술(略述)하면서, 모든 활동이 개인 의지의 동의에 입각해 이루어지는 사회를 마음속에 그리고 있다. 그러한 사회 상(像)의 자유주의적 기미는 물러나고 복종 본능이 승리를 거두며, 이 실증주의 사회학의 창시자는 복종과 지휘에 찬사를 바친다. '현명하고 훌륭한 지도자들에게 복종함으로써, 우리의 행동을 일반적으로 지도, 감독해야 할 책임을 편안하게 면할 수 있다는…… 행복을 누릴 수 있을 때 복종이라는 것은 얼마나 매혹적인가?'[33]

강력한 권력에 의해 보호되는 행복—오늘날 파시즘 사회에 특징적인 이 태도는 확실성이라는 실증주의의 이상(理想)과 연관성이 있다. 전능한 권력에의 복종은 최상의 안전을 제공한다. 꽁뜨는 이론과 실천의 완전한 확실성은 실증주의적 방법의 기본적 성격 중의 하나라고 주장한다.

---

31. *Ibid.*, pp.241~2.
32. *Ibid.*, p.244.
33. *Ibid.*, p.439.

물론 확실성의 개념은 실증철학과 더불어 출현한 것이 아니라, 데카르트 이래의 합리주의의 뚜렷한 특징이었다. 그러나 실증주의는 확실성이라는 개념의 의미와 기능을 재해석했다. 앞서 보았듯이 합리주의는 이론적, 실천적 확실성의 근거가 사유하는 주체의 자유라고 주장했다. 합리주의는 이것을 기초로 하여, 개인의 지적, 실천적 능력에 지배되는 한에서만 합리적인 우주를 구성했다. 진리의 원천은 주체이며, 진리가 어떤 객관적 형태를 취하든 거기에는 주체성의 각인이 새겨졌던 것이다. 세계는 주체의 합리적 자율성과 일치하는 한에서만 현실적(real)이었다.

실증주의는 확실성의 원천을 사유하는 주체로부터 인식 주체로 옮긴다. 이제는 과학적 관찰이 확실성의 기초가 된다. 사유의 자발적 기능이 후퇴하고, 그것의 수용적이고 수동적인 기능이 우위를 점하게 된다.

질서의 개념을 취하고 있다는 점에서 꽁뜨의 사회학은 본질적으로 '사회정학'(social statics)이며, 진보의 개념을 취하고 있다는 점에서는 '사회동학'(動學, social dynamics)이기도 하다. 꽁뜨는 종종 이 두 가지 기본 개념들 사이의 관계를 설명했다. 질서는 '진보의 근본 조건'[34]이며 '모든 진보는 궁극적으로 질서를 강화하는 데 기여한다.'[35] 사회적 적대관계가 여전히 현존하는 주된 이유는 질서의 관념과 진보의 관념이 아직도 분리되어 있기 때문이며, 이는 무정부주의적 혁명가들이 진보의 관념을 전복할 수 있게 해 주는 조건인 것이다. 실증철학의 목적은 질서와 진보의 조화이며 '질

34. *Discours...*, p.56.
35. *Cours de philosophie positive*, Vol. IV, p.17.

서에의 요구와 진보에의 요구를 함께 만족시키는'것이다.[36] 이는 진보가 본질적으로 질서이며, 혁명이 아니라 진화라는 사실을 명백히 함으로써 실현될 수 있는 것이다.

꽁뜨의 시도는 그의 반유물론적(反唯物論的)인 역사 해석으로 인해 수월히 행해졌다. 그는 진보란 우선 사상적 진보이며 실증적 지식의 부단한 진전(進前)이라는 계몽주의 시대의 관념을 갖고 있었다.[37] 그는 계몽주의 시대의 관념에서 가능한 한 그 실질적 내용을 제거함으로써, '쓸모없는 정치적 선동을 거대한 사상적 운동으로 대체하겠다'는 약속을 지켰던 것이다.[38] 진보의 관념은 현존 질서의 탁월한 봉사자로서 현존 질서의 보호를 위해 필요하며, 주어진 '상황의 체제'(system of circumstances)가 허용하는 방향에 따르는 경우를 제외하고는 자연적, 도덕적, 지적 발달을 저해한다.[39] 꽁뜨의 진보의 관념은 기존 상황 체제의 전체적 변혁인 혁명을 배제하고 있다. 역사적 발전은 영원한 '자연적' 법칙 하에서의 사회적 질서의 조화로운 진화 이상의 아무것도 아니다.

'동적 사회학'(dynamic sociology)은 이 진화의 역학(力學)을 제시하는 것이다. 동적 사회학의 견해는 '본질적으로 각 사회 상태를, 선행하는 사회상태의 필연적 결과이며, 후속 사회 상태의 필수불가결한 원동력이라고 보는 것'이다[40] 사회동학은 이 연속성을 지배하는 법칙을 다룬다. 다시 말해서, 사회정학이 '공존의 법칙'(laws of

36. *Ibid.*, p.148. *Discours...*, pp.53f를 참조하라.
37. *Discours...*, p.59.
38. *Ibid.*, p.76.
39. *Cours de philosophie positive*, Vol, IV, p.262.
40. *Ibid.*, p.263.

coexistence)을 취급하는 데 반해 사회동학은 '연속의 법칙'(laws of succession)을 다룬다.[41] 연속의 법칙은 '진보의 참된 이론'을 지향(指向)하며, 공존의 법칙은 '질서의 참된 이론'을 지향한다. 진보는 역사에 있어서 사상적 문화의 지속적 성장과 동일시된다. 사회동학의 근본 법칙은 이러한 힘의 증가가 자연에 있어서의 인간이 하등(下等)의 유기적 존재들과 구별되는 유기적 능력, 즉 '지성과 사회성'(intelligence and sociabilité)에서 생긴다는 것이다.[42] 문명이 진행함에 따라 인류의 '자연'[본성, nature]은 구체적으로 자신을 실현해 가며, 문명의 최고 단계는 '자연'에 가장 적합한 단계인 것이다.[43] 역사적 진보는 자연적 과정이며, 따라서 자연법칙에 의해 지배된다. 진보는 질서'이다'(is).[44]

사회이론은 현존 상태들과 양립하게끔 하는 과정은 지금까지 서술한 것으로 끝난 것이 아니다. 이제는 주어진 사실의 타당성을 초월하는 요소들이나 그것을 넘어선 세계를 가리키는 모든 요소들이 배제되어야만 하나, 이는 사회이론을 상대주의적(relativistic)으로 만들게 된다. 꽁뜨는 우리가 예기하는 바와 같이, 실증주의의 최종의 결정적 상(相)은 '모든 영역에서 절대적인 것을 상대적인 것으로 대체하려는' 경향이라고 말하고 있다.[45] 그는 '실증주의적 관점의 확정된 우위'로부터 사회발전은 자연적으로 조화로운 성격을 갖고 있다는 기본적 견해를 이끌어 낸다. 사회의 각 역사적 단계를 그에 상응하는 '인간성의 시대'와 상황의 체제가 허용하는 한에서

41. *Ibid.*, p.264.
42. *Discours...*, p.60.
43. *Cours...*, p.442.
44. *Ibid.*, p.267.
45. *Discours...*, p.43.

그 단계마다 완전한 것이다.[46] 자연적 조화는 사회 조직의 공존하는 각 부분들 사이에서 뿐만 아니라, 거기에서 드러나는 인류의 잠재적 가능성과 그 실현 사이에서도 존재한다.

꽁뜨에 의하면, 상대주의는 사회학이 사회정학과 사회동학의 불변적 법칙을 다루는 정밀한 학(學)이라는 견해와 뗄 수 없는 관계를 맺고 있다. 이 법칙은 과학적 관찰에 의해서만 발견될 수 있으며, 과학적 관찰이 행해지기 위해서는 그 대상이 되는 극히 복잡한 현상을 처리할 과학적 기술의 부단한 진보가 필요하다.[47] 과학적인 진보 자체가 완성됨으로써 완전한 인식이 이루어지며, 이러한 완전 이전에는 모든 인식과 진리는 부분적일 수밖에 없으며, 달성된 지적 발달 수준에 상대적일 수밖에 없다.

여기까지는, 꽁뜨의 상대주의는 단지 관찰방법의 필연적인 불충분성에 입각한 단지 방법론적인 것이었다. 그러나 사회적 발전은 주로 사상적 발전으로 해석된다는 사실로 인해 그의 상대주의는 사회학의 주관적 측면(방법)과 그 객관적 측면(내용) 사이의 예정조화를 가정한다. 앞서 언급했듯이, 각 사회 형태와 기구는 지적 문화가 진전함에 따라 보다 진전된 형(型)의 지적 능력에 상응하는 다른 사회 형태 및 기구로 이행한다는 의미에서 '잠정적'이다. 그러한 잠정적 성격은 그 사회 형태와 기구의 불완전성의 표시이기는 하지만, 동시에 그것들의 (상대적) 진리의 표시이기도 하다. 실증주의의 개념들은 모든 현실(reality)이 상대적이기 때문에 상대주의적이다.

꽁뜨에게 있어서 과학은 이론적 상대주의의 영역이며, 이론적 상

46. *Cours...*, p.279.
47. *Ibid.*, pp.216f.

대주의는 '가치판단'(value judgments)이 배제되는 영역이다. 실증주의 사회학은 '정치적 사실을 찬양하지도 비난하지도 않고, 단순한 관찰 대상으로 간주한다'.[48] 사회학이 실증주의적 과학이 될 때, 그것은 기존 사회 형태의 '가치'와 어떠한 관계도 가질 수 없다. 인간이 행복을 추구한다는 것은 과학의 문제가 아니며, 또한 인간의 욕구와 재능을 가장 잘 실현하는 문제도 아니다. 꽁뜨는 "완전성"이라는 말을 한 번도 사용하지 않고도, 그 말을 "발전"이라는 순수하게 과학적인 용어로 대체하기만 하면 사회 물리학의 모든 영역을 쉽게 다룰 수 있다고 자랑한다.[49] 각각의 역사적 단계는 후속 단계가 선행 단계의 필연적 소산이며, 증대된 경험과 새로운 지식을 포함하기 때문에 선행 단계보다 한층 높은 단계이다. 그러나 꽁뜨는 자신의 발전의 개념이 완전성을 배제하는 것은 아니라고 주장한다.[50] 인간과 그 능력의 본질적 조건들이 사회적 발전과 더불어 향상되어 왔다는 것은 의심의 여지가 없다. 그러나 능력의 향상은 주로, 과학, 예술, 도덕 등에서 이루어지며, 그러한 모든 것은 사회적 조건에 있어서의 향상과 같이 '점진적으로, 적절한 한계 내에서' 행해진다. 따라서 이 계획에는 새로운 사회질서를 수립하기 위한 혁명적 노력이 들어설 자리가 없다. 그것들은 없어도 무방하다. '보다 나은 정부를 세우려는 공허한 추구'는 불필요하다.[51] 왜냐하면 각 기존 정부형태는 상대적 정당성을 갖고 있으며 절대주의적 관점을 취하는 사람들에 의해서만 반박될 수 있는데

48. *Ibid.*, p.293.
49. *Ibid.*, p.264.
50. *Ibid.*, p.275.
51. *Ibid.*, p.224.

이러한 관점은 정의상(定義上, per definitionem) 그릇된 것이기 때문이다. 이처럼 꽁뜨의 상대주의는 '권위의 실증적 이론'에 그치고 말았다.

기존 권위에 대한 꽁뜨의 존경은 전반적인 관용과 쉽사리 양립할 수 있었다. 과학적 상대주의는 이 두 태도를 모두 포괄하고 있다. 기존 질서에 대한 비난은 들어설 자리가 없다. 실증주의는 '그 자신의 본래 원리를 조금도 변경시키는 일 없이', '모든 기존 원리들을 엄밀하게, 철학적으로 인정하여 정당한 취급을 해 줄' 수 있다.[52] 이것은 '모든 현존 정당들에게 실증주의를 호의적으로 받아들이게 하는 장점이다.'[53]

실증주의가 진행됨에 따라 관용의 관념은 그 내용과 가능이 변경되었다. 절대주의 국가에 맞서 싸운 프랑스 계몽주의자들은 관용을 요구하기는 했으나 그 요구에 어떠한 상대주의적 구조도 부여하지 않았으며 보다 나은 정부형태를 확립하려는 전반적 노력의 일부분으로서 요구했었다—여기서 '보다 나은'(better)이라는 말은 꽁뜨가 반박하고 있는 바로 그 의미에 있어서이다. 관용은 모든 기존 정당을 공정하게 취급한다는 의미는 아니었다. 사실 그것은 정당들 가운데 가장 영향력 있는 정당, 즉 봉건귀족과 결탁하여 불관용을 지배수단으로 이용하고 있던 성직자의 정당의 폐지를 의미했다.

꽁뜨의 이론이 사람들의 주목을 받게 되었을 때 그의 '관용'은 현존질서의 반대자들을 위한 슬로건이 아니라 이 사람들의 반대자를 위한 슬로건이었던 것이다. 진보의 개념이 형성되었을 때, 관용

---

52. *Ibid.*, p.149.
53. *Ibid.*, p.153.

은 18세기에 그것에 내용을 주었던 기준으로부터 분리되었다. 전에 실증주의의 기준은 새로운 사회였으며, 관용은 그 기준에 반대하는 사람들에 대한 불관용을 뜻했었다. 그러나 이 시기에 형성된 관용의 개념은 반동세력뿐만 아니라 복고세력도 관대히 대해 주는 것이었다. 이러한 종류의 관용의 필요성은 주어진 현실을 초월한 모든 기준이 폐기된 데서 기인했던 것이다.—꽁뜨에게는 이러한 기준이 절대적인 것을 추구하는 기준과 동일한 것으로 보였던 것이다. 기존 사회체제를 정당화시키는 철학에 있어서 관용의 요구는 이 체제에서 이익을 얻고 있는 사람들에게 점차 유용하게 되었다.

그러나 꽁뜨는 모든 정당을 동등하게 취급하지는 않는다. 그는 실증주의와 하나의 커다란 사회집단인 프롤레타리아트 사이에 본질적인 친화성이 있다고 거듭 말하고 있다. 프롤레타리아트들은 실증주의에 가장 적합한 기질을 갖고 있다.[54] 꽁뜨는 '새로운 철학자들은 우리의 프롤레타리아트 속에서 가장 활동적인 동지를 발견하게 될 것이다'라는 주장에 '실증적 정치학 체계'(Système de politique positive)의 1장 전부를 할애하고 있다.[55]

꽁뜨의 사회학은 그 반(反)체제인 마르크스주의의 비판(marxian critique)이 고민거리였듯이, 프롤레타리아트의 사실은 꽁뜨 사회학의 고민거리였다. 만일 프롤레타리아트의 사실이 이와 명백히 모순되는 진보의 조화로운 법칙과 화해될 수 없다면, 시민사회에 대한 실증적 이론이란 존재할 수가 없을 것이다. 왜냐하면 프롤레타리아트가 시민사회의 기초계급이라면, 시민사회 진행의 법칙은 그 사회

---

54. *Discours...*, p.86.
55. *Système de politique positive*, Vol. I, p.129.

의 파괴적 법칙이며, 그 사회이론은 부의 축적이 빈곤의 심화와 더불어 이루어진다는 변증법적 체제에 대한 반박을 제시하지 않을 수 없다.

꽁뜨는 변증법적 체제를 '사악하고 비도덕적인 편견'[56], 즉 그 사회가 기능을 발휘하기 위해 필요한 '산업적 규율'을 유지하려면, 실증주의가 제거해야만 하는 편견으로 간주했다. 꽁뜨는 자유주의의 이론과 실천은 이 규율을 보장할 수 없다고 주장했다. '저절로 출현하는(즉 경제적 힘들의 자유로운 활동을 통해 생겨나는) 단계의 질서만을 고려하는 헛되고 비합리적인 경향'은 사회과정에 있어서 나타나는 모든 현실적 비상사태에 직면하여 사회적 실천을 '엄숙히 체념하는 것'과 다름없는 것이다.[57] 진보의 필연적 법칙에 대한 꽁뜨의 확신은 이 법칙에 방해되는 것들을 제거하려는 사회개혁의 방향에로의 실천적 노력을 배제하는 것은 아니었다. 실증주의의 사회개혁 계획은 자유주의의 관권주의에로의 전환 조짐을 보이고 있다. 헤겔 철학이 유사한 경향을 보여 주긴 했지만, 헤겔과는 대조적으로, 꽁뜨는 그 전환이 시민사회의 적대적인 구조 때문에 필연적이 되리라는 사실을 간과하고 있었다. 꽁뜨는 계급갈등은 단지 시대에 뒤떨어진 정체(政體)의 흔적일 뿐이며 '근본적인 소유제도'를 조금도 위협하는 일 없이 실증주의에 의해 곧 제거될 것이라고 주장했다.[58] 꽁뜨는 실증주의의 지배는 첫째 교육에 있어서, 둘째 '일을 만들어 내는 것'을 통해 프롤레타리아트의 조건을 개선할 것이라고 주장한다.[59] 이러한 주장은 모든 사회집단의 엘리트들에

56. *Cours...*, pp.201f.
57. *Ibid.*, p.202.
58. *Ibid.*, p.201, note.

의해 지배되고 모든 다양한 이해(利害)를 현실적 전체로 통일시키는 새로운 도덕에 의해 침투당하는 포괄적인 위계조직 국가(allem-bracing hierarchic state)를 상정하고 있다.60) 이 위계조직은 그 권위를 구성원들의 자유로운 동의에서 도출할 것이라고 여러 번 선언되고 있음에도 불구하고, 꽁뜨의 국가는 많은 점에서 현대 권위주의 국가와 유사하다. 예를 들면 '두뇌와 손의 자발적인 결합'이 있어야만 한다는 주장이 그런 것이다.61) 그러한 결합을 확립하는데 있어서 위로부터의 규제가 중요한 역할을 한다는 것은 분명하다. 꽁뜨는 이 문제를 좀 더 명확히 하고 있다. 그는 산업의 발전이 이미 '기업가와 노동자 사이의 관계를 필수불가결한 조화의 방향으로 규제하는 것'이 필요한 단계에 도달했으며, '이 필수불가결의 조화는 기업가와 노동자 사이의 자유로운 자연적 적대관계에서는 결코 더 이상 보장되기에 충분치 않다'고 주장한다.62)

기업가와 노동자를 결합시키는 이 같은 시도가 노동자의 불가피하게 열등한 지위를 폐지하려는 단계로서 의도된 것이 결코 아니라는 것은 확실하다. 꽁뜨는 노동자의 활동은 기업가의 활동보다 자연적으로 범위가 좁으며 책임이 가볍다고 주장하고 있다. 사회를 그야말로 '실증적 계급조직'이며, 이 사회계층에의 복종은 전체의 생활에 필수불가결하다.63) 따라서 새로운 도덕은 주로 전체에 대한 '의무'의 도덕이 되어 버린다. 프롤레타리아트의 정당한 요구도 의무가 된다. 노동자는 '먼저 교육을 그리고 나서 일을' 얻게 될 것

59. *Discours...*, p.93.
60. 특히 *Cours de philosophie positive*, Vol. IV, p.150ff를 참조하라.
61. *Ibid.*, p.152.
62. *Ibid.*, Vol, IV, pp.433f.
63. *Ibid.*, Vol, IV, pp.497.

이다. 꽁뜨는 이 '일을 만들어 내는 계획'(work creation program)에 관해 자세히 언급하고 있지 않지만 모든 사적 기능이 공적 기능이 되고,64) 그리하여 모든 활동이 공적 봉사로서 조직되고 실행되는 체계에 대해서 말하고 있다.

물론 이러한 노동의 '국유화'는 사회주의와는 아무런 관계도 없다. 꽁뜨는 '실증적 질서'에 있어서는 여러 공공 기업들이 점차 사적 산업에 위임될 수 있으며, 이것은 그러한 '행정적 변화'가 필요한 규율을 어지럽히지 않은 한에서라고 강조한다.65) 이에 관련해서 그는 실증적 질서를 유지하는 데 점차 중요하게 된 기관, 즉 군대에 관해 언급하고 있다. 모든 사회적 집단을 공정하게 평가하려는 자신의 노력으로 인해, 그는 자신의 철학을 '군인 계급'에 추천하게 된다. 그러나 여기에는 실증주의가 군사적 행동이 서서히 소멸되어야 할 것을 찬성하기는 하지만, '물질적 질서 유지의 필요성' 때문에 군대의 '잠정적 기능의 중요성을 곧바로 정당화한다'는 단서가 붙어 있다.66) 사회체제가 겪기 쉬운 심각한 혼란 상태 때문에, '군대는 공공질서의 항구성을 유지하는 데 능동적으로 참여할 필수적인 과제를 점차 띠게 된다.'67) 국가 간의 전쟁이 사라짐에 따라, 우리는 군대가 거대한 정치적 변형(une grande maréch aussée politique)이라는 '사회적 사명'을 점점 더 부여받게 되는 것을 보게 될 것이다.68)

그러나 하나의 결정적인 면에서 꽁뜨의 체계는 서구철학의 전통

64. *Ibid.*, p.485.
65. *Ibid.*, p.503.
66. *Ibid.*, p.529.
67. *Ibid.*, p.356.
68. *Ibid.*, p.357.

인 해방적 기능을 보유하고 있는데, 그것은 그의 체계가 고립된 개인들 사이의 간격을 메워 주고 그들을 '진정한(real) 보편자' 안에 통일시키려 한다는 점이다. 우리는 실증주의적 방법이 어떻게 통일에의 추구를 생기게 했는가를 밝히려고 했으며 그러한 추구의 부정적 의미를 강조하였다. 그러나 보편적인 실증적(positive) 질서의 관념은 꽁뜨로 하여금 통일과학이라는 공허한 개념과 현존하는(positive) 고위 성직자들에 의한 지배라는 억압적 구상을 뛰어넘게 하였다. 꽁뜨의 체계에는 또 하나의 보편성, 즉 사회라는 보편성이 있다. 사회는 인간이 역사적 생활을 전개하는 유일의 활동무대로 나타나며, 그렇기 때문에 사회이론의 유일한 대상이 된다. 개인은 꽁뜨의 사회학에서 거의 아무런 역할도 하지 못한다. 개인은 전적으로 사회에 흡수되어 있으며, 국가는 사회적 과정을 지배하는 냉혹한 법칙의 단순한 부산물일 따름이다.

이 점에서 꽁뜨의 사회학은 헤겔 정치철학의 한계를 뛰어넘고 있다. 실증적 사회이론은 인간의 발전을 주권 민족국가의 한계 내에 묶어둘 아무런 이유도 찾지 못한다. 실증적 사회이론이 주장하는 보편적 질서의 관념은 모든 개인들이 인류로 통합됨으로써만 완성되며, 시대에 뒤떨어진 신학적, 형이상학적 기준에 대한 실증주의적 파괴는 인간성(humanity)을 '최고의 존재'(être suprême)로 인정함으로써 결실을 보게 되는 것이다. 참된 보편자는 국가가 아니라 인간성이며, 그것만이 유일한 현실(reality)일 뿐이다. 인간성이야말로 인류가 성년에 달한 시기에 종교적 존경을 받을 만한 유일한 실체(entity)이다.[69] '인간성이라는 위대한 관념은 틀림없이

69. *Système de politique positive*, Vol. I, p.334.

신이라는 관념을 제거해 버릴 것이다.'[70]

꽁뜨는 인간성이라는 관념을 통해서 자신의 실증주의 사회학을 둘러싸고 있는 억압적 분위기를 무마하려 한 것 같다.

4. 실증주의적 국가철학

프리드리히 율리우스 슈탈(Friedrich Julius Stahl)

꽁뜨의 실증주의적 그 사악한 측면과 시대착오적인 방향설정에도 불구하고[꽁뜨는 구체제(ancien régime)가 '부르주아 국왕'(burgeoiso king)인 루이 필립(Louis Philippe)의 통치로 뚜렷이 상징된 신흥 중산계급 체제에 의해 이미 대체되어 있던 시대에, 구체제에 대한 투쟁을 요구했다], 두 번의 혁명을 거쳐 싸우면서 승리의 길을 걸은 전진하는 한 사회계급의 의식을 표현했다. 실증철학은 인간의 역사과정이 궁극적으로 모든 사회적 관계를 산업과 과학의 이해(利害)에 종속시키는 길로 나아가고 있다는 것을 긍정했으며, 국가는 지구를 포괄하게 될 사회에 서서히 흡수되어 버릴 것이라고 암시했다.

프랑스에 있어서의 실증철학의 형태와는 대조적으로 독일에 있어서의 실증철학은 전혀 다른 성격을 띠고 있었다. 독일 중산계급의 정치적 열망은 싸워보지도 못한 채 패배당하고 말았다.

영국과 프랑스에 있어서 봉건주의는 완전히 파괴되었거나, 혹은 적어

---

70. *Ibid.*, p.329.

도 영국에서는 대도시 특히 수도인 런던에 집중되어 있는, 권력 있고 부유한 중산계급에 의해 보잘것없는 형태로 약화된 반면, 독일의 봉건귀족은 고래(古來)의 특권 가운데 상당 부분을 여전히 점유하고 있었으며, 봉건적 토지 소유제도는 거의 모든 곳에서 행해지고 있었다. 영주들은 여전히 농노에 대한 사법권까지지도 소유하고 있었던 것이다…… 그 당시 극히 많은 수를 점하고 있었으며, 일부의 매우 부유했던 봉건귀족은 공식적으로 국가의 제일 '신분'(Order)으로 간주되었다. 이들은 정부의 고위관리를 차지했으며, 군의 지휘권을 거의 독점하고 있었다.[1]

왕정복고는 부르주아가 모든 면에서 방해받고 있다고 느낄 정도로 절대주의를 강화시켰다.[2] 해방전쟁 이래의 모든 독일 절대주의에 대한 투쟁이 그랬듯이, 이 절대주의에 대한 투쟁도 군주정체에 대해 대의제 정체를 인정하라고 요구하는 것에 제한되어 있었다. 이 투쟁은 마침내 어떤 종류의 인민의 주권을 인정하겠다는 프리드리히 빌헬름 III세의 약속을 얻어냈다. 그러나 이 약속은 지방의회(Provincial Estates)라는 우스꽝스러운 모습으로 실현되었다. 이 지방의회에 대해 한 역사가는 다음과 같이 말했다. "이것은 특수한 이익을 대표하는 시대에 뒤떨어진 제도이며, 특히 동부지역에서 기사들은 여전히 우세한 지위를 점하고 있었다. 의원이 되기 위한 조건은 토지소유(Grundeigentum)였다. 가장 공업화된 지역인 라인지역에서조차도, 도시 의원은 25명인 데 반해 농촌 의원은 55명을 차지하고 있었다".[3] 중산계급은 어디에서나 희망 없는 소수파였다.

1. Engels, *Germany: Revolution and Counter-Revolution*, International Publishers, New York 1933, p.11.
2. Karl Lamprecht, *Deutsche Geschichte*, Vol. X, Berlin 1922, pp.395ff., 402ff.

이 지방의회의 세력은 무력했으며, 그 진상은 의회의 토의 수준에 명백히 나타나 있다. 민주적 야당의 지도자 가운데 하나였던 요한 야코비(Johann Jacoby)는 이에 대해 다음과 같이 말하였다.

지방의회만큼 인기가 없고 인민의 건전한 상식이 쓸모없는 점으로 간주되는 기구를 발견하기는 어려울 것이다. 이 의회에서 채택된 결의 가운데 일반적인 중요성을 갖은 것이 하나도 발견될 수 없다는 것을 기록을 가지고 입증할 필요까지는 없을 것이다. 극도의 직권 남용을 사라지지 않았으며, 관료주의적 전제정치를 규제할 아무런 조치도 취하지 않았다. 수많은 회기(會期)중에 하는 일은 모두가 감화원(感化院), 벙어리와 정신병자를 위한 시설, 화재보험회사의 설립과 새로운 도로, 마차길, 축견세(畜犬稅)……등에 대한 법률을 기초하는 것에 국한되어 있었다.[4)]

프리드리히 빌헬름 4세가 지배하게 되자, 자유주의적 국가형태에 대한 모든 열망은 사라져 버렸다.[5)] 절대주의가 승리했으며, 그 결과 문화는 완전히 변형되었다. 폰 슈타인(von Stein)의 개혁, 해방전쟁, 훔볼트(Humboldt)와 하르덴베르크(Hardenberg)의 헌법제정 노력이 행해지던 프러시아는 이제 낭만적 군주제, 유신론적 비합리주의, 기독교적 국가관을 주장하는 프러시아가 되었던 것이다. 베를린 대학은 헤겔과 헤겔주의자 대학이 아니었으며, 계시 철학자인 셸링과 슈탈의 대학이 되어버렸다.[6)]

---

3. Veit Valentin, *Geschichte der Deutschen Revolution* 1848~9. Berlin 1930, Vol. I, p.27.
4. Franz Mehring, *Zur Preussischen Geschichte von Tilsit bis zur Reichsgründung,* Berlin, 1930, p.241에서 인용.
5. Friedrich Schnabel, *Deutsche Geschichte im neunzehnten Jahrhundert,* Vol. II, Freiburg 1933, p.31.

국가와 사회를 '부정적' 전체로 보고, 둘을 이성의 역사적 과정에 종속시킨 헤겔의 체계는 더 이상 공식적 철학으로 인정될 수 없었다. 러시아 황제 메테르니히 공(Prince Metternich)을 본받고 있는 새로운 정부에게 있어서는 이성과 자유만큼 의심스러운 것은 아무것도 없었다.[7] 이 새로운 정부는 반역세력으로부터 국가를 보호하고 헤겔보다 더욱 단호하게 사회의 맹공격에서 국가를 비호해 줄 정당화를 위한 적극적(positive) 원리를 필요로 했다. 독일에서 발생한 실증주의적 반동은 엄격한 의미에서 사회철학이 아니고 국가철학이었다. 로렌쯔 폰 슈타인(Lorenz von Stein)이 헤겔의 전통을 프랑스에서의 움직임과 융합하여 그 강조점을 사회구조로 돌렸을 때, 이 발전에는 약간의 단절이 생기긴 했으되, 이것이 독일의 사회이론의 발전에 미친 영향은 미미한 것이었다. 실증적 국가철학은 독일의 정적 이론과 실천을 수십 년 동안 계속 지배했던 것이다.

슈탈의 철학은 인격적 절대주의를 주장하는 사람들과 독일 중산계급의 미약한 요구에 대해 타협안을 제시했다. 그는 입헌적 대의제(비록 전체 인민을 대표하는 것이 아니라 단지 각 신분을 대표할 뿐이었지만)와 시민적 자유의 법적 보장, 양도할 수 없는 인격의 자유, 법 앞의 평등, 합리적인 법체계를 주장하였다. 슈탈은 자의적(恣意的)인 절대주의를 옹호하는 시도들에서 자신이 주장하는 군주제적 보수주의를 구별하려고 심혈을 기울였다.[8]

6. Erich Kaufmann, *Studien zur Staatslehre des monarchischen prinzips,* Leipzig 1906, p.54.
7. Valentin, *op.cit.*, pp.37f.
8. *Das monarchische Prinzip,* Heidelberg 1845 및 *Die gegenwärtigen*

슈탈의 철학의 중요성은 분명히 반(反)합리주의적 관권주의를 중산계급의 사회적 발전에 적합하게 만든 점에 있다. 예를 들면 그는 소유가 노동에 의해 생긴다는 이론을 모든 소유는 결국 권위의 승인을 받음으로써 유지된다는 봉건적 원리와 결합시킨다.[9] 그는 법치국가(Rechtstaat)를 주장하면서도, 시민적 자유의 보장을 군주의 주권에 종속시킨다.[10] 그는 반(反)자유주의적이었다. 그러나 그는 봉건적 과거를 대변했을 뿐만 아니라 중산계급 자체가 반(反)자유주의적으로 되는 역사적 미래도 대변했다. 그의 가장 큰 적(敵)은 중산계급이 아니라, 귀족과 군주국가와 아울러 중산계급까지도 위협하는 혁명이었던 것이다. 그의 반합리주의는 합리적 진보를 방해하는 지배적 귀족계급에 봉사하였으며, 합리적 근거에 입각해서는 정당화될 수 없는 모든 지배세력에도 봉사했다.

슈탈은 혁명은 '우리 시대의 세계사적 특징'이라고 선언했다. 혁명은 '국가 전체를 신의 계율과 명령 대신 인간의 의지에 입각해' 세우려 한다.[11] 특기할 만한 것은 국가가 인간의 의지에 입각한다는 원리는 신흥 중산계급이 봉건적 절대주의에 대한 투쟁을 전개할 때 천명했던 바로 그 원리라는 것이다. 슈탈의 학설은 이 투쟁에 협력한 서구 합리주의의 전(全)철학을 반박했다.[12] 그는 근대

Parteien in Staat und Kirche, 2nd ed., Berlin 1868을 참조하라.

9. *Philosophie des Rechts,* 3rd and 4th ed., Heidelberg 1854, Vol, II, pp.356, 360.
10. *Ibid.*, Vol. III, pp.137ff.
11. 'Was ist die Revolution?', in *Siebzehn Parlamentarische Reden,* Berlin 1862, p.234.
12. 독일 정치이론에 대한 거부는 Stahl과 Haller에 앞서서 시작되었고, Burke(F. Gentz)와 낭만주의자들, 그리고 '역사학파'가 그에 기여했다. 그러나 이러한 경향이 체계적인 노작과 정치적 인가를 얻게 된 학파와 운동으로 시작된 것은 Stahl의 작품에서 였다.

합리주의를 혁명의 모체라고 비난했다. 그는 근대 합리주의는 '혁명이 외적, 정치적 영역에서 행해지는 반면, 내적이고 종교적 영역에서 행해지는 것'13) 즉, '신으로부터의 인간의 소원'(疏遠)이라고 말했다.

독일 합리주의가 헤겔에 의해 가장 대표적으로 표현된 이래 슈탈은 모든 공격을 헤겔에 집중시켰다. 그는 헤겔 철학에 대한 독일 지배계급의 공식적 답변을 밝혔다. 이 통치계급은 헤겔 철학을 현존 질서에 대한 무조건적 찬양이라고 본 학문적 해석자들보다도 헤겔 철학의 참된 성격을 훨씬 깊이 통찰했다. 헤겔의 철학은 '적대세력'이며, 본질적으로 '파괴적'이다.14) 그의 변증법은 기존 현실을 거부하며, 그의 이론은 '그 출발점에서부터 혁명과 같은 근거를 갖고 있다.'15) 신민(臣民)과 '하나의 최고 인격'[신(神)—왕(王)—권위(權威)]16) 사이의 '유기적 통일'을 증명할 수 없는 헤겔의 정치철학은 기존의 사회적, 정치적 체제의 기초를 위태롭게 한다. 우리는 슈탈이 헤겔주의의 파괴적 성격을 증명하기 위해 제시한 수많은 문장들을 더 이상 인용하지는 않을 것이다. 우리는 슈탈이 이의를 제기하고 비난받을 만하다고 여기는 개념들을 서술할 것이다.

슈탈은 데카르트 이래 유럽 합리주의의 가장 탁월한 대표자들과 아울러 헤겔을 비난한다.—이는 국가 사회주의의 이데올로기적 공격에서 재현되는 현상이다.17) 합리주의는 이성을 기준으로 하여

13. *Was ist die Revolution*, p.240.
14. Stahl, *Philosophie des Rechts,* Vol. I, pp.xiv and 455.
15. *Ibid.*, p.473.
16. *Ibid.,* Vol. Ⅲ, p.6.
17. 특별히 H. Heyse의 *Idee und Existenz*, Hamburg 1935와 F. Böhm의 *Anti-Cartesianismus,* Leipzig 1938을 보라.

국가와 사회를 해석하며, 그 결과 이성으로 하여금 '모든 기존 진리와 기존의 위신'에 대입하지 않을 수 없게 하는 기준을 세운다. 그는 합리주의가 '거짓 자유'의 원리를 포함하고 있으며 '혁명에 의해서야 궁극적으로 완성되는 관념들을 수반한다'고 말하고 있다.[18] 이성은 결코 '기존'의 진리에는 만족하지 않으며, '자기 앞에 놓인 음식을 걷어차 버린다.'[19]

슈탈은 합리주의에 의해 구체적으로 표현된 것 중 가장 위험한 것을 자연법 이론이라고 생각했다. 그는 이 이론을 '법과 국가를 〔개인적〕 인간의 자연(본성) 또는 이성에서 이끌어 내는 원리'라고 요약했다.[20] 슈탈은 자연법 이론에 반대하여, 개인의 본성과 이성은 사회적 조직을 위한 규범으로는 봉사할 수 없다는 주장을 내세웠다. 혁명에의 급진적 요구가 옹호되었던 것은 언제나 개인의 이성이라는 명목 하에서였기 때문이다. 헤겔의 이성적 국가가 기존 국가형태와 일치할 수 없었던 것처럼, 자연법은 기존 실정법(positive right)과 일치할 수 없었다. 슈탈은 자연법의 관념을 그 비판적인 의미에서 받아들였다. 그는 자연법은 실정법이 개인에게 주는 것보다 더 많고 더 높은 권리를 개인에게 준다고 해석했다. 따라서 슈탈은 자연법의 주장에 맞서 '법과 실정법은 같은 의미를 갖는(gleichbedeutende) 개념이다'라는 견해를 내세웠고, 헤겔의 '부정적' 변증법에 대해서는 권위주의의 '실증철학'을 내세웠던 것이다.

우리는 실증철학이 이성에 가한 비난을 약술하였으며, 실증철학의 방법이 어떠한 권력도 기꺼이 인정한다는 것을 의미한다는 것

18. *Die gegenwärtigen Parteien in Staat und Kirche*, p.11.
19. *Philosophie des Rechts*, Vol. I, p.263.
20. *Ibid.*, p.252.

도 서술했다. 슈탈의 저작은 이 주장이 옳다는 것을 입증해 준다. 그는 의식적인 실증주의자로서[21] '실증적인 것, 구체적인 것, 개별적인 것의 가치와 사실의 가치를 구하려는' 소망에 따라 움직여지고 있었다.[22] 그는 헤겔 철학은 현실(reality)의 질서를 구성하는 특수한 개별적 사실을 설명할 수 없다고 해서 비난한다.[23] 헤겔은 언제나 보편자에 몰두해 있었기 때문에, 보편자의 참된 내용인 주어진 것(所與)의 개별적 내용을 탐구하려 하지 않았던 것이다.

슈탈이 주장하는 '과학의 전환'[24]이란 실증주의에로의 전환을 뜻한다.—물론 슈탈이 볼 때, 이 실증주의는 셸링의 '실증철학'에 의해 대표되는 독특한 성격의 실증주의였다.[25] 셸링은 '무시간적이고 활동이 없는, 논리적인 것'에 반대하고 '역사적인 것'의 권리를 주장했다는 점에서 칭찬받고 있다.[26] 민족의 영원한 생명에서 나와 역사 속에서 성장한 모든 것, 즉 전통에 의해 인정받은 모든 것은 독자적인 진리를 갖고 있으며, 이성과 합치될 수 있는 것이 아니다. 슈탈은 현존 실정법을 정당화하기 위해 기존의 것의 특별한 권위를 사용했던 역사학파(Historische Schule)의 관점에서 셸링을 해석한다. 사비니(Friedrich Karl von Savigny)가 1814년에 쓴, 역사학파의 강령에 관한 논설에는 다음과 같은 주장이 있다. "기존의 것의 부정은 선하고, 기존의 것의 부정(否定)은 악(惡)하며, 이

21. Karl Mannheim, 'Das konservative Denken', *Archiv für Sozialwissenschaft und Sozialpolitik,* Vol. LVII, 1927, pp.84f와 또한 E. Kaufmann, *op.cit.*, pp.58ff를 참조하라.
22. *Philosophie des Rechts,* Vol. II, p.38.
23. *Ibid.*, p.37.
24. *Ibid.*, p.vii.
25. *Ibid.*, Vol. II의 재판 서문을 보라
26. *Ibid.*, Vol, I, p.xvii.

둘이 동시에 가능한 것처럼, 선과 악 사이에는 선택의 문제란 있을 수 없다. 오히려 기존의 것을 부정한다는 것은 엄격히 말해 불가능하다. 기존의 것은 불가피하게 우리를 지배하고 있으며, 우리는 그것에 관해 오해할 수는 있지만 그것을 변경시킬 수는 없다."[27] 기존 법률과 모든 권리는 민족으로 하여금 역사를 통해 자연히 성장하게 한 '민족의 일반적 생명'의 일부였으며, 법률과 권리는 이성의 비판적 기준에 종속될 수 없는 것이었다. 사비니의 역사이론은 나중에 실증주의가 한 것처럼, 합리주의의 '부정적 철학'(특히 자연법이론)을 거부하고 합리주의가 기존 질서에 적대적이라고 주장했다. 그것은 또한 후세 실증주의 사회학과 같이, 사회적 과정을 자연적 과정의 견지에서 해석하는 경향을 갖고 있었다. 사회생활에 있어서 모든 것은 유기체이며, 모든 유기체는 본질적으로 선하며 정당하다. 셸링은 법적 질서를 '자연적 질서', 즉 '제2의 자연'이라고 서술했으며, 법적 질서를 자유의 관심에 따라 변형시키려는 모든 시도를 비난했다. "법적 질서는 도덕적 질서가 아니라 자연적 질서이며, 자유는 감각적 자연에 대해서처럼, 이 자연적 질서에 대해서도 거의 힘과 권위를 갖고 있지 않다. 따라서 법적 질서를 도덕적 질서로 만들려는 모든 시도는 그 불합리성을 스스로 드러내며 거기서 곧바로 생겨나는 가장 가공할 만한 전제주의의 형태로 나타나게 된다는 것은 놀랄 일이 아니다."[28] 자연이 사회보다 우월하다는 주장은 자유로운 개인의 이해(利害)에 맞춰 기존의 형태를 변화

27. Ernst Landsberg, *Geschichte der deutschen Rechtswissenschaft,* Vol. Ⅲ, München 1910, p.201.
28. Schelling, *System des transcendentalen Idealismus,* in *Sämmtliche Werke*, Stuttgart 1858, Vol. Ⅲ, p.583f.

시키려는 '합리적 의지'의 주장에 대한 해독제로서 의도된 것이었다.

슈탈은 분명히 자유주의 학파의 학설들을 정당화의 원리로 사용하기 위해, 그것들을 자신의 철학이 보호적 기능을 갖고 있다는 것을 주저 없이 강조했다. "철학은 지난 150년간, 권위와 결혼과 소유를 신의 계율과 명령이 아니라 인간의 의지와 동의를 기초로 하여 세워졌다. 사람들은 이 주장에 따라 자신들의 통치자와 역사적 질서에 도전했으며, 마침내 정당한 소유제도에 대해 반기를 들기에 이르렀다."[29] '자연계와 도덕계를 인간의 이성, 즉 사고의 법칙과 속성에서 이끌어내는'[30] 철학은 모두가 기존 질서를 위태롭게 하며, 근절되어야만 한다. 그러한 철학을 대신하는 실증철학은, 인간을 지배하도록 신에 의해 정해진 질서와 권위에 대한, 그리고 신의 의지에 의해 정당화된 모든 권리와 조건에 대한 복종을 촉진시킬 것이다'[31] 꽁뜨의 실증주의의 두 주축 개념인 질서와 권위는 슈탈의 정치철학에서 재현(再現)되고 있다. 그도 꽁뜨에 못지않게 지속적으로 지배 권력에 대한 이데올로기적 봉사를 제고하고 있는 것이다.

슈탈은 특히 소유를 정당화하기 위해 예민한 태도를 보였다. 그는 '소유란 무엇인가라는 문제를 프루동 학파에게 넘겨주어야만 할 것인가?'라고 묻는다.[32] 합리주의에서와 같이 소유권이 인간의 의지로부터만 도출되어야 하는 것이라면 '공산주의는 그로티우스

29. *Philosophie des Rechts,* vol. Ⅱ, p.x.
30. *Ibid.*, p.xviii.
31. *Ibid.*, p.xxii.
32. *Ibid.*, p.xvii.

(Grotius)로부터 헤겔에 이르기까지 확립된 법철학에 대한 반대로서 정당하며……또한 오늘날 사회에 대한 반대로서도 정당하다"는 결론이 나오지 않을 수 없다.[33] 소유와 사회적, 정치적 관계의 전(全)체계는 어떠한 합리적인 방법으로 취급되어서는 안 되며, 보다 견고한 기반 위에 정당화되지 않으면 안 된다. 슈탈의 정치철학은 기존 사회체제의 모든 자료(data)를 참되고 정당한 현실(real)의 자료라고 가정하려 하며, 이 방법은 인간의 의지와 이성을 그 자료들의 권위에 종속시키는 것이다.

우리는 이 방법에 관해 자세히 서술하지 않을 것이다. 본질적으로 이 방법은 사회적 정치적 질서의 근원을 직접 간접의 수단에 의해 신의 명령에서 구하려는 데 있다. 사회적, 정치적 질서가 생생하면 할수록 그 근원은 그만큼 더 직접적이다. '부의 분배'는 '신이 명하신 것'이다.[34] 사회기구들은 '인류체계에 대한 신의 명령' 위에 세워져 있다.[35] 사회적 불평등은 신의 뜻이다. "남자, 여자, 어린이에게는 각기 서로 다른 권리가 있어야만 하며, 재판을 받는 교육받지 못한 노동자와 재판이 면제된 영주 사이에도 각기 서로 다른 권리가 있어야 한다. 그 권리는 신이 정한 성별, 연령, 신분이나 계급에 맞추어 구별되지 않으면 안 된다."[36] 국가 및 국가의 권위는 '신적 제도'를 포함하고 있으며, 인간이 이 정체(政體)에서 살든 저 정체에서 살든 그것은 자유지만, '국가 그 자체는 신의 명령일 뿐만 아니라, 모든 [특별한] 권위도 신의 승인을 받고 있는

33. *Ibid.*, p.375.
34. *Ibid.*, p.376.
35. *Ibid.*, p.191.
36. *Ibid.*, Vol. I, p.277.

것이다'[37]

이 방법은 인격주의적 철학과 결부되어 있으며,[38] 이 인격주의적 철학은 중산계급의 합리주의의 진보적 이념들을 구체화하여 비합리주의적 관계 속에서 해석하기 때문에 보다 더 교활하다. '인격성'은 '근본적인 존재'이자 '근본적인 개념'으로 고양된다.[39] 창조된 세계는 인격성의 존재에서 그 절정을 이룬다. 인격성은 '절대적 목적'이며 '근본적 권리'를 갖고 있다.[40] 슈탈은 이 원리에서 "가장 낮은 신분의 사람일지라도, 모든 개인의 복지, 권리, 명예는 공동체의 관심사이며 모든 개인은 가계(家系), 종족, 신분, 재능……의 구별 없이 그 개인성에 따라 고려되고, 보호되고, 존중되고, 제공받아야 한다"는 인도주의의 관념을 이끌어 낸다.[41] 그러나 슈탈의 철학의 반(反)합리주의적 구조 속에서 이 진보적 이념들은 그 원래의 의미와는 정반대의 의미를 띠게 된다. '인격성'의 빛은 사회체제의 음울한 현실을 없애고, 그것을 신의 인격에서 흘러나와 지상에서 군주의 인격으로 종결되는 인격적 관계들의 전체로서만 비추어 준다. 실제로는 권력관계와 경제법칙에 의해 지배되는 국가와 사회는 윤리적 법칙, 권리, 의무에 의해 지배되는 도덕적 왕국으로 간주된다. 왕정복고는 인격성이 발전을 위해 만들어진 세계처럼 보이게 된다.

시기상조였던 슈탈의 인격주의는 구체적인 관점이 종종 추상적인 것보다도 진리에서 훨씬 멀리 있다는 현대철학에 대한 결정적

37. *Ibid.*, Vol. Ⅲ, p.177.
38. *Ibid.*, Vol. Ⅱ, Book, I.
39. *Ibid.*, p.14.
40. *Ibid.*, p.312.
41. *Ibid.*, p.346.

인 진리를 예증하고 있다. 독일 관념론에 대한 반동은 철학을 실생활에 구체적인 것과 통합하려는 지적 경향이 득세하고 있음을 간파했다. 존재에 있어서의 인간의 구체적 위치가 철학에 있어서의 추상적 개념들을 대체하고, 사고의 기준이 되어야 할 것이 요구되었다. 그러나 인간의 구체적 존재가 비합리적 질서의 증거가 될 때, 추상적 사고를 무시하고 '구체적인 것'에 굴복하는 것은 철학이 비판적 동기를 포기하고, 비합리적인 현실에 반대하기를 포기하는 것과 다름없는 일이다.

슈탈은 헤겔의 추상적 보편주의의 대체물로 자신의 '구체적 인격성' 이론을 내세웠다. 세계의 실체(Substance)는 이성이 아니라 구체적인 존재에 있어서의 인격이어야만 등장했다. 기존의 사회적, 정치적 현실에 있어서 현존하는 불평등과 차별의 총체는 곧바로 인격성에 있어서 높여지고 긍정되었다. 노동의 사회적 분화에 있어서, 인격성이 지배되어야 하는 대상이 되어 있는 동안은, 인격성은 그 구체적 존재를 사회적 현실에서 유지되고 있는 지배와 종속의 특이한 관계 속에 갖고 있다. 슈탈은 모든 이러한 불평등이 인격성의 본질에 속하는 것이며 의심의 여지가 없는 것이라고 주장했다. 인간의 평등이란 '구별과 등급, 현실적 권리의 불평등, 법적 신분의 불평등조차 배제하는 것이 아니다.'[42]

우리는 이제 슈탈의 실증적 국가철학의 근본적 경향만을 다루기로 한다. 세계에 있어서의 인격주의의 원리는 모든 지배는 '인격적 성질'을, 즉 의식적인 인격적 권위의 성질을 가지고 있다는 것을 뜻한다. 시민적 질서에 있어서, 지배는 군주의 '자연적 인격성'에서

---

42. *Ibid.*, p.331.

흘러나오고, 그를 중심으로 움직이는 국가 유기체의 많은 촉수들에 귀속되어 있다.[43] 국가는 본질적으로 군주정체이다. 그것은 대의제의 통치형태를 취할 수도 있으나 어느 경우든 군주의 주권은 각 신분의 위에 있어야만 했다.[44]

슈탈은 헤겔에 의한 국가와 사회의 분리를 받아들이지만, 모든 사회적 관계를 '도덕적' 관계로 해석함으로써, 그 분리는 훨씬 더 엄격하다. 그는 국가가 경제에 대해 광범위한 규제를 할 것을 주장한다. 그는 무역과 상업의 무제한한 자유에 반대한다.[45] 국가는 '권위[정부당국(Obrigkeit)]에 지배되고 있는 인민의 결합체'(Verband)'이다.[46] 도덕적인 영역으로서의 국가는 이중의 목적을 갖고 있다. '한편으로는 지배 그 자체, 즉 권위가 사람들 사이에 침투하여 지배한다는 목적'이고, 다른 한편으로는 '인간이 보호와 진전, 민족의 발전, 신의 명령의 실행'이다.[47]

이제 국가는 더 이상 개인의 이해에 속박되는 것이 아니고 '개개의 구성원에 앞서며, 상위에 존재하는 힘이자 주체'인 것이다.[48] 권위는 결국 사회적, 정치적 관계들을 전체에로 결합하는 힘이다. 전 체계는 복종과 의무와 복종을 통해 기능을 발휘한다. '모든 지배는 피지배자의 존재 속에 지배자의 사고와 의지가 받아들여진다는 것을 포함하고 있다.'[49] 이것은 근대 권위주의 국가에 의해 역설되고 형성된 전형적인 국가형태를 정확히 예견한 것이다. 헤겔이

43 *Ibid.*, Vol. Ⅲ, p.2.
44. *Das monarchische Prinzip*, pp.12, 14, 16.
45. *Philosophie des Pechts*, Vol. Ⅲ, pp.61, 70.
46. *Ibid.*, p.131.
47. *Ibid.*, p.144.
48. *Ibid.*, p.141.
49. *Ibid.*, p.9.

이 말을 들었다면 등골이 오싹해지는 기분이었을 것이다. 개인의 사고와 의지가 어떤 외적 권위의 사고와 의지에게 양도된다는 것은 그의 관념론적 합리주의의 모든 원리들에 위배되는 것이다.

슈탈은 국가를 개인의 자율성과의 어떠한 관련에서도 완전히 분리시킨다. 국가와 사회는 '개인으로부터 발생하는 것이 아니며, 그것에 의존하는 것도 아니다.' 국가를 유지하기 위해서는 오직 신의 명령에만 복종하며, 개인이 의지와는 무관한, 오히려 '개인의지에 대립되며 그것을 외부로부터 강요하는'[50] 하나의 권력이 필요할 뿐이다. 복종이 이성(理性)을 대신하고, '모든 도덕의 제1의 불가피한 동기이자 기초'가 된다.[51] 자유주의 철학은 자유주의의 사회적, 경제적 근거가 확립되기도 전에 포기되어 버린 것이다.

프랑스의 사회경제학자들은 산업자본주의의 진보를 현존 사회적, 정치적 관계를 개인의 가능성을 전개할 수 있는 질서로 변형시킬 것을 요구하는 하나의 도전으로 간주할 수 있었던 반면, 슈탈과 같은 사람들은 과거와 어떤 영구불변한 위계조직(位階組織)을 지향하는 체제의 구원에 관심을 가져야만 했다. 그러므로 슈탈은 기존의 노동과정을 비판할 때—예를 들면, 그가 '공장제와 기계생산이 가져온 참상'을[52] 보고 충격을 받은 것처럼 보일 때, 시스몽디에 대해 언급할 때에도[53] 결코 어떤 결론도 이끌어 내지 못한다. 국가와 사회는 신의 명령과 역사적 전통에 의해 속박당하고 있다. 그것들은 있어야만 하는 대로 존재한다. 민족은 어떤 계층보다도 강한 공동체이다. 민족공동체(Volksgemeinschaft)는 하나의 사실이다. 개

50. *Ibid.*, Vol. Ⅱ, p.143.
51. *Ibid.*, p.106.
52. *Ibid.*, Vol. Ⅲ, p.73.
53. *Ibid.*, p.59.

인이 아니라 공동체야말로 법의 궁극적 주체이다. '민족(Volk) 만이 인생관(Lebensanschauung)의 동일성과 창조적 생산의 씨앗을 소유하고 있다.'[54] 사람들 사이에서 자라난 전통과 관습이 법의 원천이다. 자유와 행복에 대한 개인의 추구는 항상 정당한 비합리적 공동체로 돌려진다. 역사의 '자연적' 발전에서 발생하고 보존되는 것은 본질적으로 참되다. '인간은 절대적으로 자유로운 존재는 아니다. 그는 창조된 존재이며 유한한 존재이다. 따라서 그는 그에게 실존을 준 힘과 기존의 생활 질서와 이 힘이 그에게 실존을 주는 데 매개 역할을 하는 기존 권위들에 의존한다. 그러므로 권위는 인간의 동의 없이도 인간에 대한 충분한 지배력을 갖고 있다.'[55]

모든 면에서 슈탈의 철학은 진보적인 관념들을 포기했다는 점에서 눈길을 끈다. 헤겔의 체계는 이 진보적 관념을 발생시키고, 나중에는 그것들을 내던져 버린 사회를 위해 이 관념들을 구하려고 했었던 것이다. 이성은 권위에, 자유는 복종에, 권리는 의무에 그 지위를 빼앗겼으며, 개인은 실체화된 전체의 의심할 여지없는 요구에 맡겨졌다. 슈탈의 법철학은 나중에 국가사회주의 이데올로기를 준비하는 데 지표가 된 근본적 개념들 중 몇 개를 끌어 모은다. 그러한 것이 바로 헤겔의 부정적 철학을 대체한다고 주장하는 '실증철학'이 함축하고 있는 의미이다.

5. 변증법의 사회학에로의 변형

54. *Ibid.*, Vol. Ⅱ, p.193.
55. *Die gegenwärtigeor Parteien...*, p.22.

로렌쯔 폰 슈타인(Lorenz von Stein)

헤겔주의 철학이 로렌쯔 폰 슈타인의 사회이론에 끼친 중요한 영향에 대한 고찰이 남아 있다. 슈타인의 저작들은 마르크스와 엥겔스에게 잘 알려져 있어서 『공산당 선언』 이전의 그들의 저작에서 비판되고 있다. 마르크스와 엥겔스가 그들 자신이 이론에 슈타인의 견해를 받아들이고 있는지 아닌지 혹은 얼마만큼 받아들였는지에 관해 약간의 논쟁이 일어났다. 그러나 여기서 우리의 관심사는 이 문제가 아니다. 왜냐하면 마르크스 이론의 구조와 목적이 슈타인의 사회학의 그것과는 아주 판이하다는 사실에 비추어 볼 때 이 문제는 부적절한 것으로 생각되기 때문이다.

슈타인의 저작이 사회이론의 발전에 끼친 영향은 미미한 것이었다. 슈타인은 이론가라기보다는 오히려 프랑스 혁명과 프랑스 사회이론들의 역사가로 간주되고 있었다. 1842년에 출판된 그의 저서 『현대 프랑스의 사회주의와 공산주의』(*Der Socialismus und Communismus des heutigen Frankreichs*)의 초판에서는 사회학적 개념의 징조를 거의 찾아볼 수 없다. 그러나 『1789에서 오늘에 이르기까지의 프랑스에 있어서의 사회운동사』(*Geschichte der sozialen Bewegung in Frankreich von* 1789 *bis auf unsere Tage*)[1)]라는 제목 하에 3권으로 출판된 1850년 판은 그의 사회학적 개념의 충분한 발달을 보여 준다. 긴 서문은 '사회의 개념과 사회운동의 법칙'을 취급하고 있다. 그것은 독일의 최초의 사회학을 나타내는 것이다.

1. G. Salomon판, Müchen 1922. 신(新)판에서 이것을 인용.

우리는 여기서 사회학이라는 말을 그 엄밀한 의미에 있어서 사용하고 있는데 이 말은 사회이론을 주제, 개념적 구조 그리고 독자적인 방법을 갖고 있는 특수과학으로 취급한다는 것을 뜻하는 것이다. 사회이론은 '사회의 과학'으로 간주되며, 인간들 사이의, 특히 사회적인 관계들과 이 관계들 안에서 작동하는 법칙이나 경향들을 탐구한다. 이것은 비록 실제로 사회적 관계들이 자연적, 경제적, 정치적, 종교적 관계들 없이는 결코 일어날 수 없는 것일지라도, 그러한 '사회적' 관계들은 개개의 관계들로부터 구별될 수 있다는 것을 뜻한다.[2] 특수과학으로서의 사회학은 비록 '사회에 대한 일반적인 연구에 관계하는' 것이기는 하지만 매우 많은 수(數)의 사회적 문제들의 취급을 다른 전문 과학에 위임한다. '이와 같이 부의 생산과 분배, 관세, 국제무역과 투자와 같은 문제들은 경제학에 의해 취급된다.'[3] 그 외의 사회문제들은 다른 특수과학들, 예를 들면 정치학과 교육학에 위임되며, 무엇보다도 사회학은 철학과의 어떤 관련으로부터도 분리되는 것이다.

철학으로부터의 사회학의 해방은, 마르크스 사회이론에 있어서의 '철학의 부정' 및 '철학의 실현'과 혼동되어서는 안 된다. 사회학은 철학의 숨은 내용을 인도받아 그것을 사회적 이론과 실천으로 수용한다는 의미에서 철학을 '부정'하는 것이 아니라, 철학에서 분리되어 독자적인 영역과 진리를 갖는 하나의 영역으로서 확립되는

2. Robert M, MacIver, *Society*, New York 1937, pp.vii f. 와 pp.4~8 ; *The Fields and Methods of Sociology*, ed, L. L. Bernard, New York 1934, pp.3ff.; C. M. Case, *Outlines of Introductory Sociology*, New York 1934, p.xvii and pp.25ff를 보라.
3. William F. Ogburn and Meyer F. Nimkoff, *Sociology*, Cambridge 1940, p.14.

것이다. 꽁뜨는 철학과 사회학 사이의 이러한 분리의 창시자라고 여겨진다. 사실 꽁뜨와 그와 같은 전통에 있는 다른 사상가들은 그들의 사회이론과 철학을 형식적으로는 동일시했다. 즉 존 스튜어트 밀(John Stuart Mill)은 자신의 사회과학의 논리를 포괄적인 일반 논리학 내에 포함시켜 서술했으며, 스펜서(Spencer)는 사회학의 원리들을 자신의 종합철학의 체계로 일부로 만들었던 것이다. 그러나 이 사상가들은 철학의 의미를 변환시켜 원래 사회이론을 낳았던 철학과는 아주 다른 것으로 만들어 버렸다. 이 사람들에게 있어서 철학은 단지 전문 과학(꽁뜨의 경우는 수학, 천문학, 물리학, 화학, 생물학, 사회학, 스펜서의 경우는 생물학, 심리학, 사회학, 윤리학)에서 사용되는 기초적인 개념들과 원리들의 개요(槪要)에 불과했던 것이다. 이 과학들의 개요적 연구는 그 일반적인 실증주의적 성격으로 인해, 즉 모든 선험적 개념들에 대한 반박 때문에 '철학적'이었다. 그러나 철학은 결국 철학의 반박이었던 것이다.

사회학의 반(反)철학적 경향은 중요한 의미를 내포하고 있다. 꽁뜨에 의해 사회학이 독립된 연구 분야의 주요 문제가 되었음을 보았다. 사회적인 관계들과 그것들을 지배하는 법칙들은, 헤겔의 체계에서 그랬던 것과 같이, 더 이상 개인의 본질에서 도출될 수 없고, 하물며 이성, 자유, 권리와 같은 기준에 따라 분석되지도 않았다. 이러한 기준들은 이제 비과학적인 것으로 간주되었다. 사회학적 방법은 관찰할 수 있는 사실을 기술하고, 이 사실에 대해 경험적인 보편성을 수립하는 방향을 설정했다. 세계를 '부정적 전체'로 보고, 따라서 본질적으로 비판적(critical)이었던 변증법적 개념에 반(反)하여, 사회학적 방법은 본질적으로 중립적(neutral)이었으며,

물리학이 자연을 고찰하는 것과 같은 방법으로 사회를 고찰했던 것이다.

꽁뜨 이후로 사회학은 자연과학을 모범으로 하였다. 사회학은 그 주제가 정밀과학과 같이 중립적으로 취급될 수 있는 한에서 하나의 과학으로 간주되었다. 존 스튜어트 밀이 사회과학의 특징에 관해 언급한 것은 사회학의 나중의 발전의 특색을 전형적으로 보여주고 있다. 밀은 다음과 같이 말하고 있다.

> 이 과학의 사회에 대한 관계는 해부학과 생리학의 육체에 대한 관계와 같다. 이 과학은 인간이 그 본성의 어떠한 원리에 의해 어떤 상태로 들어가도록 유인되는가, 인간 지위의 이러한 특징이 그의 이해와 감정에 그리고 이것들을 통해서 그의 행동에 어떻게 작용하는가, 어떻게 하여 연합이 점차 밀접해지며, 협력은 더욱더 많은 목적들로 확대되어 가는가, 그 목적들은 무엇인가, 그 목적을 더욱 촉진시키기 위해 가장 일반적으로 채택되는 여러 수단은 무엇인가, 사회적 결합의 보통의 결과로서 사람들 사이에 확립되는 여러 관계들은 무엇인가, 서로 다른 사회상태에서 다른 것들은 어떤 관계인가, 그리고 각각의 관계가 인간의 행동과 성격에 미치는 영향은 무엇인가 등을 밝혀 준다.[4)]

이 서술에 따르면 사회과학은 원리상으로는 자연과학과 구별되지 않는다. 사회현상은 자연현상만큼 '정밀하지' 않고 분류하기에도 더욱 곤란하지만 사회현상도 엄밀성이라는 표준과 일반화 및 분류의 원리에 종속시킬 수 있다. 이러한 이유 때문에 사회이론은 하나

4. John Stuart Mill, *Essays on Some Unsettled Questions of Political Economy,* London 1944, p.135.

의 진정한 과학이다.[5] 더욱이 사회학은 다른 정밀과학과 같이 사실들을 모으는 데서 시작하여 그 사실들을 성공적으로 분류해 나간다. 이것이 사회학적 방법의 원리이다. 이 원리에 따라 체계화되지 않은 모든 인식은 사회과학에 배제되어야만 한다.[6]

그러나 사회학을 특수과학으로 만드는 바로 그 원리야말로 사회학의 변증법적 이론과 상치(相馳)하게 하는 것이다. 변증법적 사회이론에 있어서 사실들의 일반화와 분류는 기껏해야 지엽적인 문제이다. 모든 사실들이 사회 전체의 독특한 구조와 운동에 의해 이루어진 것으로 간주될 때, 역사를 통해서 인간 실천의 변화하는 방향이 이 사회 전체에 있어서 중요한 역할을 수행하는 것이라면, 상기한 사회학의 방법은 어떻게 진리와 관계를 맺을 수 있을 것인가, 변증법적 사회이론은 이 사회 전체에 내재하는 본질적인 가능성과 모순을 강조하고 그것에 의해 사회를 어떻게 해야 할 것인가를 강조하며, 또한 현실의 사회 상태의 부적합성을 폭로한다. 과학적 중립이라는 것은 주제의 본성과 양립할 수 없으며, 이 주제의 분석에서 도출되는 인간 실천의 방향과도 양립할 수 없다. 더구나 변증법적 사회이론은 제과학들 가운데 하나의 특수과학일 수는 없었다. 왜냐하면 변증법적 사회이론은 사회관계를 사실과 존재의 모든 범위를 포괄하고 제약하는 것으로 생각했기 때문이다. 사회는 기존의 모든 인간관계(자연에 대한 관계까지도 포함해서)의 부정적 전체이며, 그 일부가 아니다. 이러한 이유로 해서 변증법은 철학적 방법이지 사회학적 방법이 아니다. 즉 개개의 변증법적 개념은 모두 부정적

5. Herbert Spencer, *The Study of Sociology*, New York 1912, p.40.
6. Leater F. Ward, *Outlines of Sociology*, New York 1898, p.163.

전체를 보유하며, 따라서 사회관계의 어떤 특별한 영역을 잘라내 버리려는 어떠한 시도와도 갈등을 일으키지 않을 수 없는 방법이었다.

사회학을 정립하려 하면 무엇보다도 먼저 슈탈이 했던 것처럼, 변증법적 주장을 공박하든지, 아니면 폰 슈타인처럼 철학적 견지에서 변증법적 주장을 제거시켜야 한다. 폰 슈타인은 변증법적 개념과 법칙을 사회학적인 것으로 전환시켰다. 그는 자신의 저작을 '사회의 개념을 독립된 개념으로 수립하여, 그 내용을 전개시키려는 최초의 시도'[7]라고 부르고 있다. 헤겔의 『법철학』은 시민사회에 내재하는 파괴적인 적대관계를 이러한 사회질서의 필연적인 소산으로 폭로하였다. 확실히 헤겔의 주장은 그러한 적대관계를 존재론적인 것으로 해석함으로써 사회적 모순의 힘을 약화시켰다. 그럼에도 불구하고 헤겔의 변증법은 어떤 역사의 냉혹한 '자연'법칙을 세우지 못하고, 인간의 역사적 실천의 진로가 자유를 향해 있다는 것을 매우 분명히 밝히고 있다. 폰 슈타인의 저술에서의 시민사회의 변증법적 운동은 인간의 운동이라기보다는 사물(자본, 재산, 노동)의 운동으로서 나타난다. 사회발전은 인간의 실천에 의해서라기보다 오히려 자연법칙에 지배되고 있다. 폰 슈타인은 이와 같은 사태를 자본주의 사회의 물화(物化)의 소산이 아니라 근대사회의 '자연적'인 상태로 보고 있다. 물화라는 것은 사회적 이론과 실천이 필연적으로 따르지 않으면 안 되는 보편적인 진리로 여겨진다. 변증법은 객관적이고 공정한 사회연구의 한 부분이 된다.

그러나 폰 슈타인의 저술이 성립한 당시의 상황 때문에 이러한

---

7. *Geschichte der Sozialen Bewegung*, p.6.

중립화의 경향은 상당히 방해되고 있었다. 아무튼 슈타인은 혁명 후의 프랑스에 있어서의 사회투쟁에 관한 그의 연구에 따라, 당시의 프랑스 사회비평가들과 이론가에게 자세한 주의를 기울였다. 이러한 구체적인 역사적 연구방법으로 인해 그는 경제과정이 사회, 정치적 과정의 기본이며, 더구나 계급투쟁은 진실로 사회의 중심이 되는 내용이라고 말한다. 그는 잠시 근대 사회에서 해소되지 못하는 모순이 사회발전의 원동력이라는 것을 인정하고 따라서 헤겔의 변증법적 사회분석과 궤를 같이 했다. 그러나 사회학이 객관적인 과학으로서 확립되기 위해서, 경제과정에 내재하는 적대관계에 초점을 맞추는 것은 포기되어야만 했다. 여기서 폰 슈타인은 그 자신의 이전의 입장을 스스로 포기한 것이다. 1852년에는, 그는 사회이론을 정치경제학 위에 세우려는 시도를 비난하였다.

잘 알려진 바와 같이 일체의 사회학은 착취와 경쟁이, 특히 제4계급, 즉 자본을 박탈당한 노동과 자본의 소유자 사이에서 생긴 경제적 적대관계에 대한 연구로부터 시작된다. 이 사실은 분명한 것처럼 보이며, 이 과학의 기저에 필연적으로 커다란 위험을 야기시키는 결론을 낳게 되었다. 실은 이 글을 쓰는 필자 자신이 이 결론을 받아들이는 데 크게 기여했다는 것을 부인할 수 없다. 왜냐하면 필자는 현재의 [사회] 형태가 경제관계에 의해 근본적으로 제약을 받고 있기 때문에, 사회질서 그 자체가 말하자면 경제 질서의 복제(複製, Abdruck) 이상의 아무것도 아니다라고 가정하고 있었기 때문이다…… 이러한 견해로부터 사회의 운동 전체가 경제생활을 결정하는 법칙들에 의해 배타적으로 지배되고 있고, 따라서 사회과학 전체는 궁극적으로 경제법칙과 발전의 단순한 반영에

지나지 않는다는 의견이 나오게 되었다.[8)]

이러한 서술은 사회학을 진정한 과학으로서 수립하기 위해서는 사회학을 경제학의 기초 위에 서게 해서는 안 된다고 공언하고 있는 것이다. 이 이후 슈타인의 사회학은 경제적 모순에 대해서 사회적 조화를, 사회적 투쟁에 대해서 도덕성을 지지하기 시작했다.

1856년에 슈타인은 『사회학』(*Gesellschaftslehre*)을 출판했다. 그 첫 권은 '사회윤리학'의 구성에서 시작하여, 사회의 각종 질서와 계급이 서로 보충하고 완성될 수 있도록 연결되어 있는 것을 나타내는 '사회 조화의 원리'로 끝을 맺고 있다.[9)] 우리는 슈타인 사회학의 최후의 체계를 다루는 대신에[10)] 『프랑스에 있어서의 사회운동사』의 서문에 나타나 있는 그의 사회학의 기초에 대해 간단한 요약으로 만족하자.[11)] 1850년 판(版)의 서문에 새로운 사회과학의 기초가 되는 가정을 전개하고 있는데, 그것은 사회의 움직임이 사회학이 발견해야 할 임무로 되어 있는 필연적인 법칙에 의해 지배되고 있다는 것이다. 슈타인에 따르면, 이 법은 가장 일반적인 형태에 있어서, 지배계급이 국가권력을 완전히 소유하여 다른 계급을 그 소유로부터 배제하려는 투쟁으로서 표현될 수 있다. 사회적 과정은 근본적으로 국가의 지배를 위한 자본과 노동 사이의 계급투쟁에 있다.[12)]

---

8. *Deutsche Vierteljahrsschrft,* Stuttgart 1852, p.145 ; H. Nitzschke, *Die Geschichtsphilosophie Lorenz von Steins*, München 1932, pp.132f의해 인용.
9. *Gesellschaftslehre*, Stuttgart 1856, p.490.
10. The bibliography in Nitzschke, *op.cit*를 보라.
11. *Geschichte der sozialen Bewegung...*, Vol. I, p.11ff.

국가와 사회 사이의 적대관계는 슈타인의 사회학의 기본사상이다. 국가와 사회는 전적으로 다른 두 개의 원리를 실현한다. 사회는 '부의 분배에 의해서 제약되고, 노동조직에 의해서 규제되며, 욕망의 체계에 의해서 움직이고, 가족과 그 권리에 의해서 다음 세대에 결합되어 있는 인간생활의 유기체적 합일'이다.[13] 이러한 정의에서 초기 프랑스 사회주의자들과 더불어 헤겔을 인정할 수 있다. 슈타인은 헤겔로부터 넘겨받은 개괄적인 개념에 근대 사회에 대한 프랑스의 비판적 분석으로 얻은 내용을 덧붙인다. 사회는 본질적으로 계급사회이다. '사회에 있어 일반적이고 불변하는 관계는 지배계급과 종속 계급간의 관계이다.'[14] 계급의 존재는 노동의 과정에서 기인하는 '불가피한 기존 사실'이다.[15] 노동의 소재를 재산으로 소유하고 있는 사람들은 이것과 더불어 재산을 가지고 있지 않은 사람들이 그것을 획득하기 위해 필요로 하는 것까지도 소유하고 있다. 재산을 갖고 있지 않은 사람들은 그들의 노동력을 이용하는데 있어 필수불가결한 조건인 [노동의] 소재에 의존하고 있으며, 이 소재는 소유자의 승인이 없으면 어떻게 할 수 없는(bearbeitet) 재산이기 때문에, 단지 노동력만을 갖고 있는 사람들은 모두 '재산을 소유하고 있는 사람들에게 종속된다'고 하는 결과가 된다.[16] 따라서 사회질서는 필연적으로 계급질서이다. 그것의 중요한 특징은 이기주의, 즉 '자기 자신의 독립을 위한 수단과 다른 사람들을 종속케 하는 수단을' 획득하려 하는 각 개인의 일반적인 경향이다.[17]

12. *Ibid.*, p.3.
13. *Ibid.*, p.29.
14. *Ibid.*, p.47.
15. *Ibid.*, p.71.
16. *Ibid.*, p.23.

사회와 달리 국가는 '인격적 합일로까지 승화된 모든 개인적 의지의 공동체'이다. 국가의 원리는 '차별 없이' 모든 개인의 발전, 진보, 부, 권력, 지성이며, 모든 개인을 자유롭고 평등한 존재로서 보장하려는 목적을 지향하고 있다.[18] 국가는 사회의 사적(私的) 이해관계의 싸움에서 공공의 이익, 이성, 자유를 보호한다.[19]

사회학의 진보를 위해 가장 중요한 의미를 가지고 있는 것은 슈타인에 의한 국가와 사회의 분리가 근대 사회이론의 실제적 문제를 처리하는 그 방식이다. 먼저, 계급적인 적대관계가 사회의 '일반적인, 불변의' 법칙이라고 선언되어 '불가피한 사실'로서 인정되고 있다. 슈타인은 헤겔 철학의 용어를 보유하고 있음에도 불구하고, 초기 사회학의 실증주의적 긍정적 경향을 따르고 있다. 둘째로, 그는 근대사회의 근본적인 모순을 서로 다른 두 개의 영역, 즉 국가와 사회 사이에 분배함으로써 중화시킨다. 자유와 평등은 국가에 보유되고, 착취와 불평등은 사회에 일임된다. 따라서 사회에 고유한 모순은 국가와 사회와의 적대관계로 바뀐다. 근대 사회는 인간의 자유를 실현한다는 의무에서 해방된다.—그 의무는 국가에 속하는 것으로 된다. 한편, 국가는 투쟁하는 계급의 항쟁 목표로서만 존재하고 '사회의 힘과 요구에 대항할 수는' 없는 것이다.[20] 따라서 사회적 모순의 해결은 다시 사회로 되돌려지는 것 같다.

슈타인은 예속과 해방의 과정은 전체적으로 하나의 사회적 과정이고, 속박과 자유는 사회학적 개념이다라고 선언하고 있다.[21] 자

17. *Ibid.*, p.42f.
18. *Ibid.*, p.47.
19. *Ibid.*, p.66.
20. *Ibid.*, p.73.

유는 필연적으로 속박과 관련되어 있다. 사회는 계급질서이고, 따라서 자유와 양립할 수 없다. 이와 같이 하여 슈타인은 다음의 문제에 직면하고 있다. 국가는 인간 공동체를 실현하는 참된 영역이지만, 계급사회 앞에서는 무력하다. 계급사회는 인간이 자신을 실현하는 현실적인 영역이지만 '그 원리로 인해 자유로울 수 없다.' 그러므로 '진보의 가능성'은 국가와 사회를 넘어선 보다 강력한 '요인에서 추구되지 않을 수 없다.'[22]

슈타인은 이러한 궁극적 요인이 '인격과 그 운명'이라고 단언한다. 인격은 국가나 사회보다 더 강력하다. 인격은 '자유에로의 발전을 위한 기초이자 도약판(跳躍板)'이다.[23] 이러한 견해는 슈타인이 사회이론의 경제적 기초들과 사회이론이 이룩한 성과들을 포기하고 방향전환(volteface)을 했다는 것을 나타낸다. 그는 관념론적 윤리학을 말한다. 바로 원리 그 자체에 있어서 자유롭지 못한 사회뿐만 아니라, 필연적으로 사회의 지배를 받지 않을 수 없는 국가도 마찬가지로 자유에 대한 책임에서 해방된다. 철학적 개념이 사회학적 개념으로 변형되는 과정에서, 결국 인간의 역사적 존재는 사회과정의 확고불변한 메커니즘에 위임되고, 인간의 '운명'(destiny)과 목적은 인간의 도덕적 인격의 몫으로 남겨진다. 바로 여기에서, 몰가치적인(wertfreie) 과학이 방법으로 사회문제를 다루는 길이 열리는 것이다.

이미 살펴보았듯이 슈타인은 사회과정을 국가와 사회 사이의 투쟁 혹은 지배적인 사회계급이 국가권력을 장악하려는 투쟁으로 간

21. *Ibid.*, p.76.
22. *Ibid.*, p.75.
23. *Ibid.*

주한다.[24] 국가의 원리는 '모든 개인을 완전한 자유까지 높이는 것'이고, 사회의 원리는 '약간의 개인들을 다른 개인들에게 종속시키는 것'이다.[25] 실제로 역사는 서로 다른 수준에서 일어나는 이러한 갈등의 끊임없는 되풀이되며, 그 결과 생기는 사회구조상의 변화들을 통해 역사는 진보하는 것이다.

슈타인은 이러한 변화의 '자연법칙들'을 세우려 한다. 우리는 이미 지배계급은 가능한 한 국가권력을 독점하려 한다는 첫 번째 법칙에 대해 언급했다.[26] 이 목적이 달성되자마자 '국가권력을 지배계급의 적극적 이해에 따라 사용하려는' 새로운 움직임이 시작된다.[27] 이러한 사용에는 각기 다른 역사적 단계가 있으며, 따라서 각기 상이한 정도의 사회적 지배나 속박이 있다. 그 첫 번째 단계의 특징은 '국가에 대한 사회의 절대적 승리' 또는 '국가의 이념'과 지배계급의 완전한 동일화이다. 슈타인은 이를 '절대적 사회'라고 부른다.[28] 그것은 어떤 계급이 노동수단을 점유함으로써 시작되고, 이 수단을 박탈당한 계급의 종속은 점차 증대해 간다. 따라서 '모든 사회질서의 발전은 속박을 향한 움직임이다.'[29]

사회의 계급구조가 필연적으로 속박의 근원이듯이, 그것은 또한 자유를 향한 발전의 근원이기도 하다. 이 과정은 자본가 계급이 자신의 이익에 맞추어 사회조직을 완성시킨 곳이면 어디서든지 발생한다. 주지하다시피 자유는 '사회적 개념'이며, 개인의 발전을 위해

---

24. *Ibid.*, p.32.
25. *Ibid.*, p.45.
26. *Ibid.*, p.49.
27. *Ibid.*, p.56.
28. *Ibid.*, p.62.
29. *Ibid.*, p.66.

필요한 '재벌의 획득에 의존'한다.[30] 따라서 종속계급은 물질적 및 문화적 욕구를 충족시키기 위한 수단을 얻기 위해 노력할 것이다. 이 계급은 (1)일반적이고 평등한 교육과 (2)물질적 자유, 즉 재산을 획득할 기회를 요구할 것이다.[31] 그런데 두 번째 요구는 기존 질서의 이해, 즉 지배계급의 기득권과 충돌하게 될 것이다.

결국 소유자 계급은 '노동하는 일 없이, 자신의 욕구와 욕망을 충족'시키려 한다.[32] 따라서 소유자 계급은 노동하지 않는 계급이고, 재산과 재산의 결핍 사이의 대립은 실제로는 불로소득(不勞所得)과 노동과의 대립이다.[33] 노동만이 재산을 하나의 권리이자 가치로 만들고 불로소득은 노동의 맹공격에 저항할 수 없는 '사중'(死重, dead weight)이기 때문에, 노동자 계급은 점차 '모든 가치의 주인'이 될 것이다. 즉 생산수단으로서의 재산을 획득하여 결국은 이전에 노동하지 않는 계급이 있던 자리를 대신 차지하게 될 것이다. 이렇게 되면 노동하지 않는 지배계급을 위해 만들어졌던 법적, 정치적 구조는 사회에 있어서의 현실적인 새로운 세력관계 및 통제와 분명히 충돌할 것이다. '기존 법체계의 변혁은 내적인 필연성이 되며 또한 곧 외적인 필연성으로도 된다.'[34]

정치적 개혁과 혁명이라는 두 가지 종류의 변혁이 가능하다. 정치적 변혁의 경우에 있어서는, 국가권력은 종속계급의 요구에 따라야만 하며, 법적 평등을 인정함으로써 사회적 평등의 사실을 승인해야만 한다. 그러나 역사상의 중요한 변화는 모두 혁명에 의해 이

30. *Ibid.*, p.81.
31. *Ibid.*, pp.85~7.
32. *Ibid.*, p.90.
33. *Ibid.*, p.91.
34. *Ibid.*, p.93.

룩되었다. 상층계급은 하층계급의 요구를 인정하지 않고, 또한 사회적 부의 새로운 분배에 적합한 법률상의 개혁에 대해서는 염두에 두지도 않고 있다.[35] 이런 상황에서는 혁명은 불가피하다.

슈타인은 혁명은 그 원리상 모순을 포함하고 있으며, 그 모순은 혁명이 취할 길을 즉시 규정한다는 사실을 매우 강조한다. 모든 혁명은 이제까지 권력에서 배제된 모든 계급에 대한 일반적인 평등을 선포하지만, 실제로는 그 계급 내부에서도 경제적 부를 이미 소유하고 있는 일부 사람들을 위해서만 평등한 권리를 확립하는 것이다. 한 계급이 혁명에서 승리하면 그것은 두 개의 층으로 분열되어 싸운다. "어떠한 혁명적 운동도 이러한 모순을 피할 수는 없다……. 모든 혁명은 그 고칠 수 없는 성질에 따라, 혁명이 그 계급에게 도움이 되지 못하고, 도움이 될 수도 없는 사회계급을 이용한다. 이와 같이 하여, 모든 혁명은 그것이 완성되자마자 그것을 달성하는 데 도움을 주었던 대중을 적(敵)으로 맞이하게 된다."[36] 다시 말해서 모든 혁명은 새로운 계급투쟁과 새로운 형태의 계급사회를 가져 온다. 불로소득의 특권은 폐지되고, 노동에 입각한 재산이 새로운 사회질서의 기초가 되지만, 바로 이 재산은 자본의 형태를 띠고 곧, 재산획득의 가능성인 노동력과 대립하게 된다. 이익을 낳는 자본의 힘이 자본 없는 노동에 대립하게 된다.[37] 비록 이러한 상태가 '완전히 자유로운' 것처럼 보이고 자유로운 획득의 과정에서 생긴 적절한 결과이기는 하지만, 그것은 새로운 형태의 속박의 기초로 되는 것이다. 왜냐하면 실제로 '노동은 자본의 획득에

35. *Ibid.*, p.97.
36. *Ibid.*, p.100.
37. *Ibid.*, p.106.

서 배제'되기 때문이다.[38] 자본가의 사회적 지위는 그의 자본의 소유액에 따른다. 자본의 증대는 생산물의 가치가 생산비를 넘어서느냐에 달려 있다. 자본들의 경쟁은 보다 낮은 생산비를 위한 투쟁을 요구하는데, 이것은 필연적으로 임금에 대한 부단한 압박을 초래한다. 이것이 바로 자본의 본질에 속하는 것이다. 자본의 이해는 노동의 이해와 충돌하고, 본래의 조화는 무너지고 모순으로 된다.[39]

슈타인은 혁명의 메커니즘이 불변의 자연법칙들의 형태로 작동하며 따라서 도덕적 분노 및 그와 유사한 평가들은 전적으로 부적당한 것이라고 강조했다. 더욱이 그는 방금 분석한 모순들이 자유로운 노동과 획득에 입각한 사회에 특징적인 것이고, 다른 형태의 사회조직에는 적용되지 않는다는 것을 알고 있다. '경쟁의 형태를 취함으로써, 재산을 소유하고 있지 못한 사람들이 재산을 획득하는 것을 불가능하게 만드는 것은 바로 재산 소유자의 활동이다.'[40] 그는 한 걸음 더 나아가 프롤레타리아트는 이 사회를 전복할 그 자체의 혁명을 필요로 하게 될 것이라고 선언한다. 프롤레타리아트는 중산계급의 혁명에 의해 모든 재산획득 능력을 박탈당한 계급이다. 따라서 프롤레타리아트가 진정한 사회적 평등을 목표로, 그 능력을 되찾고 사회를 개혁할 권리를 요구하는 것은 거의 놀라운 일이 아니다. '정치적 혁명이었던 이전의 모든 혁명들과 달리 프롤레타리아트의 행위는 '사회혁명'이 될 것이다.[41]

이 점에서 슈타인이 사회학은 그 변증법적 방향에서 전환하여 실

38. *Ibid.*, p.107.
39. *Ibid.*, p.108.
40. *Ibid.*, p.109f.
41. *Ibid.*, p.126.

증적 사회학의 관념들을 따른다. 프롤레타리아트 혁명은 불행한 사태일 것이고, 프롤레타리아트의 승리는 '속박의 승리'가 될 것이다.[42] 왜냐하면 프롤레타리아트는 사회 전체의 강한 부분도, 훌륭한 부분도 아니기 때문이다. 더욱이 프롤레타리아트는 '진정한 최고위(最高位)를 위해 필수적인 물질적, 지적 재화를 갖고 있지 못하기' 때문에 국가를 지배할 권리가 없다.[43] 그러므로 프롤레타리아트의 지배라는 생각은 그 자체에 있어서 모순이다. 프롤레타리아트는 최고 위치를 유지할 능력이 없다.—곧 구(舊)지배계급은 이들에 복수하고, 난폭한 독재를 탄압하게 될 것이다. "성공한 혁명은 항상 독재로 된다. 그리고 이 독재는 사회 위에 군림하여…… 그 자신이 독립적인 국가권력임을 선포하고 그러한 것으로서의 권리를 주장하고, 그와 같이 가장한다. 이것이 바로 사회혁명의 미로(未路)이다."[44]

그러나 그것은 또한 사회적 과정의 종말이기도 한 것일까? 사회적 발전에 있어서 결정적인 요소의 지위에까지 승격된 '인격'은 슈타인이 비판적 분석에서 갑작스럽게 이탈하는 전조(前兆)였다. 이익을 추구하는 사회는 인격을 보호한다. 왜냐하면 이 사회는 자유로운 인격적 발전이 이익 추구를 위한 보편적 기회를 요구한다는 원리를 세우기 때문이다. 비록 그 기회가 자본주의가 취했던 현실의 경로에 있어서 제한되어 있다 하더라도, 그것은 여전히 본래적인 '사회개혁'에 의해 회복될 수 있을 것이다. 근대의 이익 추구적 사회에 있어서, 자본은 자신의 외적 생활에 대한 인간의 지배력을

42. *Ibid.*, p.127.
43. *Ibid.*
44. *Ibid.*, p.131.

표현하는 것이다. '따라서 여기서 인격적 자유라는 성질은 가장 열등한 등급의 노동력조차도 자본을 소유할 수 있다는 사실에서 구해져야만 할 것이다.'[45] 또한 슈타인은 중산계급 사회에 내재하는 모순들에 대한 비판적 분석을 취소한다. 그는 '노동만이 그 양(量)과 종류(種類)에 상응하는 재산을 얻게 한다'는 노동과정을 조직하는 것이 도대체 이익 추구적인 사회에 있어 가능한가라고 묻고 있다.[46] 그가 제시하는 대답은 긍정적이고, 인간의 참된 이해에의 호소에 의존하고 있다. 인간은 자유를 요구하며, 자유를 가지고자 한다. '자기가 갖고 있는 모든 사회적 세력들을 동원하고, 국가와 그 권력의 도움을 받아 사회개혁을 위해 힘쓰는 것'은 특히 재산을 소유하고 있는 계급에게 이익이 되는 것이다.[47]

이와 같이 로렌쯔 폰 슈타인은 모든 모순의 적절한 해결로서 사회개혁을 요구하면서 변증법을 객관적인 법칙들의 전체적인 조화로 전환시켜 변증법의 비판적 요소들을 중립화하였던 것이다.

---

45. *Ibid.*, p.136.
46. *Ibid.*
47. *Ibid.*, p.138.

결 론
헤겔주의의 종언

1. 영국의 신(新)관념론

헤겔 철학은 서구 합리주의의 진보적 관념들을 고수하고, 그 관념들의 역사적인 운명을 해명하였으며, 근대사회의 적대관계들이 진행되는 가운데서 이성의 권리와 그 힘을 밝히려고 했다. 이러한 헤겔 철학에는 현존질서에 위험한 요소가 있었는데, 그것은 헤겔 철학이 국가의 형태를 분석하기 위해 이성의 기준을 사용한 데서 비롯된 것이다. 헤겔은 국가가 합리적인 한에서만, 즉 국가가 개인의 자유와 인간이 사회적 잠재능력을 보호하고 촉진시키는 한에서만 국가를 인정했던 것이다.

헤겔은 이성의 실현을 하나의 역사적 질서, 즉 프랑스 혁명이 타파된 후 유럽대륙에 나타났었던 주권 민족국가에 결부시켰다. 이렇게 하여 그는 자신의 철학을 결정적인 역사적 시험대에 내놓았다. 왜냐하면 이 질서 안에 어떠한 근본적인 벼화가 생겼다면, 그 변화는 헤겔의 이념들과 현존하는 사회적 · 정치적 형태들 사이의 관계를 변경시키지 않을 수 없기 때문이다. 이 말은, 예를 들면 시민사회가 개인의 본질적인 권리를 부인하고 합리적 국가를 폐지하는 조직형태를 전개할 경우, 헤겔 철학은 이 새로운 국가와 충돌하지 않을 수 없다는 것을 뜻한다. 국가 측에서도 이러한 경우에 헤겔의 철학을 거부할 것이다.

이러한 결론을 증명해 주는 하나의 궁극적인 실례가 있다. 그것은 이탈리아의 파시즘과 독일의 국가사회주의가 헤겔에 대해 취한 태도에서 보여진다. 이 국가철학들은 헤겔에 있어서 국가의 찬미가 의거하고 있던 합리적 기준과 개인의 자유가 폐지되었던 실례를 제시하고 있다. 이것들과 헤겔과의 사이에는 전혀 합치점이 존재하지 않는다. 그럼에도 불구하고 제1차 세계대전 이후 자유주의 체제가 권위주의 체제로 전환하기 시작했을 때, 그 당시의 일반적인 견해는 헤겔의 철학을 새로운 체제의 이데올로기적 준비라고 비난했다. 그 예로서 우리는 홉하우스(L. T. Hobhouse)의 중요 저서인 『형이상학적 국가론』(*The Metaphysical Theory of the State*)에 있는 헌정사(獻呈辭)를 인용하기로 하자.[1]

런던이 폭격되었을 때, 나는 그릇되고 사악한 원리가 어떤 결과를 낳는지 눈앞에서 생생하게 목격했다. 내가 생각하기에는, 그 원리의 기초는 내 앞에 있는 책[헤겔의 『정신현상학』(*Phenomenology of Mind*)]에 실려 있는 것들이다……. 이 저작과 더불어 18~19세기의 합리적 인도주의를 서서히 파괴해 나간 모든 지적 영향들 가운데 가장 침투력 있고, 가장 교묘한 영향이 시작되었으며, 내가 목격한 모든 것은 헤겔의 「신-국가 이론」(theory of the God-state)에 암시되어 있었던 것이다.

1. London (The Macmillan Company, New York) 1918, p.6.

우리는 헤겔이 '합리적 인도주의'를 주장했다는 바로 그 이유로 해서 국가사회주의 국가의 공식적 옹호자들에 의해 거부당한다는 기묘한 사실을 곧 보게 될 것이다.

그러나 이 논쟁에서 누가 옳은가를 더욱 분명히 결정짓기 위해, 우리는 자유주의 사회의 후기에 있어서 헤겔주의의 역할을 개략적으로 살펴보지 않을 수 없다. 독일에서는 19세기 후반이 대표적인 사회철학과 정치철학은 여전히 반헤겔적이었거나 기껏해야 헤겔에 무관심한 것이었다. 그러나 마르크스 이론에 헤겔이 사용된 것과는 별도로, 헤겔주의는 두 개의 커다란 부흥을 맞게 된다. 하나는 영국에서였고, 다른 하나는 이탈리아에서였다. 영국에서의 운동은 자유주의의 원리 및 철학과 연결되어 있었으며, 이런 이유로 해서 이탈리아에서의 운동보다 헤겔의 정신에 보다 가까웠다. 이탈리아에서의 운동은 점점 밀려오는 파시즘의 물결에 가까워져 갔으며, 따라서, 특히 젠틸레(Gentile)의 경우에서처럼, 그것은 점점 헤겔 철학의 희화(戱畵)로 되어 갔던 것이다.

언뜻 보기에 영국과 이탈리아의 헤겔주의의 경향은 홉하우스의 해석을 지지하는 것같이 보인다. 영국의 관념론자들의 정치철학은 헤겔의 『법철학』(*Philosophy of Right*)에서 반(反)자유주의적인 개념을 받아들였다. 그린(T. H. Green)에서 버나드 브상케(Bernard Boasnquet)로 가면서, 국가의 독립적 원리와 보편자의 우위가 점차로 강조되어 갔다. 자유주의적 전통이 그 국가의 구성을 위해 의거했던 자유로운 개인들의 사회적 이해관계는 무시되었다. 그린에 따르면, 국가는 "그 자체의 이념적 원리에 입각해 있으며, 국가가 구현하고 보호하는 공동 선(善)은 개인적인 이해에 따르는 방임된 행위에서 생겨날 수 없다. 국가에 의해 대표되는 보편적 권리로부터 분리된 어떤 개인적 권리도 있을 수 없다. 왜 내가 국가권력에 복종해야만 하는가라고 묻는 것은 왜 나는 나의 생활이 각 기구들의 복합체에 의해 규제되도록 허용하지 않으면 안 되는가라고 묻는 것과 같다. 이러한 각 기구들이 복합체가 없이는 나는 문자 그대로 나 자신이 생활이라고 할 만한 생활을 갖지 못할 것이고, 내가 하도록 명령된 것의 정당성 여부에 대해 물을 수도 없을 것이다."[2)]

그린은, 그가 보편자를 인간의 행위와 열정을 통해 움직이는 하나의 역사적 힘이라고 이해하려 시도할 때 헤겔 철학의 내적 동기들에 좀 더 접근하고 있는 것이다. '개인적으로 악하다고 생각되는' 사람들의 행동도 국가에 있어서는 선(善)을 위해 '통제되며' 개인적인 열정과 동기에 입각하는 것이 아니라 '어느 정도까지는' '완성으로 향하는 인류의 투쟁'에 입각하는 것이 된다.[3)] 보편자를 개인에 대립하는 것으로 구체화하는 그린의 경향은 그가 서구 합리주의의 진보적 경향들에 집착함으로써 방해받고 있다. 그는 저작 전체에 걸쳐서, 공동선(善)은 자유로운 개인의 이익을 옹호함으로써 가장 잘 달성된다는 것을 뜻하는 합리적인 기준들에 국가가 복종해야만 한다고 강조하고 있다. 그는 인간에게 그들 자신의 의지를 규정하는 그들의 정당한 요구에 위반되는 법률을 거부할 권리를 주고 있지만, 그러나 현행질서에 반대하는 모든 요구는 "인정된 사회적 선

2. *Lectures on the Principles of Political Obligation*, Longmans, Green and Co., London 1895, p.122.
3. *Ibid.*, pp.134f.

과의 관계에 입각해야만 한다"고 주장한다.[4]

그린의 정치철학은 결코 권위주의에 대한 변명이 아니라, 어떤 의미에서는 초(超)자유주의(super-liberalism)로 불리워질 수 있다. "시민이 시민으로서와는 결코 다르게 행동해서는 안 된다는 일반적 원리는 어떤 조건하에도 그 국가의 법률에 따를 책무를 수반하는 것은 아니다. 왜냐하면 그 법률들은 사회관계의 지지자이며 조정자로서의 국가의 참된 목적과 일치하지 않을 수도 있기 때문이다."[5] 이와 같이 하여 그린은 만일 '비합법적 권리의 행사가 공공의 양심이 평가할 수 있는 어느 정도의 사회적 선에 공헌'한다면, '비합법적 권리'를 주장할 자유를 모든 개인에게(시민으로서의, qua citizen) 인정한다.[6] 그는 늘 합리적 신념에 따르고, 진보에의 진리를 기꺼이 인정하려는 '공공의 양심'과 같은 것이 있다는 것을 의심하지 않는다.[7]

공동선이 실현되어야만 할 구체적 영역은 '국가 그 자체'가 아니고 '이 또는 저 특수한 국가'이며 어떤 특수한 국가는 참된 국가의 목적을 실현하지 못하고, 따라서 '또 다른 하나의 국가에 의해 멸망당하고 대체되지' 않으면 안 될지도 모른다. 따라서 '국가의 이익을 위해 필요하다고 여겨지는 것은 무엇이든지' 하여도 정당하다고 주장할 근거는 없는 것이다.[8] 헤겔과는 달리, 그린은 전쟁은 비록

4. *Ibid.*, p.148.
5. *Ibid.*, p.148.
6. *Ibid.*, p.149.
7. Green은 자본주의의 갈등(그가 충분히 인식하고 있었던)의 책임을 그 자유주의적 체계가 아니라 자본주의가 탄생한 나름의 역사적 상황에 돌리고 있다. 그는 자유주의자(liberalist)의 자유를 제한할 것을, 특히 대립의 자유에 대한 제한과 '계급의 이해(利害)의 힘'에 의해 야기되는 상황과 관계의 제거를 요구한다(pp.209 f).

정당한 전쟁일지라도 개인의 생명과 자유에 대한 권리를 침해하는 악이라고 주장한다.[9] 민족국가의 최고주권이라는 헤겔의 근본개념과는 반대로 그린은 개인의 자유로운 활동범위의 증대와 자유무역의 확장을 통해 '국제간의 분쟁의 동기와 기회를 소멸시킬' 인류 전체에 걸친 광범위한 조직을 생각하고 있다.[10]

그린에서 보상께에 이르는 영국 관념론의 발전은 이전 시대의 합리주의적이고 자유주의적인 이념들이 서서히 포기되어가는 발전과정이었다고 종종 주장되었다.[11] 우리는 이 주장에 감히 하나의 추론(推論)을 덧붙여도 될 것이다. 영국 관념론이 용어상에 있어서 더욱 더 헤겔적이 되면 될수록, 그것은 헤겔 사상의 진정한 정신으로부터 더욱 더 멀어졌다는 것이다. 브래들리(Bradley)의 형이상학은 헤겔적인 개념들을 사용하고 있음에도 불구하고, 헤겔과는 전혀 이질적인 강한 비합리주의적 핵심을 갖고 있다. 보상께의 『철학적 국가론』(*Philosophical Theory of the State*, 1899)은 개인을 국가라는 실체화된 보편자의 희생물로 만들어 버리는 특징을 갖고 있는데, 이것은 후에 파시즘의 이데올로기의 특징인 것이다. "보통은 개인은 이제 더 이상 참된 자아나 개성이라고 인정되지 않고 있다. 중심(重心)은 개인 밖으로 옮겨졌다."[12] 보상께에게 있어서 '개인의 밖'이라는 말은 '개인의 사적 관심과 즐거움'의 밖, 즉 개

---

8. *Ibid.*, p.173.
9. *Ibid.*, p.167.
10. *Ibid.*, p.177.
11. R. Metz, A *Hundred Years of British Philosophy*, London 1938, pp.283, 327f를 참고하라.
12. *The Philosophical Theory of the State*, The Macmillan Co., London 1899, p.125.

인의 직접적 욕구와 욕망의 영역 밖을 뜻한다. 이러한 관념론의 부흥은 그 시초에서부터 명확한 반(反)유물론적인 경향을 보여 주었는데,[13] 이 경향은 자유주의로부터 권위주의로 이전하는 데 수반되는 경향과 공통된 성질인 것이다. 이 운동에 수반된 이데올로기는 개인에게 노동은 늘고 향락은 감소하리라는 마음의 분지를 갖추게 하였는데, 이는 바로 권위주의 경제가 내걸었던 슬로건이었다. 개인적 욕구의 충족은 전체에 대한 의무 앞에서 양보되어야만 했다. 의무는 갈수록 어떤 합리적인 기준과도 점점 일치하지 않게 되었고, 이러한 상황이 확실해질수록 전체에 대한 개인의 관계는 개인의 경험적 존재를 통제하는 두 개의 '관념적'(ideal) 실체들 사이의 관계라는 원리가 점점 더 강조되었다. "우리는 우리의 진정한 자아나 개성이 어떤 의미에 있어서, 현재 존재하는 우리들이 아니라 우리가 우리에게 명령적인 것으로서 인정하는 어떤 존재일 것이라는 암시에 어떤 의미가 있다는 것을 알고 있다."[14] 개인에게 있어서 자유는 오직 그 '명령'에의 복종을 통해서만 실현될 수 있다. 그 명령은 국가에 귀속되며, 국가야말로 우리의 참된 '자아'의 보호자로서 '우리의 최대의 자기 긍정의 수단'인 것이다.[15]

진정한 자아와 경험적 자아의 병치(竝置)는 두 가지 의미로 해석될 수 있다. 그것은 경험적 현실 속에 있는 인간의 현실적 고통과 이에 대하여 욕구의 충족과 고통의 치유를 요구하는 '참된' 자아라는 의미심장한 이원론을 가리킬 수도 있을 것이고, 다른 한편으로는 이 병치라는 개념은 국가의 무조건적으로 '관념적인' 생활을 위

13. R. Metz, *op., cit.*, pp.249, 267.
14. Bosanquet, *op., cit.*, p.126.
15. *Ibid.*, p.127.

해 경험적 삶을 반대한다는 것을 뜻할 수도 있다. 보상께의 정치철학은 이 두 극(極)의 한쪽에서 다른 쪽으로 이행해간다. 그는 자유를 목표로 한 강제교육이라는 루소의 혁명적 원리를 채택하지만, 논의과정에서 자유라는 목적은 강제적이라는 수단에 가려 유명무실해지고 만다. '힘, 자율성, 제안'은 바로 지성의 진보를 위한 조건인 것이다. "최선의 생활을 촉진시키기 위해서는, 이러한 보조수단들이 절대 권력을 행사하는 사회, 즉 국가에 의해 사용되지 않으면 안 된다."[16] '최선의 생활의 실현'은 국가와 사회에 의해 설정된 목적이지만, 그 목적은 국가는 '절대적인 물리적 권력에 의해, 그 구성원들에 대한 통제를 올바르게 행사하는 것으로 인정된 한 단위'로서 정의되든가, 혹은 '권력을 합법적으로 행사하는 한 단위로서 인정되지' 않으면 안 된다는 것을 달성하기 위해 수반되는 폭력적 요소에 의해 지금까지 그늘에 가려져 있다.[17] 홉하우스는 이러한 정의에 대해, 그것은 어떤 권위주의적 절대주의 체제에도 꼭 들어맞는 정의라고 대답하고 있다.[18]

이제 영국의 신관념론자들의 정치이론이 헤겔 철학을 어느 정도로 참으로 회복시켰는가 하는 문제에 대해 답할 수 있을 것이다. 그들은 확실히 독일 관념론의 하나의 본래적 동기, 즉 참된 자유는 근대 사회의 경쟁적 소용돌이 속에 사는 고립된 개인들의 자의적(恣意的)이고 일상적인 실천에 의해서는 달성될 수 없다는 동기를 갖고 있었다. 오히려 자유는 개인을 넘어서, 국가 안에서 구해져야 할 조건인 것이다. 국가만이 개인의 참된 의지와 참된 자아를 실현

16. *Ibid.*, p.183.
17. *Ibid.*, pp.184f.
18. *The Metaphysical Theory of the State*, London 1918, p.22.

시킨다. 헤겔은 이 목적에 봉사할 수 있는 특수한 국가는 프랑스 혁명의 결정적 성과들을 보유하고 있으며, 그것들을 합리적인 전체 속에 구체화시킨 국가라고 생각하였다.

영국 관념론자들이 자신들의 정치철학을 완성시켰을 때, 적어도 분명했던 것은 이미 역사의 무대에 등장해 있던 국가의 역사적 형태는 결코 '자유와 이성의 실현'이 아니었다는 점이다.

홉하우스의 저서의 탁월한 점은 헤겔의 개념과 현존하는 국가의 물질적 기초가 양립할 수 없다는 것을 폭로하는 데 있다. 그는 보상께의 철학이 개인을 사회 그 자체에, 또는 일반적으로 '국가'의 손아귀에 넘겨줘 버리고 있지만 실제로 개인은 항상 어느 특수한 역사적 형태의 사회와 국가 속에서 자신의 삶을 영위해가지 않을 수 없다는 사실을 지적하고 있다. 이 '중심적 오류'(central fallacy)는 대단히 중요하다. 왜냐하면 그 안에는 우연적인 세력 관계와 도덕적 책무 사이의 혼동이 암시되어 있기 때문이다.[19] 있는 그대로의 국가와 사회는 이성의 구현이라는 위엄을 요구할 수 없다. "전통적인 사회적 도덕과 현실과의 불일치, 법의 맹목성과 조야성(粗野性), 법을 착색하고 있는 계급적 이기주의와 압제의 제요소에 대해 생각해 볼 때, 우리는 이러한 개념을 적절하게 다룰 수 있는 사람은 이제 단순한 철학자가 아니고, 사회풍자가일 뿐이라고 말하고 싶을 것이다."[20] 헤겔의 정치철학을 추상적으로 고집하는 사람들에게, 홉하우스는 계급사회라는 사실 그 자체, 즉 계급의 이해관계가 국가에 미치는 영향이야말로 국가를 전체로서의 각 개인의 진

19. *Ibid.*, p.77.
20. *Ibid.*, p.80.

정한 의지의 표현이라고 부르는 것을 불가능하게 한다고 대답하고 있다. "공동체가 한 계급이나 한 종족에 의해 지배되는 것이면 어디서나 그 나머지 계급이나 종족은 영원히 자신에게 주어진 것만을 받아들이지 않을 수 없는 입장에 처하게 된다. 그러한 사회의 제도들이 피지배계급의 개인의지를 표현하는 것이라고 말하는 것은 상처 입은 비(非)피지배계급에게 모욕을 더하는 것일 뿐이다."[21] 홉하우스는 보편자에 대한 관심 대신에 개인의 현실적 복지에 관심을 갖는다. 또한 세계정신(Weltgeist) 대신에 회복할 수 없을 정도로 파괴된 무수한 인간 생명에 관심을 갖는다. "만일 세계를 지금까지와는 비교할 수 없을 정도로 훌륭하게 개선하는 것이 불가능하다면 투쟁은 어떠한 쟁점도 갖지 못할 것이며 그렇다면 우리는 호전적 국가의 원리를 강화하고, 생명을 멸망시키기에 충분한 고성능 폭탄으로 무장하는 편이 낫다."[22]

인간은 항상 개별자의 행복이기 마련인 보편적 행복을 요구한다는 사실에의 강조는 홉하우스의 저작에서 흔히 발견되는데, 이러한 사실이 저서를 자유주의 철학의 위대한 문헌 중의 하나로 만들고 있다.

사회의 행복과 불행은 곧 인간들의 행복과 불행이며, 이는 공동소유라는 의식에 의해 고양되거나 심화되는 것이다. 사회의 의지는 공동의 결과를 만들어내는 개인들의 의지이다. 사회의 양심은 결산하며, 개인들 안에 있는 고귀한 것 혹은 비천한 것의 표현이다. 만일 우리가 각 개인을 그가 공동체에 기여하는 정도에 따라 판단해도 된다면, 마찬가지로

21. *Ibid.*, p.85.
22. *Ibid.*, p.117.

우리가 공동체에 대해 공동체가 각 개인을 위해 무엇을 하고 있는가를 묻는 것은 정당하다. 만일 모든 사람이 참여할 수 있고, 진실로 그 참여가 각 개인을 위해 본질적인 요소가 되는 형태에서가 아니면, 최대의 행복은 최대 다수나 어느 정도의 다수에 의해 실현되지는 않을 것이다. 그러나 개개의 남녀에 의해 경험되는 것을 제외하고는 결코 행복이란 존재하지 않으며 사람들의 영혼을 포괄하는 공동적 자아란 존재하지 않는다. 오직 개별적인 인격들이 조화롭게 발전하며, 공동의 목표를 달성하는 데 공헌하는 각 사회집단들이 있을 뿐이다.[23]

개인의 운명을 무시하고 국가를 비합리적으로 실체화하는 것에 대해 자유주의가 정당한 것과 같이, 신관념론자들에 비하면 홉하우스는 정당하다. 그런데 홉하우스가 제시하는 요구들은 자유주의의 추상적 원리들과 같은 선상에 있지만, 자유주의 사회가 취한 구체적 형태와는 충돌한다. 일찍이 헤겔은 자유주의를 '추상적인 것에 집착'하며 항상 '구체적인 것에 패배'당하는 사회철학이라고 정의했다.[24] 자유주의의 원리들은 타당하며 공동이익은 결국 사회에 있어서 자유롭게 발전하는 다수의 개별적 자아들의 산물 이상의 것일 수 없다. 그러나 19세기 이래 발전해 온 구체적 사회형태들은 자유주의가 충실히 지키라고 충고하고 자유를 점차 좌절시켰다. 사회과정을 지배하는 법칙들 하에서, 사적 기업의 자유로운 활동은 대부분 독점기업들과의 경쟁에서 타격을 입었다.

급속한 합병과정을 초래한 격렬한 경쟁의 시대는 엄청난 양(量)의 부

23. *Ibid.*, p.133.
24. *Philosophie der Weltgeschichte*, ed G. Lasson, Vol. Ⅱ, p.925.

를 소수의 대실업가들에게 넘겨줘 버렸다. 이 계급이 어떠한 사치스러운 생활을 하더라도 그 지출은 수입의 증가 속도에는 미칠 수 없었고, 자동적인 저축 과정은 전례 없는 규모로 시작되었다. 이러한 저축은 다른 산업에 투자되어, 그것들도 같은 집중적 세력의 지배를 받게 하는데 도움을 주었다……기업연합 이전에 제조업자들의 자유로운 경쟁이 행해질 때에는, 모든 공장들은 약소 경쟁자들이 순생산비를 남길 만한 가격으로도 그들의 상품을 팔 수 없기 때문에 문을 닫지 않을 수 없는 정도로까지 가격을 인하함으로써만 가동을 계속할 수 있다는 의미에서 '생산과잉'이라는 만성적인 상태가 발생하게 된다.[25)]

보상께의 『철학적 국가론』은 자유 자본주의에서 독점자본주의로의 이행이 이미 시작되었을 때 출현했다. 사회이론은 현존 사회질서를 유지하기 위해 자유주의의 원리를 포기하든가, 아니면 자유주의의 원리를 유지하기 위해 현존 사회체제와 투쟁하든가 하는 양자택일에 직면하고 있었다. 후자의 선택은 마르크스의 사회이론에 내포되어 있었다.

2. 변증법의 수정

그러나 마르크스 이론은 이미 근본적인 변화를 겪기 시작하고 있었다. 마르크스주의의 역사는 헤겔 철학의 동기와 사회에 적용된 유물변증법과의 사이의 연관성을 더욱 깊게 하였다. 마르크스 이론

---

25. J. A. Hobson, *Imperialism*, London (The Macmillan Company, New York) 1938, pp.74~5.

의 혁명적 기초들을 포기한 마르크스주의 학파는 마르크스 이론의 헤겔적 측면들, 특히 변증법을 공공연히 반박한 바로 그 사람들이었다. 점차 자본주의가 사회주의로 순탄하게 진행하리라는 많은 사회주의 집단들의 신념을 나타내 주던 수정주의적 저작과 사상은 사회주의를 자본주의 체제에 대한 이론적, 실천적 안티테제로부터 이 체제내의 의회운동으로 변화시키려 했다. 이 운동에 의해 대표되는 기회주의 철학과 정치학은 스스로 '마르크스에 있어서의 유토피아적 사고의 잔존물'이라고 이름붙인 것에 대한 투쟁의 형태를 취했다. 그 결과 수정주의는 비판적인 변증법적 개념을 자연주의의 순응주의적 태도로 바꾸어 버렸다. 수정주의는 의회 내의 합법적 야당이라는 희망을 실제로 정당화시키는 사실들의 권위에 굴복하여, 혁명적 활동을 사회주의로의 '필연적인, 자연적 진화'를 믿는다는 쪽으로 전화시켜 버렸다. 따라서 변증법은 '마르크스주의에 있어서의 배반적 요소, 즉 모든 견실한 사상을 대상으로 장치된 덫'이라고 불리워졌다.[1] 베른슈타인(Bernstein)은 변증법이라는 '덫'은 '사물들이 특수한 개별성'을 적절하지 못하게 '추상'하는 데 있다고 선언했다.[2] 그는 대상의 변증법적 부정이라는 어떠한 개념에도 반대하여 고정되고 안정된 대상들의 사실적 성질을 옹호하였다. "우리가 세계를 파악하려 한다면, 세계를 기성의 대상과 과정의 복합체로 간주하지 않으면 안 된다."[3]

이러한 것은 인식의 방법론적 원칙으로서의 상식의 부활을 뜻한

1. E. Bernstein, *Die Voraussetzungen des Sozialismus und die Aufgaben der Sozialdemokratie,* stuttgart 1899, p.26.
2. E. Bernstein, *Zur Theorie und Geschichte des Sozialismus,* Berlin 1904, Part Ⅲ, p.75.
3. *Ibid.*, p.74.

다. '고정되고 안정된'사실에 대한 변증법적 전복(轉覆)은 '기성'의 대상과 과정의 부정적 전체를 분쇄시켜 버릴 더 높은 진리에 대한 관심에서 단언되었던 것이다. 이러한 혁명적인 관심은 이제 수정주의에 따르면, 합리주의 사회를 향해 서서히 전진하는 확고하고 안정된 기존의 사태 때문에 포기되어 버렸다. "계급이 이익은 쇠퇴하고, 공동의 이익이 세력을 얻는다. 동시에 입법은 점차 더욱 강력하게 되어, 경제적 세력들의 투쟁을 규제하고, 이전에는 개별적 이익의 추구로 인해 생긴 맹목적 투쟁이 벌어지고 있던 더 많은 영역을 지배하게 된다."[4]

변증법을 거부함으로써 수정주의자들은 마르크스가 사회를 지배한다고 생각했던 자연법칙의 본성을 왜곡시켰다. 우리는 사회의 자연법칙은 자본주의적 생산의 맹목적이고 비합리적인 과정을 표현하는 것이며, 사회주의 혁명은 이 법칙으로부터의 해방을 가져오는 것이라는 마르크스의 견해를 상기해 보자. 이에 반해 수정주의자들은 사회법칙은 사회주의에로의 불가피한 발전을 보장하는 '자연적'(natural) 법칙이라고 주장했다. "마르크스, 엥겔스의 위대한 업적은 그들이 역사라는 영역을 필연의 영역에 집어넣음으로써 역사를 과학의 지위로 올려놓았다는 점에서 그들의 선행자들보다 훌륭한 성공을 거두었다는 사실에 있다."[5] 이처럼 수정주의자들은 비판적인 마르크스주의 이론을 실증주의 사회학의 기준에 따라 평가하여 자연과학으로 변형시켜 버렸다. '부정의 철학'에 대한 실증주의적 반동의 내적 경향들에 따라서 기존의 객관적 상황들은 실체

---

4. *Ibid.*, p.69.
5. Karl Kautsky, 'Bernstein und die materialistische Geschichtsauffassung', in *Die Neue Zeit*, 1898-9, Vol. Ⅱ, p.7.

화되고, 인간의 실천은 그 상황의 권위에 종속되어 버렸던 것이다.

마르크스주의의 비판적 의미를 유지하려고 하는 사람들은 이 반(反)변증법적 경향에는 마르크스주의로부터의 이론적 이탈뿐만 아니라 모든 면에서 사회주의 운동의 성공을 위협하는 심각한 정치적 위험도 있다는 것을 간파했다. 그들에게 있어서 타협할 줄 모르는 '모순의 정신'을 갖고 있는 변증법적 방법은 본질적인 것이었으며, 그것 없이는 비판적 사회이론은 필연적으로 중립적, 혹은 실증주의적 사회학이 되어 버릴 것이었다. 마르크스는 이론과 실천 사이에는 내적 연관성이 있었기 때문에, 이론의 변형은 결국 현존 사회형태에 대한 중립적이거나 실증주의적 태도로 되어 버릴 것이었다. 플레하노프(Plekhanov)는 '변증법이 없이는 유물론적인 인식론 및 실천론은 불완전하고 편파적일 뿐 아니라 더욱이 불가능하다'고 강조하였다.[6] 변증법의 방법은 하나의 전체(totality)이고, 그 안에는 '현존하는 것의 부정과 파괴'가 모든 개념에 나타나 있으며, 따라서 자유의 관심에 따라 현존 질서의 전체를 이해하려는 완전한 개념적 틀을 제공하고 있다. 변증법적 분석만이 혁명적 실천에 대해 적절한 방향을 설명해 줄 수 있다. 왜냐하면 변증법적 분석은 이러한 실천이 기회주의 철학이 이익과 목적에 의해 위축되는 것을 막아주기 때문이다. 레닌(Lenin)은 변증법적 방법이야말로 혁명적 마르크스주의의 품질을 보장해 주는 것이라고 생각할 만큼 이 방법을 강조했다. 그는 가장 긴급한 실천적인 정치문제를 논의하는 한편, 변증법의 중요성을 분석하는 데 몰두했다. 가장 뚜렷한 예는

---

6. *Fundamental Problems of Marxism*, ed. D. Ryazanov, New York, n. d., p.118.

1921년 1월 25일에 씌어진, 노동조합 회의를 위한 트로츠키와 부하린(Trotsky and Bukharin)의 테제(these)에 대한 검토에서 볼 수 있다.[7] 레닌은 이 소책자에서 변증법적 사고의 빈약성이 어떻게 하여 심각한 정치적 오류를 가져올 수 있는가를 밝히면서, 변증법에 대한 옹호를 마르크스 이론의 '자연주의적' 오해에 대한 공격에 연결시킨다. 그는 변증법적 개념은 경제법칙의 자연적 필연성에 대한 의존적 태도와도 양립할 수 없다는 것을 명백히 보여 준다. 그것은 경제적 목적을 지향하는 혁명적 운동의 배타적 방향과는 더욱 양립할 수 없다. 왜냐하면 모든 경제적 목적은 그 의미와 내용을 이 운동이 지향하는 새로운 사회질서의 전체(totality)로부터만 받아들이기 때문이다. 레닌은 정치적 목적과 자발성을 순수히 경제적 투쟁에 종속시키는 사람들을 마르크스 이론을 왜곡시키는 가장 위험한 자들이라고 보았다. 그는 이 마르크스주의자들에 대항하여, 경제학에 대한 정치학의 우위를 주장했다. "정치학은 경제학에 우선하지 않을 수 없다. 이와 다른 주장을 한다면 그것은 마르크스주의의 가장 초보적인 사실을 잊고 있는 것이다."[8]

3. 파시즘의 '헤겔주의'

헤겔 사상의 유산과 변증법이 마르크스주의자들 가운데 급진파에 의해서만 옹호되고 있는 반면, 이와 정반대되는 정치사상 진영

---

7. *Selected Works*, Vol. IX, pp.62ff, p.314를 보라.
8. *Ibid.*, p.54.

에서는 파시즘으로 연결될 가능성이 높은 헤겔주의가 부활하고 있었다.

이탈리아의 신(新)관념론은 처음부터 민족통일운동과 연결되어 있었으며, 나중에는 제국주의 경쟁자들에 대항하여 민족주의 국가를 강화하려는 경향과 연결되어 있었다.[1] 신생 민족국가의 이데올로기가 헤겔 철학에서 그 지지 기반을 찾았다는 사실은 이탈리아의 특수한 역사적 발전에 의해 설명되어야만 한다. 그 최초의 단계에서, 이탈리아 민족주의는 이탈리아 민족의 통일에의 열망을 바티칸의 이익에 해로운 것으로 간주하는 가톨릭교회와 싸워야만 했다. 독일 관념론의 프로테스탄트적 경향은 가톨릭교회와의 싸움에서 세속의 권위를 정당화시킬 효과적인 무기를 제공해 주었다. 더욱이 이탈리아가 제국주의 열강에 참여하게 되자 국민경제는 극도로 뒤떨어졌고, 중산계급은 수많은 경쟁 집단으로 분열되었으며, 따라서 이탈리아는 국민경제를 근대의 산업적 팽창에 적합하게 하는 데서 수반되는 점증하는 적대관계에 대처할 준비가 거의 되어 있지 않았다. 젠틸레(Gentile)뿐만 아니라 크로체(Croce)도 사람들로 하여금 사소한 사적 이익에 만족하게 하여 원대한 민족주의적 목적을 이해할 수 없게 하는 편협한 '실증주의'와 유물론이 만연하고 있다고 강조했다. 국가는 중산계급의 빈번한 반대에 부딪치면서도 그 제국주의적 이익을 강조하지 않을 수 없었다. 또한 다른 민족주의 국가들이 이미 달성한 것, 즉 능률적인 관료정치, 중앙집권화된 행

1. 이탈리아의 신(new)관념론의 역사적 위치에 대해서는 다음을 보라. Benedetto Croce, *History of Italy,* 1871~1915, New York 1929, X, ; Chapter *Giovanni Gentile, Grundlagen des Faschismus, Stuttgart* 1936, pp.14f. R. Michels, *Italien von Heute,* Zürich 1930. p.172.

정, 합리화된 산업, 그리고 내외의 적들에 대한 완벽한 군사적 준비 등을 달성해야만 했다. 이러한 민족국가의 현실적(positive) 과제로 인해 이탈리아의 신관념론은 헤겔주의의 입장에 기대지 않을 수 없었다.

이와 같이 헤겔의 견해로 전환했다는 것은 이탈리아의 자유주의의 허약성에 대한 교묘한 이데올로기적 전략이었다. 파시스트 국가의 공식적 이론가인 세르지오 파눈치오(Sergio Panuncio)는 마찌니(Mazzini) 이후로 줄곧 프랑스 정치철학은 반(反)자유주의적이고 반(反)개인주의적 경향이 지배적이었다는 것을 보여 주었다. 이 철학은 국가가 중산계급의 사소한 이해에 맞서 현존하는 독립적 실체임을 논증하는 헤겔의 철학에서 의기투합하는 동지를 발견했다. 파눈치오는 헤겔에 의한 국가와 시민사회 사이의 구별 및 법인에 대한 주장을 인정하면서 '파시즘 국가의 많은 면들을 헤겔의 유기적 국가와 연관짓는 작가들은 정당하다'고 말하고 있다.[2)]

그러나 이탈리아의 관념론은 그것이 헤겔 철학을 설명하고 있는 한에서만 헤겔적이었다. 스파벤따(Spaventa)와 특히 크로체(Croce)는 헤겔의 체계를 새롭게 이해하는 데 공헌했다. 크로체의 『논리학』(*Logic*)과 『미학』(*Esthetics*)은 헤겔 사상을 진정으로 부활시키려는 시도였다. 이에 반해 헤겔의 철학이 정치적으로 이용됐을 경우에는 그 철학의 근본적 관심은 포기되었다. 더욱이 이탈리아 관념론이 파시즘으로 접근하면 할수록 그것은 헤겔주의로부터 더욱 멀어졌으며, 심지어는 이론적 철학의 분야에서도 그러했다. 젠틸레의 철학적 주저들은 논리학과 정신철학이다. 그는 『헤겔의 변증법

---

2. *Allgemine Theorie des Faschistischen Staates*, Berlin 1934, p.25.

의 개혁』(*Rifforma della Dialetica Hegeliana*)을 써서, 정신을 유일한 실재(reality)라고 공언하기도 했지만, 그의 철학은 언어가 아니라 그 내용에 의해 판단하건대 헤겔의 철학과는 아무 관계도 없다. 『순수 활동으로서의 정신의 이론』(*Theory of Mind as Pure Act*, 1916)의 중심개념은 칸트(Kant)의 선험적 의식이라는 개념과 약간 유사하기는 하지만, 이 유사성도 의미에 있어서라기보다는 용어상에 있어서의 유사성인 것이다. 우리는 이 저작에 국한하여 논의를 전개할 것이다. 이 저작은 파시즘이 승리를 거두기 훨씬 전에 출판됐지만, 이탈리아와 신관념론과 이 권위주의적 체제 사이의 관계를 매우 명백히 보여 주며, 그러한 관계를 강화시키는 철학에 무슨 일이 일어나는가에 관한 교훈을 주는 것이다.

젠틸레의 저작들과 파시즘 철학의 후기의 발언 모두에 적용되는 하나의 중요한 진리가 있다. 그것은 이 둘 모두가 철학적인 차원으로 취급될 수 없다는 것이다. 개념적 파악과 인식은 정치적 실천과정의 일부분이 되는데, 그것은 합리적 근거에 입각해서가 아니라 그러한 실천에서 분리된 어떤 진리도 인정되지 않기 때문이다. 이제 철학은 더 이상 그릇된 사회적 실천에 대립하여 그 자체의 진리를 갖는다고 주장되지 않으며, 또한 철학은 이성을 실현하는 방향으로 이끌려지는 실천하고만 합치되는 것으로 여겨지지 않는다. 젠틸레는 실천이 어떤 형태를 취하든 진리 그 자체임을 선언한다. 그에 따르면, 유일한 실재는 사고하는 행위이다. 행위로부터 분리되어 있으면 이 행위의 외부에 있는 어떤 자연적, 역사적 세계를 가정하는 것은 부정된다. 이처럼 대상은 주체에 '용해되어'[3] 사고

---

3. *The Theory of Mind as Pure Act*, trans H. Wildon Carr. London, (The

와 행위, 정신과 현실 사이의 어떠한 대립도 무의미하다. 왜냐하면 사유한다는 것['만드는 것'이며, 현실적(real) 행위인]은 그 자체로(*ipso facto*) 참되기 때문이다. '진리는 형성 중에 있는 것이다'[4] 젠틸레는 비코(Giamvattista Vico)로부터 빌어온 명제를 고쳐서 '진리와 형성과는 환위(換位)된다'(verum et fieri convertuntur)[5]고 적고 있다. 그리고 그는 '진리의 개념은 사실의 개념과 일치한다'고 요약하고 있다.[6]

이러한 주장보다도 헤겔의 정신에서 더 거리가 먼 주장은 없다. 정신의 실재에 대한 많은 주장에도 불구하고, 젠틸레는 헤겔주의자라고도 관념론자라고도 생각될 수 없다. 그의 철학은 실증주의에 훨씬 가깝다. 모든 것을 너무나 기꺼이 사실의 권위에 종속시키는 태도는 권위주의 국가의 출현의 조짐을 보여 주는 것이라고 생각된다. 전체주의적인 통제를 위해서는 비판적이고 자주적인 사고에 대한 공격이 필수적이다. 이성에 대한 호소는 사실에 대한 호소로 대체된다. 인간이 지금까지 만들어낸 최대의 생산기구를 인간의 만족을 점차 제한하기 위해 사용하는 통치제도를 인정할 수 있는 이유란 결코 없다.—경제체계가 다른 어떤 방식으로도 유지될 수 없다는 사실을 제외하고는 이 정부를 인정할 아무런 이유도 없다. 행동과 변화에 대한 파시즘의 강조는 행동과 변화의 합리적 과정의 필연성에 대한 통찰을 방해하는 것과 같이, 젠틸레에 의한 사유의 신격화는 '기존의 것'의 속박으로부터의 사유의 해방을 방해한다.

Macmillan Company, New York) 1922, p.10.

4. *Ibid.*, p.15.
5. *Ibid.*, p.17.
6. *Ibid.*, p.15.

맹목적 권력의 사실은 시대의 참된(real) 신이 되고, 그 권력이 강화됨에 따라, 사실에 대한 사유의 굴복은 더욱 진전된다. 로렌스 데니스(Lawrence Dennis)가 파시즘의 정책을 옹호하는 최근의 저서에서, '과학적이고 논리적인' 방법을 옹호하는 경우에 마찬가지로 사유의 굴복이 보이는데, 이 방법을 '지배하는 가정'(假定)은 '사실들이 규범적이라는 것, 즉 사실들은 법칙보다 우월하기 때문에, 법칙을 결정해야만 한다는 것이다. 사실과 모순되는 법칙은 무의미하다.'[7]

젠틸레는 모든 관념론의 근본적 원리, 즉 진리와 사실 사이에는 혹은 정신과 현실 사이에는 적대관계와 긴장이 존재한다는 주장을 포기한다. 그의 전(全)이론은 이 대극적(對極的) 요소들의 직접적 동일성에 기초를 두고 있는 반면, 헤겔의 요점은 그러한 직접적 동일성은 없으며, 오직 그 동일성을 달성하는 변증법적 과정만이 있다는 것이다. 우리는 새로운 '정신'철학이 함축하고 있는 의미들 가운데 몇 가지를 약술하기 전에 먼저 젠틸레에게 관념론적 철학자라는 평판을 내린 요소들을 검토하지 않을 수 없다. 우리는 그가 칸트의 선험적 자아(transcendental ego)의 개념을 사용했다는 점에서 그 요소를 찾아볼 수 있다.

젠틸레에 따르면, 사고의 순수 활동만이 유일한 실재(reality)라는 명제는 경험적 자아에는 적용되지 않으며, 오직 선험적 자아에만 적용된다.[8] 정신의 모든 성질규정[정신의 발전적 통일, 정신은 그 직접적 현시(顯示)와 동일하다, 정신은 '자유로운' 것이다. '공간의 원리'

7. Lawrence Dennis, *The Dynamics of War and Revolution*, New York 1940, p.25.
8. 특히 *Theory of Mind*, Chapter I을 보라.

등]은 정신의 선험적 활동만을 가리키는 것이다. 경험적 자아와 선험적 자아 사이의 구별이나 선험적 관점의 서술[9]은 정확히 칸트에 의거하고 있다. 그러나 젠틸레는 그러한 관념들을 사용함으로써 오히려 선험적 관념론의 본래 의미를 파괴하고 있는 것이다. 원래 선험적 관념론은 현실은 의식에 주어지는 것이며, 의식으로 변형될 수 없는 것이라고 가정하고 있다. 감각 소여(sense data)의 수용은 순수오성의 자발적 활동을 위한 조건인 것이다. 헤겔은 비록 칸트의 물 자체(thing-in-itself)의 개념을 거부하기는 하지만, 선험적 관념론의 객관적 기초를 포기하지는 않았다. 그의 '매개'(mediation)의 원리는 그 선험적 관념론의 객관적 기초를 보유하고 있었다.—정신의 실현은 이성과 현실 사이의 과정의 계속적 전개였었다.

한편 젠틸레는 '자연적 현실이라는 환상을 제거했다'고 주장한다.[10] "우리는 인식의 대상인 현실을 인식의 논리적 선행자로 생각하지 않는다. ……우리는 세계가 정신의 추상적 계기일 뿐이라고 인정함으로써, 현실을 정신의 기초인 것처럼 보이게 하는 세계의 독립적 성질을 거부한다."[11] 칸트의 선험적 자아는 이미 주어진 현실에 대한 그 특유의 관계에 의해 특징지워져 있다. 이러한 현실이 '거부당할' 때, 선험적 자아는 진텔레가 무슨 반박을 하든 경험적 자아로부터의 일반화에 의해서만 어떤 의미를 갖는 단순한 말에 지나지 않는다. 객관적인 장벽이 파괴되면서 인간은 하나의 세계, 아마도 그 자신의 활동과 행위로써만 현실적인 그 자신의 세계로 던져진다. '개인만이 참으로 실재적'(positive)이며, 실재적인(po

---

9. *Ibid.*, p.6.
10. *Ibid.*, p.257.
11. *Ibid.*, p.273.

-sitive) 모든 것은 '우리에 의해 정립된다.'[12] 확실히 개인은 '우리가 개인을 우리 자신에 대립시키고' 그것을 '우리의 활동으로서가 아니고 타자의 활동으로서' 인식하는 한에서만 실재적(positive)이다. 그러나 우리가 개인은 선험적 의식을 갖고 있기 때문에 보편자이기도 하다는 것을 알자마자 그러한 대립은 곧 사라질 것이다. 개인은 그 자신과 보편자를 형성하며, 보편자는 '보편자의 자기형성'이다.[13]

이 다소 혼란스러운 말들의 배후에는 모든 합리적 법칙과 기준을 파괴하는 과정, 목표에 무관심한 행동의 찬양, 성공의 숭배라는 하나의 중요한 과정이 작동하고 있다. 어떤 의미에서 젠틸레의 철학은 관념론의 근원인 자유주의적 체제의 희미한 흔적을 갖고 있는데, 그것은 특히 '개인만이 유일하게 실재적(positive)이다'라는 주장에서 보여진다. 그러나 무의미한 선험적 자아와 공허한 구체적 개인 사이에서 시계추처럼 진동하고 있는 이러한 개인성은 행동 이외의 어떤 다른 내용도 갖고 있지 않다. 개인성의 전(全)본질은 그 행동에 용해되며, 이 행동은 자신을 규제할 어떠한 초개인적 법칙도, 자신을 판단할 어떤 타당한 원리도 갖고 있지 않다. 젠틸레는 자신의 학설을 스스로 '절대적 형식주의'(absolute formalism)라고 부른다. 즉, 행동의 순수한 '형상'과 분리된 어떤 '질료'도 존재하지 않는다는 것이다. "정신적인 행위 속에 존재하는 유일한 질료는 행동으로서의 형상 그 자체이다"[14] 진정한 현실을 본질적으로 정당화된 행위라는 젠틸레의 원리는 분명히 파시즘적 행동의

12. *Ibid.*, pp.88f.
13. *Ibid.*, p.107.
14. *Ibid.*, p.243.

의식적이고 계획적인 무법칙성을 선언하고, 찬양하는 것이다. "정신 그 자체는…… 그 현실태(actuality)에 있어서 모든 기존법칙에서 해방되어 있으며, 생의 과정이 그 안에서 전부 소모되어 완성되는 일정한 성질에 제한되는 것으로 정의될 수 없다."[15) 젠틸레는 헤겔 변증법으로부터 현실은 끊임없는 과정이라는 관념을 빌어오지만, 어떠한 보편적 이성으로부터도 유리되어 있는 이 과정은 생(生)의 합리적 형식을 건설하기보다는 오히려 전면적으로 파괴해 버린다. "참된 삶은…… 죽음에 의해서 삶이 된다……."[16)

헤겔의 철학은 모든 역사적 형태들의 무상(無常)한 성질을 이성의 세계사적 진보에 연결시킨다. 그러나 이 무상함(the transitory)의 내용은 자유가 최종적으로 실현되었을 때에도 여전히 현존한다. 젠틸레의 현실주의(actualism)는 이성에 대해서는 완전히 무관심하며, 기존의 악과 결함을 위대한 선으로 환영한다. "우리 정신의 진정한 요구는 오류와 악이 이 세상에서 사라져야만 한다는 것이 아니라, 그것들이 영원히 존재해야만 한다는 것이다." 왜냐하면 오류 없이는 진리가 있을 수 없으며, 악이 없이는 선이란 있을 수 없기 때문이다.[17) 현실을 '정신'이라고 하는 역설적인 해석에도 불구하고 젠틸레는 세계를 있는 그대로 받아들이며, 세계내의 혐오스러운 현상들을 신격화한다. 유한한 사물을 그것이 무엇이건 어떻게 있건간에 '언제나 신의 현실 바로 그것이다.' 거기서 발생하는 철학은 '세계를 우리 존재의 내부에서 실현되는 영원한 신통기(神統記, theogony)로 높인다.'[18) 그러나 이러한 내재성은 이제 더 이상 비

15. *Ibid.*, p.19.
16. *Ibid.*, p.154.
17. *Ibid.*, p.246.

참한 현실로부터의 피난처가 아니고, 궁극적으로 모든 객관적 규범과 가치를 순수행동의 무질서로 용해시키는 것을 정당화한다.

젠틸레 철학의 모든 근본적 동기들은 그의 철학이 헤겔 철학과 정면으로 대립한다는 것을 보여 주며, 그 대립으로 인해 젠틸레의 철학은 곧바로 파시즘의 이데올로기로 되어 버린다. 사고와 행동의 동일시 및 현실과 정신의 동일시는 사유가 '현실'에 대립되는 입장을 취하지 못하게 한다. 사유가 직접적인 실천이 아니거나 행동에 있어서 곧바로 완성되지 않는다면 모든 사유가 거부되는 정도로까지 이론은 실천이 되어 버린다. 젠틸레의 정신의 이론은 '반(反)지성주의'를 찬양하며[19] 파시즘 철학의 전형적인 상대주의적 특징의 징후를 보이는 것이다. 이것은 그의 이론이 직접적 상황의 필요조건 이상의 것을 주장하는 모든 확고부동한 강령들을 거부하는 데서 보여진다. 행동은 어떤 객관적인 목적과 원리에 의해서도 판단될 수 없는 그 자체의 목적과 규범을 세운다. 젠틸레는 그의 저서인 『파시즘의 기초』(*The Foundations of Fascism*)에서 모든 '강령들'(programs)의 폐지가 바로 파시즘의 철학 그 자체라고 선언하고 있다. 파시즘은 어떠한 원리에 의해서도 속박되어 있지 않다. 변화하는 힘의 배치와 보조를 맞추는 '경로의 변화'는 파시즘의 유일불변의 강령이다. 어떤 결정도 미래에 대해서는 타당하지 않다. '파시스트 당수(Duce)의 참다운 결정이 곧 공식화되고 실행되는 결정인 것이다.'[20]

18. *Ibid.*, p.277.
19. *Ibid.*, p.269, 271.
20. *Grundlagen des Faschismus,* p.33 ; Benito Mussolini, *Relativismo e Fascismo, in Diuturna, Scritti Politici,* ed V. Morello, Milano 1924,

이 주장은 권위주의 국가의 하나의 본질적 속성, 즉 그 이데올로기의 모순을 드러내 준다. 젠틸레의 현실주의는 사유에 대한 실천의 전체주의적 지배를 주장하며, 이로써 사유의 독립성은 사라진다. 파시즘 정치의 실천적 목적의 외부에, 또는 그것을 넘어 존재하는 어떤 진리에 충성한다는 것은 무의미하다고 선언된다. 이론 그 자체와 모든 지적 활동은 변화하는 정치의 요구에 이바지하게 되는 것이다.

4. 국가사회주의 대(對) 헤겔

파시즘의 전체주의의 역사적 기초를 살펴보지 않고는 헤겔주의적 국가 개념과 파시즘의 국가 개념 사이의 기본적 차이점을 이해할 수는 없다.

헤겔의 정치철학은 시민사회는 개인의 본질적인 권리와 자유를 포기하지 않고도 계속 그 기능을 발휘할 수 있다는 가정에 입각해 있다. 헤겔의 정치이론은 왕정복고 시대의 국가를 이상화하였으며, 그 국가를 근대의 지속적 성과인 독일의 종교개혁, 프랑스 혁명, 관념론적 문화의 구현이라고 생각했다. 다른 한편으로는 전체주의 국가는 이러한 성과들이 시민사회의 유지를 위협하게 되는 역사적 단계를 나타내준다.

파시즘은 점증하는 산업적 독점과 민주적 체제 사이의 적대관계에서 기인한 것으로 볼 수 있다.[1] 제1차 세계대전 후 유럽에서는

---

pp.374ff를 참고하라.

특히 세계시장의 분열과 노동운동에 의해 열렬히 옹호되는 방대한 사회적 입법망(立法網) 때문에, 고도로 합리화되고 급속히 팽창하는 산업설비들을 이용하는 것이 점차 어려워졌다. 이런 상황에서 가장 강력한 산업집단들은 독점생산을 조직하고, 사회주의의 반대를 분쇄시키고 제국주의적 팽창주의를 재개하기 위해 직접적인 정치권력을 장악하려 했다.

이런 상황에서 출현하는 정치체제는 인간의 욕구 충족을 끊임없이 억압하지 않고는 생산력을 발전시킬 수 없다. 이 체제는 모든 사회적, 개인적 관계에 대한 전체주의적 통제와 사회적, 개인적 자유의 폐지 및 폭력에 의한 대중의 결합을 필요로 한다. 사회는 경제적 경쟁에서 살아남은 대기업가들에게 봉사하는 무장한 진영(陣營)이 된다.

시장의 무질서는 제거되고, 노동은 강제적 봉사가 되고, 생산력은 급속히 팽창된다.—그러나 전 과정은 스스로 구(舊)자본주의 계급의 후계자가 되는 지배 관료계급의 이익에만 봉사할 뿐이다.

파시즘의 사회조직은 문화의 전 영역에 있어서의 변화를 요구한다. 독일 관념론과 연결되어 파시즘 시대까지 존속했던 문화는 개인적 자유와 권리를 강조했으며, 그 결과 개인은 적어도 사적(私的) 인격으로서는 국가와 사회에서 안전함을 느낄 수 있었다. 정치적 대의제, 법률상의 평등, 계약의 자유뿐만 아니라 철학, 예술 및 종교의 완충적 영향은 인간생활이 기존의 사회적, 정치적 권력에

1. Rovert A, Brady의 *The Spirit and Stracture of German Fascism*, The Viking Press, New York 1937과 Franz L. Neumann, *Behemoth, The Origin and Practice of National Socialism*, to be published by Oxford University Press, New York 1941에 있는 국가사회주의의 분석을 보라.

완전히 종속되는 것을 방지했다. 헤겔은 인간의 사회생활을 가족, 시민사회, 국가를 갖고 있음을 인정했다. 더욱이 그는 최고단계인 국가조차도 정신의 세계사에서 주장되는 이성의 절대적 권리에 종속시켜 버렸던 것이다.

파시즘이 마침내 자유주의적 문화구조를 파괴했을 때, 파시즘은 사실상 개인이 사회와 국가에 대해 자신의 권리를 주장할 수 있는 최후의 영역을 없애버리고 말았던 것이다.

헤겔의 철학은 권위주의가 극복해야만 했던 문화의 필수적인 구성 요소였다. 따라서 헤겔에 대한 국가사회주의의 공격이 헤겔의 정치이론에 대한 반박으로 시작된다는 것은 결코 이상한 일이 아니다. 국가 사회주의 '철학'의 공식적 옹호자였던 알프레드 로젠베르크(Alfred Rosenverg)는 헤겔의 국가 개념에 대한 공격을 개시했다. 그는 프랑스 혁명으로 인해 "우리의 피와는 이질적인 힘의 원리가 나타났다. 그것은 헤겔에게서 그 정점에 달했으며, 새롭게 왜곡된 형태로 마르크스에 의해 계승되었다……"[2]고 말하였다. 그는 이어서, 이러한 원리가 국가에게 절대자의 위엄과 그 자체에 있어서의 목적이라는 속성을 부여했다고 주장한다. 대중에게 있어서 국가는 '무정한 힘의 도구'로서 등장했던 것이다.[3]

헤겔의 국가 개념에 대한 국가사회주의의 이데올로기적 공격은 이탈리아 파시스트들이 그것을 외견상 받아들인 것과는 명백히 대조적이었다. 이러한 차이점은 두 파시즘의 이데올로기가 처하지 않을 수 없었던 상이한 역사적 상황에서 설명될 수 있다. 이탈리아와

---

2. Alfred Rosenberg, *Der Mythos des 20 Jahrhunderts*, 7th ed., München 1933, p.525.
3. *Ibid.*

는 달리 독일국가는, 심지어 바이마르 공화국조차도 그 기초를 교란시키지 않을 만큼 강력하고 확고하게 세워진 현실이었다. 그것은 법치국가, 즉 권리와 자유의 영역이 뚜렷하게 분리되고 승인된 포괄적인 합리적 정치체제였으며, 이탈리아의 새로운 권위주의 체제가 그러한 법치국가의 형태를 취하지 않을 수 없었던 것은 국가사회주의 운동의 배후세력이었던 경제적 세력이 이미 오래 전에 적어도 최소한의 법률상의 평등과 안정을 주어야함 하는 정치적 형태의 매개 없이도 직접 지배할 수 있을 정도로 충분히 강력해져 있었기 때문이었다.

따라서 모든 다른 국가사회주의의 대변자들과 마찬가지로 로젠베르크는 '국가'에 반대하고 국가의 최고 권위를 부정한다. "오늘날 우리는 국가를 인간이 그 앞에서 무릎을 꿇어야 하는 독립적인 우상이라고 생각하지 않는다. 이제 국가는 목적조차도 아닌, 단지 민족을 보호하기 위한 수단일 뿐"[4]이며 "민족성(Volkheit)의 권위는 국가의 권위 위에 서 있다. 이러한 사실을 인정하지 않는 사람은 민족의 적이다……."[5]

제3제국의 지도적 정치철학자였던 칼 슈미트(Carl Schmitt)도 국가에 대한 헤겔의 입장을 거부하며, 그러한 입장은 국가사회주의의 실체와 모순된다고 서술하고 있다. 19세기의 정치철학이 국가와 사회 사이의 이분법에 기초하고 있었던 반면, 국가사회주의는 국가, 운동(당), 민족(Volk)이라는 세 개념에 기초하고 있다. 국가

---

4. *Ibid.*, p.526, Hitler, *Mein Kampf*, Reynal and Hitchcock, New York 1939, p.592 를 보라 : "근본적인 인식은 목적에 의해서가 아니라 수단에 의해서 표현된다는 것이다."
5. Rosenberg. *op.cit.*, p.527.

는 결코 이 세 개념에 있어서의 궁극적인 정치적 현실이 아니다. 국가는 '운동'과 그 운동의 지도자들에 의해 대체되고 결정된다.[6)]

알프레드 로젠버그의 주장은 국가사회주의가 헤겔의 정치철학을 반박할 판단을 마련해 주는 것이다. 그는 헤겔이 프랑스 혁명과 마르크스의 사회비판을 낳은 발전의 노선에 속한다고 말한다. 다른 많은 예에서와 마찬가지로, 여기에서는 국가사회주의가 그것의 많은 비판자들보다도 현실의 모습(the realities)을 훨씬 깊이 이해하고 있음을 보여 준다. 헤겔의 국가철학은 자유주의의 진보적 이념을 고수했으며, 그로 인해 헤겔의 정치적 입장은 시민사회의 전체주의적 국가와 모순되는 것이었다. 이성으로서의 국가(즉, 보편타당한 법률에 의해 지배되고, 계획적이고 활기 있게 작동되며, 모든 개인의 본질적 이해를 차별 없이 보호한다고 하는 합리적 전체로서의 국가) 이러한 국가형태야말로 바로 국가사회주의가 용납할 수 없는 것이다.

이러한 국가형태는 경제적 자유주의의 보호기구로서 그 경제형태가 파멸하자마자 붕괴되지 않을 수 없었다. 가족, 사회, 국가라는 헤겔의 세 개념은 사라졌다. 대신 권리들과 원리들에 대한 모든 다원론을 삼켜버리는 포괄적인 통일이 들어선다. 정보는 전체주의적이다. 헤겔 철학에서 옹호되었던 개인, 즉 이성과 자유를 갖고 있던 개인은 매몰되었다. "오늘날 우리가 가르치는 것과 같이, 개인은 그 자체로서는 존재할 권리도 의무도 갖고 있지 않다. 왜냐하면 모든 권리와 의무는 공동체로부터만 나오기 때문이다."[7)] 이 공동체는 자유로운 개인들의 결합도, 헤겔적 국가의 합리적 전체도 아

6. *Staat, Bewegung, Volk*, Hamburg 1933, p.12.
7. Otto Dietrich, in the *Volkische Beobachter*, December 11, 1937.

니고, 궁극의 '자연적' 실체(entity)이다. 국가사회주의 이데올로기의 주창자들은 개인이 완전히 종속되어 있는 '공동체'는 어떠한 합리적 규범이나 가치에도 종속되지 않으며, '피와 흙'에 의해 결속되는 하나의 자연적 현실이라고 강조한다.

'자연적' 조건에 초점을 맞춘다는 것인 전체주의의 사회적, 경제적 기초들에서 주의를 돌리게 하는 데 도움이 된다. 민족공동체(Volksgemeinschaft)는 바로 어떠한 현실적인 사회적 공동체도 존재하지 않기 때문에, 민족공동체는 사회 내의 계급이해의 현실적 활동을 방해하지 않는 '피와 흙'의 차원에 머무르지 않을 수 없는 것이다.

민족의 지위가 본질적이고 궁극적인 정치적 실체로 상승했다는 것은 국가사회주의가 헤겔과 얼마나 유리되어 있는가를 다시 한 번 보여 준다. 헤겔에 따르면, 민족은 국가의 일부분이며, 그 자체의 의지를 알지 못하고 있다. 헤겔의 이러한 태도는 반동적인 것처럼 보일지라고, 국가사회주의의 주장이 취하고 있는 통속적 급진주의보다는 자유의 입장에 보다 가깝다. 헤겔은 '민족'이 독립적인 정치적 요소라는 어떤 의견도 거부한다. 왜냐하면 그는 정치적 효과는 자유의 자각(consciousness)을 요구한다고 주장하기 때문이다. 헤겔은 민족이 아직까지 이러한 자각에 이르지 못했고, 여전히 자신의 관심을 인식하지 못하고 있으며, 정치과정에서 다소 수동적인 요소를 이루고 있다고 거듭 말하고 있다. 합리적 사회의 확립은 민족이 '대중'의 형태로 존재하는 것을 그만두고 자유로운 개인들의 연합체로 변형될 것을 전제한다. 이에 반해 국가사회주의는 대중을 찬양하고 '민족'을 전(前)합리적이고 자연적인 상태에 머물러 있게 한다.[8] 그러나 이러한 상황 하에서도 민족은 능동적인 정치적 역할을 수행하도록 허용되지 않는다. 민족의 정치적 현실은 모든 법률과 권리의 원천이며 사회적, 정치적 존재의 유일한 창조자인 지도자의 유일 무비한 독자적 인격에 의해 대표되어진다.

헤겔에서 정점에 달한 독일 관념론은 사회적, 정치적 제도들이 개인의 자유로운 발전과 일치해야 한다는 신념을 갖고 있었던 반면, 권위주의 체제를 개인의 이해에는 개의치 않은 채, 모든 개인을 경제적 과정 속으로 강제로 끌어들이지 않고서는 사회질서의 생명을 유지할 수 없는 것이다. 개인의 복지라는 관념은 희생에의 요구에 굴복하고 만다. "만일 우리가 민족을 지상 최대의 선이라고 생각한다면, 전체에 대한 희생의 의무는 끝이 없다."[9] 권위주의 체제는 생활수준을 적지 않게, 혹은 영속적으로 향상시킬 수 없으며, 또한 개인의 즐거움의 영역과 수단을 확대시킬 수도 없다. 그렇게 한다면 권위주의 체제의 불가결한 원리는 파괴되고 결국에는…… 본질상 생산력의 자유로운 발달을 방해하지 않을 수 없는 파시즘의 질서를 파멸시키고 말 것이다. 따라서 파시즘은 "지상에서의 '행복'의 가능성을 믿지 않으며 복지가 곧 행복이라는 등식을 부정한다."[10] 풍요한 생활을 위한 기술적 가능성이 가까이에 있는 오늘날 국가사회주의는 '생활수준의 저하가 불가피하다고 생각하며' 궁핍에 대한 찬사에 몰두한다.[11]

---

8. Otto Dietrich, Die philosophischen Grundlagen des National-Sozialismus, Breslau 1935, p.29와 Otto Koellreutter, Vom Sinn und Wesender Nationalen Revolution, Tubingen 1933, pp.29f 및 같은 저자의 Volk und Staat in der Weltanschanung des Nationalsozialismus. Berlin 1935, p.10.를 보라.
9. Koellreutter, Vom Sinn und Wesen…, p.27.
10. Mussolini, Fascism: Doctrine and Institutions, Rcme 1935, pp.10, 21.
11. *Volk im Werden,* ed, Ernst Krieck, 1933, No. 1, p.24.

개인의 완전한 희생은 산업적, 정치적 관료계급의 특수한 이익을 위해 조장되는 것이다. 따라서 그것은 개인의 참된 이해라는 측면에서 볼 때 정당화될 수 없다. 국가사회주의 이데올로기는 인간의 참된 실존은 무조건적 희생에 있으며, 복종하고 봉사하는 것이 개인의 생활에 본질적이다.—"봉사와 생활은 일치하기 때문에, 이 봉사는 결코 끝나지 않는 봉사이다"라고 말할 뿐이다.12)

국가사회주의의 대표적 대변인들 가운데 하나인 에른스트 크리크(Ernst Krieck)는 그의 저작의 적지 않은 부분을 독일 관념론을 반박하는 데 할애하였다. 그는 자신이 발행하는 『생성 중인 민족』(*Volk im Werden*)이라는 잡지에 「두 시대 사이의 독일 관념론」(*Der Deutsche Idealisumus zwischen den Zeitaltern*)이라는 논문을 발표했는데, 거기에는 다음과 같은 전폭적 선언이 들어 있다. "우리가 정치적으로 능동적인 민족이 되려면 독일 관념론은 형식에 있어서, 내용에 있어서 극복되지 않으면 안 된다……."13) 그 비난의 이유는 명백하다. 독일 관념론은 개인이 지배적인 사회적, 정치적 세력에 종속되는 것에 항의했다. 국가사회주의는 독일 관념론에 있어서의 정신의 고양(高揚)과 사고의 중요성에 대한 강조는 개인의 어떠한 희생에도 본질적으로 반대된다는 것을 정확히 간파했다. 철학적 관념론은 관념론적 문화의 중요한 부분이었다. 그리고 이 문화는 현존하는 질서의 권위와 어떠한 권력의 권위에도 굴복하지 않는 진리의 영역을 인정한다. 예술, 철학 및 종교는 기존 현실의 주장에 도전하는 세계를 상정하고 있다. 관념론적 문화는

12. *Der Deutsche Student*, August 1933, p.1.
13. 1933, No.3, p.4. Krieck, E., *Die deutsche Staatsidee*, Leipzig 1934를 보라.

파시즘의 원리와 통제에 모순된다. "우리는 이제 더 이상 교육, 문화, 인간성 및 순수정신의 시대에 살지 않으며, 민족의 명예와 미래를 위하여 투쟁과 현실에 대한 정치적 통찰과 군사훈련과 민족적 규율을 필요로 하는 시대에 살고 있다. 따라서 이 시대에 생활의 과제이자 필요로서 인간에게 요구되는 것은 관념론적 태도가 아니라 영웅적 태도인 것이다."[14)]

크리크는 독일 관념론의 사유구조에 있어서의 어떤 특별한 잘못을 지적하려고 하지 않는다. 그는 철학자이고, 하이델베르크 대학에서 헤겔이 차지하고 있던 자리에 앉아 있기는 하지만, 가장 단순한 철학적 관념을 처리하는 데에서조차도 어려움을 느끼고 있다. 우리는 자세한 설명을 직업상 철학적 작업에 종사하는 사람들에게서 찾지 않을 수 없다. 철학사를 국가 사회주의적 입장에서 해석한 프란쯔 뵘(Franz Böhm)의 『반(反)데카르트주의』(*Anii-Cartesianismus*)에는 「헤겔과 우리들」(Hegel und Wir)이라는 제목의 장이 있다. 여기서 헤겔은 국가사회주의가 두려워하고 거부하는 모든 것의 상징으로 되어 있다. 즉 '헤겔로부터의 해방'은 참된 철학에로의 복귀의 징조로 환영받는다. "1세기 동안 헤겔의 보편주의적 개념은…… 독일 철학사의 동인들을 매몰시켜 버렸다.[15)] 헤겔에 있어서 이러한 반독일적 경향은 무엇인가? 우선 헤겔은 사유를 강조했으며, 행동을 위한 행동을 공박했다는 점이다. 뵘은 '인도주의적 이상들'을 비판할 때 헤겔주의의 핵심을 찌르고 있다. 그는 이성 및 정신의 개념과 '인류의 보편주의적 개념들' 사이의 내적 연관성을 인정한다.[16)] 그는 세계를 정신으로 보는 것과 현존 형태들을 이성의 기

14. Part. I 그리고 No. 5, 1933, pp.67, 71을 보라.
15. Leipzig 1938, p.25.

준에 따라 측정하는 것은 결국 인간들 사이의 우연적이고 '자연적인' 차별들과 갈등들을 초월하고, 이것을 뛰어넘어 인간의 보편적 본질로 옮아가는 것과 같은 것이라고 말한다. 그것은 정치의 특별한 요구에 맞서는 것으로서 인간성의 원리를 고양시키는 것과 같다. 이성은 합리적인 존재로서의 만인의 동일성을 내포하고 있다. 이성이 마침내 자유에 있어서 자신을 실현할 때, 자유는 모든 사람의 소유이고 모든 개인의 양도할 수 없는 권리이다. 이처럼 관념론적 보편주의는 개인주의를 뜻한다.

국가사회주의에 의한 비판은 모든 전체주의와 모순되는 헤겔 철학에 있어서의 이러한 경향들을 몇 번이고 되풀이하여 말한다. 이러한 경향들로 인해 국가사회주의에 의한 비판은 헤겔을 '몇 세기 전의, 지위를 상실한 과거의 상징'이자 '우리 시대의 철학적 반대의지'라고 선언한다.

뵘의 비판은 국가사회주의 철학의 또 다른 하나의 대표적 작품인 한스 하이제(Hans Heyse)의 『이념과 실존』(*Idee und Existenz*)에서 약간 더 온건하고 다듬어진 형태로 재현되고 있는데, 이 작품은 헤겔이 '유물론적인 역사철학들뿐만 아니라 모든 자유로운 관념론적 역사철학들의 원천이기도 하다'라고 선언한다.[17] 많은 마르크스주의자들과는 대조적으로 국가사회주의는 헤겔과 마르크스 사이의 연관성을 진지하게 다룬다.

권위주의 형태들로의 발전은 헤겔적 원리들의 결과라기보다는 오히려 그 원리로부터 180도 전환이었다는 사실은 일찍이 제1차

---

16. *Ibid.*, pp.28 f.
17. Hamburg 1935, p.224.

세계대전 시기에 독일의 내외에서 인정되었다. 영국의 뮤어헤드(Muirhead)는 그 당시에 "우리가 오늘날의 군국주의의 철학적 기초를 찾아야만 하는 것은 헤겔주의에서가 아니라 헤겔 사후 곧 나타난 전(全)관념론적 철학에 대한 격렬한 반동에서이다"라고 선언했다.18) 이 진술은 그 자체가 포함하고 있는 모든 의미들에 있어서 옳은 것이다. 권위주의의 이데올로기적 뿌리는 '실증철학'이라고 자처하며 헤겔에 대항한 격렬한 반동에 있다. 이성의 원리의 파괴, 자연의 견지에서의 사회 해석, 기존현실의 냉혹한 동태에의 사유의 종속 등은 낭만주의의 국가철학이나 역사학파나 꽁뜨의 사회학에서 활동하고 있었던 것이다. 이러한 반(反)헤겔주의적 경향들은 19세기 말에 출현하여, 자유주의에 대한 공격을 위해 이데올로기적인 구조를 만든 비합리적 철학들, 즉 생철학(生哲學), 역사철학 및 '실증철학'과 협력했다.19)

독일을 파시즘 국가로 되게 한 책임이 있는 사회적, 정치적 이론은 헤겔주의와의 관련성에 있어서는 완전히 부정적이었다. 그 이론은 모든 그 목적과 원리에 있어서 반(反)헤겔적이었다. 국가사회주의의 중요한 정치이론가의 하나인 칼 슈미트보다도 이 사실을 더 잘 입증하는 사람은 없다. 그의 저서인 『정치적인 것의 개념』(*Begriff des Politischen*)의 초판에서 그는 '헤겔의 정신'이 얼마나 오랫동안 베를린에 머무를 것인가라는 문제를 제기하고, "어쨌든 1840년 이후 프러시아에서 권위 있던 학파는 슈탈의 '보수적 철학'을 받아

18. J. H. Muirhead, *German Philosophy in Relation to the War*, R. Metz, *op. cit.*, p.282.에서 인용.
19. 'Der Kampf gegen den Liberalismus in der totalitären Staatsauffassung' in *Zeitschrift für Sozialforschung,* 1934, pp.161~94.

들이기를 더 좋아한 반면에, 헤겔은 마르크스로부터 레닌으로, 모스크바로 떠돌아 다녔다"고 쓰고 있다.[20] 그러고나서 그는 히틀러가 권력을 장악한 날에 "말하자면 헤겔은 죽었다"라는 뚜렷한 말로 전 과정을 요약하고 있다.[21]

---

20. München 1932, p.50.
21. Staat, *Bewugung*, *Volk*, *op.cit.*, p.32.

편집자 후기

몇 년 전 꺼질 것 같으면서도 꺼지지 않고 계속되고 있는 촛불집회를 보면서 새삼 느끼는 것은 “현실적인 것은 이성적이고 이성적인 것은 현실적이다”라는 헤겔의 말이 생각났다. 이는 바로 ‘부정의 힘’을 시대정신으로 현현(顯現)시키려 했던 헤겔의 이성적 힘을 보는 것 같다. 그리고 헤겔이 말한 대로 국가란 국민에게 봉사해야 한다는 것을 새삼 느끼게 한다. 1990년대 동구 사회주의 몰락과 함께 우리들에게 물밀 듯이 몰려오는 자본주의 물결은 물질만능주의로 흘러가고 있는듯하다. 많은 복지정책의 개선이 있음에도 불구하고 부동산 폭등과 함께 찾아온 계급 간 격차는 균열을 더욱 심화시키고 있다.

마르쿠제가 이 책을 저술할 때는 독일의 파시즘을 피하여 미국으로 망명한 후이다. 당시 세계는 2차 대전 중이었고 파시즘 국가인 독일과 일본, 그리고 이탈리아가 헤겔의 국가관을 실증주의자들에 의하여 정치적으로 악용하는 사례가 실제로 이루어지고 있었다. 그것은 헤겔이 프로이센 전제정치를 옹호한 것에서 인용된 것이다. 하지만 헤겔이 옹호한 전제국가관은 파시즘과 같이 절대적으로 국가를 위해서 ‘국가의 이익을 위해 필요하다고 여겨지는 것은 무엇이든지’ 하여도 정당하다고 주장하는 것은 어디에도 없다. 오히려 전쟁은 비록 정당한 전쟁일지라도, 개인의 생명과 자유에 대한 권리를 침해하는 악이라고 주장한다. 민족국가의 최고주권은 개인에게 있다는 헤겔의 근본개념과는 반대로 실증주의자들은 그것을 국가만이 모든 것을 가지고 있다고 바꾸어 버린 것이다.

역시 촛불집회나 취업문제도 개인의 문제라기보다는 국가의 문제이다. 헤겔이 말한 국가는 꽁뜨가 말한 그런 국가는 아니었다. 젊은 학도들이 4차 산업혁명의 물결 속에서 취업문제로 목을 매고 있는 상황에서 국가는 방관자적 자세를 취하고 있으며, 촛불집회를 강제적으로 진압하는 것을 허용하라는 국가관이 아니었음을 마르쿠제는 분명하게 서술하고 있다.

요즘 이윤율 저하의 위험은 경쟁을 격화시키며, 계급투쟁을 격화시키려는 조짐이 보인다. 즉 경제적인 착취방법이 점차로 그 한계에 도달하여 정치적인 착취 방법이 이것을 보충하는 것이다. 따라서 생산을 위한 생산을 하지 않으면 안 되는 불가피한 사정에 의해서, 이상적인 조건 아래에서도 생산재의 생산과 소비재의 생산이라는 두 개의 생산영역 사이에 불가피한 불균형이 발생하여, 그 결과 끊임없는 과잉생산을 초래하고 있다.

이는 신도시 개발 및 쇠고기 수입자유화 등으로 나타나고 있다. 또한 현 정부는 마치 19세기 실증주의 철학자 꽁뜨의 주장처럼 노동자는 먼저 교육을 받고 나서 일자리를 얻어야 한다는 것에 젊은 학도들이 매달리게 만들고 있다. 그리하여 모든 개인적 자유는 공적(公的) 기능이 되고, 나아가 모든 활동이 공적 봉사로서 실행되어야 하는 것처럼 보여지게 하고 있다.

헤겔의 국정철학은 자유주의의 진보적 이념을 고수했다. 즉 보편타당한 법률에 의해 지배되고, 계획적이고 활기 있게 작동되며, 모든 개인의 본질적 이해를 차별 없이 보호한다고 하는 합리적 '전체로서의 국가'를 헤겔은 바란 것이다. 마르쿠제의 철학은 끝까지 헤겔을 옹호하면서 자유와 진정한 도덕을 강력한 정신적 힘에서 구현하려고 하고 있다.

마르쿠제는 이 책을 1941년에 처음에는 독일어판으로 출간했으나 1960년 다시 영·미권 독자들을 위하여 영어판으로 출간하였다. 1960년대는 베트남 전쟁이 한창이었고, 당시 반전운동을 하던 미국 젊은이들과 유럽 젊은이들에게 커다란 영향을 주었다. 이후 전개된 '부정의 정신'으로 일어난 프랑스 '68혁명'은 1975년 베트남 전쟁을 종식시키는 데 일조하였다.

요즘 국내 철학계는 많은 부분에서 위기를 맞고 있는듯하다. 각 종합대학교에서는 인문학이 돈이 안 된다는 이유로 철학과를 폐쇄하고 있고, 출판계 역시 철학서적 출간이 현저하게 줄어들고 있다. 대신에 서점가에는 경영 및 경제 관련 도서들이 즐비하게 진열되어 있다. 거기다 각종 처세술책과 부동산과 주식서적까지 그야말로 자본주의적 물질을 쫓는데 혈안이 된 것처럼 보인다. 마치 마르쿠제가 본서를 추간할 때 바로 세계는 이러한 정서가 아니었을까 싶다. 하지만 헤겔은 우리에게 정신적 힘을 준다. 맑스 역시 지구의 종말이 올 그날까지 남아있을 수밖에 없는 정신적 파라다이스이자 가장 현실감 있는 철학이기에 이 책은 읽는 이의 가슴을 불타오르게 할 것이라고 우리 편집진은 믿는다. 바로 이러한 점이 이 책을 다시 세상에 내놓는 이유의 하나가 되겠다.

이번 판에서도 많은 오자와 탈자를 수정하였고 오역부분도 다시 손보았지만 완벽하게 손질되었음을 장담할 수는 없을 것 같다. 그리고 도서 정가를 낮게 책정하여 많은 독자들에게 전달되도록 하였다. 아무쪼록 이러한 노력이 헤겔과 맑스를 공부하는 여러분들에게 많은 도움이 되었으면 한다.

끝으로 오래된 도서를 낮은 가격으로 다시 세상에 나올 수 있도록 힘써주신 '힘찬북스' 오종문 사장님께 깊이 감사드린다. 그리고 오역부분을 지적해 주시고 수정하도록 도와주신 독자분들께도 깊은 감사를 드린다.

2020년 가을 '코로나19'의 종말을 기원하며

편집자

철학사전(개정증보판)과 철학사(전5권)

『철학사전』은 『철학사』(전5권)를 읽는 독자들을 위해 만들어졌다. 본 사전에는 아직도 각종 모순이 중첩되어 있는 이 땅에서 자연과 사회 및 인간 사유의 일반적 발전 법칙을 탐구하여, 올바른 세계관을 수립하고 각종 모순을 인식하고 해결하는 데 초석이 되도록 편찬되었다. 따라서 이 사전은 진보적 철학의 비중을 대폭 높였으며 특히 한국철학에 있어서 새로운 민중적 시각을 통해 재정리하고자 했다. 또한 이 사전은 철학의 근본문제를 비롯하여 여러 문제, 사회관, 인생관, 가치관, 역사관 등의 문제와 기타 철학의 발전과 긴밀히 연결된 사회과학과 자연과학의 논점도 동일한 입장에서 다루었다. 때문에 이 사전과 동일한 입장에서 일관성 있게 집필된 본사 발행 『철학사』(전5권)와 함께 유용한 지침서가 될 것이다.

철학사전편찬위원회 지음/4×6배판 칼라인쇄/고급 서적지 및 고급 양장케이스/정가 350,000원

『철학사』(전5권)는 국내판을 출간하는데 30여년에 걸쳐 기획되고 수정된 책으로 연 40여명의 편집인이 동원되었다. 본서는 1987년 7월 처음 출간되어 1998년 2월에 재편집되었으며 2009년 5월에 3차 증보판에 이어서 이번이 제4차 개정 증보판이다. 대본으로 사용한 책은 「러시아과학아카데미연구소」(Akademiya Nauk SSSR)에서 출간한 『*History of Philosophy*』(전5권)를 다시 국내에서 우리나라 실정에 맞게 재편집하고 현대적 용어와 술어로 바꾸어 번역한 것으로, 국내판은 고대 노예제 철학의 발생으로부터 자본주의 독점 시대까지의 철학을 재편집하였다.

크라운판 고급인쇄/고급 서적지 및 고급 양장케이스/전5권 세트 정가 650,000원

중원문화 아카데미 新書

1 **한국근대 사회와 사상**
• 일본 교토대학교 연구소 엮음

2 **걸어다니는 철학**
• 황세연 저

3 **반듀링론**
• F.엥겔스/김민석 역

4 **헤겔 법철학 입문**
• 꼬우즈미 따다시 지음

5 **이성과 혁명**
• H.마르쿠제/김현일 외 역

6 **정치경제학 교과서 I-1**
• 짜골로프 외/윤소영 엮음

7 **정치경제학 교과서 I-2**
• 짜골로프 외/윤소영 엮음

8 **정치경제학 교과서 I-3**
• 짜골로프 외/윤소영 엮음

9 **이탈리아 맑스주의**
• K.프리스터/윤수종 옮김

10 **걸어다니는 경제사**
• 황세연 편저

11 **자본론에 관한 서한집**
• K.마르크스와 F.엥겔스 저

12 **지배와 사보타지**
• 안토니오 네그리/윤수종 옮김

13 **과학기술사**
• 석동호 편저

14 **저개발과 의약품**
• M. 뷜러/우연재 옮김

15 **맑스주의의 세 갈래길**
• W. 레온하르트/하기락 옮김

16 **역사적 맑스주의**
• R.알뛰세르/서관모 옮김

17 **경제학의 선구자들**
• 일본경제신문사/김종호 옮김

18 **근현대 사회사상가 101**
• 이마무라 히도시/안효상 옮김

19 **맑스를 넘어선 맑스**
• 안토니오 네그리/윤수종 옮김

20 **교육과 의식화**
• P.프레이리/채광석 역

21 **정치경제학 교과서 II-1**
• 짜골로프 외/윤소영 엮음

22 **정치경제학 교과서 II-2**
• 짜골로프 외/윤소영 엮음

23 **청년 마르크스의 휴머니즘**
• H.포피츠/황태연 역

24 **사회를 어떻게 볼 것인가?**
• 황세연 편저

25 **헤겔연구②**
• 임석진 외저 (절판)

26 **칸트 철학입문**
• W.O.되에링/김용정 역

27 **노동조합 입문**
• 양원직 편저

28 **마르크스에서 쏘비에트 이데올로기로**
• I.페처/황태연 역

29 **소유의 위기**
• E.K.헌트/최완규 역

30 **변증법의 현대적 전개①**
• W.뢰트/임재진 역

31 **변증법의 현대적 전개②**
• W.뢰르/임재진 역

32 **모순의 변증법**
• G.슈틸러/김재용 역

33 **헤겔연구③**
• 임석진 외저 (절판)

34 **국제무역론**
• 久保新一/김선기 역

35 **칸 트**
• 코플스톤/임재진 역

36 **자연과학과 철학**
• H.라이헨바하/김회빈 옮김

37 **철학 입문**
• 황세연 편역

38 **맑스주의의 역사 ①**
• P. 브르니츠기/이성백 옮김

39 **맑스주의의 역사 ②**
• P. 브르니츠기/이성백 옮김

40 **한국사회와 자본론**
• 황태연 저

41 **정치경제학 비판을 위하여**
• K.마르크스/김호균 역

42 **과학기술 혁명시대의 자본주의와 사회주의**
• 황태연 저/허상수 엮음

43 **혁명운동의 문제들**
• S. P.노보셀로프/이창휘 옮김

44 **마키아벨리의 고독**
• 루이 알뛰세르/김민석 역

45 **들뢰즈와 가타리**
• 로널드 보그/이정우 옮김

46 **과학적 사회주의**
• G.그로서/송주명 옮김

47 **맑스-레닌주의 철학의 본질**
• F. V. 콘스탄티노프/김창선 역

48 **철학의 기초(1)**
• A. 라키토프/김신현 옮김

중원문화 아카데미 新書

49 철학의 기초(2)
• A. 라키토프/김신현 옮김

50 소수자 운동의 새로운 전개
• 윤수종 외 지음

51 한눈에 들어오는 서양철학사
• 타케다 세이지/홍성태 옮김

52 마르크스즘과 유로코뮤니즘
• 산티아고 까리요/김유향 옮김

53 맑스주의와 프랑스인식론
• P. 토미니크 르쿠르/박기순 옮김

54 논리의 오류
• 에드워드 데이머/김회빈 역

55 프랑스 문화와 예술
• 마르크 블랑팽 · 장 폴 쿠슈/송재영 옮김

56 개발과 파괴의 사회학
• 홍성태 지음

57 인민의 벗이란 무엇인가
• V. 레닌/김우현 역

58 예술 · 정보 · 기호
• 가와노 히로시/진중권 역

59 담론의 질서
• 미셸 푸코 지음/이정우 해설

60 사회학의 명저 20
• 김진균 외 지음

61 철학사(1)
• Akademiya Nauk SSSR 편

62 철학사(2)
• Akademiya Nauk SSSR 편

63 철학사(3)
• Akademiya Nauk SSSR 편

64 철학사(4)
• Akademiya Nauk SSSR 편

65 철학사(5)
• Akademiya Nauk SSSR 편

66 인격의 철학, 철학의 인격
• 김종엽 저

67 담론의 질서
• 푸코 지음/이정우 옮김

68 교육자의 길
• 이오덕 외 저

69 정치경제학
• 짜골로프 저

70 박정희 시대-5.16은 쿠데타다
• 이상우 저

71 박정희 시대-민주화운동과 정치주역들
• 이상우 저

72 박정희 시대-5.16과 한미관계
• 이상우 저

73 박정희와 유신체제 반대운동
• 이상우 저

74 세계사 (제국주의 시대)
• 김택현 편

75 세계사 (제1차세계대전)
• 김택현 편

76 세계사 (제2차세계대전과 파시즘)
• 김강민 역

77 세계사 (현대)
• 조진원 편/이춘란 감수

78 근현대 형성과정의 재인식①
• 안종철 외 저

79 근현대 형성과정의 재인식②
• 정근식 외 저

80 시몬느 베이유 철학교실
• 앙느레느/황세연 역

81 소크라테스에서 미셸 푸코까지
• 기다 갠/김석민 역

82 상식 밖의 세계사
• 가바야마 고아치/박윤명 역

83 들뢰즈와 카타리
• 로널드 보그 저/이정우 옮김

84 새로운 예술을 찾아서
• 브레이트 저/김창주 역

85 역사 유물론의 궤적
• 페리 앤더슨/김필호 외 옮김

86 철학적 맑스주의
• 루이 알튀세르/서관모 역

87 생산의 발전과 노동의 변화
• 마이클 피오르 외/강석재 외 역

88 항일과 혁명의 한길에서
• 김운선 지음

89 지배와 사보타지
• 안토니오 네그리/윤수종 역

90 헤겔철학 서설
• 오토 푀겔러/황태연 역

91 과학적 공산주의란 무엇인가
• 빅토르 아파나시예프/최경환 역

92 페레스트로이카 논쟁(서독)
• 에케르트 외/송주명 역

93 페레스트로이카 논쟁(동독)
• 모르겐슈테른 외/신현준 역

94 페레스트로이카 논쟁(프랑스)
• 프랑시스 코엥/신현준 역

95 페레스트로이카 논쟁(소련)
• 야코블레프 외/신현준 역

96 마르크스주의와 개인
• 아담 사프/김영숙 역